전산회계 FAT 1급

2024

이상은 저

머 리 말

　　요즘처럼 경제가 어렵고 취업하기가 힘든 시기에는 신입사원의 선발기준이 과거의 학력위주에서 실력위주로 전환됨에 따라 "자격증"의 가치가 어느 때보다 더욱더 높이 평가되는 것이 현실이다.

　　그래서, 본서는 한국세무사회 및 한국공인회계사회의 자격시험에 출제되는 재무회계 및 원가회계, 부가가치세법에 대비한 이론과 실기의 능력 향상과 아울러 한권의 교재로 전산회계와 FAT 자격증을 동시에 취득할 수 있게 하였으며, 삼십 수년 동안 일선에서 강의한 노하우를 최대한 반영하였다.

　　본 도서의 특징을 간략히 요약하면,

　　첫째, 초보자도 쉽게 접할 수 있도록 구성하였다.

　　둘째, 각 단원별 내용설명이 끝이 나면 실전문제 연습을 풀이하고, 분개연습을 통한 반복 학습효과를 극대화하여 이론문제와 분개문제를 접하게 하였다.

　　셋째, 단원별 이론 설명을 한 후 기출문제를 철저히 분석하였으며, 수험생들이 쉽게 접할 수 있도록 최근 2년간 출제한 기출문제(전산회계 및 FAT)를 입력하도록 하였다.

　　넷째, 개정된 기업회계기준서 내용을 모두 반영하여 자격증 취득의 마중물 역할을 할 것이다.

　　수험생들이 실무대비와 자격시험에 합격할 수 있도록 최대한 정성을 담아 집필하였으나, 미비한 부분이 있으면 수험생 여러분의 충고와 조언을 겸허히 받아들여 다음에는 더욱더 좋은 교재 연구에 노력할 것이며, 이 교재로 수험생 여러분의 자격증시험 공부에 많은 도움이 되었으면 좋겠다.

　　끝으로, 본 교재가 완성되기까지 도와주신 도서출판 어울림의 관계자분들께 감사드리며, 수험생 여러분의 많은 합격을 기원하는 바이다.

2024년 2월

경남 창원에서 저자 씀

전산회계 1급 시험개요 및 안내

1. 시험 일정

회 차	구 분	원서접수	시험일자	합격발표	원서비
제112회		01/04 ~ 01/10	02/04 (일)	02/22 (목)	
제113회		02/28 ~ 03/05	04/06 (토)	04/25 (목)	
제114회	이론/실기	05/02 ~ 05/08	06/01 (토)	06/20 (목)	급수당
제115회	동시 시험	07/04 ~ 07/10	08/03 (토)	08/22 (목)	30,000원
제116회		08/29 ~ 09/04	10/06 (일)	10/24 (목)	
제117회		10/31 ~ 11/06	12/07 (토)	12/26 (목)	

2. 시험시간

등 급	전산세무 1급	전산세무 2급	전산회계 1급	전산회계 2급
시험시간	15:00~16:30	12:30~14:00	15:00~16:00	12:30~13:30
	90분	90분	60분	60분

3. 시험 안내

1) 시험의 목표

전문대학 중급수준의 회계원리와 원가회계, 세무회계(부가가치세 중 매입매출전표와 관련된 부분)에 관한 기본적 지식을 갖추고, 기업체의 회계실무자로서 전산세무회계 프로그램을 활용한 세무 회계 기본업무를 처리할 수 있는지에 대한 능력을 평가한다.

2) 검정방법

• 이론시험과 실기시험 동시진행

• 실무수행프로그램(회계 · 세무 S/W프로그램) : 케이렙(세무사랑) 실무교육 프로그램

3) 응시원서 접수방법

각 회차별 접수기간 중 한국세무사회 자격시험 홈페이지(http://license.kacpta.or.kr)로 접속한 후 회원 가입하여 단체 및 개인별로 접수한다.(회원 가입 시 사진등록 필요)

4) 합격 결정 기준

• 이론시험(15문제) 30점 + 실기시험 70점 → 100점 만점에 70점 이상 합격

5) 문의처

• 문의 : Tel.(02)521 - 8389~9 / Fax.(02)597 - 2940

4. 검정방법 및 시험과목

등급	검정방법		시 험 과 목
전산 회계 1급	이론 (30%)	회계원리	당좌 · 재고자산, 유 · 무형자산, 유가증권, 부채, 자본금, 잉여금, 수익과 비용
		원가회계	원가의 개념, 요소별 · 부문별 원가계산, 개별 · 종합(단일, 공정별)원가계산
		세무회계	부가가치세(과세표준과 세액)
	실기 (70%)	기초정보 등록	초기이월, 거래처 등록, 계정과목의 운용
		거래자료 입력	일반전표 입력, 결산자료 입력(제조업포함)
		부가가치세	매입 · 매출거래자료 입력, 부가가치세신고서의 조회
		입력자료 및 제장부 조회	

5. 세부평가 범위

1) 이론시험(15문항, 문항당 각 2점)

구 분	평 가 범 위	출 제 유 형
회계원리 (8문)	1. 회계의 기본원리	회계의 기본개념, 회계의 순환과정, 결산 및 결산절차
	2. 당좌자산	현금 및 현금성자산, 단기금융상품, 매출 · 기타 채권
	3. 재고자산	재고자산의 개요, 상품계정의 회계처리, 재고자산의 평가
	4. 유형자산	유형자산의 개요, 취득시의 원가결정, 보유기간 중의 회계처리, 유형자산의 처분, 감가상각
	5. 무형자산	무형자산의 개요, 무형자산의 상각
	6. 유가증권	유가증권의 개요, 유가증권의 매입과 처분
	7. 부 채	부채의 개요, 매입 채무와 기타의 채무
	8. 자 본	자본금, 자본잉여금과 이익잉여금, 이익잉여금처분계산서
	9. 수익과 비용	수익과 비용의 인식, 수익과 비용의 분류

구 분	평 가 범 위	출 제 유 형
원가회계 (4문)	1. 원가의 개념	원가의 개념과 종류
	2. 요소별 원가계산	재료비, 노무비, 제조경비, 제조간접비의 배부
	3. 부문별 원가계산	부문별 원가계산의 기초
	4. 개별원가계산	개별 원가계산의 기초
	5. 종합원가계산	종합원가계산의 절차, 종합원가계산의 종류 (단일종합원가계산, 공정별종합원가계산)
세무 (3문)	1. 부가가치세법	과세표준과 세액(세율, 거래징수, 세금계산서, 납부세액)

2) 실기시험 : 법인기업인 제조기업을 대상으로 출제 됨

구 분	평 가 범 위	출 제 유 형
기초정보 등록 · 수정 (15%)	1. 거래처 등록	거래자료 입력시 거래처 추가등록
	2. 계정과목의 운용	계정과목 · 적요의 추가설정 및 수정 · 변경, 경비 구분별 계정과목 운용(제조경비, 판매관리비), 계정과목의 통합
	3. 초기이월	전기분 거래처별 채권 · 채무의 잔액 등록
거래자료 입 력 (30%)	1. 일반전표의 입력	거래내용의 지분 또는 증빙에 의해 일반전표의 입력
	2. 입력자료의 수정 · 삭제 등	입력된 자료를 검토하여 거래처 · 계정과목 · 적요 · 금액 등의 수정 및 삭제, 대차 차액의 발생원인을 검토하여 정정
	3. 결산정리사항입력	결산자료의 입력(제조업 포함)
	4. 감가상각비 계산	유 · 무형자산의 감가상각비 계산
부가가치세 (15%)	1. 매입 · 매출전표의 입력	부가가치세가 포함된 유형별(과세 · 영세 · 불공제 등)거래자료의 입력
	2. 부가가치세 신고서의 조회	과세표준, 매출세액, 매입세액, 납부세액 등의 조회
	3. 매입 · 매출처별 세금계산서 합계표의 조회	특정 매입 · 매출의 거래건수, 금액 등의 조회
입력자료 및 제장부 조회 (10%)	1. 입력자료의 조회	입력 자료의 검색, 대차차액의 원인 검토 · 수정
	2. 장부의 조회	계정과목이나 기간별 거래처의 잔액조회, 건수 · 월계 · 누계 등의 조회
	3. 재무제표에 대한 이해도	계정별 원장과 거래처원장의 잔액 불일치 검토 · 수정, 재무제표의 표시방법

※ 각 부분별 ±10% 이내에서 범위를 조정할 수 있다.

FAT(회계실무)1급 시험개요 및 안내

1. 시험 일정

회 차	구 분	원서접수	시험일자	합격발표	원서비
제69회		02/01 ~ 02/07	02/17 (토)	02/23 (금)	
제70회		02/29 ~ 03/06	03/16 (토)	03/22 (금)	
제71회		04/04 ~ 04/11	04/20 (토)	04/26 (금)	
제72회		05/02 ~ 05/08	05/18 (토)	05/24 (금)	
제73회	FAT 1급	05/30 ~ 06/05	06/15 (토)	06/21 (금)	급수당
제74회	(이론/실무 동시)	07/04 ~ 07/10	07/20 (토)	07/26 (금)	39,000원
제75회		08/01 ~ 08/07	08/17 (토)	08/23 (금)	
제76회		10/03 ~ 10/10	10/19 (토)	10/25 (금)	
제77회		10/31 ~ 11/06	11/16 (토)	11/22 (금)	
제78회		12/05 ~ 12/11	12/21 (토)	12/27 (금)	

2. 시험 시간

등 급	TAT(세무실무)		FAT(회계실무)	
	TAT 1급	TAT 2급	FAT 1급	FAT 2급
시험시간	14:00 ~ 15:30	10:00 ~ 11:30	14:00 ~ 15:00	10:00 ~ 11:00
	90분	90분	60분	60분

3. 시험 안내

1) 검정기준

회계기본 순환과정을 이해하고 증빙관리 및 상거래 활동에서 발생하는 회계정보의 활용능력을 평가

2) 검정방법

- 실무이론시험과 실무수행시험 동시 진행 – 비대면 시험
- 실무수행프로그램(회계 · 세무 S/W프로그램) : 더존 Smart A(I PLUS) 실무교육 프로그램

3) 응시원서 접수방법

각 회차별 접수기간 중 한국공인회계사회 AT자격시험 홈페이지(http://at.kicpa.or.kr)로 접속한 후 회원 가입하여 단체 및 개인별로 접수한다.(회원 가입 시 사진등록 필요)

4) 합격 결정 기준

이론시험 30점 + 실기시험 70점 → 100점 만점에 70점 이상 합격

5) 문의처

문의 : Tel.(02)3149-0225

4. 검정방법 및 출제범위

등급	검정방법		시 험 과 목
FAT 1급	실무이론 (30%)	재무회계	회계의 기초, 계정과목별 회계처리, 매출원가계산, 재무상태표, 손익계산서 작성, 결산
		세무회계	부가가치세의 기초개념
	실무수행 (70%)	기초정보관리	시스템 회계기초 정보등록, 전기이월정보 관리
		회계정보관리	• 상기업의 회계정보(증빙포함)의 발생, 입력, 수정, 조회, 결산 및 재무제표작성 • 지출증빙의 적격증빙관리
		회계정보분석	• 부가가치세 관련자료 입력 및 부가가치세신고서 작성 • 부가가치세 신고 조회 및 분석 • 재무회계정보의 조회 및 분석 • 경리일보 및 어음정보 조회

5. 세부 평가 범위

구분	과목	배점	평가 범위	세부 평가 범위	
				주요 항목	세부 항목
실무 이론	재무 회계 (7문제)	30점	재무 회계 기초	회계의 기초	• 회계의 기본개념 • 회계의 기록과 증빙관리 • 재무상태표와 계정과목별 회계처리 • 결산 • 손익계산서와 계정과목별 회계처리 • 매출원가 계산 • 내부통제제도와 내부회계 관리제도
	부가 가치세 (3문제)		부가세의 기초	부가가치세의 기초	• 부가가치세의 기본개념 • 과세거래 • 영세율과 면세 • 과세표준과 세액
실무 수행	기초 정보 관리	4점	기초정보 관리의 이해	기초정보 등록	• 사업자등록증에 의한 회사등록 수정 • 환경설정 수정 • 사업자등록증에 의한 거래처등록 • 계정과목추가 및 적요등록 수정
				전기분 재무제표	• 전기분재무제표(재무상태표, 손익계산서)의 입력수정 • 거래처별초기이월(일반채권, 채무, 어음관리) 등록 및 수정
	회계 정보 관리	38~ 42점	거래 자료 입력	적격증빙의 이해	• 3만원초과 거래 자료입력 • 3만원초과 거래자료에 대한 영수증수취명세서 작성 • 증빙에 의한 전표입력 → 간이영수증, 신용카드영수증, 현금영수증, 보험료영수증, 자동차세영수증, 전기요금영수증 등
				어음관리	• 약속어음 수취거래 • 약속어음의 만기결제, 할인, 배서양도 • 약속어음 발행거래 • 발행어음의 만기결제
				통장거래 정리	• 통장사본에 의한 거래입력 및 통장잔액확인 등
				신용카드 매입거래	• 신용카드 매입자료에 의한 거래입력

구분	과목	배점	평가 범위	세부 평가 범위	
				주요 항목	세부 항목
실무 수행		17~20점	부 가 가치세	유형자산 관련	• 유/무형자산의 구입 • 신규매입자산의 고정자산 등록 • 유/무형자산의 매각
				기타 일반거래	• 단기매매증권구입 및 매각 • 대손의 발생과 설정 • 출장비 정산 급여 및 퇴직금지급, 임차료지급, 운반비지급, 계약금지급, 계약금입금, 가지급금, 가수금, 예수금, 사회보험지급, 자본금거래
				전자세금 계산서의 발행	• 과세매출자료 입력 • 과세매출자료의 전자세금계산서 발행
				매입매출거래 입력	• 매출거래 및 매입거래에 의한 부가가치세 신고서 작성 • 매출거래 : 과세매출, 면세매출, 카드매출 • 매입거래 : 과세매입, 면세매입, 카드매입, 불공제매입 • 부가가치세신고서조회, 입력자료 조회 • 부가가치세신고서에 의한 회계처리
		8점	결산	수동결산	• 손익의 예상과 이연 • 유가증권 및 외화평가 • 가계정 및 유동성대체등 기타 결산정리 사항
				자동결산	• 결산자료입력에 의한 자동결산 → 상품매출원가, 감가상각비, 대손상각비, 퇴직금 추계액 등
	회계 정보 분석	8점	자료 조회	부가가치세 조회	부가가치세신고서, 매입매출장, 세금계산서합계표, 계산서합계표 등
				자금정보 조회	경리일보, 일일자금명세, 받을어음현황, 지급어음현황
				재무제표 조회	재무상태표, 손익계산서, 합계잔액시산표

● — 목 차 — ●

Part 3. 부가가치세 — **189**

Part 4. 부가가치세 유형 및 분개 연습문제 — **237**

Part 5. 전산회계 1급 기출문제 — **269**

Part 6. FAT 1급 기출문제 — **387**

Part 7. 기출문제 해답 — **487**

Part. 1

재무회계

Chapter 1
재무회계 [기초이론]

1. 재무회계의 기초

(1) 개념 정리

① 회계의 정의와 목적

회계란, 회계정보이용자가 합리적인 의사결정을 할 수 있도록 기업의 경제적 정보를 식별·측정·전달하는 과정을 말한다. 이는 회계의 목적과도 유사하다.

회계의 정의	회계정보이용자가 합리적인 의사결정을 할 수 있도록 기업의 경제적 정보를 식별·측정·전달하는 과정
회계의 목적	정보이용자가 경제적 의사결정을 하는 데 유용한 정보 제공
회계정보이용자	기업과 관련된 거의 모든 사람(경영자, 직원, 투자자, 잠재적 투자자, 주주, 채권자, 거래처, 정부, 종업원 등)

② 재무회계와 원가회계

재무회계는 외부공표용 재무제표를 작성하기 위한 것이므로, 기업회계기준에서 정하는 규정을 준수하여야 하지만, 원가관리회계는 내부관리용이므로 기업 내부에서 정한 기준으로 자유롭게 작성할 수 있다.

구 분	회계원리(재무회계)	원가회계(관리회계)
㉠ 대 상 자	주주, 채권자, 정부 등 외부	경영자 등 내부
㉡ 보고대상	외부보고용(외부인의 의사결정)	내부보고용(내부의사결정)
㉢ 결 과 물	재무제표(5가지)	기업이 자유롭게 작성
㉣ 작성기준	기업회계기준	기업의 내부 기준
㉤ 주 핵 심	과거사건 정리, 측정, 보고	과거를 정리하고 미래를 계획함

③ 기업회계기준

기업회계기준에는 몇 가지 종류가 있지만, 주로 일반기업회계기준과 한국채택 국제회계기준이 사용된다.

일반기업회계기준	상장회사 및 금융회사 이외의 회사에 적용됨(전산세무회계 및 AT 시험은 일반기업회계기준으로 출제됨)
한국채택국제회계기준	상장회사 및 금융회사는 반드시 준수해야 하고 그 외의 회사들도 한국채택국제회계기준을 선택할 수 있음

④ 일반기업회계기준이 정하는 재무제표

재무상태표	일정시점의 재무상태(자산·부채·자본에 대한 정보)
손익계산서	일정기간의 경영성과(수익·비용에 대한 정보)
자본변동표	자본 구성 항목의 기초 및 기말잔액과 기중의 변화를 표시
현금흐름표	현금의 유입과 유출(영업활동, 재무활동, 투자활동)
주 석	각 재무제표의 내용에 추가적인 정보 제공

⑤ 현금주의와 발생주의

현금주의는 현금이 유일될 때 수익을 인식하고 현금이 유출될 때 비용을 인식하는 것을 말하고, 발생주의는 거래나 사건의 발생을 기준으로 수익과 비용을 인식하는 것을 말한다.

발생주의	거래나 사건이 발생하는 기간에 수익과 비용을 인식하는 것
현금주의	현금이 유입될 때 수익, 현금이 유출될 때 비용을 인식하는 것

발생주의 회계는 다음과 같은 발생과 이연의 개념을 포함한다.

발 생	**미수수익**과 같이 미래에 수취할 금액에 대한 자산을 관련된 부채나 수익과 함께 인식하거나, 또는 **미지급비용**과 같이 미래에 지급할 금액에 대한 부채를 관련된 자산이나 비용과 함께 인식하는 회계과정
이 연	**선수수익**과 같이 미래에 수익을 인식하기 위해 현재의 현금유입액을 부채로 인식하거나, **선급비용**과 같이 미래에 비용을 인식하기 위해 현재의 현금유출액을 자산으로 인식하는 회계과정

⑥ 회계공준(기본가정)

회계공준은 재무회계의 논리를 전개하기 위한 기본적인 가정을 말하는 것으로, 다음 3가지가 있다.

기업실체의 가정	• 기업을 소유주와는 독립적으로 존재하는 회계단위로 가정하고, 기업의 경제활동에 대한 재무정보를 측정, 보고하는 것 • 기업은 하나의 독립된 회계단위로서 재무제표를 작성하는 기업실체임

계속기업의 가정	• 기업은 그 목적과 의무를 이행하기에 충분할 정도로 장기간 존속한다고 가정하는 것(역사적 원가의 근거가 됨) • 기업은 경영활동을 청산하거나 축소시킬 의도가 없을 뿐 아니라 청산이 요구되는 상황도 없다고 가정함
기간별 보고의 가정	• 기업의 존속기간을 일정한 기간 단위로 분할하여 각 기간별로 재무제표를 작성하는 것 • 계속 존속하는 기업을 인위적으로 일정한 기간을 나누어서 재무상태와 경영성과를 파악할 필요가 있음(기말결산의 근거가 됨)

기출문제 연습

재무제표는 일정한 기본가정 하에서 작성 된다. 그 기본가정이 아닌 것은?

① 계속기업의 가정 ② 기업실체의 가정

③ 기간별 보고의 가정 ④ 발생과 이연의 가정

풀이

④ 기본가정은 계속기업, 기업실체, 기간별 보고다.

⑦ 복식부기와 단식부기

부기는 장부에 수기로 기록하는 것을 말하는데, 일반적으로 복식부기와 단식부기로 구분한다. 대부분 기업에서는 복식부기(회계)를 사용 한다.

단식부기	차변 · 대변을 나누지 않고 금전출납장의 형태로 장부를 작성하는 것
복식부기	차변과 대변으로 나누어서 기록(분개)하는 형태로 장부를 작성하는 것

⑧ 개인기업과 법인기업

개인기업	기업의 모든 자산 · 부채 · 자본이 대표자의 소유다. 따라서 모든 수익과 위험이 대표자에게 귀속되고, 모든 책임도 대표자에게 있다. 일반적으로 법인기업에 비해서 규모가 작은 편이다.
법인기업	대표자와 기업이 다른 인격체로 분리되어 있다. 기업의 재산은 대표자의 재산이 아니다. 많은 사람들로부터 자본을 조달할 수 있으므로 일반적으로 개인기업에 비해 규모가 큰 편이다.

⑨ 재무보고의 목적

재무보고는 다음 4가지를 목적으로 한다.

• 투자자 및 채권자의 의사결정에 유용한 정보 제공
• 미래현금흐름을 예측하는데 유용한 정보 제공

- 재무상태, 현금흐름, 자본변동 등에 대한 유용한 정보 제공
- 경영자의 수탁책임 평가에 유용한 정보 제공

(2) 회계정보의 질적특성

회계정보가 유용하기 위해 갖추어야 할 주요 속성을 말한다. 가장 중요한 질적특성은 목적적합성과 신뢰성이다.

목적적합성의 하부속성으로 예측가치, 피드백가치, 적시성이 있고, 신뢰성의 하부속성으로 표현의 충실성, 검증가능성, 중립성이 있다.

주요 질적특성	• 목적적합성 : 예측가치, 피드백가치, 적시성 • 신　뢰　성 : 표현의 충실성, 검증가능성, 중립성
기타 질적특성	• 이해가능성, 비교가능성, 비용 · 효익, 중요성 등
유용한 정보	• 목적적합성과 신뢰성 중 어느 하나가 완전히 상실된 정보는 유용한 정보가 될 수 없음

① 목적적합성과 신뢰성의 개념

목적적합성	• 결과를 예측하는데 도움이 되거나, 당초 기대치를 확인 · 수정할 수 있게 함으로써 의사결정에 차이를 가져오게 하는 질적특성 • 회계정보가 의사결정 시점에 이용되도록 적시에 제공될 때 유효함
신　뢰　성	• 회계정보가 유용하기 위해서는 신뢰할 수 있는 정보이어야 함 • 신뢰성 있는 회계정보는 나타내고자 하는 대상을 충실히 표현하고, 객관적으로 검증 가능하여야 하며, 중립적이어야 함

목 적 적합성	예측가치	기업의 미래 재무상태 · 경영성과 등을 예측하는데 정보가 활용될 수 있어야 함
	피드백가치	재무상태 · 경영성과 등에 대한 당초 기대치를 확인 · 수정하게 함으로써 의사결정에 영향을 미칠 수 있어야 함
	적 시 성	정보가 의사결정에 반영되도록 적시에 제공되어야 함
신뢰성	표현의 충실성	기업이 보유하는 자산 · 부채 · 자본을 충실히 나타내야 함
	검증가능성	동일한 사건에 대하여 동일한 측정방법을 적용할 경우 독립된 여러 측정자가 유사한 결론에 도달해야 함
	중 립 성	회계정보는 편의 없이 중립적이어야 함

다음은 재무제표의 질적 특성에 관련된 내용이다. 성격이 다른 하나는?

① 표현의 충실성　　　　　　　　② 검증가능성

③ 중립성　　　　　　　　　　　　④ 적시성

풀이

④ 적시성은 목적적합성의 하부 요소이다.

② 질적특성 간의 상충관계

목적적합성과 신뢰성은 다음과 같이 서로 상충되는 성격을 가지고 있다.

구 분	목적적합성	신뢰성
역사적원가로 평가	예측가치가 떨어져서 목적적합성 하락	자산 가액을 수정하지 않으므로 검증가능성과 신뢰성 제고
현행가치로 평가	예측가치가 높아져서 목적적합성 제고	자산 가액을 수정하므로 신뢰성 하락
분기(반기)보고서	정보가 빠르고 적시에 반영되므로 목적적합성 제고	연차보고서에 비해서 신뢰성 하락
연차(기말)보고서	분기(반기)보고서에 비해서 느리므로 목적적합성 하락	표현의 충실성과 검증가능성이 높아서 신뢰성 제고

다음 중 역사적 원가주의와 가장 관련성이 적은 것은?

① 회계정보의 목적적합성과 신뢰성을 모두 높일 수 있다.

② 기업이 계속하여 존재할 것이라는 가정 하에 정당화되고 있다.

③ 취득 후에 그 가치가 변동하더라도 역사적 원가는 그대로 유지된다.

④ 객관적이고 검증 가능한 회계정보를 생산하는데 도움이 된다.

풀이

① 역사적 원가주의는 신뢰성은 제고되지만 목적적합성은 저하될 수 있다.

③ 질적특성의 제약요인 : 비용 〈 효익, 중요성

회계정보의 질적특성을 충족시키는 데에는 다음의 제약요인이 작용한다. 일단 생산된 회계정보의 생산비용보다 회계정보로 인하여 발생하는 효익이 더 커야 하고, 회계정보가 정보이용자의 의사결정에 영향을 미칠 만큼 중요해야 한다.

비용 〈 효익	회계정보의 효익은 그 정보를 생산·이용하기 위한 비용보다 커야 함
중요성	어떤 회계정보가 누락되거나 잘못 표기되었을 때 정보이용자의 의사결정에 영향을 미치면 이는 중요한 정보임

④ 비교가능성

회계정보는 유사한 다른 기업과 비교 가능해야 하고, 동일한 기업의 과거기간과 비교 가능해야 한다. 기업간 비교는 통일된 회계기준을 적용하면 가능하고, 기간별 비교는 동일한 회계처리방식을 계속 사용하면 가능하다.

기간별 비교가능성	매 기간마다 동일한 회계처리방식을 계속 사용하면 기간별 비교가능성이 높아짐(계속성)
기업간 비교가능성	통일된 기준으로 일반적으로 인정된 회계원칙을 사용하여 회계처리하면 각 기업들 간의 비교가능성이 높아짐(통일성)

⑤ 전제조건 : 이해가능성(정보이용자의 특성)

이해가능성이란, 회계정보이용자가 회계정보를 이해할 수 있어야 한다는 특성이다. 이는 정보이용자가 갖추어야 할 특성이며, 회계정보가 유용하기 위한 전제조건이기도 하다. 회계정보이용자가 회계정보를 보고 이해하려고 노력해도 이해할 수 없다면 회계정보로써의 가치가 낮을 수 밖에 없다.

【회계정보의 질적특성】

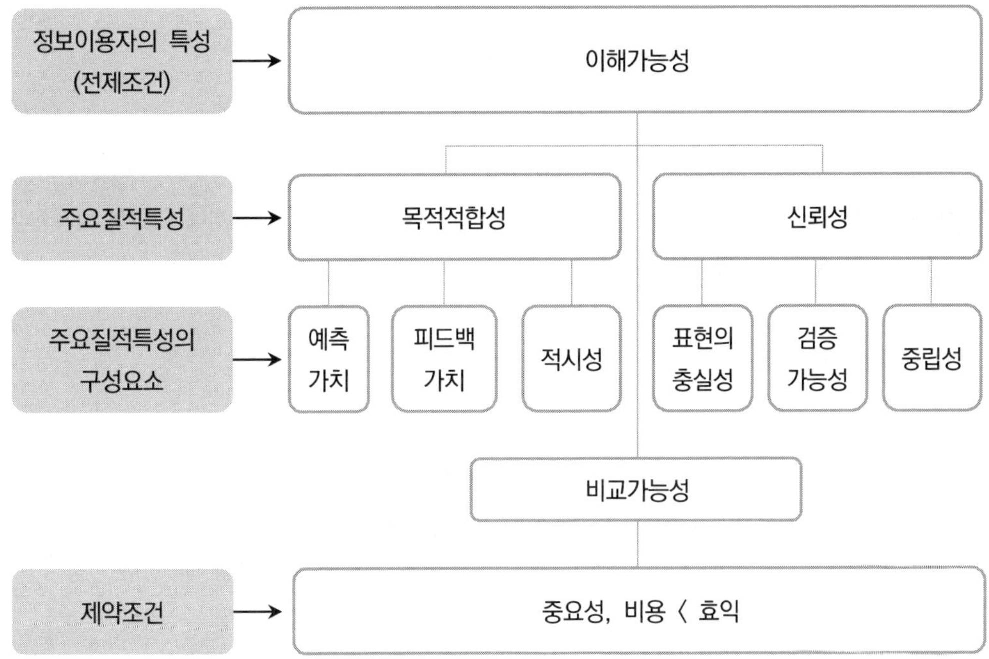

실전문제연습 

01 주식시장에 상장되어 있는 두 회사의 회계정보를 비교하고자 하는 경우 회계정보가 갖추어야 할 속성으로 가장 적합한 것은?

① 비교가능성　　　② 신뢰성　　　③ 목적적합성　　　④ 중립성

02 기말결산정리를 하게 되는 근거가 되는 가정으로 가장 적절한 것은?

① 기업실체의 가정　　　　　　② 기간별보고의 가정
③ 화폐단위의 가정　　　　　　④ 계속기업의 가정

03 다음 설명의 괄호 안에 들어갈 것으로 옳은 것은?

> 이연이란 (　　)과 같이 미래에 수익을 인식하기 위해 현재의 현금유입액을 부채로 인식하거나,
> (　　)과 같이 미래에 비용을 인식하기 위해 현재의 현금유출액을 자산으로 인식하는 회계과정을
> 의미한다.

① 미수수익, 선급비용　② 선수수익, 선급비용
③ 미수수익, 미지급비용　　　　④ 선수수익, 미지급비용

04 회사는 미래에도 계속적으로 정상적인 영업활동을 영위할 것이라는 전제 하에 역사적 원가주의의 근간이 되는 회계의 기본가정은?

① 기업실체의 가정　　　　　　② 계속기업의 가정
③ 기간별보고의 가정　　　　　　④ 발생주의

05 재무제표의 질적 특성(회계정보의 질적 특성)간 균형에 대한 설명 중 잘못된 것은?

① 신뢰성과 목적적합성은 서로 상충관계가 발생될 수 있다.
② 완성기준을 적용하면 목적적합성은 향상되는 반면 신뢰성은 저하될 수 있다.
③ 현행원가를 적용하면 목적적합성은 향상되는 반면 신뢰성은 저하될 수 있다.
④ 중간보고의 경우 목적적합성은 향상되는 반면 신뢰성은 저하될 수 있다.

06 발생주의 회계는 발생과 이연의 개념을 포함한다. 이와 관련된 계정과목이 아닌 것은?

① 미수수익　　　　② 미지급비용　　　　③ 선수금　　　　④ 선급비용

07 회계정보가 유용하기 위해 갖추어야 할 속성 중 가장 중요한 것은?

① 목적적합성, 신뢰성　　　　　　② 피드백 가치, 예측가치
③ 비교가능성, 표현의 충실성　　　④ 검증가능성, 중립성

08 다음 중 재무제표의 질적특성 중 신뢰성과 가장 관련성이 없는 것은?

① 회계정보를 생산하는데 있어서 객관적인 증빙자료를 사용하여야 한다.
② 동일한 거래에 대해서는 유사한 결과를 예측할 수 있도록 회계정보를 제공하여야 한다.
③ 유용한 정보를 위해서 필요한 정보는 재무제표에 충분히 표시하여야 한다.
④ 의사결정에 제공된 회계정보는 기업의 미래에 대한 예측가치를 높일 수 있어야 한다.

09 다음은 회계의 기본가정(공준) 중 무엇에 대한 설명인가?

> 기업실체는 그 경영활동을 청산하거나 중대하게 축소시킬 의도가 없을 뿐 아니라 청산이 요구되는 상황도 없다고 가정된다.

① 계속기업의 가정　　　　　　② 기업실체의 가정
③ 연결재무제표　　　　　　　④ 발생주의 가정

10 회계정보의 질적특성인 목적적합성의 구성요소가 아닌 것은?

① 표현의 충실성　　② 피드백가치　　③ 적시성　　④ 예측가치

11 다음 중 재무보고의 목적이 아닌 것은?

① 투자 및 신용의사결정에 유용한 정보 제공
② 미래 현금흐름 예측에 유용한 정보 제공
③ 경영자의 장기적 의사결정의 성과평가에 관한 환경적 정보의 제공
④ 재무상태, 현금흐름, 자본변동 등의 재무정보의 제공

12 다음 중 회계정보의 질적 특성인 '신뢰성'과 직접 관련이 적은 것은?

① 예측가치와 피드백가치 　　　　② 표현의 충실성

③ 검증가능성 　　　　　　　　　　④ 중립성

13 다음은 회계정보의 질적특성 중 무엇에 대한 설명인가?

> 회계정보가 기업실체의 재무상태, 경영성과, 순현금흐름, 자본변동 등에 대한 정보이용자의 당초 기대치(예측치)를 확인 또는 수정하게 함으로써 의사결정에 영향을 미칠 수 있는 능력을 말한다.

① 예측가치 　　　② 피드백가치 　　　③ 적시성 　　　④ 신뢰성

실전문제연습 해답 

01 ① 비교가능성은 회계정보를 다른 기간 간에 비교할 수 있게 하고, 특정기업의 회계정보를 다른 기업의 회계정보와 비교할 수 있게 하는 속성을 의미한다.

02 ② 결산은 기간단위로 하는 것이므로 기간별보고의 가정이 그 근거가 된다.

03 ② 발생은 미수수익과 미지급비용, 이연은 선수수익과 선급비용

04 ② 재무제표를 작성하는데 기초가 되는 기본적 전제를 회계의 기본가정이라 한다.

05 ② 완성기준을 적용하면 신뢰성은 향상되나, 목적적합성은 저하될 수 있음.

06 ③ 발생은 미수수익과 미지급비용, 이연은 선수수익과 선급비용

07 ① 회계정보가 갖추어야 할 가장 중요한 질적특성은 목적적합성과 신뢰성이다.

08 ④ 예측가치는 목적적합성과 관련이 있다.

09 ① 계속기업의 가정이란 기업실체는 그 목적과 의무를 이행하기에 충분할 정도로 장기간 존속한다고 가정하는 것을 말한다.

10 ① 목적적합성은 예측가치, 피드백가치, 적시성으로 구성된다.

11 ③ 경영자의 장기적 의사결정의 결과는 상당한 기간이 경과한 후에 그 효과가 나타날 수 있으므로 과거의 성과와 현재의 성과를 명확하게 구분하기 어렵다. 또한 환경적 정보는 재무제표에 나타나지 않는다.

12 ① 적시성 및 예측가치와 피드백가치는 목적적합성의 주요 질적 특성의 요소이다.

13 ②

2. 재무제표

> • 재무상태표   • 손익계산서   • 현금흐름표   • 자본변동표   • 주석

(1) 개요

① 재무제표의 개념 및 종류

재무제표의 개념	재무제표란 기업의 회계정보를 정보이용자에게 전달하기 위해 작성하는 보고서를 말한다.
재무제표의 종류	일반기업회계기준이 정하는 재무제표는 재무상태표, 손익계산서, 현금흐름표, 자본변동표, 주석이다.
기재 내용	각 재무제표의 명칭과 함께 기업명, 보고기간종료일 또는 회계기간, 보고통화 및 금액단위를 함께 기재한다.
재무제표 외	주기 · 제조원가명세서 · 이익잉여금처분계산서는 일반기업회계기준에서 정하는 재무제표에는 해당되지 않는다.

② 재무제표 작성과 표시의 일반원칙

재무제표를 작성하기 위해서는 일반적인 원칙이 있는데, '작성과 표시의 일반원칙'은 다음과 같다.

㉠ 계속기업	재무제표 작성 시 계속기업으로서의 존속가능성을 평가해야 한다.
㉡ 작성책임	재무제표의 작성과 표시에 대한 책임은 경영진에게 있다.
㉢ 공정한 표시	일반기업회계기준에 따라 적정하게 작성된 재무제표는 공정하게 표시된 재무제표로 본다.
㉣ 구분과 통합	중요한 항목은 그 내용을 가장 잘 나타낼 수 있도록 구분하여 표시하며, 중요하지 않은 항목은 유사한 항목과 통합하여 표시할 수 있다.
㉤ 비교가능성	기간별 비교가능성을 제고하기 위하여 전기 재무제표의 모든 계량정보를 당기와 비교하는 형식으로 표시하며, 재무제표 항목의 표시와 분류는 매기 동일하게 적용하는 것을 원칙으로 한다.
㉥ 계정과목	일반기업회계기준에 예시된 명칭보다 내용을 잘 나타내는 계정과목명이 있을 때는 그 계정과목명을 사용할 수 있다.

③ 재무제표의 특성과 한계

재무제표를 통해 제공되는 정보는 다음과 같은 특성과 한계를 가진다.

① 재무제표는 화폐단위로 측정된 정보를 주로 제공한다.

② 재무제표는 대부분 과거에 발생한 거래나 사건에 대한 정보를 나타낸다.

③ 재무제표는 추정에 의한 측정치를 포함하고 있다.

④ 재무제표는 특정기업실체에 관한 정보를 제공하며, 산업경제 전반에 관한 정보를 제공하지는 않는다.

기출문제 연습

각 재무제표의 명칭과 함께 기재해야 할 사항으로 틀린 것은?

① 기업명   ② 보고기간종료일

③ 금액단위   ④ 기능통화

풀이

④ 재무제표는 재무상태표, 손익계산서, 현금흐름표, 자본변동표 및 주석으로 구분하여 작성하며, 다음의 사항을 각 재무제표의 명칭과 함께 기재한다. (1) 기업명 (2) 보고기간종료일 또는 회계기간 (3) 보고통화 및 금액단위

④ **각 재무제표의 상관관계**

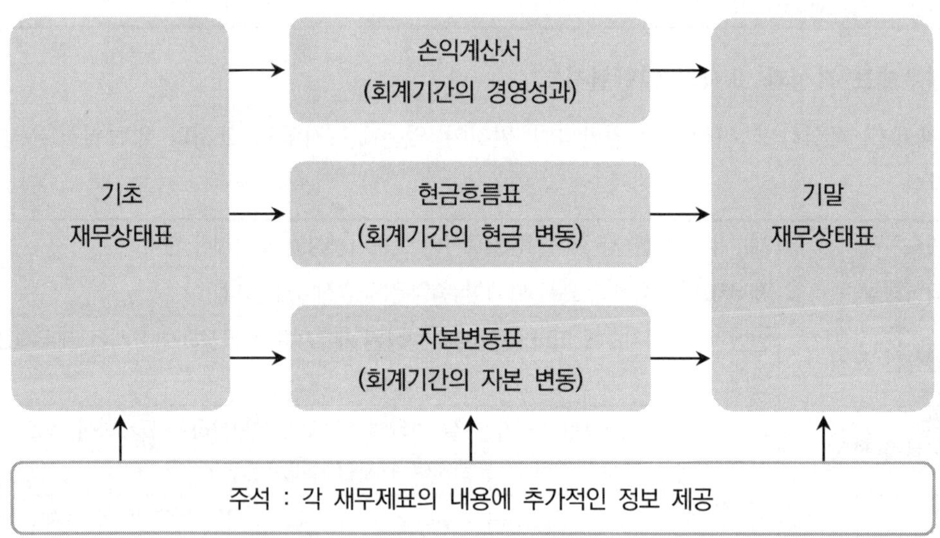

재무상태표(시점)	일정시점의 재무상태(자산 · 부채 · 자본에 대한 정보)
손익계산서(기간)	일정기간의 경영성과(수익 · 비용에 대한 정보)
자본변동표(기간)	자본 구성항목의 기초 및 기말잔액과 기중의 변화를 표시
현금흐름표(기간)	현금의 유입과 유출(영업활동, 재무활동, 투자활동)
주 석	각 재무제표의 내용에 추가적인 정보 제공

【재무제표 작성 시 측정 기준】

역사적원가	취득시점에 지급한 대가(과거에 지급(매입)한 원가)
현행원가	보유하고 있는 자산과 유사한 자산을 현재 시점에 취득할 경우 지급해야 하는 대가
실현가능가치	보유하고 있는 자산을 정상적으로 처분하는 경우에 수취할 수 있는 대가
현재가치	보유하고 있는 자산이 창출할 것으로 기대되는 미래의 순현금 유입액의 현재가치

(2) 재무상태표

재무상태표는 일정시점(기초, 기말)의 재무상태(자산·부채·자본)에 대한 정보를 제공하는 재무보고서이다.

① 자산

과거의 거래나 사건의 결과로서 현재 기업실체에 의해 지배되고 미래에 경제적 효익을 창출할 것으로 기대되는 자원을 말한다. (기업이 소유하는 모든 것)

> 현금, 당좌예금, 보통예금, 외상매출금, 받을어음, 단기대여금, 선급금, 미수금, 상품, 제품, 투자부동산, 건물, 토지, 비품, 차량운반구, 소프트웨어, 임차보증금 등

② 부채

과거의 거래나 사건의 결과로 현재 기업실체가 부담하고 있고 미래에 자원의 유출 또는 사용이 예상되는 의무를 말한다. (채무, 빚을 의미한다)

> 외상매입금, 지급어음, 미지급금, 단기차입금, 선수금, 사채, 퇴직급여충당부채 등

③ 자본

자산총액에서 부채총액을 차감한 잔여액 또는 순자산(순재산)으로서 기업실체의 자산에 대한 소유주의 잔여청구권을 말한다. (자본등식 : 자산 − 부채 = 자본)

> 자본금, 자본잉여금, 자본조정, 기타포괄손익누계액, 이익잉여금

④ 재무상태표 등식

> 자산 = 부채 + 자본

기출문제 연습

다음 설명 중 가장 옳은 것은?

① 자산이 증가하고 부채가 증가하면 자본이 반드시 증가한다.

② 자산이 증가하고 부채가 감소하면 자본이 반드시 증가한다.

③ 자산이 증가하고 부채가 고정되면 자본이 반드시 감소한다.

④ 자산이 감소하고 부채가 증가하면 자본이 반드시 증가한다.

풀이

② 자산 = 부채 + 자본, 자본 = 자산 − 부채

---

⑤ 재무상태표의 기본구조

자산	**부채** : 유동부채, 비유동부채
• 유동자산 : 당좌자산, 재고자산	**자본** : 자본금, 자본잉여금, 자본조정,
• 비유동자산 : 투자자산, 유형자산, 무형자산, 기타비유동자산	기타포괄손익누계액, 이익잉여금

⑥ 재무상태표 작성 기준

㉠ 구분표시		자산·부채·자본 중 중요한 항목은 재무상태표 본문에 별도 항목으로 구분하여 표시한다.
㉡ 총액표시		자산과 부채는 원칙적으로 상계하여 표시하지 않고 총액으로 표시한다.
㉢ 유동성배열법		자산과 부채를 표시할 때 현금화하기 쉬운 계정부터 표시한다.(당좌자산, 재고자산, 투자자산, 유형자산, 무형자산, 기타비유동자산 순서로 작성)
㉣ 유동과 비유동		보고기간종료일로부터 1년 또는 정상적인 영업주기 이내에 현금화될 것으로 예상되는 것은 유동으로, 그 외의 것은 비유동으로 분류한다.
㉤ 잉여금 구분		자본거래에서 발생한 자본잉여금과 손익거래에서 발생한 이익잉여금을 구분하여 표시한다.

⑦ 부분 재무상태표 예시

재무상태표

제12기 2024년 12월 31일 현재
제11기 2023년 12월 31일 현재

㈜정우 　　　　　　　　　　　　　　　　　　　　　　　　　　　단위: 원

과 목	당기(제12기)	전기(제11기)
자산		
Ⅰ. 유동자산	15,965,210	17,538,780
(1) 당좌자산	5,682,689	6,962,188
1. 현금및현금성자산	1,580,120	1,530,910
2. 매출채권	328,165	482,105
⋮	⋮	⋮
(2) 재고자산	9,188,190	7,804,260
1. 상품	2,571,910	1,992,917
⋮	⋮	⋮

(3) 손익계산서

① 수익과 비용의 개념

손익계산서는 일정기간의 경영성과(비용·수익)에 대한 정보를 제공하는 재무보고서이다. 수익과 비용의 개념은 다음과 같다.

수 익	재화의 판매 또는 용역의 제공 등에 대한 대가로 발생하는 자산의 유입 또는 부채의 감소
비 용	재화의 판매 또는 용역의 제공 등에 따라 발생하는 자산의 유출이나 사용 또는 부채의 증가

② 순이익과 순손실

수익에서 비용을 차감하면 순이익이 계산된다. 만약 수익에서 비용을 차감한 잔액이 마이너스(-)라면, 이 마이너스(-) 금액을 순손실이라 한다. 순이익은 자본을 증가시키고, 순손실은 자본을 감소시킨다.

순이익	[수익-비용]이 (+) 금액일 때 순이익 → 자본을 증가시킴
순손실	[수익-비용]이 (-) 금액일 때 순손실 → 자본을 감소시킴

예를 들면, 기초(1월 1일)의 자본이 100원이고 당기순이익이 50원이라면, 기말(12월 31일)의 자본은 150원(100+50)이다. 만약에 기초 자본이 100원이고 당기순손실이 20원이라면, 기말자본은 80원(100-20)이다.

③ 손익계산서의 구조

손익계산서는 다음과 같은 구조를 가지고 있다. 손익계산서에서는 손익을 매출총손익, 영업손익, 법인세차감전순손익, 당기순손익 등으로 구분하여 계산하는데 이것을 '구분계산의 원칙'이라 한다.

	Ⅰ. (순)매출액	: 총매출액 – 매출할인, 매출환입, 매출에누리
–	Ⅱ. 매출원가	: 기초재고 + 당기매입 또는 제품제조원가 – 기말재고
=	**Ⅲ. 매출총손익**	: (순)매출액 – 매출원가
–	Ⅳ. 판매비와관리비	: 매출원가 외에 판매관리활동에서 발생하는 모든 비용
=	**Ⅴ. 영업손익**	: 매출총손익 – 판매비와관리비
+	Ⅵ. 영업외수익	: 주된 영업활동이 아닌 활동으로부터 발생한 수익
–	Ⅶ. 영업외비용	: 주된 영업활동이 아닌 활동으로부터 발생한 비용
=	**Ⅷ. 법인세차감전순손익**	: 영업손익 + 영업외수익 – 영업외비용
–	Ⅸ. 법인세비용	: 세법에 따른 법인세 등
=	**Ⅹ. 당기순손익**	: 법인세차감전순이익 – 법인세비용

기출문제 연습

다음 중 재무상태표 및 손익계산서에 대해 잘못 설명한 것은?

① 자산은 유동자산과 비유동자산으로 구분되고, 비유동자산은 투자자산, 유형자산, 무형자산 및 기타비유동자산으로 구분된다.
② 부채는 유동부채와 비유동부채로 구분되며, 사채 · 장기차입금 · 퇴직급여충당부채계정은 비유동부채에 속한다.
③ 손익계산서는 매출총손익 · 영업손익 · 경상손익 · 법인세비용차감전순손익 및 당기순손익으로 구분 표시하여야 한다.
④ 재무상태표는 유동성배열법에 따라 유동성이 큰 항목부터 먼저 나열한다.

풀이

③ 손익계산서는 매출총손익 · 영업손익 · 법인세비용차감전순손익 및 당기순손익으로 구분 표시된다. 경상손익은 아니다.

④ 손익계산서 작성 기준

총액표시	수익과 비용은 각각 총액으로 보고하는 것을 원칙으로 한다. 단, 중요하지 않은 경우에는 차익과 차손 등을 상계하여 표시할 수 있다.
구분계산	매출총손익, 영업손익, 법인세차감전순손익, 당기순손익 등으로 구분하여 표시한다.
발생주의	수익과 비용은 발생주의를 적용하여 회계처리 한다.
실현주의	수익은 실현된 회계기간에 인식한다. 발생주의가 원칙이며, 수익의 구체적인 인식시 실현주의를 적용한다.
수익 · 비용 대응	비용은 관련된 수익이 인식된 회계기간에 인식한다.

수익은 가득요건(수익획득을 위한 노력이 완료되거나 거의 완료되어야 함)과 실현요건(수익금액을 합리적으로 측정할 수 있어야 함)을 충족할 때 인식한다.

⑤ 부분 손익계산서 예시

손익계산서

제12기 2024년 1월 1일 부터 2024년 12월 31일 까지

제11기 2023년 1월 1일 부터 2023년 12월 31일 까지

㈜정우   단위: 원

과 목	당기(제12기)		전기(제11기)	
Ⅰ. 매출액		257,922,764		242,882,943
Ⅱ. 상품매출원가		117,771,844		123,144,341
1. 기초상품재고액	26,541,553		25,253,234	
2. 당기상품매입액	125,412,561		124,432,660	
3. 기말상품재고액	(34,182,270)		(26,541,553)	
Ⅲ. 매출총이익		140,150,920		119,738,602
Ⅳ. 판매비와관리비		54,854,745		59,438,402
1. 급여	25,845,210		26,837,230	
⋮	⋮		⋮	

(4) 현금흐름표 · 자본변동표 · 주석

현금흐름표	기업의 현금흐름을 나타내는 보고서이다. 현금의 흐름을 영업활동 · 투자활동 · 재무활동으로 구분하여 파악한다.
자본변동표	기업이 보유한 자본의 크기와 변동을 나타낸다.
주 석	각 재무제표의 본문 내용을 자세하게 설명하는 별지를 말한다. 재무제표를 이해하는데 도움을 주며, 재무제표에 포함된다.

(5) 기타 사항

① 제조기업의 재무제표 작성 순서

제조원가명세서 → 손익계산서 → 이익잉여금처분계산서 → 재무상태표

② 중간 재무제표

개 념	일반적인 재무제표는 1년을 기준으로 하지만, 3개월(분기) 또는 6개월(반기) 등 중간 기간을 기준으로 작성하는 재무제표가 있는데 이를 중간재무제표라 한다.
중간 재무제표의 종류	재무상태표, 손익계산서, 현금흐름표, 자본변동표, 주석
비교형식 표시	재무상태표는 중간기간 말과 전기 말을 비교 표시하고, 손익계산서는 중간기간과 누적기간을 전기의 동일한 기간과 비교 표시한다.

실전문제연습 

01 재무제표 작성과 표시의 일반원칙으로 가장 틀린 것은?

① 전기 재무제표의 모든 계량정보를 당기와 비교하는 형식으로 표시한다.

② 재무제표의 작성과 표시에 대한 책임은 회계담당자에게 있다.

③ 재무제표는 이해하기 쉽도록 간단하고 명료하게 표시하여야 한다.

④ 재무제표는 재무상태, 경영성과, 현금흐름 및 자본변동을 공정하게 표시하여야 한다.

02 재무제표를 통해 제공되는 정보에 관한 내용 중 올바르지 않은 것은?

① 화폐단위로 측정된 정보를 주로 제공한다.

② 특정기업실체에 관한 정보를 제공하며, 산업 또는 경제 전반에 관한 정보를 제공하지는 않는다.

③ 대부분 과거에 발생한 거래나 사건에 대한 정보를 나타낸다.

④ 추정에 의한 측정치는 포함하지 않는다.

03 다음은 재무상태표의 기본구조에 대한 설명이다. 틀린 것은?

① 유동자산은 당좌자산과 재고자산으로 구분한다.

② 비유동자산은 투자자산, 유형자산, 무형자산, 기타비유동자산으로 구분한다.

③ 자산과 부채는 유동성이 작은 항목부터 배열하는 것을 원칙으로 한다.

④ 자본은 자본금, 자본잉여금, 자본조정, 기타포괄손익누계액 및 이익잉여금으로 구분한다.

04 다음 중 재무상태표가 제공할 수 있는 정보로서 가장 적합하지 않은 것은?

① 경제적 자원에 관한 정보   ② 경영성과에 관한 정보

③ 유동성에 관한 정보   ④ 지급능력에 관한 정보

05 다음 중 재무제표의 작성과 표시의 일반원칙에 관한 내용으로 틀린 것은?

① 재무제표의 작성과 표시에 대한 책임은 경영진에게 있다.

② 재무제표는 기업의 재무상태, 경영성과, 현금흐름 및 자본변동을 공정하게 표시하여야 한다.

③ 중요하지 않은 항목이라 할지라도 성격이나 기능이 유사한 항목과 통합하여 표시할 수 없다.

④ 주식회사의 잉여금은 자본잉여금과 이익잉여금으로 구분하여 표시하여야 한다.

06 다음 중 재무제표에 대한 설명으로 잘못 설명된 것은?

① 현금흐름표는 영업활동, 투자활동, 재무활동으로 인한 현금흐름으로 구분하여 표시한다.

② 손익계산서는 일정기간 동안 기업의 경영성과에 대한 정보를 제공한다.

③ 재무상태표, 손익계산서, 현금흐름표, 이익잉여금처분계산서로 구성되며, 주석을 포함한다.

④ 주석은 우발상황과 같이 재무제표에 인식되지 않는 항목에 대한 추가 정보를 포함하여야 한다.

07 일반기업회계기준에 의한 재무상태표에 관한 설명이다. 틀린 것은?

① 유동자산은 당좌자산과 재고자산으로 구분하고, 비유동자산은 금융자산, 유형자산, 무형자산, 기타비유동자산으로 구분한다.

② 부채는 유동부채와 비유동부채로 구분한다.

③ 자본은 자본금, 자본잉여금, 자본조정, 기타포괄손익누계액 및 이익잉여금(또는 결손금)으로 구분한다.

④ 재무상태표는 정보이용자들이 기업의 유동성, 재무적 탄력성, 수익성과 위험 등을 평가하는 데 유용한 정보를 제공한다.

08 다음의 재무상태표 작성기준 중 그 내용이 가장 적절한 항목은?

① 자산과 부채는 유동성이 작은 항목부터 배열한다.

② 자산, 부채, 자본은 총액으로 표기하지 않고 순액으로 기재한다.

③ 지산과 부채는 결산일 기준 1년 또는 정상영업주기를 기준으로 구분 표시한다.

④ 자본항목 중 잉여금은 주주와의 거래인 이익잉여금과 영업활동의 결과인 자본잉여금으로 구분하여 표시한다.

09 다음 중 재무회계에 관한 설명으로 가장 적절하지 않는 것은?

① 재무제표에는 재무상태표, 손익계산서, 자본변동표, 현금흐름표 등이 있다.
② 일정기간 동안 기업의 경영성과에 대한 정보를 제공하는 보고서는 재무상태표이다.
③ 기업의 외부정보이용자에게 유용한 정보를 제공하는 것을 주된 목적으로 한다.
④ 회계연도는 1년을 초과할 수 없다.

10 다음 중 재무상태표의 설명으로 틀린 것은?

① 정보이용자들이 기업의 유동성, 재무적 탄력성, 수익성과 위험 등을 평가하는 데 유용한 정보를 제공한다.
② 일정 기간 동안 기업의 경영성과에 대한 정보를 제공한다.
③ 자산, 부채, 자본으로 구성된다.
④ 자본은 자본금, 자본잉여금, 자본조정, 기타포괄손익누계액 및 이익잉여금(또는 결손금)으로 구분한다.

11 다음 중 제조기업의 재무제표를 작성하는 순서로 가장 올바른 것은?

㉠ 제조원가명세서	㉡ 손익계산서
㉢ 이익잉여금처분계산서	㉣ 재무상태표

① ㉠ → ㉢ → ㉣ → ㉡   ② ㉡ → ㉢ → ㉣ → ㉠
③ ㉠ → ㉡ → ㉢ → ㉣   ④ ㉢ → ㉣ → ㉠ → ㉡

실전문제연습 해답 

01 ② 재무제표의 작성과 표시에 대한 책임은 경영진에게 있다.

02 ④ 재무제표를 통해 제공되는 정보는 다음과 같은 특성과 한계를 갖고 있다.

(가) 재무제표는 화폐단위로 측정된 정보를 주로 제공한다.

(나) 재무제표는 대부분 과거에 발생한 거래나 사건에 대한 정보를 나타낸다.

(다) 재무제표는 추정에 의한 측정치를 포함하고 있다.

(라) 재무제표는 특정기업실체에 관한 정보를 제공하며, 산업경제 전반에 관한 정보를 제공하지는 않는다.

03 ③ 자산과 부채는 유동성이 큰 항목부터 배열하는 것을 원칙으로 한다.

04 ② 경영성과에 관한 정보는 손익계산서에서 제공하는 정보이다.

05 ③ 중요하지 않은 항목은 성격이나 기능이 유사항 항목을 통합하여 표시할 수 있다.

06 ③ 재무제표는 재무상태표, 손익계산서, 현금흐름표, 자본변동표로 구성되며, 주석을 포함한다.

07 ① 유동자산은 당좌자산과 재고자산으로 구분하고, 비유동자산은 투자자산, 유형자산, 무형자산, 기타비유동자산으로 구분한다.

08 ③ ①유동성이 큰 항목부터 배열한다. ②총액으로 표시한다. ④주주와의 거래는 자본잉여금, 영업활동의 결과는 이익잉여금이다.

09 ② 재무상태표가 아닌 손익계산서에 대한 설명이다.

10 ② 재무상태표가 아닌 손익계산서에 대한 설명이다.

11 ③ 제조기업의 재무제표 작성은 제조원가명세서의 당기제품제조원가가 산출되고, 손익계산서의 당기순손익이 결정되고, 이익잉여금의 미처분이익잉여금이 결정되고 재무상태표가 작성된다.

Chapter 2
재무회계 이론(자산 · 부채 · 자본 · 수익 · 비용)

1. 자산의 분류

① 자산의 개념

과거의 거래나 사건의 결과로서 현재 기업실체에 의해 지배되고 미래에 경제적 효익을 창출할 것으로 기대되는 자원을 말한다. 자산은 1년기준으로 유동자산과 비유동자산으로 분류한다.

② 유동자산과 비유동자산 분류

자산은 크게 1년기준으로 유동자산과 비유동자산으로 분류되며, 유동자산과 비유동자산 각각에 속하는 항목은 다음과 같다.

유동자산	당좌자산, 재고자산
비유동자산	투자자산, 유형자산, 무형자산, 기타비유동자산

③ 유동성배열법

자산을 재무상태표에 표시할 때는 유동성이 큰(현금화하기 쉬운) 항목부터 먼저 배열하고, 유동성이 낮은 항목은 아래쪽에 배열한다.

따라서, 다음의 순서대로 배열한다. 이를 유동성배열법이라 한다.

> **유동자산**
> 　당좌자산
> 　재고자산
> **비유동자산**
> 　투자자산
> 　유형자산
> 　무형자산
> 　기타비유동자산

<table>
<tr><td rowspan="3">기출문제
연습</td><td>유동성 배열법에 따라 재무상태표를 작성할 때 순서로 바르게 나열한 것은?</td></tr>
<tr><td>ㄱ. 유형자산　　ㄴ. 투자자산　　ㄷ. 당좌자산　　ㄹ. 재고자산</td></tr>
<tr><td>① ㄴ→ㄷ→ㄹ→ㄱ　　　　　　② ㄴ→ㄷ→ㄱ→ㄹ
③ ㄷ→ㄹ→ㄴ→ㄱ　　　　　　④ ㄷ→ㄴ→ㄹ→ㄱ</td></tr>
<tr><td></td><td>풀이
③ 유동성배열법은 당좌자산 – 재고자산 – 투자자산 – 유형자산 – 무형자산 – 기타비유동자산
의 순서로 배열하는 방법이다.</td></tr>
</table>

2. 당좌자산

(1) 당좌자산의 개념과 분류

① 당좌자산의 개념

판매과정을 거치지 않고 보고기간 말부터 1년 이내에 현금화되는 자산을 말한다. 유동자산은 당좌자산과 재고자산으로 구성되어 있으므로, 당좌자산은 재고자산에 속하지 않은 유동자산이라고 할 수 있다.

② 당좌자산의 분류

당좌자산의 구성항목은 수도 없이 많지만, 시험과 실무에서 많이 사용되는 항목은 다음과 같다.

계정과목	내　용
현금및현금성자산	통화, 통화대용증권, 당좌예금, 보통예금 및 현금성자산
단기매매증권	단기매매목적으로 취득한 시장성 있는 유가증권(주식, 국채, 공채, 사채)
매출채권	일반적 상거래에서 발생하는 채권(외상매출금, 받을어음)
선급비용	당기에 지급하였지만 당기의 비용이 아니라 차기(미래)의 비용
단기대여금	타인에게 빌려준 금액으로 상환 기한이 1년 이내인 것
미 수 금	일반적 상거래 이외의 거래에서 발생하는 채권
선 급 금	매입계약 시 지급하는 계약금
미수수익	당기의 수익을 당기에 수취하지는 않았지만 당기에 귀속되는 금액
단기금융상품	만기가 1년 이내에 도래하는 금융상품으로 현금성자산이 아닌 것 정기예금, 정기적금 등

(2) 현금및현금성자산

① 개요

현금및현금성자산은 모든 기업에서 필수적으로 보유하고 있는 자산으로써 유동성 그 자체이므로 재무상태표의 가장 위에 표시된다.

재무상태표에는 '현금및현금성자산'이라는 하나의 통합된 계정과목으로 표시하기도 하고, 현금·보통예금·당좌예금 등 세부 계정과목으로 분리해서 표시하기도 한다.

② 현금(통화 및 통화대용증권)

현금은 통화와 통화대용증권으로 구성되는데, 통화는 주화와 지폐를 말하고 통화대용증권의 개념과 종류는 다음과 같다.

통화대용증권의 개념	통화는 아니지만 통화와 유사한 효력이 있는 것으로서 언제라도 통화와 교환할 수 있는 것
통화대용증권의 종류	타인발행수표, 자기앞수표, 송금수표, 우편환증서, 배당금지급통지표, 만기가 도래한 공·사채이자표 등
우표 및 수입인지	우표 및 수입인지는 통화대용증권이 아니다. 우표는 통신비, 수입인지는 세금과공과 등 비용으로 처리한다.

③ 현금성자산

개 념	현금성자산이란 큰 거래비용 없이 현금으로 전환이 용이하고 이자율 변동에 따른 가치변동의 위험이 경미한 금융상품으로서 취득 당시 만기일(또는 상환일)이 3개월 이내인 것을 말한다. 현금성자산의 개념을 분석하면 다음과 같다. ㉠ 큰 거래비용 없이 현금으로 전환이 용이해야 함 ㉡ 이자율 변동에 따른 가치변동의 위험이 경미해야 함 ㉢ **취득 당시 만기일(또는 상환일)이 3개월 이내이어야 함**
사 례	• 취득시 만기가 3개월 이내인 채권 • 취득시 상환일이 3개월 이내인 상환우선주 • 취득시 3개월 이내 환매조건의 환매채

④ 요구불예금(당좌예금과 보통예금)과 당좌차월

요구불예금	• 당좌예금이나 보통예금처럼 은행에서 언제든지 찾을 수 있는 예금을 요구불예금이라 한다. • 요구불예금은 현금및현금성자산으로 분류된다.
당좌예금	• 당좌예금은 당좌수표 또는 어음을 발행하여 당좌수표 등의 소지인이 인출할 수 있는 예금을 말한다. • 당좌수표를 발행하면 분개할 때 당좌예금을 대변에 기록해서 당좌예금에서 차감한다.
당좌차월	• 당좌예금 잔액이 마이너스(–)가 되는 경우가 있는데 이것을 당좌차월이라 한다. • 이는 단기차입금으로 회계처리하기도 한다.
타인의 당좌수표	타인이 발행한 당좌수표를 수취한 경우에 이는 타인발행수표에 해당되므로 현금으로 처리한다.
당좌개설보증금	당좌개설보증금은 당좌예금을 개설하기 위하여 은행에 예치하는 보증금을 말하는데, 이는 특정현금과예금(투자자산)으로 분류된다.

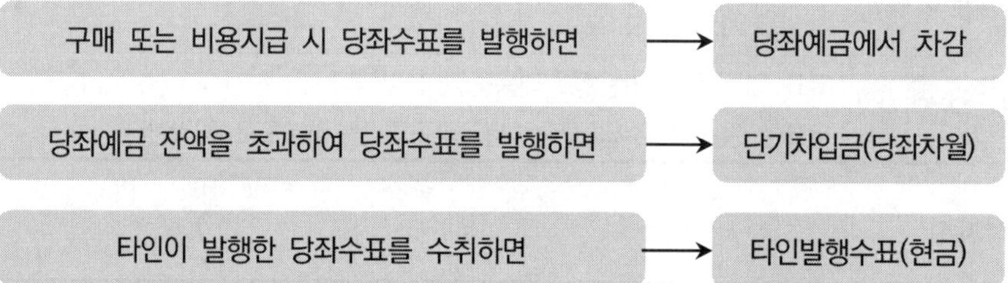

기출문제 연습

다음 중 일반기업회계기준에서의 현금및현금성자산이 아닌 것은?

① 취득 당시 만기가 3개월 이내에 도래하는 채권 및 단기금융상품

② 우편환증서, 전신환증서 등 통화대용증권

③ 당좌거래개설보증금

④ 통화

풀이

③ 당좌거래개설보증금은 사용이 제한된 예금으로 사용제한 기간에 따라 단기금융상품 또는 장기금융상품으로 분류한다.

⑤ 현금과부족

장부에 기록된 현금잔액과 회사의 실제 현금보유액에 차이가 있고, 그 원인을 모르는 경우에 사용하는 임시계정(가계정)이다. 기중에 현금이 부족한 경우와 현금이 과잉되는 경우 모두 현금과부족 계정을 사용한다.

실제 현금보유액이 부족하면	(차) 현금과부족	×××	(대) 현금	×××
실제 현금보유액이 과잉되면	(차) 현금	×××	(대) 현금과부족	×××

현금과부족은 임시계정(가계정)이므로 원인을 밝혀서 올바른 계정과목으로 대체해야 하고 기말 재무제표에 표시되면 안 된다.

현금 부족액의 원인이 접대비 지출로 밝혀진다면	(차) 기업업무추진비	×××	(대) 현금과부족	×××
현금 과잉의 원인이 외상매출금 회수로 밝혀진다면	(차) 현금과부족	×××	(대) 외상매출금	×××

기말까지 원인을 밝히지 못한 경우에는 잡이익 또는 잡손실로 처리한다.

현금 과잉액이 기말까지 원인을 모른다면	(차) 현금과부족	×××	(대) 잡이익	×××
현금 부족액이 기말까지 원인을 모른다면	(차) 잡손실	×××	(대) 현금과부족	×××

기말에 현금이 차이가 나면 현금과부족 계정 대신 잡이익 또는 잡손실 계정을 사용한다.

기말 시점에 현금이 부족한 것을 발견했는데 원인을 모른다면	(차) 잡손실	×××	(대) 현금	×××
기말 시점에 현금이 과잉된 것을 발견했는데 원인을 모른다면	(차) 현금	×××	(대) 잡이익	×××

실전문제연습 

01 다음 중 현금및현금성자산에 해당하지 않는 것은?

① 우편환증서 ② 배당금지급통지표

③ 타인발행약속어음 ④ 만기도래한 국채이자표

02 다음 중 재무상태표에 유동자산으로 분류될 수 있는 현금및현금성자산은?

① 우표, 수입인지

② 만기가 6개월인 타인발행 약속어음

③ 질권 설정된 보통예금

④ 은행발행 자기앞수표

03 다음 중 재무상태표의 현금및현금성자산에 포함되지 않는 것은?

① 통화 및 타인발행수표 등 통화대용증권

② 단기매매증권

③ 취득 당시 만기일(또는 상환일)이 3개월 이내인 금융상품

④ 당좌예금과 보통예금

04 다음 항목 중 반드시 현금성자산에 해당하는 것은?

① 지급기일 도래한 사채이자표

② 결산시점 만기 6개월 양도성예금증서

③ 선일자수표

④ 결산시점 만기 3개월 양도성예금증서

05 다음 중 유동자산이 아닌 것은?

① 장기미수금 중 1년 이내에 실현되는 부분

② 기업의 정상적인 영업주기 내에 실현될 것으로 예상되는 재고자산

③ 사용의 제한이 있는 현금및현금성자산

④ 단기매매 목적으로 보유하는 자산

06 다음 중 현금 및 현금성자산 금액을 모두 합하면 얼마인가?

> • 취득 당시 만기가 2개월인 채권 : 500,000원
> • 타인발행 당좌수표 : 200,000원
> • 당좌개설 보증금 : 100,000원
> • 당좌차월 : 500,000원
> • 보통예금 : 300,000원

① 1,000,000원 ② 1,100,000원

③ 500,000원 ④ 900,000원

07 다음 중 현금 및 현금성자산이 아닌 것은?

① 우표 ② 타인발행당좌수표

③ 보통예금 ④ 통화대용증권

실전문제연습 해답 

01 ③ 타인발행약속어음은 매출채권으로 당좌자산이다.

02 ④ 우표는 통신비, 수입인지는 세금과공과로 분류한다. 약속어음은 통화대용증권에 해당되지 않는다. 질권 설정된 보통예금은 인출이 자유롭지 못하므로 비유동자산이다.

03 ② 단기매매증권은 단기투자자산으로 분류됨

04 ① 지급기일이 도래한 공·사채이자표는 현금성자산이다. 양도성예금증서를 현금성자산으로 분류하려면 취득시 만기 3개월 이내이어야 한다. 선일자수표는 어음에 해당된다.

05 ③ 질권설정 등 사용에 제한이 있는 현금성자산은 비유동자산으로 분류한다.

06 ① 500,000원＋200,000원＋300,000원＝1,000,000원

당좌개설 보증금(특정현금과예금)은 장기금융상품, 당좌차월은 단기차입금으로 분류한다.

07 ① 우표는 통신비로 분류된다.

(3) 단기투자자산

① 단기투자자산의 개념 · 종류 · 표시

개 념	기업이 단기 투자 목적으로 보유하는 자산
종 류	• 단기금융상품 · 단기대여금 · 단기매매증권 • 매도가능증권과 만기보유증권 중에서 유동자산으로 분류되는 것
표 시	단기금융상품 등 개별 계정과목이 중요한 경우에는 재무제표에 개별적으로 표시할 수 있지만, 개별 계정과목이 중요하지 않은 경우에는 '단기투자자산'이라는 하나의 계정으로 통합하여 표시할 수 있다.

② 단기금융상품

개 념	정기예금이나 정기적금 등 은행의 금융상품 중 만기가 결산일부터 1년 이내에 도래하는 금융상품으로 현금성자산이 아닌 것
표 시	정기예금 · 정기적금 등 개별적인 계정과목을 사용해서 회계처리해도 되지만, 금액 등이 중요하지 않을 경우에는 '단기금융상품'이라는 하나의 계정으로 통합해서 표시할 수 있다.

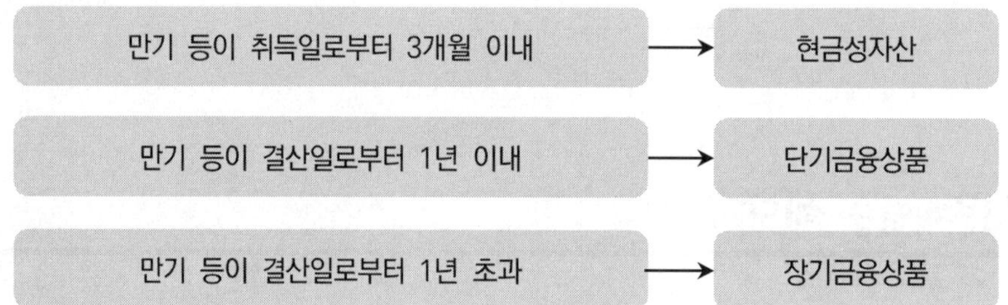

③ 단기대여금과 단기차입금

돈을 빌려주면 대여금, 빌리면 차입금이다. 만기가 1년 이내에 도래하면 단기대여금 및 단기차입금 계정을 사용한다.

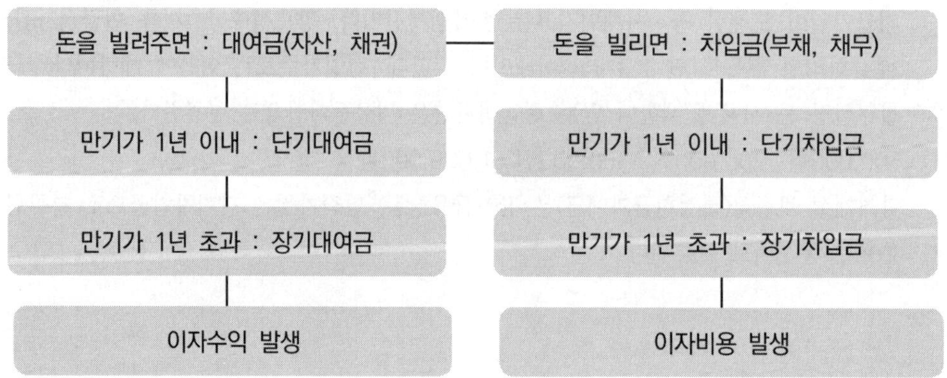

대여금과 차입금의 만기가 결산일로부터 1년 이후에 도래하면 장기대여금 및 장기차입금 계정을 사용한다. 장기대여금은 비유동자산 중에서 투자자산, 장기차입금은 비유동부채로 분류한다.

④ 단기매매증권

유가증권 중에서 단기 매매차익을 목적으로 취득하는 시장성 있는 주식, 국채, 사채, 공채 등을 말한다.

유가증권에는 주식(지분증권) 및 채권(채무증권)이 있는데, 기업이 유가증권을 취득하면 다음과 같이 분류한다.

단기매매증권	• 단기매매차익 목적으로 취득하고, 매매가 빈번하게 이루어지는(시장성이 있는) 유가증권 • 채무증권(국채, 공채, 사채) 또는 지분증권(주식)
만기보유증권	• 채무증권(채권)으로서 만기까지 보유할 의도와 능력이 있는 유가증권 • 원칙적으로 투자자산이지만 만기가 1년 이내에 도래하면 유동자산으로 분류한다.
매도가능증권	• 만기보유증권 및 단기매매증권에 해당되지 않는 유가증권 • 원칙적으로 투자자산이지만 1년 이내에 처분할 예정이라면 유동자산으로 분류한다. • 채무증권(채권) 또는 지분증권(주식)
지분법적용 투자주식	타회사를 지배, 통제할 목적으로 상대방의 주식 20% 이상 보유하는 경우 등 실질적인 영향력을 행사할 수 있는 것

원칙적으로 단기매매증권은 다른 유가증권으로 재분류할 수 없다. 다만, 단기매매증권이 시장성을 상실하면 매도가능증권으로 재분류한다.

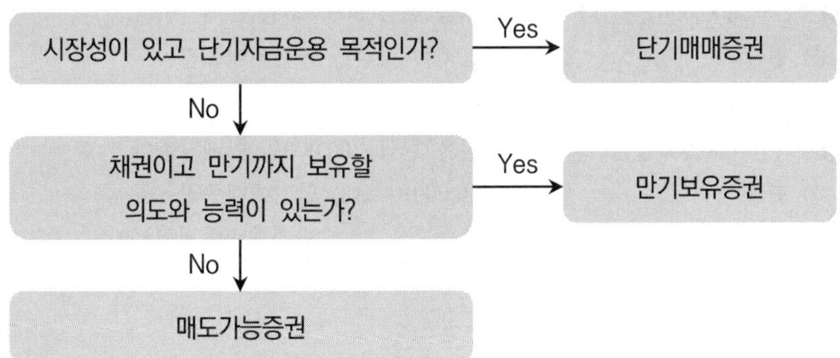

취득 시 증권회사 등에 지급하는 수수료비용은 유가증권의 취득부대비용에 해당된다. 따라서 해당 유가증권의 취득가액에 포함시킨다. 단, 단기매매증권의 취득 수수료는 취득원가에 포함되지 않고, 수수료비용(영업외비용)으로 인식한다.

㉠ 단기매매증권 취득 시

단기매매증권 취득 시 지급한 부대비용은 취득원가에 산입하지 않고 비용(수수료비용 – 영업외비용)으로 처리한다.

거 래	단기매매증권을 200,000원에 취득하면서 증권회사에 거래수수료 5,000원을 현금으로 지급하다.
분 개	(차) 단기매매증권　　　　　　　200,000　　(대) 현금　　　　　　　　　　　　205,000 　　　수수료비용(영업외비용)　　5,000

㉡ 기말 평가 시(공정가액)

기말 평가 시 장부가액과 기말 공정가액의 차이는 당기손익(평가이익 또는 평가손실)으로 처리한다.

단기매매증권을 당기에 취득한 경우에 장부가액은 취득가액이고, 전기 이전에 취득한 경우에는 전기말 평가액이 장부가액이 된다.

평가손실	단기매매증권의 장부가액이 200,000원이고, 기말 공정가액이 190,000원이다. (차) 단기매매증권평가손실　　10,000　　(대) 단기매매증권　　　　　　　　10,000
평가이익	단기매매증권의 장부가액이 200,000원이고, 기말 공정가액이 220,000원이다. (차) 단기매매증권　　　　　　20,000　　(대) 단기매매증권평가이익　　　　20,000

㉢ 처분 시

처분 시 처분가액이 장부가액(취득가액 또는 전기말 평가액)보다 크면 처분이익, 작으면 처분손실이 발생한다.

처분손실	장부가액 600,000원인 단기매매증권을 현금 500,000원에 매각하다. (차) 현금　　　　　　　　　　500,000　　(대) 단기매매증권　　　　　　　600,000 　　　단기매매증권처분손실　　100,000
처분이익	장부가액 600,000원인 단기매매증권을 현금 700,000원에 매각하다. (차) 현금　　　　　　　　　　700,000　　(대) 단기매매증권　　　　　　　600,000 　　　　　　　　　　　　　　　　　　　　　　단기매매증권처분이익　　100,000

⑤ 자산 취득 시 부대비용의 처리

자산을 취득하는 경우 지출 되는 수수료 등 부대비용은 원칙적으로 해당 자산의 취득원가에 산입한다.

하지만 단기매매증권을 취득하는 경우에 지출하는 수수료 등 부대비용은 취득원가에 산입하지 않고, 수수료비용(영업외비용)으로 처리한다.

실전문제연습 

01 기업회계기준상 단기시세차익 목적으로 시장성 있는 사채를 취득하는 경우 가장 적합한 계정과목은 무엇인가?

① 만기보유증권
② 매도가능증권
③ 단기매매증권
④ 지분법적용투자주식

02 다음은 ㈜나라가 당기에 구입하여 보유하고 있는 단기매매증권이다. 기말 단기매매증권 평가 시 올바른 손익은 얼마인가?

종 류	액면가액	취득가액	공정가액
㈜서울	50,000원	100,000원	80,000원
㈜창원	30,000원	20,000원	35,000원

① 단기매매증권평가손익 없음
② 단기매매증권평가손실 5,000원
③ 단기매매증권평가이익 5,000원
④ 단기매매증권평가이익 35,000원

03 다음 유가증권 거래로 인하여 2024년 당기손익에 미치는 영향을 바르게 설명한 것은?

- 2024년 3월 1일 단기시세차익을 얻을 목적으로 ㈜고려의 주식 1,000주를 주당 10,000원(액면가액 5,000원)에 현금 취득하였다.
- 2024년 6월 30일 ㈜고려의 주식 300주를 주당 9,000원에 처분하였다.

① 당기순이익이 1,200,000원 감소한다.
② 당기순이익이 300,000원 감소한다.
③ 당기순이익이 1,350,000원 감소한다.
④ 당기순이익이 1,050,000원 감소한다.

04 시장성 있는 ㈜A의 주식 10주를 단기매매차익 목적으로 1주당 56,000원에 구입하고, 거래수수료 5,600원을 포함하여 보통예금계좌에서 결제하였다. 일반기업회계기준에 따라 회계 처리하는 경우 발생하는 계정과목으로 적절치 않은 것은?

① 단기매매증권   ② 만기보유증권

③ 수수료비용   ④ 보통예금

05 다음 중 단기매매증권에 관한 설명으로 옳지 않은 것은?

① 단기매매차익 목적으로 보유하는 유가증권이다.

② 단기매매증권은 투자자산으로 분류된다.

③ 기말에 공정가액으로 평가다.

④ 기말에 발생하는 평가이익 또는 평가손실은 당기손익에 반영한다.

06 다음 유가증권의 분류와 관련된 설명으로 옳지 않은 것은?

① 유가증권은 지분증권 또는 채무증권으로 구성된다.

② 만기까지 보유한 의도와 능력이 있는 경우에는 만기보유증권으로 분류한다.

③ 단기매매차익 목적으로 보유하는 경우에는 단기매매증권으로 분류한다.

④ 매도가능증권은 채무증권은 해당되지 않는다.

07 다음 중 계정과목의 분류가 다른 것은?

① 단기매매증권

② 만기가 3년 후 만기보유증권

③ 3년 후 처분 예정인 매도가능증권

④ 지분법적용투자주식

실전문제연습 해답 

01 ③ 시장성과 단기매매차익 목적이 있으면 단기매매증권이다.

02 ② 손실 20,000 + 이익 15,000 = 손실 5,000원

　㈜서울 : 100,000 - 80,000 = 평가손실 20,000원

　㈜창원 : 20,000 - 35,000 = 평가이익 15,000원

03 ②

3. 1 : (차) 단기매매증권	10,000,000	(대) 현금	10,000,000
6.30 : (차) 현 금	2,700,000	(대) 단기매매증권	3,000,000
단기매매증권처분손실	300,000		

04 ②

(차) 단기매매증권	560,000	(대) 보통예금	565,600
수수료비용	5,600		

05 ② 단기매매증권은 당좌자산으로 분류된다.

06 ④ 매도가능증권은 지분증권과 채무증권 모두 해당된다.

07 ① 단기매매증권은 당좌자산, 나머지는 모두 투자자산이다.

(4) 매출채권

① 매출채권의 개념

매출채권	매출채권이란, 기업의 정상적인 주된 영업활동에서 발생하는 받을 권리를 말한다. 외상매출금과 받을어음을 통합하여 매출채권이라 한다.
일반적 상거래	기업의 정상적인 주된 영업활동을 '일반적 상거래'라고 하는데, 일반적 상거래는 주로 상품 · 제품 · 원재료 등 재고자산을 거래하는 것을 말한다.
매입채무	일반적 상거래에서 발생하는 지급할 의무를 매입채무라고 하며, 외상매입금과 지급어음을 통합하여 매입채무라 한다.
일반적 상거래 이외	일반적 상거래 이외의 거래에서 발생하는 채권 및 채무는 미수금 · 미지급금, 대여금 · 차입금 등 관련 계정과목으로 표시한다.

구 분	수취 채권	지급 채무
주된 영업활동 (일반적 상거래)	매출채권 (외상매출금, 받을어음)	매입채무 (외상매입금, 지급어음)
기타의 거래	미수금, 선급금, 대여금 등	미지급금, 선수금, 차입금 등

② 외상매출금의 발생과 회수

상품 또는 제품 등을 외상으로 매출하면, 외상매출금을 차변에 분개해서 증가시키고, 회수하면 대변에 분개해서 감소시킨다.

외상매출금 발생	• 상품 100,000원을 외상으로 매출하다. (차) 외상매출금　　　　100,000　　(대) 상품매출　　　　100,000
외상매출금 회수	• 외상매출금 100,000원을 현금으로 회수하다. (차) 현금　　　　100,000　　(대) 외상매출금　　　　100,000

③ 외상매입금의 발생과 지급

원재료 또는 상품 등을 외상으로 매입하면, 외상매입금을 대변에 분개해서 증가시키고, 회수하면 차변에 분개해서 감소시킨다.

외상매입금 발생	• 상품 100,000원을 외상으로 매입하다. (차) 상품　　　　100,000　　(대) 외상매입금　　　　100,000
외상매입금 지급	• 외상매입금 10,000원을 현금으로 지급하다. (차) 외상매입금　　　　100,000　　(대) 현금　　　　100,000

④ 미수금과 미지급금

일반적 상거래 이외의 거래에서 발생하는 외상거래에서 채권은 미수금, 채무는 미지급금으로 처리한다. 신용카드로 결제하는 경우에도 미지급금 계정을 사용한다.

일반적 상거래 외의 거래에서 어음을 주고 받으면 미수금 또는 미지급금 계정을 사용한다.

미수금 발생	사용하던 토지를 400,000원에 처분하고 어음을 받았다. (차) 미수금 400,000 (대) 토지 400,000
미지급금 발생	사업용 건물을 500,000원에 구입하고 어음을 발행했다. (차) 건물 500,000 (대) 미지급금 500,000

⑤ 받을어음 발생

상품을 100,000원에 매출하고, 어음을 받은 경우에는 다음과 같이 분개한다.

(차) 받을어음 100,000 (대) 상품매출 100,000

⑥ 받을어음의 추심

받을어음이 만기가 되면 은행에서 대금을 받을 수 있는데, 어음이 만기가 되어 대금을 받는 것을 '추심'이라 한다. 이때 발생하는 추심수수료는 수수료비용(판매비와관리비)으로 처리한다.

추심거래	받을어음 100,000원이 만기가 되어 은행에서 추심하는데, 은행 수수료 1,000원을 제외한 잔액을 보통예금 계좌에 입금하다.
분 개	(차) 수수료비용(판관비) 1,000 (대) 받을어음 100,000 보통예금 99,000

⑦ 받을어음의 배서양도

소유중인 어음을 만기 전에 타인에게 양도하는 것을 '배서양도'라고 한다. 지급해야 할 채무가 있는데, 현금이 없는 경우에는 현금 대신에 받을어음을 지급하는 경우가 있다.

배서양도	외상매입금 200,000원에 대하여 현금 120,000원과 보유하고 있던 받을어음 80,000원으로 지급하다.
분 개	(차) 외상매입금 200,000 (대) 현금 120,000 받을어음 80,000

⑧ **받을어음의 할인**

어음의 할인이란, 보유하고 있던 받을어음을 만기 전에 은행에 할인(매각)하고, 할인료를 차감한 금액을 받는 것을 말한다.

받을어음을 은행에 할인하는 것은 일반적으로 어음을 은행에 매각하는 매각거래로 보는 경우가 많다. 매각거래시 발생하는 할인수수료를 매출채권처분손실(영업외비용)로 처리한다.

할인 거래	보유 중인 받을어음 400,000원을 은행에 할인하고, 할인수수료 20,000원을 차감한 잔액을 보통예금에 입금하다. 이 할인은 매각거래에 해당된다.			
분 개	(차) 매출채권처분손실	20,000	(대) 받을어음	400,000
	보통예금	380,000		

⑨ **선일자수표**

실제 발행일 이후의 날을 수표발행일로 기록하고, 그 날에 지급할 것을 약정하는 수표를 말한다. 단, 회계처리시 어음으로 처리한다.

(5) 채권의 대손

① **대손의 개념**

외상매출금·받을어음·미수금·대여금 등 채권을 받지 못하게 되는 것을 대손이라 한다. 대손을 처리하는 방식에는 다음과 같이 충당금설정법과 직접상각법이 있다. 일반기업회계기준에서는 충당금설정법(보충법)만 인정한다.

충당금 설정법	기말에 차기의 대손액을 예상해서 그 금액만큼 대손충당금을 설정하는 방법. 실제 대손 시 대손충당금에서 차감하고, 대손충당금 잔액이 없으면 대손상각비로 회계처리 한다.
직접 상각법	충당금을 설정하지 않고 대손 발생 시 대손상각비로 처리하는 방법(일반기업회계기준에서 인정하지 않는다)이다.

기출문제 연습	다음 중 대손충당금 설정대상 자산에 해당되지 않는 것은?
	① 가수금 ② 외상매출금
	③ 미수금 ④ 받을어음
	풀이
	① 가수금은 채권이 아니므로 대손충당금 설정 대상이 아니다.

② 충당금 설정법의 장점

순실현가능가치 평가	대손충당금은 회수하지 못할 것으로 예상되는 채권에 대하여 설정하므로 채권을 순실현가능가치로 평가할 수 있다.
수익·비용 대응의 원칙에 부합	당기의 수익에 대하여 당기에 충당금을 인식하므로 수익·비용대응의 원칙에 부합할 수 있다.

③ 채권에서 차감하는 형식으로 재무상태표에 표시

대손충당금은 채권의 차감적 평가계정이다. 따라서 재무상태표에 표시할 때 해당 채권에서 차감하는 형식으로 표시한다.

아래 부분재무상태표의 경우에 외상매출금은 1,000,000원이지만, 받지 못할 것으로 예상되는 금액(대손충당금)이 10,000원이므로 외상매출금의 장부가액은 990,000원이다.

자산			부채
외상매출금	1,000,000		자본
대손충당금	(10,000)	990,000	

④ 대손충당금의 기초적인 회계처리

기말에 있는 채권 중 받지 못할 금액을 예상해서 그 예상액을 대손충당금으로 설정한다. 대손이 확정되면 해당 채권을 대변으로 감소시키고, 차변에는 대손충당금을 기록한다. 대손충당금 잔액이 부족하면 그 부족액을 대손상각비로 기록한다.

기말 대손 예상	•외상매출금 2,000,000원 중 10,000원을 대손 예상하다.			
	(차) 대손상각비	10,000	(대) 외상대손충당금	10,000
대손 확정	•외상매출금 100,000원 대손 확정(대손충당금 잔액 10,000원)			
	(차) 외상대손충당금	10,000	(대) 외상매출금	100,000
	대손상각비	90,000		

⑤ 기말 대손충당금 설정 방법

대손충당금은 기말 재무상태표에 남아있는 채권 잔액에 대손추정률을 곱해서 산출한다. 이때 재무상태표에 남아있는 대손충당금 잔액을 차감한다.

> 대손충당금 설정액 = 기말채권 잔액 × 대손 추정률 – 대손충당금 잔액

1% 대손 예상	기말의 외상매출금 잔액이 100,000,000원인데 그 중 1%가 대손 될 것으로 예상된다. 외상매출금에 대한 기말 대손충당금 잔액은 200,000원이 있다.
분 개	(차) 대손상각비　　　　　　　800,000　　　(대) 외상대손충당금　　　　　800,000 ＊100,000,000×1%－200,000 ＝ 800,000원 ＊분개 후 대손충당금 잔액 : 200,000＋800,000 ＝ 1,000,000원

⑥ 기타의 대손상각비 및 대손충당금 환입

일반적 상거래와 관련된 대손에는 '대손상각비(판매비와관리비)' 계정을 사용하고, 일반적 상거래 이외의 거래와 관련된 대손에는 '기타의대손상각비(영업외비용)' 계정을 사용한다. 또한 기말에 대손충당금 설정 시 대손충당금 잔액이 더 많은 경우에는 다음과 같이 분개한다.

1% 대손 예상	기말의 외상매출금 잔액이 100,000,000원인데 그 중 1%가 대손 될 것으로 예상된다. 외상매출금에 대한 기말 대손충당금 잔액은 1,200,000원이 있다.
분 개	(차) 외상대손충당금　　　　　200,000　　　(대) 대손충당금환입　　　　　200,000 ＊100,000,000×1%－1,200,000 ＝ －200,000원 ＊분개 후 대손충당금 잔액 : 1,200,000－200,000 ＝ 1,000,000원

일반적 상거래 (외상매출금·받을어음)	• 설정 : 대손상각비(판매비와관리비) • 환입 : 대손충당금환입(판매비와관리비의 차감항목)
일반적 상거래 이외 (미수금 등)	• 설정 : 기타의대손상각비(영업외비용) • 환입 : 대손충당금환입(영업외비용의 차감항목)

기출문제 연습

영업활동과 관련하여 비용이 감소함에 따라 발생하는 매출채권의 대손충당금환입은 다음의 계정구분 중 어디에 속하는가?

① 판매비와 관리비　　　　　　　　② 영업외수익

③ 자본조정　　　　　　　　　　　　④ 이익잉여금

풀이

① 영업활동과 관련하여 비용이 감소함에 따라 발생하는 퇴직급여충당부채환입, 판매보증충당부채환입, 대손충당금환입 등은 판매비와관리비의 부(－)의 금액으로 표시한다.

실전문제연습 

01 다음 결산 시 매출채권에 대한 대손충당금을 계산하는 예로 틀린 것은?

	결산전 대손충당금잔액	기말 매출채권잔액 (대손율 1%)	회계처리의 일부
①	10,000원	100,000원	(대) 대손충당금환입 9,000원
②	10,000원	1,000,000원	회계처리 없음
③	10,000원	1,100,000원	(차)대손상각비 1,000원
④	10,000원	1,100,000원	(차)기타의대손상각비 1,000원

02 다음 중에서 대손충당금 설정대상 자산으로 적합한 것은?

① 미지급금 ② 미수금 ③ 선수금 ④ 예수금

03 다음 중 대손충당금 설정대상 자산으로 적합하지 않는 것은?

① 미수금 ② 단기차입금 ③ 외상매출금 ④ 받을어음

04 결산 시 대손충당금을 과소설정 하였다. 정상적으로 설정한 경우와 비교할 때, 어떠한 차이가 있는가?

① 당기순이익이 많아진다. ② 당기순이익이 적어진다.
③ 자본이 과소표시 된다. ④ 자산이 과소표시 된다.

05 다음의 거래에 대한 분개로 맞는 것은?

> 8월 31일 거래처의 파산으로 외상매출금 100,000원이 회수불능이 되다.(단, 8월 31일 이전에 설정
> 된 대손충당금 잔액은 40,000원이 있다)

① (차) 대손상각비　　　　100,000원　　　(대) 외상매출금　　100,000원
② (차) 대손충당금　　　　　40,000원　　　(대) 외상매출금　　100,000원
　　　　대손상각비　　　　　60,000원
③ (차) 대손충당금　　　　　60,000원　　　(대) 외상매출금　　100,000원
　　　　대손상각비　　　　　40,000원
④ (차) 대손충당금환입　40,000원　　　(대) 외상매출금　　100,000원
　　　　대손상각비　　　　　60,000원

06 다음 중 매출채권에 대한 설명으로 틀린 것은?

① 매출채권이란 영업활동으로 제품이나 서비스를 제공하고 아직 대금을 받지 못한 경우의 금액을 말한다.
② 매출채권에는 외상매입금과 지급어음이 있다.
③ 매출채권에 대한 대손충당금 설정은 순실현가능가치로 평가하고, 매출채권에 대한 자산 평가를 적정하게 한다.
④ 매출채권에 대한 대손충당금 설정은 대손이 예상되는 회계연도에 대손예상액만큼을 대손충당금으로 적립하였다가 실제로 대손이 확정되는 시점에 대손충당금과 상계처리 한다.

07 ㈜세원은 대손충당금을 보충법에 의해 설정하고 있으며, 매출채권 잔액의 1%로 설정하고 있다. 기말 재무상태표상 매출채권의 순장부가액은 얼마인가?

매출채권	(단위:원)	대손충당금	(단위:원)
기초　50,000	회수 등　200,000	대손　8,000	기초　10,000
발생　500,000			

① 346,500원　　　② 347,000원　　　③ 347,500원　　　④ 348,000원

08 다음 매출채권에 대한 설명 중 잘못된 것은?

① 회수가 불확실한 매출채권에 대하여 합리적이고 객관적인 기준에 따라 산출한 대손추산액을 대손충당금으로 설정한다.

② 매출채권 등의 이전거래가 차입거래에 해당하면 처분손익을 인식하여야 한다.

③ 대손추산액에서 대손충당금잔액을 차감한 금액을 대손상각비로 계상한다.

④ 회수가 불가능한 채권은 대손충당금과 상계하고 대손충당금이 부족한 경우에는 그 부족액을 대손상각비로 처리한다.

09 다음 중 대손에 대한 설명으로 옳지 않은 것은?

① 기말에 대손추산액에서 대손충당금잔액을 차감한 금액을 대손상각비로 계상한다.

② 기말에 대손상각비를 설정하는 경우 모든 대손상각비는 판매비와 관리비로만 처리한다.

③ 회수가 불가능한 채권은 대손충당금과 상계하고, 대손충당금이 부족한 경우에는 그 부족액을 대손상각비로 처리한다.

④ 회수가 불확실한 금융자산은 합리적인 기준에 따라 산출한 대손추산액을 대손충당금으로 설정한다.

10 ㈜광교는 매출채권 기말잔액 28,000,000원에 대하여 1%의 대손충당금을 설정한다. 전기말 대손충당금 잔액은 300,000원이었으며, 기중에 전기 대손발생액 중 200,000원이 회수되어 회계처리 하였다. 기말 분개로 올바른 것은?

① (차) 대손상각비   280,000원   (대) 대손충당금   280,000원
② (차) 대손충당금   20,000원   (대) 대손충당금환입   20,000원
③ (차) 대손충당금   220,000원   (대) 대손충당금환입   220,000원
④ (차) 대손상각비   180,000원   (대) 대손충당금   180,000원

11 ㈜서울은 유형자산 처분에 따른 미수금 기말잔액 45,000,000원에 대하여 2%의 대손충당금을 설정하려 한다. 기초 대손충당금 400,000원이 있었고 당기 중 320,000원 대손이 발생되었다면 보충법에 의하여 기말 대손충당금 설정 분개로 올바른 것은?

① (차) 대 손 상 각 비   820,000원   (대) 대손충당금   820,000원
② (차) 기타의 대손상각비   820,000원   (대) 대손충당금   820,000원
③ (차) 대 손 상 각 비   900,000원   (대) 대손충당금   900,000원
④ (차) 기타의 대손상각비   900,000원   (대) 대손충당금   900,000원

실전문제연습 해답 

01 ④ 기타의대손상각비는 매출채권 이외의 채권에 대한 대손상각비를 말한다.

02 ② 미지급금, 선수금, 예수금은 부채계정이므로 대손충당금 설정대상이 아니다.

03 ② 대손충당금 설정 대상은 채권(미수금, 외상매출금, 받을어음)에 해당한다.
단기차입금은 부채이므로 해당하지 않는다.

04 ① 대손충당금설정 분개는 [(차) 대손상각비 ××× (대) 대손충당금 ×××] 이다. 비용이
계상(인식)되지 않았으므로, 당기순이익이 많아진다(자본이 과대표시). 대손충당금이 과
소 설정되었으므로, 자산이 과대표시된다.

05 ② 대손충당금에서 우선 상계한 후 대손충당금이 부족하면 대손상각비를 계상한다.

06 ② 매출채권에는 외상매출금과 받을어음이 있다.

07 ① 기말 매출채권 잔액(350,000원) = 50,000원 + 500,000원 - 200,000원
기말 대손충당금 잔액(3,500원) = 350,000원 × 1%
기말 매출채권의 순장부가액(346,500원) = 350,000원 - 3,500원

08 ② 매각거래에 해당하면 처분손익을 인식하여야 한다.

09 ② 상거래에서 발생한 매출채권에 대한 대손상각비는 판매비와 관리비로 처리하고, 기타 채
권에 대한 대손상각비는 영업외비용으로 처리한다.

10 ③ • 전기 대손발생액 회수 : (차) 현 금 200,000   (대) 대손충당금 200,000
• 결산 전 대손충당금 잔액 : 300,000 + 200,000 = 500,000원
• 기말대손설정액 : 28,000,000 × 0.01 = 280,000원
• 대손충당금 추가설정(환입)액 : 280,000 - 500,000 = 220,000원 환입
• 기말 : (차) 대손충당금 220,000   (대) 대손충당금환입 220,000

11 ② 유형자산 처분에 따른 미수금 : 기타의 대손상각비
대손충당금 설정액 : (45,000,000 × 2%) - (400,000 - 320,000) = 820,000원

(6) 선급금, 선수금, 가지급금, 가수금 등

① 선급금과 선수금

매입 계약 시 계약금을 지급하면 선급금으로 회계처리 한다. 선급금은 추후 어떤 것을 받을 수 있는 권리에 해당되므로 자산(당좌자산)이다.

계약금 지급	• 상품을 10,000,000원에 매입하기 위해 계약금 1,000,000원을 보통예금으로 계좌이체하여 지급하다. (차) 선급금　　　　1,000,000　　(대) 보통예금　　　　1,000,000
본 거래	• 계약한 상품을 인도받고 잔금을 보통예금으로 지급하다. (차) 상품　　　　10,000,000　　(대) 선급금　　　　1,000,000 　　　　　　　　　　　　　　　　보통예금　　　　9,000,000

선급금과 대비되는 개념으로 선수금이 있다. 선수금은 매출 계약 시 계약금을 받는 것을 말한다. 선수금은 채무에 해당되므로 부채(유동부채)다.

계약금 수령	• 상품을 10,000,000원에 매출하기로 하고, 계약금 1,000,000원을 보통예금 계좌로 이체받다. (차) 보통예금　　　　1,000,000　　(대) 선수금　　　　1,000,000
본 거래	• 계약한 상품을 인도하고 잔금을 보통예금 계좌로 수령하다. (차) 선수금　　　　1,000,000　　(대) 상품매출　　　　10,000,000 　　　보통예금　　　　9,000,000

선급금과 선수금을 정리하면 다음과 같다.

구 분	매입할 때 지급하는 계약금	매출할 때 받는 계약금
계약 시	선급금(자산)	선수금(부채)
거래 시	상품 등 매입 계정에 대체	상품 등 매출 계정에 대체

• 선급금은 지급 시 추후 자산 등을 받을 권리가 발생하므로 자산이다.
• 선수금은 수령 시 추후 자산 등을 지급할 의무가 발생하므로 부채다.
• 선급금, 선수금은 계약금, 예약금을 처리하는 계정이다.

② 가지급금과 가수금

출장비 지급 등으로 인하여 현금 등이 지급되었으나, 구체적인 사용내역을 모르는 경우에 가지급금 계정을 사용한다. 가지급금은 임시계정(가계정)이므로 기말재무제표에 표시 되어서는 안 되고, 해당 계정으로 대체해야 한다.

가지급금 발생	• 직원의 출장으로 출장비 400,000원을 현금으로 지급하다. (차) 가지급금　　　　400,000　　(대) 현금　　　　　400,000
가지급금 정산	• 출장에서 숙박비 100,000원, 교통비 150,000원, 식대 100,000원을 사용하고 돌아와서 정산 후 잔액은 현금으로 반환하다. (차) 여비교통비　　　　350,000　　(대) 가지급금　　　400,000 　　　현금　　　　　　 50,000

가지급금과 대비되는 개념으로 가수금이 있다. 가수금은 예금 등에 입금되었으나 그 원인을 모르는 경우에 사용되는 계정과목이다. 가수금 역시 임시계정(가계정)이므로 기말재무제표에 표시 되어서는 안 되고, 해당 계정으로 대체해야 한다.

가수금 발생	• 보통예금에 40,000원이 입금되었는데 그 원인을 알지 못한다. (차) 보통예금　　　　40,000　　(대) 가수금　　　　40,000
해당 계정 대체	• 가수금 40,000원은 외상매출금을 회수한 금액으로 판명되었다. (차) 가수금　　　　　40,000　　(대) 외상매출금　　40,000 • 가수금 40,000원은 상품 주문 계약금을 받은 것으로 판명되었다. (차) 가수금　　　　　40,000　　(대) 선수금　　　　40,000

가지급금과 가수금을 정리하면 다음과 같다.

가수금	가지급금
입금된 이유를 모르는 보통예금 등 입금액	사용처를 모르는 지급액 (출장 시 출장비 지급액 등)

• 가수금 발생 후 원인을 판단하여 해당 계정과목으로 대체한다.
• 가지급금은 사용된 후에 사용된 적절한 계정과목으로 대체하고 정산한다.
• 출장시에 사용된 비용(교통비, 식비, 숙박비)은 여비교통비로 회계처리 한다.

③ 기타 당좌자산

위에서 설명한 당좌자산 이외에도 미수수익, 선급비용, 이연법인세자산, 선납세금 등의 당좌자산이 있다.

선납세금은 법인세중간예납 또는 원천세납부 등의 이유로 회계연도 중에 법인세의 일부를 미리 납부하는 경우에 사용하는 계정과목이다. 이는 당좌자산에 속하며, 법인세 납부 시 법인세비용과 상계된다.

이연법인세자산은 당기말에 미래 회계기간에 회수될 수 있는 법인세금액을 말한다. (예: 차감할 일시적차이, 미사용 세무상 결손금의 이월액, 미사용 세액공제 등)

분개연습 

01 영업부 사원의 지방 출장 시 경비에 사용하기 위해 500,000원을 현금으로 지급하다.

02 영업부 사원이 12월 5일부터 12월 7일까지 부산 출장 시 지급받은 가지급금 400,000원에 대해 아래와 같이 사용하고 잔액은 현금으로 정산하다.

> • 왕복교통비 및 숙박비 : 350,000원

03 기말 합계잔액시산표의 가지급금 잔액 710,000원은 거래처 보석상사에 이자를 지급한 것으로 판명되다.

04 보통예금 계좌에 2,000,000원이 입금되었으나, 그 내역을 확인할 수 없다.

05 기말합계잔액시산표의 가수금 잔액 500,000원은 거래처에 대한 외상매출금 회수액으로 판명되다.

06 상품을 6,000,000원에 판매하기로 계약하고, 계약금(판매액의 10%)을 현금으로 받다.

07 판매계약이 해지되어 수령하였던 계약금 600,000원을 당사 보통예금계좌에서 반환하다.

08 상품을 6,000,000원에 매입하기로 계약하고, 계약금(판매액의 10%)을 현금으로 지급하다.

09 매입계약이 해지되어 지급하였던 계약금이 당사 보통예금계좌에서 입금되다.(8번과 연결)

10 상품을 6,000,000원에 매입하다. 단, 한달 전에 계약금 600,000원을 지급하였고, 잔금은 보통예금에서 지급하다.

분개연습 해답

01 (차) 가지급금 500,000 (대) 현금 500,000
    - 출장 시 경비 지급액은 가지급금 계정을 사용한다.

02 (차) 여비교통비 350,000 (대) 가지급금 400,000
    현금 50,000
    - 출장 후 정산 시 가지급금 계정을 해당 계정으로 대체한다.

03 (차) 이자비용 710,000 (대) 가지급금 710,000
    - 가지급금의 원인이 밝혀지면 해당 계정으로 대체한다.

04 (차) 보통예금 2,000,000 (대) 가수금 2,000,000
    - 가수금의 원인이 밝혀지면 해당 계정으로 대체한다.

05 (차) 가수금 500,000 (대) 외상매출금 500,000
    - 가수금의 원인이 밝혀지면 해당 계정으로 대체한다.

06 (차) 현금 600,000 (대) 선수금 600,000
    - 계약금을 받으면 선수금(부채) 계정을 사용한다.

07 (차) 선수금 600,000 (대) 보통예금 600,000
    - 계약이 해지되면 선수금(부채) 계정을 감소시킨다.

08 (차) 선급금 600,000 (대) 현금 600,000
    - 계약금을 지급하면 선급금(자산) 계정을 사용한다.

09 (차) 보통예금 600,000 (대) 선급금 600,000
    - 계약이 해지되면 선수금(부채) 계정을 감소시킨다.

10 (차) 상품 6,000,000 (대) 보통예금 5,400,000
    선급금 600,000

3. 재고자산

(1) 재고자산의 개념과 종류

① 재고자산의 개념

재고자산이란, 판매 또는 제품 생산을 위해 보유하거나 제품 생산과정 중에 있는 자산을 말한다.

② 재고자산의 종류

재고자산에는 판매를 목적으로 구입하거나 제조한 상품, 미착품, 적송품, 제품, 반제품, 재공품 등이 포함되며, 원재료와 저장품(소모품)이 포함된다.

구 분	내 용
① 상　　품	판매를 위해 외부에서 구입한 물품
② 제　　품	판매를 목적으로 제조한 생산품(부산물 포함)
③ 반 제 품	자가 제조한 중간제품 및 부분품으로 외부판매 가능한 것
④ 재 공 품	제품 또는 반제품의 제조 중에 있는 것(외부판매 불가) – 완성품 : 제품
⑤ 원 재 료	원료 · 재료 · 매입부분품 등
⑥ 저 장 품	생산과정에 투입된 소모품 · 소모공구기구비품 · 수선용부분품 등
⑦ 미 착 품	구입주문 후 배송 중에 있는 상품 · 원재료 등

토지 · 건물은 사용이 목적이면 토지, 건물(유형자산), 판매목적으로 보유한 경우에는 상품(재고자산)이고, 투자목적으로 보유하면 투자부동산(투자자산)으로 분류한다.

(2) 재고자산의 취득원가

① 일반원칙

재고자산의 취득원가는 매입가액에 매입부대비용을 합하고, 여기에 매입할인 · 매입에누리 · 매입환출은 차감한다.

> 취득원가 = 매입가액 + 매입부대비용 – 매입할인 – 매입에누리 – 매입환출

매입가액에 매입부대비용을 합한 것을 총매입액이라 하고, 여기에서 매입할인, 매입에누리, 매입환출을 차감한 것을 순매입액이라 한다.

② 매입부대비용 : 해당 자산의 취득원가에 가산

개 념	매입하는 과정에서 발생하는 정상적인 모든 비용
종 류	매입운반비, 매입수수료, 하역비, 통관수수료 등

③ 운반비

매입(구입)할 때 운반비	상품 매출할 때 운반비
해당 자산의 취득원가에 포함	운반비(판매비와관리비)

운반비는 매입할 때와 매출할 때의 취급이 다르다. 매입 시 운반비는 매입부대비용으로 취득원가에 포함하고, 매출 시 운반비는 판매비와관리비(운반비)로 처리한다.

매입 운반비 (매입부대비용)	상품 100,000원을 외상매입하면서 운반비 2,000원과 설치비 10,000원을 모두 현금으로 지급하다.			
	(차) 상품	112,000	(대) 외상매입금	100,000
			현금	12,000
매출 운반비 (판관비)	상품 100,000원을 외상매출하면서 운반비 30,000원을 현금으로 지급하다.			
	(차) 외상매출금	100,000	(대) 상품매출	100,000
	운반비	30,000	현금	30,000

④ 매입할인 · 매입에누리 · 매입환출

매입할인 · 매입에누리 · 매입환출의 개념은 다음과 같다. 각자의 개념은 다르지만 모두 매입에서 차감한다.

매입할인	외상매입금을 조기에 상환하여 대금을 할인받는 것을 말한다.
매입에누리	매입한 상품의 값을 깎는 것을 에누리라 한다.
매입환출	매입한 물건에 하자가 있어서 반품하는 것을 말한다.

매입할인	외상매입금 50,000원을 조기에 현금으로 상환하여 약정에 따라 5%를 할인받았다.			
	(차) 외상매입금	50,000	(대) 매입할인	2,500
			현금	47,500
매입환출 및 에누리	외상 매입한 상품 중 일부의 불량으로 대금 중 20,000원을 에누리 하였다.			
	(차) 외상매입금	20,000	(대) 매입환출및에누리	20,000

(3) 재고자산에 포함 여부 판단

① 미착상품(미착품)

판매자가 발송하였으나 구매자에게 아직 도착하지 않은 상품을 말한다. 계약 조건에 따라서 다음과 같이 조건에 차이가 있다.

선적지 인도조건	• 발송함과 동시에 판매한 것으로 인식하는 판매조건 • 이 경우에 미착상품은 구매자(매입자)의 재고자산 이다.
도착지 인도조건	• 구매자에게 도착해야 판매한 것으로 인식하는 판매조건 • 이 경우에 미착상품은 판매자(매출자)의 재고자산 이다.

판매자 (매출자)	운반 중(미착상품) 선적지 인도조건 : 구매자의 재고자산 도착지 인도조건 : 판매자의 재고자산	구매자 (매입자)

② 적송품(위탁품, 위탁판매)

상품의 주인(위탁자)이 타인(수탁자)에게 상품을 맡겨서 수탁자가 판매하는 판매방식을 위탁판매라 하고, 위탁판매하는 상품을 적송품 또는 위탁품이라 한다. 적송품은 수탁자가 상품을 판매하기 전까지 위탁자의 재고자산이다. 따라서 수탁자가 판매하면 위탁자가 매출을 인식한다.

위탁자 (부탁하는자)	적송품(위탁품) 판매 전 까지 위탁자의 재고자산 (수탁자가 판매하면 위탁자가 매출 인식)	수탁자 (대리인)

③ 시송품(시용품, 시용판매)

시용판매	소비자가 상품을 사용해본 후 구매여부를 결정하게 하는 판매방식
시 송 품	시용판매에 사용되는 상품을 시송품 또는 시용품이라 함
구매의사	소비자가 구매의사 표시를 하기 전까지 판매자의 재고자산
매출인식	소비자가 구매의사 표시를 하는 시점에 판매자가 매출 인식

④ 할부판매

상품을 판매하고 대금을 분할하여 받는 형태의 판매를 할부판매라 하는데, 할부판매의 경우 대금회수 여부와는 상관없이 판매하는 시점부터 판매자의 재고자산에서 제외된다. 단기할부판매와 장기할부판매의 회계처리는 동일하다.

【재고자산 포함여부 판단】

미착상품	선적지 인도조건이면 구매자, 도착지 인도조건이면 판매자의 재고자산
적 송 품	수탁자가 매출하기 전까지 위탁자의 재고자산
시 송 품	소비자의 구매의사 표시 전까지 판매자의 재고자산
할부판매	대금회수와 관계없이 판매시점까지 판매자의 재고자산

기출문제 연습

다음은 기말재고자산에 포함될 항목의 결정에 대한 설명이다. 가장 틀린 것은?

① 적송품은 수탁자가 판매한 경우 위탁자의 재고자산에서 제외한다.

② 시송품은 매입자가 매입의사표시를 하면 판매자의 재고자산에서 제외한다.

③ 할부판매상품은 인도기준으로 매출을 인식하므로 대금회수와 관계없이 인도시점에서 판매자의 재고자산에서 제외한다.

④ 도착지인도조건인 경우 도착시점에서 판매자의 재고자산에 포함한다.

풀이

④ 미착품의 도착지인도조건인 경우 도착시점에서 매입자의 재고자산에 포함한다.

(4) 재고자산의 수량결정 방법

① 개 요

상품이나 제품 등 재고자산은 판매 또는 매입 등이 빈번하게 발생하므로 정확한 재고를 파악하기 어렵다. 따라서, 입고와 출고를 계속 기록할 것인지, 아니면 기말에 실사를 할 것인지에 따라서 계속기록법 · 실지재고조사법 · 혼합법에 의해서 수량을 파악한다.

② 혼합법

혼합법은 계속기록법과 실지재고조사법을 병행해서 재고자산의 수량을 결정하는 방법인데, 혼합법을 사용하면 장부상 수량과 실제 수량의 차이인 감모손실까지 파악할 수 있는 장점이 있어서 가장 많이 사용된다.

③ 계속기록법과 실지재고조사법

계속기록법은 재고자산 입출고시 모두 장부에 기록하여 재고를 파악하는 방법이고, 실지재고조사법은 기말에 재고수량을 창고에서 확인해서 재고를 파악하는 방법이다.

계속기록법	개념	• 입출고시 모두 장부에 기록하여 재고를 파악
	산식	• 기초재고수량 + 매입수량 − 매출수량 = 기말재고수량
실지재고조사법	개념	• 기말에 재고수량을 창고에서 확인해서 재고 파악
	산식	• 기초재고수량 + 매입수량 − 기말재고수량 = 매출수량

계속기록법은 기중에 입출고를 계속 기록하므로 기말재고수량이 마지막에 계산되고, 실지재고조사법은 계속 기록하지 않고 기말에 실제 재고수량을 파악하므로 매출수량이 마지막에 계산된다.

④ 계속기록법과 실지재고조사법 비교

구 분	계속기록법	실지재고조사법
장 점	• 장부상 재고수량 파악 용이	• 실제 재고수량을 알 수 있음
단 점	• 실제 재고수량 파악 불가 • 감모수량이 기말재고에 포함됨	• 기중에 재고수량 파악 불가 • 감모수량이 매출원가에 포함됨

(5) 재고자산의 단위당 원가 결정방법

① 개 요

재무상태표 또는 손익계산서에 기록되는 재고자산의 가액은 다음과 같이 수량에 단가(단위당 가격)를 곱해서 계산된다.

> 재고자산 가액 : 수량 × 단가

재고자산의 단가를 결정하는 방법으로 개별법, 선입선출법, 후입선출법, 평균법(이동평균법, 총평균법)이 있다.

재고자산의 성격이나 용도에 따라서 서로 다른 단가 결정방법을 적용할 수 있으나, 일단 특정 방법을 선택하면 정당한 사유 없이 변경할 수 없다.

② 개별법

개별법은 판매할 때 마다 판매된 재고자산의 단가를 파악하여 기록하는 방법으로, 가장 정확한 방법이지만 사용하기에 번거롭다는 단점이 있다.

③ 선입선출법과 후입선출법

선입선출법은 먼저 구매한 재고자산이 먼저 판매된 것으로 가정하는 방법이고, 후입선출법은 나중에 구매한 재고자산이 먼저 판매된 것으로 가정하는 방법이다. 장점과 단점을 비교하면 다음과 같다.

구 분	선입선출법	후입선출법
장 점	• 가장 최근에 구입한 재고가 기말재고로 기록됨(기말재고가 시가에 가장 가까움) • 일반적인 물량의 흐름과 일치	• 매출원가가 가장 최근의 원가로 기록됨(수익·비용 대응이 적절함)
단 점	• 매출원가가 과거의 원가로 기록됨(수익·비용 대응이 적절하지 못함)	• 가장 오래된 재고가 기말재고로 기록(기말재고가 시가를 반영하지 못함) • 일반적인 물량의 흐름과 반대

④ **평균법**

평균법이란, 기존에 있던 재고와 최근에 매입한 재고가 골고루 평균적으로 판매된다고 가정하는 것인데, 여기에는 이동평균법과 총평균법이 있다.

이동평균법	개념	매입할 때마다 평균가격을 산정하는 방법(계속기록법)
	산식	$이동평균단가 = \dfrac{재고액 + 매입액}{재고수량 + 매입수량}$
총평균법	개념	기말에 전체 평균단가를 산정하는 방법(실지재고조사법)
	산식	$총평균단가 = \dfrac{기초재고액 + 당기총매입액}{기초재고수량 + 당기총매입수량}$

⑤ **수량결정방법과 단가결정방법 정리**

수량결정방법	계속기록법, 실지재고조사법, 혼합법
단가결정방법	개별법, 선입선출법, 후입선출법, 이동평균법, 총평균법

⑥ **물가 변동 시 각 방법의 차이**

물가가 상승하는 경우에 원가흐름을 가정하는 방법에 따라 기말재고금액과 순이익 등의 크기는 다음과 같은 순서를 나타낸다.

기말재고 금액	선입선출법 〉 이동평균법 〉 총평균법 〉 후입선출법
당기순이익	선입선출법 〉 이동평균법 〉 총평균법 〉 후입선출법
매출원가	선입선출법 〈 이동평균법 〈 총평균법 〈 후입선출법

물가가 하락하는 경우에는 나음과 같이 반대로 나타난다.

기말재고 금액	선입선출법 〈 이동평균법 〈 총평균법 〈 후입선출법
당기순이익	선입선출법 〈 이동평균법 〈 총평균법 〈 후입선출법
매출원가	선입선출법 〉 이동평균법 〉 총평균법 〉 후입선출법

위에서 보듯이 기말재고금액과 당기순이익은 같이 움직이고, 매출원가만 반대로 움직인다. 일반적으로 기말재고금액이 증가하면 당기순이익도 증가하고, 기말재고금액이 감소하면 당기순이익도 감소한다.

> **기출문제 연습**
>
> 다음 재고자산의 단가결정방법에 대한 설명 중 옳지 않은 것은?
>
> ① 선입선출법은 가장 최근에 매입한 상품이 기말재고로 남아있다.
> ② 평균법에는 총평균법과 이동평균법이 있다.
> ③ 성격·용도면에서 차이가 있는 재고자산이더라도 모두 같은 방법을 적용하여야만 한다.
> ④ 기초재고와 기말재고의 수량이 동일하다는 전제하에 인플레이션 발생시 당기순이익이 가장 적게 나타나는 방법은 후입선출법이다.
>
> **풀이**
>
> ③ 성격·용도면에서 차이가 있는 재고자산에 대하여는 서로 다른 취득단가 결정방법을 적용할 수 있으나, 특정 방법을 선택하면 정당한 사유없이 이를 변경할 수 없다.

(6) 재고자산감모손실과 재고자산평가손실

① 재고자산감모손실

장부상 재고수량보다 실제 재고수량이 적은 경우에 그 차이를 말하는데, 재고자산감모손실은 도난·파손·부패·증발·마모 등의 원인으로 발생한다.

재고자산감모손실은 정상적으로 발생한 것인지 아니면 비정상적으로 발생한 것인지에 따라 다음과 같이 취급이 달라진다.

정상적인 감모	비정상적인 감모
매출원가에 포함	영업외비용(재고자산감모손실)

상품에 대한 재고자산감모손실 100,000원이 발생했는데, 정상적인 감모가 40,000원, 비정상적인 감모가 60,000원이라면 다음과 같이 분개한다.

<u>회계프로그램 입력시에는 비정상적인 감모손실만 분개하면 된다.</u>

(차) 매출원가	40,000	(대) 상품		100,000
재고자산감모손실	60,000			

② 재고자산평가손실

보유 중인 재고자산의 가치가 감소함에 따른 손실을 말하는데, 재고자산평가손실은 재고자산의 진부화 · 시가 하락 등의 원인으로 발생한다.

시가가 하락하면 재고자산평가손실을 인식해서 모두 매출원가에 가산하고, 하락했던 시가가 회복되면 재고자산평가손실환입을 인식해서 매출원가에서 차감한다.

재고자산 평가손실	• 장부가 200,000원인 상품이 150,000원으로 하락하다. 　(차) 재고자산평가손실　　50,000　　(대) 재고자산평가충당금　　50,000
재고자산 평가손실환입	• 하락했던 상품 시가가 180,000원으로 상승하다. 　(차) 재고자산평가충당금　　30,000　　(대) 재고자산평가손실환입　　30,000

재고자산평가손실 매출원가에 가산	──	재고자산평가손실환입 매출원가에서 차감

시가가 회복되어 재고자산평가손실환입을 인식하는 경우에는 당초에 인식한 재고자산평가손실 금액을 초과하여 인식할 수 없다.

재고자산평가손실은 재고자산 가액에서 차감하는 형식으로 표시한다.

③ 계산 방법

재무제표에 기록되는 재고자산 금액은 [수량×단가]이다. 여기서 재고자산감모손실은 수량의 차이를 말하고, 재고자산평가손실은 단가의 차이를 말하는데, 구체적인 계산방식은 다음과 같다.

재고자산감모손실	단위당 원가 × (장부상 재고수량 − 실지재고수량)
재고자산평가손실	실지재고수량 × (단위당 취득가액 − 단위당 시가)

재고자산감모손실과 평가손실이 동시에 존재하는 경우에는 재고자산감모손실을 먼저 인식한 후 재고자산평가손실을 인식한다. 재고자산의 평가는 실제로 존재하는 재고자산만 가능하기 때문에 수량 파악을 위해서 감모손실을 먼저 인식하는 것이다.

기출문제 연습

재고자산과 관련한 다음 설명 중 가장 옳지 않은 것은?

① 재고자산의 판매와 관련된 비용은 재고자산의 원가에 포함한다.

② 소매재고법은 실제원가가 아닌 추정에 의한 원가결정방법으로 주로 유통업에서 사용한다.

③ 재고자산의 감모손실은 주로 수량의 감소에 기인한다.

④ 재고자산의 평가손실은 시가의 하락에 기인한다.

풀이

① 판매비와 관리비로 인식한다.

실전문제연습

01 다음은 재고자산의 원가배분에 관한 내용이다. 선입선출법의 특징이 아닌 것은?

① 일반적인 물량흐름은 먼저 매입한 것이 먼저 판매되므로 물량흐름과 원가흐름이 일치한다.

② 기말재고는 최근에 구입한 것이므로 기말재고자산은 공정가액에 가깝게 보고된다.

③ 물가상승시 현재의 매출수익에 오래된 원가가 대응되므로 수익·비용대응이 잘 이루어지지 않는다.

④ 물가상승시 이익을 가장 적게 계상하므로 가장 보수적인 평가방법이다.

02 다음은 재고자산의 평가에 대한 설명이다. 틀린 것은?

① 재고자산의 평가손실누계액은 재고자산의 차감계정으로 표시한다.

② 재고자산의 평가손실은 영업외비용으로 처리한다.

③ 재고자산의 감모손실이 정상적인 범위 내에 해당하는 경우에는 매출원가에 가산한다.

④ 재고자산의 감모손실이 비정상적인 것으로 판단되는 경우에는 영업외비용으로 처리한다.

03 다음 주어진 자료로 매출원가를 계산하면 얼마인가?

• 기초상품재고액 : 100,000원　• 기말상품재고액 : 150,000원　• 판매가능상품액 : 530,000원

① 580,000원　　② 480,000원　　③ 380,000원　　④ 280,000원

04 다음은 예림상회의 재고자산과 관련된 문제이다. 선입선출법에 의하여 평가할 경우 매출총이익은 얼마인가? (다른 원가는 없다고 가정한다.)

일　자	매입매출구분	수　량	단　가
10월 1일	기초재고	10개	개당 100원
10월 8일	매　입	30개	개당 110원
10월 15일	매　출	25개	개당 140원
10월 30일	매　입	15개	개당 120원

① 850원　　② 2,650원　　③ 3,500원　　④ 6,100원

05 기말 재고자산 가액을 실제보다 높게 계상한 경우 재무제표에 미치는 영향으로 잘못된 것은?

① 매출원가가 실제보다 감소한다.

② 매출총이익이 실제보다 증가한다.

③ 당기순이익이 실제보다 증가한다.

④ 7자본총계가 실제보다 감소한다.

06 다음 자료에 의하여 기말 외상매입금 잔액을 계산하면 얼마인가?

• 기초상품재고액 : 500,000원	• 기말상품재고액 : 600,000원
• 기중상품매출 : 1,500,000원	• 매출총이익률 : 30%
• 기초외상매입금 : 400,000원	• 기중 외상매입금 지급 : 1,200,000원
단, 상품매입은 전부 외상이다.	

① 330,000원

③ 350,000원

② 340,000원

④ 360,000원

07 기초재고와 기말재고가 동일하다는 가정하에 물가가 상승하고 있다면 다음 중 어떤 재고평가방법이 가장 높은 순이익과 가장 높은 매출원가를 기록하게 하는가?

	가장 높은 순이익	가장 높은 매출원가
①	선입선출법	후입선출법
②	선입선출법	선입선출법
③	후입선출법	선입선출법
④	후입선출법	후입선출법

08 ㈜경남의 기말재고액이 기초재고액 보다 200,000원 증가되었고, 매출액은 2,700,000원으로 매출원가에 20% 이익을 가산한 금액이라 한다면, 당기 매입금액은?

① 2,150,000원

③ 2,350,000원

② 2,250,000원

④ 2,450,000원

09 다음 중 재고자산의 취득원가에 포함시켜야 하는 항목으로 가장 맞는 것은?

① 판매수수료

③ 재고자산 매입시 수입관세

② 판매시의 운송비용

④ 인수 후 판매까지의 보관료

10 다음 중 재고자산 평가방법이 아닌 것은?

① 실지재고조사법　　② 후입선출법　　③ 가중평균법　　④ 선입선출법

11 다음 주어진 재고자산 자료를 가지고 매출원가를 계산하면 얼마인가?

• 기초재고액 : 300,000원	• 당기총매입액 : 1,200,000원
• 기말재고액 : 200,000원	• 매출환입 : 50,000원
• 매입환출 : 80,000원	• 매입에누리 : 100,000원

① 1,070,000원　　② 1,120,000원　　③ 1,200,000원　　④ 1,300,000원

12 다음 자료를 이용하여 매출총이익을 계산하면 얼마인가?

• 매출액 : 250,000원	• 매출할인 : 30,000원	• 매입할인 : 10,000원
• 기말재고액 : 7,000원	• 매출에누리 : 50,000원	• 매입액 : 190,000원
• 매입환출 : 15,000원	• 타계정으로 대체 : 30,000원	

① 42,000원　　② 52,000원　　③ 62,000원　　④ 72,000원

13 다음 중 매출원가에 영향을 미치지 않는 비용은?

① 원재료 구입에 따른 운반비　　　　② 화재로 소실된 원재료
③ 재고자산평가손실　　　　　　　　④ 정상적인 재고자산감모손실

14 다음 중 재고자산 취득원가 측정에 대한 내용으로 올바른 것은?

① 매입과 관련된 할인, 에누리는 취득원가에서 차감하지 않는다.
② 취득과정에서 정상적으로 발생한 부대비용은 취득원가에 포함하지 않는다.
③ 제조원가 중 비정상적으로 낭비된 부분은 취득원가에 포함하지 않는다.
④ 제조원가 중 추가 생산단계에 투입하기 전에 보관이 필요한 경우 외의 보관비용은 취득 원가에 포함한다.

실전문제연습 해답 

01 ④ 후입선출법의 특징이다.

02 ② 재고자산의 평가손실은 매출원가에 가산한다.

03 ③ 판매가능상품액 = 기초상품재고액 + 순매입액 = 매출원가 + 기말상품재고액 530,000
= 매출원가 + 150,000
매출원가 = 380,000원

04 ① 매출액 = 25개 × 140원 = 3,500원
매출원가 = 10개 × 100원 + 15 × 110원 = 2,650원
매출총이익 = 매출액 - 매출원가 = 3,500원 - 2,650원 = 850원

05 ④ 기말재고자산을 실제보다 높게 계상한 경우에는 매출원가는 감소하고, 그 결과 매출총이익과 당기순이익이 증가된다. 당기순이익이 증가하면, 자본총계도 증가한다.

06 ③ 매출원가 : 1,500,000 × (1 - 30%) = 1,050,000원
매입액(외상매입) : 1,050,000 + 600,000 - 500,000 = 1,150,000원
외상매입금잔액 : 400,000 + 1,150,000 - 1,200,000 = 350,000원

07 ① • 재고금액, 이익, 법인세 크기 : 선입선출법 〉 이동평균법 〉 총평균법 〉 후입선출법
• 매출원가의 크기 : 선입선출법 〈 이동평균법 〈 총평균법 〈 후입선출법

08 ④

재고자산

기초재고 : X	매출원가 : 2,700,000 ÷ (1 + 20%) = 2,250,000
당기매입 : 2,450,000	기말재고 : X + 200,000
합계 : X + 2,450,000	합계 : X + 2,450,000

09 ③ 나머지는 재고자산 취득원가에 포함할 수 없으며 발생기간의 비용으로 인식한다.

10 ① 실지재고조사법은 평가방법이 아니라 재고자산 수량결정방법이다.

11 ② 매출원가 = 기초재고액 + 순매입액(= 총매입액 - 매입환출 - 매입에누리) - 기말재고액
300,000원 + (1,200,000원 - 80,000원 - 100,000원) - 200,000원 = 1,120,000원

12 ① (250,000 - 30,000 - 50,000) - (190,000 - 10,000 - 15,000 - 30,000 - 7,000) = 42,000원
타계정대체액은 매출원가에서 제외시켜야 한다.

13 ② 구입시 운반비는 원가에 산입하고, 재고자산평가손실과 정상적인 감모손실은 매출원가에 가산한다.

14 ③ 매입할인과 매입에누리는 취득원가에서 차감하고, 취득부대비용은 취득원가에 가산하며, 보관비용은 취득원가에 가산하지 않는다.

4. 투자자산

(1) 투자자산의 개념 및 종류

① 투자자산의 개념

기업이 투자수익을 얻기 위해서 보유하는 자산을 투자자산이라 한다. 건물이나 토지를 사업에 사용할 목적으로 구입하면 유형자산으로 분류하고, 투자목적(비영업용)으로 구입하면 투자자산으로 분류한다.

② 투자자산의 종류

장기금융상품	결산일부터 만기가 1년 후에 도래하는 금융상품(장기성예금 등)
투자부동산	투자의 목적으로 소유하는 토지 및 건물 등 부동산
장기투자증권	비유동자산으로 분류되는 매도가능증권과 만기보유증권을 통합하여 장기투자증권으로 표시할 수 있음
장기대여금	대여금 중 만기가 1년 이내에 도래하지 않는 것
기 타	특정현금과예금, 퇴직연금운용자산, 지분법적용투자주식 등

(2) 유가증권

① 유가증권의 분류

유가증권은 단기매매증권, 매도가능증권, 만기보유증권, 지분법적용투자주식 중 하나로 분류한다. 단기매매증권은 당좌자산이고 나머지는 투자자산으로 분류한다.

만기보유증권과 매도가능증권은 일반적으로 투자자산이지만, 결산일로부터 1년 이내에 만기가 도래하거나 처분할 예정인 경우에는 당좌자산으로 분류한다.

단기매매증권	단기매매차익을 목적으로 취득하고, 매매가 빈번하게 이루어지는 채무증권 및 지분증권
만기보유증권	채무증권으로서 만기까지 보유할 의도와 능력이 있는 유가증권
매도가능증권	만기보유증권 및 단기매매증권에 해당되지 않는 채무증권 및 지분증권
지분법적용 투자주식	타회사를 통제, 지배할 목적으로 상대방 주식의 20%(대주주) 이상을 보유하여 실질적인 영향력을 행사할 수 있는 지분증권

② 유가증권의 재분류

원칙적으로 단기매매증권을 매도가능증권이나 만기보유증권으로 재분류할 수 없지만, 시장성을 상실한 경우에는 매도가능증권 및 만기보유증권으로 재분류한다. 매도가능증권 및 만기보유증권을 단기매매증권으로 재분류할 수 없다.

단기매매증권 → 매도가능증권, 만기보유증권	시장성을 상실한 경우에 OK
매도가능증권, 만기보유증권 → 단기매매증권	NO(손익조작 방지 목적)
매도가능증권 → 만기보유증권	채무증권인 경우 OK
만기보유증권 → 매도가능증권	채무증권인 경우 OK

③ 유가증권의 취득

취득원가는 매입가액에 부대비용을 합한 금액이다. 하지만 단기매매증권은 부대비용을 합하지 않는다. 다음 거래에서 유가증권이 매도가능증권인 경우와 단기매매증권인 경우의 분개는 다음과 같다.

거 래		A사 주식 100주를 주당 10,000원에 현금매입하고 수수료 10,000원을 현금으로 지급하다.
분개	매도가능 증권	(차) 매도가능증권　　　1,010,000　　(대) 현금　　　1,010,000 　　＊100 × 10,000 + 10,000 = 1,010,000
	단기매매 증권	(차) 단기매매증권　　　1,000,000　　(대) 현금　　　1,010,000 　　수수료비용　　　　　10,000

④ 매도가능증권의 기말 평가

매도가능증권은 기말에 공정가액으로 평가하여 평가이익 또는 평가손실을 인식하고, 매도가능증권평가손익은 자본의 기타포괄손익누계액으로 분류되어 재무상태표에 표시된다.

매도가능증권평가손익	기타포괄손익누계액(자본, 재무상태표)
단기매매증권평가손익	영업외손익(당기손익, 손익계산서)

- 매도가능증권 기말 공정가액이 장부가액보다 높으면 : 매도가능증권평가이익
- 매도가능증권 기말 공정가액이 장부가액보다 낮으면 : 매도가능증권평가손실

매도가능증권평가이익 발생 시	매도가능증권평가이익이 발생할 때 과거에 인식한 매도가능증권 평가손실이 있다면 이 금액을 먼저 차감한다.
매도가능증권평가손실 발생 시	매도가능증권평가손실이 발생할 때 과거에 인식한 매도가능증권 평가이익이 있다면 이 금액을 먼저 차감한다.

매도가능증권 중 시장성이 없는 지분증권의 공정가치를 신뢰성 있게 측정할 수 없는 경우에는 취득원가로 평가한다.

만기보유증권은 공정가액으로 평가하지 않고, 상각후원가로 평가한다.

기출문제 연습

다음 중 유가증권에 대한 설명으로 틀린 것은?

① 단기매매증권과 매도가능증권은 원칙적으로 공정가치로 평가한다.

② 매도가능증권은 보유목적에 따라 유동자산이나 투자자산으로 분류된다.

③ 단기매매증권과 매도가능증권의 미실현보유이익은 당기순이익항목으로 처리한다.

④ 단기매매증권이 시장성을 상실한 경우에는 매도가능증권으로 분류하여야 한다.

풀이

③ 매도가능증권에 대한 미실현보유손익은 기타포괄손익누계액으로 처리한다.

기출문제 연습

다음 빈칸 안에 들어갈 내용으로 알맞은 것은?

구 분	계 정	재무제표
단기매매증권평가손실(이익)	(가)	손익계산서
매도가능증권평가손실(이익)	기타포괄손익누계액	(나)

① (가) 영업외비용(수익) (나) 손익계산서

② (가) 자본조정 (나) 현금흐름표

③ (가) 영업외비용(수익) (나) 재무상태표

④ (가) 자본조정 (나) 재무상태표

풀이

③ 단기매매증권의 공정가치와 장부가액과의 차액은 영업외손익(손익계산서), 매도가능증권의 공정가액과 장부가액의 차액은 기타포괄손익누계액(재무상태표)으로 반영한다.

회계처리 연습 ┐ 다음 각 날짜별로 회계처리 하시오.

- 2022. 1. 31. 매도가능증권을 100,000원에 구입하면서, 수수료 20,000원을 현금 지급하다.
- 2022년말, 2023년말, 2024년말 공정가액은 다음과 같다.

2022년말	2023년말	2024년말
140,000원	110,000원	130,000원

풀이

2022. 1. 31.	(차) 매도가능증권	120,000	(대) 현금	120,000
2022. 12. 31.	(차) 매도가능증권	20,000	(대) 매도가능증권평가이익	20,000
2023. 12. 31.	(차) 매도가능증권평가이익	20,000	(대) 매도가능증권	30,000
	매도가능증권평가손실	10,000		

2024. 12. 31.	(차) 매도가능증권	20,000	(대) 매도가능증권평가손실 10,000 매도가능증권평가이익 10,000

⑤ 유가증권의 처분

매도가능증권을 처분할 때는 처분가액과 장부가액을 비교하여 매도가능증권처분손익을 당기 손익으로 인식하는데, 이때 자본항목에 있는 매도가능평가손익을 고려해서 처분손익에 반영 해야 한다.

회계처리 연습 ┐ 다음 각 날짜별로 회계처리 하시오.

- 2023. 1. 31. 매도가능증권을 300,000원에 구입하면서, 수수료 2,000원을 현금 지급하다.
- 2023년말 기말 공정가액이 400,000원이고, 2024년 1월 31일에 매도가능증권을 모두 350,000원에 현금을 받고 매각하다.

풀이

2023. 1. 31.	(차) 매도가능증권	302,000	(대) 현금	302,000
2023. 12. 31.	(차) 매도가능증권	98,000	(대) 매도가능증권평가이익 98,000	
2024. 1. 31.	(차) 현금	350,000	(대) 매도가능증권	400,000
	매도가능증권평가이익	98,000	매도가능증권처분이익 48,000	

매도가능증권처분손익(48,000원)은 처분가액(350,000원)에서 취득원가(302,000원)를 차 감한 금액과 동일하게 된다.

분개연습

01 만기보유 목적으로 채권 30,000원을 보통예금을 지급하고 취득하다.

02 만기보유 목적으로 채권 30,000원을 취득하면서 매입수수료 2,000원을 모두 보통예금으로 지급하다.

03 만기보유증권에서 발생한 이자수익 1,000원을 보통예금으로 수령하다.

04 만기보유증권으로 분류된 채권의 만기가 되어 원금 30,000원과 이자 1,000원을 합산하여 보통예금으로 수령하다.

05 장기투자 목적으로 주식 90,000원을 당좌예금을 지급하고 취득하다.

06 장기투자 목적으로 주식 90,000원을 당좌예금으로 이체하여 취득하면서 수수료 2,000원은 현금으로 지급하다.

07 매도가능증권에서 발생한 배당금 2,000원을 당좌예금으로 수령하다.

08 90,000원에 취득한 매도가능증권의 기말평가액이 93,000원으로 상승하다.

09 장부금액 93,000원인 매도가능증권의 기말 평가액이 92,000원으로 하락하다. 재무상태표에는 매도가능증권평가이익 잔액이 3,000원 있다.

10 90,000원에 취득한 매도가능증권의 기말평가액이 88,000원으로 하락하다.

11 장부금액 88,000원인 매도가능증권의 기말 평가액이 91,000원으로 상승하다. 재무상태표에는 매도가능증권평가손실 잔액이 2,000원 있다.

12 장부금액 88,000원인 매도가능증권의 기말 평가액이 81,000원으로 상승하다. 재무상태표에는 매도가능증권평가이익 잔액이 2,000원 있다.

분개연습 해답

01 (차) 만기보유증권   10,000   (대) 보통예금   30,000

02 (차) 만기보유증권   32,000   (대) 보통예금   32,000

03 (차) 보통예금   1,000   (대) 이자수익   1,000

04 (차) 보통예금   31,000   (대) 만기보유증권   30,000
   이자수익   1,000

05 (차) 매도가능증권   90,000   (대) 당좌예금   90,000

06 (차) 매도가능증권   92,000   (대) 당좌예금   90,000
   현금   2,000

07 (차) 당좌예금   2,000   (대) 배당금수익   2,000

08 (차) 매도가능증권   3,000   (대) 매도가능증권평가이익   3,000

09 (차) 매도가능증권평가이익   1,000   (대) 매도가능증권   1,000

10 (차) 매도가능증권평가손실   2,000   (대) 매도가능증권   2,000

11 (차) 매도가능증권   3,000   (대) 매도가능증권평가손실   2,000
   매도가능증권평가이익   1,000

12 (차) 매도가능증권평가이익   2,000   (대) 매도가능증권   7,000
   매도가능증권평가손실   5,000

실전문제연습 

01 다음 중 나머지 셋과 계정과목의 성격이 다른 하나는?

① 단기매매증권평가손실　　　　　② 단기매매증권처분손실

③ 매도가능증권평가손실　　　　　④ 매도가능증권처분손실

02 유가증권에 대한 설명이다. 옳은 것은?

① 유가증권 중 채권은 취득한 후에 단기매매증권이나 매도가능증권 중의 하나로 분류한다.

② 단기매매증권이 시장성을 상실한 경우에는 매도가능증권으로 분류하여야 한다.

③ 단기매매증권과 만기보유증권은 원칙적으로 공정가치로 평가한다.

④ 매도가능증권은 주로 단기간 내의 매매차익을 목적으로 취득한 유가증권이다.

03 유가증권과 관련한 다음의 설명 중 적절치 않은 것은?

① 유가증권에는 지분증권과 채무증권이 포함된다.

② 만기가 확정된 채무증권을 만기까지 보유할 적극적인 의도와 능력이 있는 경우에는 만기보유증권으로 분류한다.

③ 만기보유증권으로 분류되지 아니하는 채무증권은 매도가능증권으로만 분류된다.

④ 주로 단기간 내의 매매차익을 목적으로 취득한 유가증권으로서 매수와 매도가 적극적이고 빈번하게 이루어지는 것은 단기매매증권으로 분류한다.

04 다음 괄호 안에 들어갈 내용을 순서대로 적은 것으로 옳은 것은?

> (　　　)에 대한 미실현보유손익은 당기손익항목으로 처리한다. (　　　)에 대한 미실현보유손익은 기타포괄손익누계액으로 처리한다.

① 단기매매증권, 만기보유증권

② 단기매매증권, 매도가능증권

③ 매도가능증권, 만기보유증권

④ 매도가능증권, 지분법적용투자주식

05 다음의 계정과목 중 미실현이익에 해당하는 것은?

① 배당금수익

② 외환차익

③ 매도가능증권처분이익

④ 단기매매증권평가이익

06 다음 중 유동자산과 투자자산에 속하는 유가증권의 처분과 평가시 발생(증감)할 수 있는 것으로 틀린 것은?

① 손익의 발생

② 자산의 증감

③ 부채의 증감

④ 자본의 증감

07 보고기간 종료일에 ㈜병찬의 결산시 당기순이익이 100,000원이었다. 다음과 같은 오류가 포함되었을 경우, 수정 후 당기순이익은 얼마인가?

> • 감자차익 과소계상액 : 10,000원
> • 매도가능증권평가손실 과대계상액 : 20,000원
> • 이자비용 과대계상액 : 15,000원
> • 단기투자자산처분이익 과대계상액 : 25,000원

① 90,000원

② 100,000원

③ 120,000원

④ 130,000원

08 다음 중 기업회계기준에 의한 유가증권에 관한 설명이다. 옳지 않은 것은?

① 만기보유증권으로 분류되지 아니하는 채무증권은 단기매매증권이나 매도가능증권으로 분류된다.

② 단기매매증권, 매도가능증권, 만기보유증권은 원칙적으로 공정가치로 평가한다.

③ 단기매매증권이 시장성을 상실한 경우에는 매도가능증권으로 분류하여야 한다.

④ 만기가 확정된 채무증권을 만기까지 보유할 적극적인 의도와 능력이 있는 경우에는 만기보유증권으로 분류한다.

실전문제연습 해답 

01 ③ ①,②,④번은 손익계산서의 영업외비용 계정과목이지만, ③번은 재무상태표의 기타포괄손익누계액(자본계정) 계정과목임.

02 ② 만기보유증권은 상각후원가로 평가한다.

03 ③ 지분증권 및 만기보유증권으로 분류되지 아니하는 채무증권은 단기매매증권과 매도가능증권 중의 하나로 분류한다.

04 ② 단기매매증권에 대한 미실현보유손익은 당기손익항목으로 처리한다. 매도가능증권에 대한 미실현보유손익은 기타포괄손익누계액으로 처리하고, 당해 유가증권에 대한 기타포괄손익누계액은 그 유가증권을 처분하거나 손상차손을 인식하는 시점에 일괄하여 당기손익에 반영한다.

05 ④ 단기매매증권평가이익은 유가증권 보유시 보고기간 종료일의 현재의 공정가액(시가)로 평가시 발생하는 이익으로 실현되지 않은 이익에 해당한다.

06 ③ 단기매매증권의 평가손익(손익의 발생, 자산의 증감), 매도가능증권의 평가손익(자본의 증감, 자산의 증감)

07 ① 90,000원 = 100,000 + 15,000 - 25,000
감자차익은 자본잉여금에 속하고, 매도가능증권평가손실은 기타포괄손익누계액에 속하여 당기순이익에 영향을 미치지 않는다.

08 ② 단기매매증권, 매도가능증권은 원칙적으로 공정가치로 평가하고, 만기보유증권은 상각후원가로 평가하여 재무상태표에 표시한다.

5. 유형자산

(1) 유형자산 개요

① 유형자산의 개념

유형자산은 재화의 생산, 용역의 제공, 타인에 대한 임대 또는 자체적으로 사용할 목적으로 보유하는 물리적 형체가 있는 자산으로서, 1년을 초과하여 사용할 것이 예상되는 자산을 말한다.

② 다른 자산과 비교

유형자산은 개념적인 특징으로 인해 다음과 같이 다른 자산과 비교할 수 있다.

- 목적 : 영업활동에 사용할 목적이면 유형자산, 판매목적이면 재고자산, 투자목적이면 투자자산
- 실체 : 물리적 실체가 있으면 유형자산, 물리적 실체가 없으면 무형자산
- 기간 : 사용기간이 1년 초과하면 유형자산, 1년 이내이면 소모품

③ 유형자산의 종류

토 지	주차장, 대지, 임야, 전, 답 등
건 물	공장, 사무실, 창고 등
구축물	건물 이외의 교량, 구조물, 동상, 나무, 부속설비 등
차량운반구	승용차, 트럭, 버스, 오토바이 등
기계장치	제조설비, 운송설비 등 기계
비 품	컴퓨터, 복사기, 책상, 에어컨, 공기청정기 등
건설중인자산	완성되지 않은 유형자산(완성되면 건물 등으로 대체)

(2) 유형자산의 취득원가

① 외부에서 구입하는 경우 취득원가에 포함

자산의 취득원가는 매입가액에 매입부대비용을 합한 금액으로 계산한다. 매입부대비용에는 다음과 같은 것이 있다.

- 설치장소 준비를 위한 지출, 운송비, 취급비, 설치비
- 취득 및 설치관련 수수료, 시운전비
- 자본화대상 차입원가, 취득세 등 취득과 관련된 제세공과금
- 취득 시 구입해야 하는 국·공채 등의 매입금액과 공정가치의 차액

* 시험생산 용도로 시제품을 생산하여 판매하는 경우에 발생하는 수익은 취득원가에서 차감한다.

ⓐ 취득세, 등록세 등

세금 중에서 취득세, 등록세는 자산의 취득원가에 산입되지만, 재산세(매년 6/1기준)는 사용후에 납부하는 것으로 비용(세금과공과금)으로 분류된다.

취득세 등	거래	건물을 5,000,000원에 취득하면서 대금은 1개월 후에 지급하기로 하고 취득세 10,000원과 중개인수수료 30,000원을 현금으로 지급하였다.			
	분개	(차) 건물	5,040,000	(대) 미지급금	5,000,000
				현　금	40,000
재산세	거래	재산세 40,000원을 보통예금에서 이체하여 지급하다.			
	분개	(차) 세금과공과	40,000	(대) 보통예금	40,000

ⓑ 유형자산 취득과 관련된 공채

유형자산 취득 시 매입해야 하는 국·공채 등의 구입금액과 공정가치의 차액을 해당 유형자산의 취득원가에 산입한다.

구입 관련 공채	거래	승용차를 4,000,000원에 취득하면서 대금은 1개월 뒤 지급하기로 하고, 차량구입과 관련된 공채(액면 10,000원, 공정가치 6,000원)를 액면금액으로 매입하여 즉시 공정가치로 매각하였다.			
	분개	(차) 차량운반구	4,004,000	(대) 미지급금	4,000,000
				현　금	4,000

기출문제 연습 유형자산의 취득원가 구성으로 틀린 것은?

① 새로운 상품을 소개하는데 발생한 광고선전비

② 자본화대상인 차입원가

③ 취득세 등 유형자산의 취득과 직접 관련된 제세공과금

④ 유형자산의 취득과 관련하여 국·공채 등을 불가피하게 매입하는 경우 당해 채권의 매입금액과 일반기업회계기준에 따라 평가한 현재가치와의 차액

풀이

① 광고선전비는 유형자산의 취득원가가 아니라 판매비와관리비에 해당된다.

---

② 증여로 취득(무상 취득)하는 경우

증여에 의하여 무상으로 취득하는 경우에는 유형자산의 공정가치에 매입부대비용을 가산한 금액을 취득원가로 하고, 자산의 공정가치를 자산수증이익으로 처리한다.

거래	대표자로부터 공정가치 2,000,000원의 건물을 증여받고 건물 취득에 따른 취득세 2,000원을 현금으로 납부하다.			
분개	(차) 건물	2,002,000	(대) 자산수증이익	2,000,000
			현　금	2,000

③ 현물출자에 의하여 취득하는 경우

현물출자에 의하여 유형자산을 취득하는 경우에는 자산의 공정가치에 매입부대비용을 가산한 금액을 취득원가로 하고 발행한 주식의 액면가액을 자본금으로 한다.

거 래	대표자로부터 공정가치 2,000,000원의 건물을 현물출자 받고, 회사의 주식 200주(주당 액면가액 8,000원)를 발행하여 지급하였다.			
분 개	(차) 건물	2,000,000	(대) 자본금	1,600,000
			주식발행초과금	400,000

현물출자 받은 현물의 공정가치 중 주식의 액면가액을 자본금으로, 액면가액을 초과하는 금액을 주식발행초과금으로 처리한다.

④ 자가 건설하는 경우

자가 건설하는 경우에는 건설과 관련된 지출을 집계하여 우선 건설중인자산으로 계상한 후 건설이 완료되면 건물, 기계장치 등 해당 유형자산으로 분류한다.

건설비 지출	거래	사옥을 신축하는데 당기에 소요된 지출 2,000,000원을 현금으로 지급하였다.			
	분개	(차) 건설중인자산	2,000,000	(대) 현금	2,000,000
완 공	거래	당기에 사옥의 신축이 완료되었다. 전기까지 소요된 지출은 2,000,000원이며, 당기에 소요된 지출은 500,000원이다.			
	분개	(차) 건물	2,500,000	(대) 건설중인자산	2,000,000
				현금	500,000

(3) 유형자산 취득 후의 지출

① 개요

유형자산을 취득한 이후에 수선 및 증설 등과 같이 추가로 지출이 발생할 수 있는데, 지출의 성격에 따라 자본적지출과 수익적지출로 구분한다. 자본적지출은 해당 자산의 원가에 포함되고, 수익적지출은 당기 비용(수선비)으로 처리한다.

② 자본적지출

자산의 가치를 증가시키거나, 내용연수를 연장시키는 지출을 말하는데, 지출 시 유형자산의 원가에 가산한다. 생산능력 증대, 내용연수 연장, 상당한 원가절감, 품질향상, 엘리베이터 및 냉난방기설치 등이 해당된다.

거 래	본사 건물의 가치증진 및 내용연수 연장을 위한 증설비용 5,000,000원을 보통예금에서 이체하여 지급하다.			
분 개	(차) 건물	5,000,000	(대) 보통예금	5,000,000

③ 수익적지출

자산의 원상회복 또는 능률유지를 위한 지출을 말하는데, 지출 시 당기 비용(수선비 등)으로 처리한다. 수선유지, 외벽도장, 파손된 유리 교체 등이 해당된다.

거 래	건물 외벽의 도장비용 2,000,000원을 현금으로 지급하였다.			
분 개	(차) 수선비	2,000,000	(대) 현금	2,000,000
거 래	영업용 화물차의 엔진오일 교환비 50,000원을 현금으로 지급하였다.			
분 개	(차) 차량유지비	50,000	(대) 현금	50,000

【자본적지출과 수익적지출】

자본적지출	수익적지출
가치증진 · 수명 연장 · 생산증대 등	원상회복 · 능률유지(수선)
엘리베이터 · 피난시설 · 냉난방시설 설치 등	파손유리 대체, 수리, 외벽도장 등
해당 자산의 취득원가에 산입	수선비(비용)로 처리 – 차량 외 수리
	차량유지비(비용)로 처리 – 차량 수리

(4) 유형자산의 감가상각

① 감가상각의 개념

개 념	수익 · 비용 대응의 원칙에 의하여 내용연수 동안 합리적이고 체계적인 방법에 의하여 유형자산의 취득원가를 비용으로 배분하는 것
성 질	유형자산은 영업활동에 사용되면서 수익창출에 기여하고, 시간이 지남에 따라 가치가 감소되는데, 가치의 감소분을 비용(감가상각비)으로 인식하면 수익 · 비용 대응의 원칙에 부합하게 된다.

② 감가상각의 3요소 : 취득원가, 잔존가치, 내용연수

취득원가	매입가액 + 취득 부대비용의 합계(자본적지출액 포함)
잔존가치	내용연수 종료시점에 기대되는 가치(처분가액에서 처분비용을 차감)
내용연수	영업활동에 사용될 것으로 기대되는 예상 사용기간

③ 감가상각 대상

감가상각은 해당 유형자산이 사용가능한 때부터 시작해서 그 내용연수가 종료되는 시점까지 한다. 다만, 다음의 유형자산은 감가상각하지 않는다.

• 토지	• 건설중인자산	• 사용을 중단한 자산 중 처분할 예정인 것

④ 감가상각 방법

감가상각 방법으로 정액법과 정률법을 많이 사용하고, 업종에 따라서는 연수합계법과 생산량비례법 등의 방법을 사용한다.

ⓐ 정액법

정액법은 감가상각대상금액을 매년 동일한 금액으로 배분하여 감가상각비로 인식한다(정액상각, 균등상각). 정액법에 의한 감가상각비는 다음과 같이 계산한다.

$$\text{정액법 감가상각비} = (\text{취득원가} - \text{잔존가치}) \div \text{내용연수}$$

ⓑ 정률법

정률법은 미상각잔액(취득원가-감가상각누계액)에 정률을 곱한 금액을 감가상각비로 인식한다. 정률법은 내용연수 초기에 감가상각비가 많이 계상되고 갈수록 적어지므로 가속상각방법의 일종이다. 정률법에 의한 감가상각비는 다음과 같이 계산한다.

$$\text{정률법 감가상각비} = (\text{취득원가} - \text{감가상각누계액}) \times \text{정률}$$

ⓒ 연수합계법

연수합계법은 감가상각 대상금액에 잔여 내용연수를 곱하고 내용연수의 합계를 나눈 금액을 감가상각비로 인식한다.

내용연수 초기에 감가상각비가 많이 계상되고 갈수록 적어지므로 가속상각방법의 일종이다. 연수합계법에 의한 감가상각비는 다음과 같이 계산한다.

$$\text{연수합계법 감가상각비} = (\text{취득원가} - \text{잔존가치}) \times \frac{\text{잔여 내용연수}}{\text{내용연수의 합계}}$$

ⓓ 생산량비례법

생산량비례법은 감가상각 대상 금액에 총생산 가능량에 대한 실제 생산량의 비율을 곱한 금액을 감가상각비로 인식한다.

$$\text{생산량비례법 감가상각비} = (\text{취득원가} - \text{잔존가치}) \times \frac{\text{당기 실제 생산량}}{\text{추정 총생산량}}$$

【감가상각 방법 정리】

정액법(균등상각)	(취득원가 − 잔존가치) ÷ 내용연수
정률법(가속상각)	(취득원가 − 감가상각누계액) × 정률
연수합계법(가속상각)	(취득원가 − 잔존가치) × $\dfrac{\text{잔여 내용연수}}{\text{내용연수 합계}}$
생산량비례법	(취득원가 − 잔존가치) × $\dfrac{\text{당기 실제 생산량}}{\text{추정 총생산량}}$

⑤ 감가상각의 회계처리

회계기말에 감가상각비를 계산한 후 다음과 같이 차변에 감가상각비, 대변에 감가상각누계액으로 회계처리 한다.

(차) 감가상각비	×××	(대) 감가상각누계액	×××

유형자산의 감가상각비는 일반적으로 판매비와관리비로 분류되지만, 제조공정에서 사용되는 유형자산의 감가상각비는 제조원가로 분류된다.

(5) 유형자산의 처분

유형자산을 외부에 매각하거나 폐기하는 등 처분하는 경우에는 유형자산의 취득원가와 감가상각누계액을 제거하고 처분손익을 인식한다.

유형자산처분이익	장부가액이 처분가액보다 적은 경우(장부가액<처분가액)
유형자산처분손실	장부가액이 처분가액보다 큰 경우(장부가액>처분가액)

<table>
<tr><td rowspan="2">처분
이익</td><td>거래</td><td colspan="4">취득가액 1,000,000원(감가상각누계액 800,000원)인 기계장치를 현금 300,000원을 받고 매각하였다.</td></tr>
<tr><td>분개</td><td>(차) 현금
　　기계감가상각누계액</td><td align="right">300,000
800,000</td><td>(대) 기계장치
　　유형자산처분이익</td><td align="right">1,000,000
100,000</td></tr>
<tr><td rowspan="2">처분
손실</td><td>거래</td><td colspan="4">취득가액 1,000,000원(감가상각누계액 800,000원)인 기계장치를 현금 50,000원을 받고 매각하였다.</td></tr>
<tr><td>분개</td><td>(차) 현금
　　기계감가상각누계액
　　유형자산처분손실</td><td align="right">50,000
800,000
150,000</td><td>(대) 기계장치</td><td align="right">1,000,000</td></tr>
</table>

실전문제연습 

01 다음은 감가상각에 대한 설명이다. 옳지 않은 것은?

① 유형자산의 감가상각은 자산이 사용가능한 때부터 시작한다.

② 토지와 건물을 동시에 취득하는 경우에는 토지 구입액도 감가상각 대상이 된다.

③ 유형자산의 감가상각방법에는 정액법, 정률법, 연수합계법, 생산량비례법 등이 있다.

④ 감가상각방법은 자산의 성격에 따라 선택 가능하고, 매기 계속 적용한다.

02 다음 중 유형자산으로 분류하기 위한 조건으로서 가장 부적합한 것은?

① 영업활동에 사용할 목적으로 취득하여야 한다.

② 물리적인 실체가 있어야 한다.

③ 사업에 장기간 사용할 목적으로 보유하여야 한다.

④ 생산 및 판매목적으로 보유하고 있어야 한다.

03 다음 중 차량운반구의 취득원가에 해당하는 것은?

① 취득세   ② 자동차 보험료   ③ 유류대   ④ 자동차세

04 다음의 거래로 인한 설명 중 맞는 것은?

보유중인 기계장치를 장부금액보다 낮은 금액을 받고 처분하였다.

① 자산의 감소와 부채의 감소   ② 자산의 감소와 자본의 증가

③ 자산의 감소와 부채의 증가   ④ 자산의 감소와 자본의 감소

05 정률법으로 감가상각할 경우 2차 회계연도에 계상될 감가상각비로 맞는 것은?

• 취득원가 10,000,000원	• 잔존가치 1,000,000원
• 내용연수 5년	• 상각율 0.45

① 1,800,000원   ② 2,227,500원

③ 2,475,000원   ④ 2,677,500원

06 유형자산에 대한 감가상각을 하는 가장 중요한 목적으로 맞는 것은?

① 유형자산의 정확한 가치평가 목적

② 사용가능한 연수를 매년마다 확인하기 위해서

③ 현재 판매할 경우 예상되는 현금흐름을 측정할 목적으로

④ 자산의 취득원가를 체계적인 방법으로 기간배분하기 위해서

07 다음은 유형자산의 취득원가와 관련된 내용이다. 틀린 것은?

① 유형자산은 최초 취득원가로 측정한다.

② 현물출자, 증여, 기타 무상으로 취득한 자산은 공정가치를 취득원가로 한다.

③ 취득원가는 구입원가 또는 경영진이 의도하는 방식으로 자산을 가동하는데 필요한 장소
와 상태에 이르게 하는데 지출된 직접원가와 간접원가를 포함한다.

④ 유형자산이 정상적으로 작동되는지 여부를 시험하는 과정에서 발생하는 원가도 취득원
가에 포함한다.

08 유형자산의 감가상각방법 중 정액법, 정률법 및 연수합계법 각각에 의한 1차년도말 계상된 감가상
각비가 큰 금액부터 나열한 것은?

• 기계장치 취득원가 : 1,000,000원(1월 1일 취득)	• 내용연수 : 5년
• 잔존가치 : 취득원가의 10%	• 정률법 상각률 : 0.4

① 정률법 〉 정액법 〉 연수합계법　　　② 정률법 〉 연수합계법 〉 정액법

③ 연수합계법 〉 정률법 〉 정액법　　　④ 연수합계법 〉 정액법 〉 정률법

09 연초에 취득하여 영업부서에 사용한 소형승용차(내용연수 5년, 잔존가치 "0")를 정률법으로 감가상
각 할 경우, 정액법과 비교하여 1차년도의 당기순이익 및 1차년도 말 유형자산(차량운반구)의 순액
에 미치는 영향으로 올바른 것은?

① 당기순이익은 과대계상 되고, 유형자산은 과대계상된다.

② 당기순이익은 과대계상 되고, 유형자산은 과소계상된다.

③ 당기순이익은 과소계상 되고, 유형자산은 과대계상된다.

④ 당기순이익은 과소계상 되고, 유형자산은 과소계상된다.

10 다음 중 유형자산의 취득원가가 아닌 것은?

① 설치장소 준비를 위한 지출　　　　　② 관리 및 기타 일반간접원가

③ 자본화대상인 차입원가　　　　　　　④ 설치비

11 ㈜세원은 2023. 7. 1. 구입하여 사용 중인 기계장치를 2024. 6. 1. 37,000,000원에 처분하였다. 당기분에 대한 감가상각 후 처분시점의 감가상각누계액은 8,000,000원이며, 처분이익 5,000,000원이 발생하였다. 내용연수 5년, 정액법으로 월할상각 한다. 기계장치의 취득원가는?

① 32,000,000원　　　　　　　　　　② 40,000,000원

③ 45,000,000원　　　　　　　　　　④ 50,000,000원

12 사용 중인 유형자산에 대한 수익적 지출을 자본적 지출로 회계처리한 경우, 재무제표에 미치는 영향으로 올바른 것은?

① 자산의 과소계상　　　　　　　　　　② 당기순이익의 과대계상

③ 부채의 과소계상　　　　　　　　　　④ 비용의 과대계상

13 다음 중 유형자산의 감가상각에 대한 내용으로 옳지 않은 것은?

① 감가상각은 자산이 사용가능한 시점부터 시작한다.

② 자산의 내용연수 동안 감가상각액이 매 기간 감소하는 상각방법은 정률법이다.

③ 제조공정에서 사용된 유형자산의 감가상각액은 당기비용으로 처리한다.

④ 유형자산의 내용연수는 자산으로부터 기대되는 효용에 따라 결정된다.

14 다음 자료에 의하여 감가상각하는 경우에 정액법, 정률법 및 연수합계법 각각에 의한 2차년도말까지의 감가상각누계액 크기를 바르게 비교한 것은?

> • 기계장치 취득원가 : 2,000,000원(1월 1일 취득)
> • 내용연수 : 5년　　　　• 잔존가치 : 취득원가의 10%　　　　• 정률법 상각률 : 0.4

① 연수합계법 〉 정률법 〉 정액법　　　② 연수합계법 〉 정액법 〉 정률법

③ 정률법 〉 정액법 〉 연수합계법　　　④ 정률법 〉 연수합계법 〉 정액법

실전문제연습 해답 

01 ② 토지는 감가상각 대상이 아니다.

02 ④ 판매목적은 재고자산이다.

03 ① 보험료, 유류대, 자동차세는 보유하면서 지출되는 비용이다.

04 ④ 처분손실이 발생하므로 자산과 자본이 감소한다.

05 ③ 1차 연도 감가상각비 : $10,000,000 \times 0.45 = 4,500,000$원

2차 연도 감가상각비 : $(10,000,000 - 4,500,000) \times 0.45 = 2,475,000$원

06 ④ 감가상각은 취득원가를 체계적인 방법으로 기간배분하는 것이다.

07 ③ 유형자산을 취득하는데 직접 관련된 원가만 포함한다.

08 ② • 정률법 : $1,000,000 \times 0.4 = 400,000$

• 연수합계법 : $(1,000,000 - 100,000) \times 5/15 = 300,000$

• 정액법 : $(1,000,000 - 100,000) \times 1/5 = 180,000$

09 ④ 1차년도에 정액법과 비교하여 정률법으로 감가 상각할 경우 감가상각비(비용)가 과대계상되므로 당기순이익은 과소계상 되고, 또한 감가상각누계액이 과대계상 되므로 유형자산은 과소계상된다.

10 ② 관리 및 기타 일반간접원가는 당해 비용의 성격에 따라 기간비용 또는 제조원가로 처리한다.

11 ② $37,000,000 - 5,000,000 + 8,000,000 = 40,000,000$원

12 ② 수익적 지출을 자본적 지출로 처리하면 비용이 과소계상되고, 자산이 과대계상되므로 당기순이익이 과대계상된다.

13 ③ 제조공정에서 사용된 유형자산의 감가상각액은 재고자산의 원가를 구성한다.

14 ④ • 정액법 : 1차년도 : $(2,000,000 - 200,000) \div 5 = 360,000$

2차년도 : $(2,000,000 - 200,000) \div 5 = 360,000$

∴ 2차년도말 감가상각누계액 : $360,000 + 360,000 = 720,000$

• 정률법 : 1차년도 : $2,000,000 \times 0.4 = 800,000$

2차년도 : $(2,000,000 - 800,000) \times 0.4 = 480,000$

∴ 2차년도말 감가상각누계액 : $800,000 + 480,000 = 1,280,000$

• 연수합계법 : 1차년도 : $(2,000,000 - 200,000) \times 5/15 = 600,000$

2차년도 : $(2,000,000 - 200,000) \times 4/15 = 480,000$

∴ 2차년도말 감가상각누계액 : $600,000 + 480,000 = 1,080,000$

6. 무형자산 및 기타비유동자산

(1) 무형자산의 개념 및 종류

① 무형자산의 개념

기업이 사용할 목적으로 보유하면서 물리적 형체는 없지만 식별가능하고 기업이 통제하고 있으며 미래 경제적 효익이 있는 자산을 말한다.

• 물리적 실체가 없지만 식별 가능 • 기업이 통제 • 미래 경제적 효익

② 영업권 : 외부 구입만 인정

기업의 우수한 경영진, 숙련된 기술, 특유의 제조기법, 탁월한 입지조건 등으로 인하여 나타나는 장점 또는 초과 수익력을 말한다.

영업권은 외부에서 구입한 경우(합병 등)에만 인정된다.

즉, 내부적으로 창출한 영업권(자가창설 영업권)은 인정되지 않는다.

일상 생활상에서는 권리금이라고도 한다.

③ 개발비 : 내부적으로 창출된 무형자산

개발비란, 신제품, 신기술 등의 개발과 관련하여 발생한 지출을 말하며, 내부적으로 창출된 무형자산에 해당된다.

연구개발과 관련된 지출은 연구단계와 개발단계로 구분해야 하여야 하는데, 연구단계와 개발단계 중 어느 단계에서 지출하는지에 따라 다음과 같이 회계 상 취급이 달라진다.

연구단계 지출	연구비(판매비와관리비)
개발단계 지출	• 무형자산 인식요건 충족 : 개발비(무형자산) • 무형자산 인식요건 미충족 : 경상개발비(판매비와관리비)
구분 불가	연구단계 지출인지 개발단계 지출인지 구분할 수 없는 경우 : 연구비(판매비와관리비)

무형자산의 정의를 충족하면서, 미래의 경제적 효익이 유입될 가능성이 높고, 개발단계에서 발생한 지출을 신뢰성 있게 측정할 수 있으면 무형자산 인식요건이 충족된 것이다.

④ 산업재산권 등 기타 무형자산

산업재산권	• 일정기간 동안 독점적, 배타적으로 이용할 수 있는 권리 • 특허권, 실용신안권, 의장권, 상표권 등
기 타	라이선스, 프랜차이즈, 저작권, 소프트웨어, 어업권, 차지권, 광업권 등

| 기출문제 연습1 | 다음 설명 중 가장 올바른 회계처리방법을 설명한 것은? |

기출문제 연습1

다음 설명 중 가장 올바른 회계처리방법을 설명한 것은?

① 기계장치를 구입하는 과정에서 발생된 보험료는 판매비와관리비에 포함된다.

② 연구비와 개발비는 전액 비용으로 처리한다.

③ 자가 창설(내부창출)된 영업권(goodwill)은 무형자산으로 계상할 수 없다.

④ 무형자산은 진부화되거나 시장가치가 급격히 하락해도 감액손실을 인식할 수 없다.

풀이

③ 사업결합으로 취득한 영업권만 인정한다.

기출문제 연습2

다음 중 일반기업회계기준상 무형자산으로 계상할 수 없는 것은?

① 합병 등으로 인하여 유상으로 취득한 영업권

② 기업의 프로젝트 연구단계에서 발생하여 지출한 연구비

③ 일정한 광구에서 부존하는 광물을 독점적·배타적으로 채굴하여 취득할 수 있는 광업권

④ 일정기간동안 독점적·배타적으로 이용할 수 있는 산업재산권

풀이

② 연구단계에서 발생하여 지출한 연구비는 당기비용으로 처리한다.

(2) 무형자산의 상각

① 무형자산의 잔존가액과 내용연수

잔존가액	무형자산의 잔존가액은 원칙적으로 없는 것으로 하며, 무형자산의 잔존가액은 '0'원으로 한다.
내용연수	법령이나 계약에 정한 경우를 제외하고는 20년을 초과할 수 없음
상각 시점	무형자산은 사용가능한 때부터 매기말에 상각한다.

② 무형자산의 상각방법

정액법, 정률법, 연수합계법, 생산량비례법 등 합리적인 방법을 사용할 수 있는데, 합리적인 상각방법을 정할 수 없는 경우에는 정액법을 사용한다.

합리적인 방법 선택 가능	정액법, 정률법, 연수합계법, 생산량비례법 등 합리적인 방법을 선택해서 사용
합리적인 방법을 정할 수 없는 경우	정액법만 사용

③ 무형자산의 회계처리 방법

직접법과 간접법 중에 선택해서 사용한다. 유형자산은 간접법(상각누계액 사용)을 사용하지

만 무형자산은 직접법과 간접법을 모두 인정한다. 대부분 직접법을 사용한다.

직접법	• 상각액을 해당 무형자산에서 직접 차감하는 방법 (차) 무형자산상각비　　　×××　　（대) 개발비　　　×××
간접법	• 상각누계액을 사용하는 방법 (차) 무형자산상각비　　　×××　　（대) 무형자산상각누계액　　　×××

기출문제 연습

무형자산의 합리적인 상각방법을 정할 수 없는 경우에는 어떤 상각방법을 사용하는가?

① 정액법　　　　　　　　　　② 체감잔액법
③ 연수합계법　　　　　　　　④ 생산량비례법

풀이

① 합리적인 상각방법을 정할 수 없는 경우에는 정액법을 사용한다.

(3) 기타 비유동자산

기타 비유동자산에는 다음과 같은 것이 있다.

임차보증금	월세를 지급하는 조건으로 타인의 부동산 등을 사용하기 위하여 임차인이 지급하는 보증금
전 세 권	월세를 지급하지 않고 타인의 부동산 등을 사용하기 위하여 임차인이 지급하는 보증금
장기매출채권	외상매출금 또는 받을어음의 만기가 결산일로부터 1년 이후에 도래하는 매출채권(장기외상매출금 또는 장기받을어음)
장기미수금	만기가 1년 이후에 도래하는 미수금
부도어음과수표	부도어음이란 어음의 만기가 도래하여 어음금액의 지급을 청구할 때 지급이 거절된 어음을 말하며, 부도 발생 시 받을어음을 부도어음과수표로 대체함 (차) 부도어음과수표　　　×××　　（대) 받을어음　　　×××

실전문제연습 

01 다음 항목들 중에서 무형자산으로 인식할 수 없는 것은?

① 향후 5억원의 가치창출이 확실한 개발단계에 2억원을 지출하여 성공한 경우

② 내부창출한 상표권으로서 기말시점에 자체적으로 평가한 금액이 1억원인 경우

③ 통신기술과 관련한 특허권을 출원하는 데 1억원을 지급한 경우

④ 12억원인 저작권을 현금으로 취득한 경우

02 소프트웨어 개발을 위하여 연구단계에서 현금 1억원을 지출하였다. 올바른 회계처리는?

① (차) 연구비(무형자산)	1억	(대) 현금	1억
② (차) 연구비(판매비와관리비)	1억	(대) 현금	1억
③ (차) 개발비(무형자산)	1억	(대) 현금	1억
④ (차) 개발비(기타비유동자산)	1억	(대) 현금	1억

03 다음 중 무형자산에 해당하는 것의 개수는?

• 특허권	• 내부적으로 창출된 영업권	• 컴퓨터소프트웨어
• 상표권	• 임차권리금	• 경상개발비

① 3개　　　② 4개　　　③ 5개　　　④ 6개

04 다음 중 무형자산에 대한 설명으로 옳지 않은 것은?

① 무형자산은 영업권 및 개발비를 제외하고 대부분 산업재산권, 광업권 등 독점적·배타적 이용권을 표방하는 권리를 말한다.

② 연구활동으로 인한 창업비, 개업비 등의 지출은 미래경제적 효익을 나타내므로 당해연도에 무형자산으로 인식하여야 한다.

③ 무형자산의 미래경제적 효익을 확보할 수 있고 그 효익에 대한 제3자의 접근을 제한할 수 있다면 자산을 통제하고 있는 것이다.

④ 무형자산의 미래경제적 효익은 재화의 매출이나 용역수익, 원가절감 또는 자산의 사용에 따른 기타 효익의 형태로 발생한다.

05 유형자산과 무형자산에 대한 설명으로 틀린 것은?

① 유형자산과 무형자산 모두 업무용으로 사용하기 위하여 보유하고 있는 자산이다.

② 유형자산과 무형자산 모두 비용인식방법으로 감가상각방법을 이용한다.

③ 유형자산과 무형자산 모두 자본적 지출을 인식할 수 있다.

④ 유형자산과 무형자산 모두 합리적인 상각방법을 정할 수 없을 때는 정액법을 사용한다.

06 무형자산에 대한 설명으로 옳지 않은 것은?

① 내부적으로 창출한 무형자산의 창출과정은 연구단계와 개발단계로 구분한다.

② 무형자산을 창출하기 위한 과정을 연구단계와 개발단계로 구분할 수 없는 경우에는 모두 개발단계에서 발생한 것으로 본다.

③ 상각대상금액은 추정내용연수 동안 체계적인 방법에 의하여 비용으로 배분한다.

④ 무형자산의 상각기간은 독점적, 배타적인 권리를 부여하고 있는 관계 법령이나 계약에 정해진 경우를 제외하고는 20년을 초과할 수 없다.

07 다음은 ㈜마산이 무형자산을 창출하기 위해 지출한 내부 프로젝트의 경비 항목이다. 이 항목들에 대하여 연구단계와 개발단계를 구분할 수 없는 경우, 무형자산으로 인식할 수 있는 금액은 얼마인가?

• 관련자료 구입비 : 3,000,000원	• 행정수수료 : 1,200,000원
• 인건비 : 6,500,000원	• 기타 경비 : 800,000원

① 0원   ② 3,000,000원

③ 4,200,000원   ④ 11,500,000원

08 다음 계정과목 중 분류가 다른 것은?

① 임차권리금 ② 개발비 ③ 상표권 ④ 전세권

실전문제연습 해답 

01 ② 내부창출한 상표는 신뢰성 있는 측정이 아니다.

02 ② • 개발비 : 무형자산

　　• 경상개발비 : 당기비용처리(판매비와관리비, 제조원가)

　　• 연구비 : 당기비용처리(판매비와관리비, 제조원가)

03 ② 산업재산권(특허권, 실용신안권, 의장권, 상표권, 상호권 및 상품명 포함), 컴퓨터소프트웨어, 임차권리금이 무형자산에 해당된다.

04 ② 연구활동으로 인한 창업비, 개업비 등의 기타지출은 항상 당기 비용으로 인식한다.

05 ④ 무형자산은 합리적인 상각방법을 정할 수 없는 경우에 정액법을 사용하지만, 유형자산은 그러한 규정이 없다.

06 ② 연구단계와 개발단계로 구분할 수 없는 경우에는 모두 연구단계에서 발생한 것으로 본다.

07 ① 연구단계와 개발단계로 구분할 수 없는 경우에는 모두 연구단계에서 발생한 것으로 본다. 따라서 모두 비용으로 처리한다.

08 ④ 전세권은 기타비유동자산, 나머지 항목은 모두 무형자산에 해당된다.

7. 부 채

부채의 개념	과거의 거래나 사건의 결과로서 현재 기업실체가 부담하고 그 이행에 자원의 유출이 예상되는 현재시점의 의무
유동과 비유동	• 상환기간이 결산일로부터 1년 이내면 유동부채 • 정상적인 영업주기 내에 소멸할 것으로 예상되는 매입채무 및 미지급비용은 1년 기준을 적용하지 않고 항상 유동부채 • 유동부채가 아닌 부채는 비유동부채

(1) 유동부채

① 매입채무(외상매입금, 지급어음)

매입채무는 영업활동(일반적 상거래)과 관련하여 발생한 채무를 말하며, 매입채무에는 외상매입금과 지급어음이 있다.

ⓐ 외상매입금

외상 구매	상품 20,000원을 매입하고, 16,000원은 현금으로, 나머지는 외상으로 하다.			
	(차) 상품	20,000	(대) 현금	16,000
			외상매입금	4,000
상 환	외상매입금 4,000원을 보통예금에서 이체하여 상환하다.			
	(차) 외상매입금	4,000	(대) 보통예금	4,000

ⓑ 지급어음

어음 지급	판매용 상품을 20,000원에 매입하고, 대금을 전자어음으로 지급하다.			
	(차) 상품	20,000	(대) 지급어음	20,000
결 제	지급어음 20,000원의 만기가 도래하여 보통예금으로 지급하다.			
	(차) 지급어음	20,000	(대) 보통예금	20,000

② 미지급금

일반적 상거래 이외의 거래에서 발생한 외상대금 또는 어음으로 지급한 채무를 말한다. 신용카드로 결제한 경우에도 상거래가 아닌 경우에는 미지급금 계정을 사용한다.

외상 구입	업무용 에어컨을 2,000,000원에 외상구입(또는 어음발행)하다.			
	(차) 비품	2,000,000	(대) 미지급금	2,000,000
결 제	에어컨 구입 외상대금 2,000,000원을 현금으로 지급하다.			
	(차) 미지급금	2,000,000	(대) 현금	2,000,000

③ 미지급비용

당기에 발생하였지만 기말 결산 시 아직 지급기일이 도래하지 않은 것(미지급이자, 미지급급여, 미지급임차료 등)을 말한다.

발 생	결산시(12/31) 이자비용 50,000원이 발생하다. 지급일은 다음달 25일이다.			
	(차) 이자비용	50,000	(대) 미지급비용	50,000
지 급	다음달 25일에 미지급이자 50,000원을 보통예금에서 이체 지급하다.			
	(차) 미지급비용	50,000	(대) 보통예금	50,000

④ 선수금

계약할 때 수령하는 계약금을 말한다. 계약할 때 지급하는 계약금은 선급금이다.

계 약	상품 50,000원의 주문을 받으면서, 계약금 10%를 현금으로 받다.			
	(차) 현금	5,000	(대) 선수금	5,000
본 거래	주문받은 상품 50,000원을 납품하면서 선수금 10%를 제외한 잔액을 외상으로 하다.			
	(차) 선수금	5,000	(대) 매출	50,000
	외상매출금	45,000		

⑤ 선수수익

수취한 수익금액 중에서 차기의 수익에 해당되는 부분을 말한다.

수 취	10월 1일, 1년분 임대료 1,200,000원을 전액 현금으로 수취하면서 전액 수익으로 계상하다.			
	(차) 현금	1,200,000	(대) 임대료	1,200,000
결 산	결산시(12/31) 기간이 도래하지 않은 임대료 9개월분을 결산정리 하다.			
	(차) 임대료	900,000	(대) 선수수익	900,000
	*차기분 9개월분 임대료 : 1,200,000×(9/12) = 900,000원			

⑥ 단기차입금

금융기관에서 발생한 당좌차월과 1년 이내에 상환하여야 하는 차입금을 말한다. 보고기간 종료일부터 1년 이후에 상환하여야 하는 차입금은 장기차입금으로 분류한다.

차 입	200,000원을 10개월 만기로 차입하여 보통예금에 입금하다.			
	(차) 보통예금	200,000	(대) 단기차입금	200,000
상 환	단기차입금 200,000원을 이자 10,000원과 함께 보통예금에서 이체하여 상환하다.			
	(차) 단기차입금	200,000	(대) 보통예금	210,000
	이자비용	10,000		

⑦ 예수금

소득을 지급하는 자가 지급금액에서 세금 등을 일시적으로 원천징수하여 보관하고 있는 경우 그 금액을 말한다. 급여를 지급하면서 소득세 등을 원천징수하여 일시적으로 보관하는 경우에 주로 사용된다.

급여 지급	급여 1,000,000원을 지급하면서 소득세 등 120,000원을 원천징수하고 나머지 금액을 보통예금에서 이체하여 지급하다. (차) 급여　　　　　　1,000,000　　(대) 예수금　　　　　　120,000 　　　　　　　　　　　　　　　　　　　보통예금　　　　　　880,000
세금 납부	원천징수한 소득세 등 120,000원을 보통예금에서 이체하여 납부하다. (차) 예수금　　　　　　120,000　　(대) 보통예금　　　　　120,000

⑧ 가수금

금전 등을 수취하였으나 수취한 원인이 확인되지 않아서 특정 계정과목을 사용하기 어려울 때 사용하는 가계정이다. 원인이 확인되면 해당 계정과목으로 대체하여야 한다.

수 취	보통예금 계좌에 500,000원이 입금되었으나, 그 원인을 알 수가 없다. (차) 보통예금　　　　　500,000　　(대) 가수금　　　　　　500,000
확 인	가수금으로 처리했던 500,000은 외상매출금 회수액으로 밝혀졌다. (차) 가수금　　　　　　500,000　　(대) 외상매출금　　　　500,000

⑨ 유동성장기부채

장기차입금 중에서 상환기간이 결산일로부터 1년 이내에 도래하는 것은 이를 유동성장기부채로 대체한다.

차 입	2022년 11월 20일 20개월 후 상환조건으로 2,000,000원을 차입하여 보통예금통장에 입금하다. (차) 보통예금　　　　2,000,000　　(대) 장기차입금　　　2,000,000
결 산	2023년 12월 31일 결산 시 유동성장기부채로 대체하다. (차) 장기차입금　　　2,000,000　　(대) 유동성장기부채　2,000,000
상 환	2024년 만기가 되어 2,000,000원을 보통예금에서 이체하여 상환하다. (차) 유동성장기부채　2,000,000　　(대) 보통예금　　　　2,000,000

⑩ 기타 유동부채

미지급세금	아직 납부하지 않은 세금
미지급배당금	배당 결의된 현금배당 중 지급되지 않은 배당금

부가세예수금	거래상대방으로부터 거래징수한 부가가치세(부가가치세 매출세액)로써 납부하거나 부가세대급금과 상계할 금액

 다음 중 유동부채의 계정과목별 설명으로 틀린 것은?

① 매입채무는 일반적 상거래에서 발생한 외상매입금과 지급어음으로 한다.

② 선수금은 수주공사 및 기타 일반적 상거래에서 발생한 선수액으로 한다.

③ 단기차입금은 금융기관으로부터의 당좌차월과 1년 이내에 상환될 차입금으로 한다.

④ 미지급금은 일반적 상거래에서 발생한 지급기일이 도래한 확정채무를 말한다.

풀이

④ 미지급금은 일반적 상거래 이외에서 발생한 확정채무를 말한다.

(2) 비유동부채

비유동부채는 보고기간 말부터 만기가 1년 이후에 도래하는 부채를 말하는데, 유동부채 이외의 부채를 말한다.

① 사채

기업이 자금을 조달하기 위하여 발행하는 채무증권(채권)을 말한다. 사채는 일반대중으로부터 자금을 빌리는 수단으로 사용되는데, 사채권에는 원금과 이자율 및 상환일 등이 명시되어 있다.

사채권에 표시되어 있는 액면이자율과 시장에서 통용되는 시장이자율의 크기를 비교하여 할인발행, 할증발행 또는 액면발행이 결정된다.

액면발행	• 액면이자율 = 시장이자율 • 액면이자율과 시장이자율이 같은 경우에 사채의 가치는 액면금액과 동일하므로 액면발행 한다.
할인발행	• 액면이자율 〈 시장이자율 • 액면이자율이 시장이자율보다 낮은 경우에는 사채의 가치가 낮아져서 사채를 할인하여 발행한다.
할증발행	• 액면이자율 〉 시장이자율 • 액면이자율이 시장이자율보다 큰 경우에는 사채의 가치가 높아져서 사채를 할증하여 발행한다.

사채를 할인발행하는 경우에는 사채할인발행차금, 할증발행하는 경우에는 사채할증발행차금 계정을 사용한다.

ⓐ 사채발행비가 없는 경우

액면 발행	액면 500,000원인 사채(액면이자율 8%, 시장이자율 8%)를 500,000원에 액면발행하면서 보통예금에 입금하다.
	(차) 보통예금　　　　　　500,000　　　(대) 사채　　　　　　　　　　500,000
할인 발행	액면 500,000원인 사채(액면이자율 8%, 시장이자율 10%)를 400,000원에 발행하면서 보통예금에 입금하다.
	(차) 보통예금　　　　　　400,000　　　(대) 사채　　　　　　　　　　500,000 　　　사채할인발행차금　　100,000
할증 발행	액면 500,000원인 사채(액면이자율 8%, 시장이자율 6%)를 600,000원에 발행하면서 보통예금에 입금하다.
	(차) 보통예금　　　　　　600,000　　　(대) 사채　　　　　　　　　　500,000 　　　　　　　　　　　　　　　　　　　　사채할증발행차금　　100,000

ⓑ 사채발행비가 있는 경우

사채를 발행할 때 사채액면의 인쇄비용 또는 법률비용 등이 발생하는데 이 비용을 사채발행비라 한다. 사채발행비가 있는 경우에 그 금액은 사채할인발행차금 및 사채할증발행차금에 반영(가감)한다.

액면 발행	액면 500,000원인 사채를 500,000원에 액면발행하면서 사채 발행과 관련된 비용 10,000원을 제외한 잔액을 보통예금에 입금하다.
	(차) 보통예금　　　　　　490,000　　　(대) 사채　　　　　　　　　　500,000 　　　사채할인발행차금　　10,000
할인 발행	액면 500,000원인 사채를 400,000원에 발행하면서 사채 발행과 관련된 비용 10,000원을 제외한 잔액을 보통예금에 입금하다.
	(차) 보통예금　　　　　　390,000　　　(대) 사채　　　　　　　　　　500,000 　　　사채할인발행차금　　110,000
할증 발행	액면 500,000원인 사채를 600,000원에 발행하면서 사채 발행과 관련된 비용 10,000원을 제외한 잔액을 보통예금에 입금하다.
	(차) 보통예금　　　　　　590,000　　　(대) 사채　　　　　　　　　　500,000 　　　　　　　　　　　　　　　　　　　　사채할증발행차금　　90,000

사채할인발행차금과 사채할증발행차금은 유효이자율법에 따라 매기 상각(환입)하게 되는데, 상각되는 금액은 매년 증가한다.

② 충당부채

금액 및 시기 등 구체적인 사항은 불확실하지만 다음 요건을 모두 충족하여 부채로 인식할 수 있는 것을 말한다.

- 과거의 사건이나 거래의 결과로 현재의 의무가 존재함
- 그 의무를 이행하기 위하여 자원이 유출될 가능성이 매우 높음
- 그 의무를 이행하기 위하여 소요될 금액을 신뢰성 있게 추정할 수 있음

※ 퇴직급여충당부채 또는 제품보증충당부채 등이 여기에 해당한다.

ⓐ 충당부채와 우발부채

충당부채와 우발부채를 비교하면 다음과 같다.

충당부채	• 발생가능성이 매우 높고, 금액을 신뢰성 있게 추정할 수 있음 • 재무제표에 부채로 인식함
우발부채	• 어느 정도 발생가능성이 있으나, 금액을 신뢰성 있게 추정할 수 없음 • 재무제표 본문에 인식하지 않고, 주석으로 공시하고, 발생가능성이 거의 없는 경우에는 주석으로도 공시하지 않음

ⓑ 퇴직급여충당부채

퇴직급여충당부채는 퇴직금추계액과 매년 말 퇴직급여충당부채 잔액을 비교하여 부족분을 퇴직급여충당부채로 추가 설정한다. 이 때 추가로 설정하는 것을 전입이라 한다.

> **퇴직급여충당부채 전입액 = 퇴직금추계액 − 퇴직급여충당부채 잔액**

- 퇴직금추계액 : 기말에 전 임직원이 일시에 퇴사할 경우 지급할 퇴직금 상당액
- 퇴직급여충당부채 잔액 = 퇴직급여충당부채 기초잔액 − 당기 퇴직금지급액

퇴직급여충당부채 전입(결산시 추가 계상) 시 분개는 다음과 같다.

(차) 퇴직급여	×××	(대) 퇴직급여충당부채	×××

퇴직급여를 지급하는 경우에는 지급하는 만큼 퇴직급여충당부채를 감소시키고, 퇴직급여충당부채가 부족한 경우에는 다음과 같이 퇴직급여 계정을 사용한다.

(차) 퇴직급여충당부채	×××	(대) 보통예금	×××
퇴직급여	×××		

다음의 ㉠, ㉡, ㉢을 연속되는 것으로 가정하고 분개하면 다음과 같다.

㉠ 지 급	퇴직급여충당부채 기초 잔액이 1,000,000원이고, 퇴직금 700,000원을 보통예금에서 이체하여 지급하다.
	(차) 퇴직급여충당부채　　700,000　　(대) 보통예금　　　　　　700,000

ⓒ 전 입 (기말)	기말에 전 임직원이 퇴사하는 경우 지급할 퇴직금 상당액이 5,000,000원이다.		
	(차) 퇴직급여 4,700,000	(대) 퇴직급여충당부채	4,700,000
	* 5,000,000 − (1,000,000 − 700,000) = 4,700,000원		
ⓒ 지 급	퇴직금으로 현금 5,500,000원을 지급하다.		
	(차) 퇴직급여충당부채 5,000,000	(대) 보통예금	5,500,000
	퇴직급여 500,000		

③ 기타 비유동부채

장기차입금	보고기간말에 만기가 1년 이후이면 장기차입금으로, 만기가 1년 이내이면 유동성장기부채로 분류한다.
임대보증금	임대보증금은 임대인(건물주)이 임차인(세입자)으로부터 받는 보증금을 말한다. 추후 돌려줘야 하는 금액이고, 일반적으로 계약기간이 1년 이상이므로 비유동부채에 해당된다.
장기미지급금	장기미지급금은 상거래 이외의 거래에서 발생한 채무 중 상환일이 보고기간 종료일부터 1년 이후에 도래하는 채무를 말한다.

【퇴직연금제도】

구 분	확정급여형 퇴직연금(DB형)	확정기여형 퇴직연금(DC형)
개 념	퇴직연금 적립금 운용의 책임과 권한이 모두 회사에게 있음	퇴직연금 적립금 운용의 책임과 권한이 모두 종업원에게 있음
납 입	(차) 퇴직연금운용자산 ××× (대) 현금 ×××	(차) 퇴직급여 ××× (대) 현금 ×××
지 급	(차) 퇴직급여 ××× (대) 퇴직연금운용자산 ×××	회계처리 없음

기출문제 연습

다음 중 재무상태표상의 비유동부채로 맞는 것은?

① 퇴직급여충당부채   ② 외상매입금

③ 유동성장기부채   ④ 단기차입금

풀이

① 퇴직급여충당부채를 제외하고는 유동부채이다.

실전문제연습 

01 기업회계기준서상 충당부채를 부채로 인식하기 위한 요건으로 틀린 것은?

① 우발부채도 충당부채와 동일하게 부채로 인식하여야 한다.

② 과거사건이나 거래의 결과로 현재의무가 존재해야 한다.

③ 당해 의무를 이행하기 위하여 자원이 유출될 가능성이 매우 높아야 한다.

④ 그 의무 이행에 소요되는 금액을 신뢰성 있게 추정할 수 있어야 한다.

02 다음 중 유동부채에 해당하는 금액을 모두 합하면 얼마인가?

• 외상매입금 : 50,000원	• 장기차입금 : 1,000,000원(유동성장기부채 200,000원 포함)
• 단기차입금 : 200,000원	• 미지급비용 : 70,000원
• 선 수 금 : 90,000원	• 퇴직급여충당부채 : 80,000원

① 410,000원　　　② 520,000원　　　③ 530,000원　　　④ 610,000원

03 다음 자료는 기말자산과 기말부채의 일부분이다. 기말재무상태표에 표시될 항목과 금액이 올바른 것은?

• 받을어음 : 100,000원	• 미지급금 : 120,000원
• 외상매출금 : 130,000원	• 지급어음 : 150,000원
• 미 수 금 : 160,000원	• 외상매입금 : 180,000원
• 보통예금 : 170,000원	• 정기예금 : 190,000원
• 자기앞수표 : 110,000원	

① 현금및현금성자산 470,000원　　　② 매출채권 330,000원

③ 매입채무 230,000원　　　④ 유동부채 450,000원

04 재무상태표상 자산, 부채 계정에 대한 분류가 잘못 연결된 것은?

① 미수수익 : 당좌자산

② 퇴직급여충당부채 : 유동부채

③ 임차보증금 : 기타비유동자산

④ 장기차입금 : 비유동부채

05 다음 중 유동부채에 속하는 계정들의 금액을 모두 합하면 얼마인가?

• 장기차입금 : 30,000원	• 단기차입금 : 10,000원
• 미지급비용 : 3,000원	• 예수금 : 6,000원
• 퇴직급여충당부채 : 15,000원	• 선수수익 : 10,000원
• 유동성장기부채 : 17,000원	

① 29,000원　　② 36,000원　　③ 46,000원　　④ 59,000원

06 다음 중 부채에 대한 설명으로 가장 옳지 않은 것은?

① 부채는 과거의 거래나 사건의 결과로 현재 기업실체가 부담하고 있고 미래에 자원의 유출 또는 사용이 예상되는 의무이다.

② 유동성장기부채는 유동부채로 분류한다.

③ 부채는 1년을 기준으로 유동부채와 비유동부채로 분류한다.

④ 정상적인 영업주기 내에 소멸할 것으로 예상되는 매입채무와 미지급비용 등이 보고기간 종료일로부터 1년 이내에 결제되지 않으면 비유동부채로 분류한다.

실전문제연습 해답 

01 ① 우발부채는 부채로 인식하지 않는다.

02 ④ 50,000+200,000+200,000+70,000+90,000=610,000원

03 ④ 현금및현금성자산(280,000원)=보통예금+자기앞수표

　　　매출채권(230,000원)=외상매출금+받을어음

　　　매입채무(330,000원)=외상매입금+지급어음

　　　유동부채(450,000원)=외상매입금+지급어음+미지급금

04 ② 퇴직급여충당부채는 비유동부채에 해당됨.

05 ③ 장기차입금, 퇴직급여충당부채는 비유동부채이다.

06 ④ 정상적인 영업주기 내에 소멸할 것으로 예상되는 매입채무와 미지급비용은 보고기간종료일로부터 1년 이내에 결제되지 않더라도 유동부채로 분류한다.

8. 자본(자산 – 부채)

자본은 자산에서 부채를 차감한 금액(자산 – 부채)을 말하며, 기업의 순자산, 소유주 지분 또는 소유주의 잔여청구권이라고도 한다.

(1) 자본의 분류

• 자본금　　• 자본잉여금　　• 자본조정　　• 기타포괄손익누계액　　• 이익잉여금

자 본 금	• 기업이 발행한 주식의 액면금액의 합계액 　　자본금 = 발행주식수 × 1주 액면가액 • 보통주자본금과 우선주자본금은 구분표시 한다. • 우선주는 배당금 지급 시 보통주보다 우선 배당받을 수 있는 권리를 가지지만 의결권이 없다.
자본잉여금	• 자본거래에서 발생하는 자본을 증가시키는 잉여금 • 주식발행초과금, 감자차익, 자기주식처분이익 등
자본조정	• 자본거래에 해당하지만 자본 또는 자본잉여금으로 볼 수 없으면서 자본에 가산 또는 차감되는 항목 • 자기주식, 주식할인발행차금, 감자차손, 자기주식처분손실, 미교부주식배당금
기타포괄손익 누계액	• 당기손익에 해당되지 않아서 손익계산서에 계상할 수 없는 손익 • 매도가능증권평가이익(손실), 해외사업환산이익(손실)
이익잉여금	• 손익거래에서 발생한 이익으로 사외에 유출되지 않고 사내에 유보된 금액 • 법정적립금(이익준비금 포함), 임의적립금, 미처분이익잉여금

**기출문제
연습1** 다음 자료를 바탕으로 자본잉여금의 금액을 계산한 것으로 옳은 것은? (단, 계정과목별 연관성은 전혀 없다.)

• 감 자 차 익	: 500,000원	• 이 익 준 비 금	: 100,000원
• 사업확장적립금	: 300,000원	• 주식발행초과금	: 700,000원
• 자기주식처분이익	: 300,000원	• 자기주식처분손실	: 100,000원
• 감 자 차 손	: 250,000원	• 주식할인발행차금	: 150,000원

① 600,000원　　　　　　　　　　② 900,000원

③ 1,200,000원　　　　　　　　　④ 1,500,000원

풀이

④ 자본잉여금은 감자차익과 주식발행초과금, 자기주식처분이익이 속한다.

(2) 주식 발행(유상증자)

법인에 자금조달이 필요한 경우에 자금을 조달하기 위해서 주식을 발행하여 자본을 증가시키는 경우가 있는데 이를 유상증자라 한다.

① 주식 발행(신주발행비가 없는 경우)

주식을 액면가액 그대로 발행하면 액면발행, 액면가액 보다 낮게 발행하면 할인발행, 액면가액 보다 높게 발행하면 할증발행이다.

㉠ 액면발행(액면가액 = 발행가액)

거 래	액면금액 1,000원인 주식 1,000주를 주당 1,000원에 발행하고 대금은 보통예금에 입금하다.			
분 개	(차) 보통예금	1,000,000	(대) 자본금	1,000,000

㉡ 할인발행(액면가액 〉발행가액)

거 래	액면금액 1,000원인 주식 1,000주를 주당 900원에 발행하고 대금은 보통예금에 입금하였다.			
분 개	(차) 보통예금	900,000	(대) 자본금	1,000,000
	주식할인발행차금	100,000		

㉢ 할증발행(액면가액 〈 발행가액)

거 래	액면금액 1,000원인 주식 1,000주를 주당 1,100원에 발행하고 대금은 보통예금에 입금하였다.			
분 개	(차) 보통예금	1,100,000	(대) 자본금	1,000,000
			주식발행초과금	100,000

② 주식 발행(신주발행비가 있는 경우)

주식을 발행할 때는 광고비 또는 법률비용 등 각종 비용을 지출하게 되는데, 이 비용을 신주발행비라고 한다. 신주발행비는 주식발행초과금에서 차감하거나, 주식할인발행차금에 가산한다.

㉠ 액면발행 시 신주발행비가 있는 경우

거 래	액면금액 1,000원인 주식 1,000주를 주당 1,000원에 발행하고, 대금은 신주발행비 100,000원을 제외한 잔액이 보통예금에 입금된다.			
분 개	(차) 보통예금	900,000	(대) 자본금	1,000,000
	주식할인발행차금	100,000		

ⓛ 할인발행 시 신주발행비가 있는 경우

거 래	액면금액 1,000원인 주식 1,000주를 주당 900원에 발행하고, 대금은 신주발행비 100,000원을 제외한 잔액이 보통예금에 입금되다.		
분 개	(차) 보통예금 800,000 주식할인발행차금 200,000	(대) 자본금	1,000,000

ⓒ 할증발행 시 신주발행비가 있는 경우

거 래	액면금액 1,000원인 주식 1,000주를 주당 1,100원에 발행하고, 대금은 신주발행비 50,000원을 제외한 잔액이 보통예금에 입금되다.		
분 개	(차) 보통예금 1,050,000	(대) 자본금 주식발행초과금	1,000,000 50,000

③ 현물출자

주식을 발행한 대가를 금전이 아닌 물건(현물)으로 받는 것을 말한다. 이때 현물출자 받은 자산의 취득가액은 해당 자산의 공정가치로 하고, 이 금액은 주식의 발행금액이 된다.

거 래	주식 100주(액면 10,000원)을 발행하면서 공정가치 1,200,000원의 토지를 현물출자 받았다.		
분 개	(차) 토지 1,200,000	(대) 자본금 주식발행초과금	1,000,000 200,000

④ 부채의 출자전환

주식을 발행한 대가로 금전 등을 받는 것이 아니라 부채를 감소시키는 것을 말한다. 즉, 부채를 자본으로 전환하는 것이다.

거 래	장기차입금 2,200,000원을 출자전환하면서 주식 200주(액면 10,000원)를 발행하여 교부하였다.		
분 개	(차) 장기차입금 2,200,000	(대) 자본금 주식발행초과금	2,000,000 200,000

⑤ 주식발행초과금과 주식할인발행차금의 상계처리

ⓖ 주식발행초과금 발생 시

주식발행초과금이 발생하면 기존에 주식할인발행차금 계정의 잔액이 있는지 살펴봐야 한다. 만약 기존에 주식할인발행차금 잔액이 있다면 그 잔액을 먼저 상계하고, 주식할인발행차금 잔액을 초과하는 금액만 주식발행초과금으로 계상한다.

거 래	주당 액면 10,000원인 주식 100주를 주당 12,000원에 발행하고 전액 보통예금에 입금하였다.(장부에 주식할인발행차금 120,000원이 있다)			
분 개	(차) 보통예금	1,200,000	(대) 자본금	1,000,000
			주식할인발행차금	120,000
			주식발행초과금	80,000

Ⓛ 주식할인발행차금 발생 시

주식할인발행차금이 발생하면 기존에 주식발행초과금 계정 잔액이 있는지 살펴봐야 한다. 만약 기존에 주식발행초과금 잔액이 있다면 그 잔액을 먼저 상계하고, 주식발행초과금 잔액을 초과하는 금액만 주식할인발행차금으로 계상한다.

거 래	주당 액면 10,000원인 주식 100주를 주당 7,000원에 발행하고 전액 보통예금에 입금하였다.(장부에 주식발행초과금 200,000원이 있다)			
분 개	(차) 보통예금	700,000	(대) 자본금	1,000,000
	주식발행초과금	200,000		
	주식할인발행차금	100,000		

(3) 잉여금의 자본전입(무상증자)

① 무상증자의 개념

자본잉여금 또는 이익잉여금 중에서 배당이 불가능한 법정적립금(이익준비금 등)을 자본금으로 대체(전입)하고 주식을 발행하여 자본금을 증가시키는 것을 말한다.

자산의 증가 없이 자본금이 증가하는 것으로, 전체의 자본에는 변화가 없다.

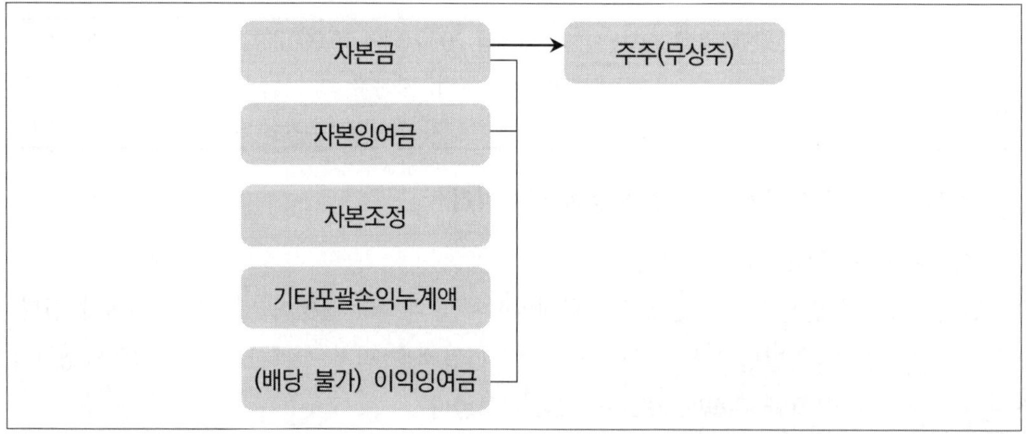

따라서, 자본 전체의 금액은 변동이 없으나, 자본금은 증가하고 자본잉여금 등은 감소한다. 즉, 법인의 순자산 총액의 변동이 없다. 이때 법인의 자본금이 증가하므로 주주는 그에 따른 주식을 배정받아서 수령하게 된다.

② 무상증자한 법인의 회계처리

무상증자를 한 법인은 자본금을 대변에 기록해서 증가시키고, 차변에는 무상증자의 재원이 되는 이익준비금 등을 기록해서 감소시킨다.

거 래	이익준비금 1,000,000원을 자본에 전입하기로 결의하고 주주에게 신주를 무상으로 발행하다.			
분 개	(차) 이익준비금	1,000,000	(대) 자본금	1,000,000

③ 무상증자로 인하여 신주를 배정받은 주주의 회계처리

무상증자를 하면 무상증자를 한 법인은 순자산의 변동이 없으므로, 신주를 배정받은 주주의 입장에서는 아무런 이익이 없다.

무상증자로 인하여 주주가 신주를 배정받은 경우에 받는 주식을 무상주라고 하는데, 주주가 무상주를 수령하는 경우에 주주는 회계처리를 하지 않고, 관련 장부에 주식수가 증가된 것을 기록한다.

(4) 자본의 감소(감자)

① 유상감자(실질적인 자본 감소)

회사가 발행한 주식을 유상으로 매입하여 소각함으로써 회사의 자본금과 자산을 실질적으로 감소시키는 것을 말한다.

매입금액이 액면금액보다 작으면 감자차익이 발생하고, 매입금액이 액면금액보다 크면 감자차손이 발생한다. 감자차익은 자본잉여금으로 분류되고, 감자차손은 자본조정으로 분류된다.

㉠ 감자차익(매입금액 〈 액면금액) → 자본잉여금

거 래	자사의 주식 100주(주당 액면 10,000원)를 주당 8,000원에 현금으로 매입하여 소각하였다.			
분 개	(차) 자본금	1,000,000	(대) 현금	800,000
			감자차익	200,000

㉡ 감자차손(매입금액 〉 액면금액) → 자본조정

거 래	자사의 주식 100주(주당 액면 10,000원)를 주당 12,000원에 현금으로 매입하여 소각하였다.			
분 개	(차) 자본금	1,000,000	(대) 현금	1,200,000
	감자차손	200,000		

② 무상감자(형식적인 자본 감소)

회사의 계속적인 경영악화로 결손금이 누적된 경우에 이 결손금을 처리(보전)하기 위한 방법으로 결손금을 자본금과 상계하는 것을 말한다.

회사가 무상감자는 순자산에는 변화가 없으므로 자본 총액은 변하지 않는다.

거 래	회사는 누적된 결손금을 보전하기 위하여 주식 1,000주(액면 1,000원)를 무상감자하기로 주주총회에서 결의하였다.
분 개	(차) 자본금 1,000,000 (대) 이월결손금 1,000,000

(5) 자기주식

① 자기주식의 개념

회사가 자신이 발행한 주식을 스스로 매입하여 보유하는 것을 말한다. 상법에서는 자기주식을 취득하는 것을 원칙적으로 금지하고 있지만 예외적으로 취득을 허용하는 경우가 있다. 자기주식은 자본조정으로 분류된다.

② 자기주식 취득

거 래	자기주식 1,000주(주당 액면 1,000원)를 주당 12,000원에 현금으로 구입하다.
분 개	(차) 자기주식 12,000,000 (대) 현금 12,000,000

③ 자기주식 처분

처분시 장부가액이 처분금액보다 작으면 자기주식처분이익, 장부가액이 처분금액보다 크면 자기주식처분손실이 발생한다. 자기주식처분이익은 자본잉여금으로, 자기주식처분손실은 자본조정으로 분류된다.

㉠ 자기주식처분이익(장부가액 〈 처분금액) → 자본잉여금

거 래	주당 장부가액 12,000원인 자기주식 1,000주를 주당 13,000원에 처분하고 현금을 수령하였다.
분 개	(차) 현금 13,000,000 (대) 자기주식 12,000,000 자기주식처분이익 1,000,000

㉡ 자기주식처분손실(장부가액 〉 처분금액) → 자본조정

거 래	주당 장부가액 12,000원인 자기주식 1,000주를 주당 11,000원에 처분하고 현금을 수령하였다.
분 개	(차) 현금 11,000,000 (대) 자기주식 12,000,000 자기주식처분손실 1,000,000

④ 자기주식처분이익과 자기주식처분손실의 상계처리

㉠ 자기주식처분이익 발생 시

자기주식처분이익이 발생하는 경우에는 기존에 자기주식처분손실 잔액이 있다면 그 금액을 먼저 상계하고, 남는 금액을 자기주식처분이익으로 계상한다.

거 래	주당 장부가액 12,000원인 자기주식 100주를 주당 14,000원에 처분하고 현금을 수령하다. 장부에 자기주식처분손실 180,000원이 있다.			
분 개	(차) 현금	1,400,000	(대) 자기주식	1,200,000
			자기주식처분손실	180,000
			자기주식처분이익	20,000

㉡ 자기주식처분손실 발생 시

자기주식처분손실이 발생하는 경우에는 기존에 자기주식처분이익 잔액이 있다면 이 금액을 먼저 상계하고, 남는 금액을 자기주식처분손실로 계상한다.

거 래	주당 장부가액 12,000원인 자기주식 100주를 주당 11,000원에 처분하고 현금을 수령하였다. 장부에 자기주식처분이익 30,000원이 있다.			
분 개	(차) 현금	1,100,000	(대) 자기주식	1,200,000
	자기주식처분이익	30,000		
	자기주식처분손실	70,000		

⑤ 자기주식 소각(유상감자)

감자차익	거래	주당 장부가액 800원(액면 1,000원)인 자기주식 1,000주을 소각하다.			
	분개	(차) 자본금	1,000,000	(대) 자기주식	800,000
				감자차익	200,000
감자차손	거래	주당 장부가액 1,200원(액면 1,000원)인 자기주식 1,000주을 소각하다.			
	분개	(차) 자본금	1,000,000	(대) 자기주식	1,200,000
		감자차손	200,000		

⑥ 감자차익과 감자차손의 상계처리

㉠ 감자차익 발생 시

감자차익이 발생하는 경우에는 기존에 감자차손 잔액이 있다면 그 금액을 먼저 상계하고, 감자차손 잔액을 초과하는 금액을 감자차익으로 계상한다.

거 래	주당 장부가액 800원(액면 1,000원)인 자기주식 1,000주을 소각하다. 장부에 감자차손 잔액 50,000원이 있다.			
분 개	(차) 자본금	1,000,000	(대) 자기주식	800,000
			감자차손	50,000
			감자차익	150,000

Ⓛ 감자차손 발생 시

감자차손이 발생하는 경우에는 기존에 감자차익 잔액이 있다면 그 금액을 먼저 상계하고, 감자차익 잔액을 초과하는 금액을 감자차손으로 계상한다.

거 래	주당 장부가액 1,200원(액면 1,000원)인 자기주식 1,000주을 매입소각하다. 장부에 감자차익 잔액 50,000원이 있다.			
분 개	(차) 자본금	1,000,000	(대) 자기주식	1,200,000
	감자차익	50,000		
	감자차손	150,000		

(6) 배당과 적립(이익잉여금 처분)

① 이익잉여금의 변동

손익계산서에서 계산되는 당기순이익은 재무상태표의 이익잉여금으로 대체되어서 매년 합산되고, 당기순손실이 발생하는 경우에는 이익잉여금에서 차감된다.
이익잉여금은 주주들에게 배당되거나 여러 가지 사업을 위한 적립금 등으로 처분된다.

② 현금배당

주주총회에서 주주들에게 현금으로 배당할 것을 결의하면 미처분이익잉여금을 미지급배당금(유동부채)으로 대체하는 분개를 한다.
주주총회에서 현금배당을 결의한 때에는 <u>현금배당액의 1/10 이상을 자본금의 1/2에 달할 때까지 **이익준비금**으로 적립하여야 한다</u>. 이익준비금은 이익잉여금의 법정적립금으로 분류된다. 또한, <u>자본전입 및 결손보전</u>에 사용가능하다.

⑦ 현금배당 결의

거 래	주주총회에서 미저분이익잉여금 중 100,000원을 현금배당하고, 배당액의 10%를 이익준비금으로 적립하기로 결의하다.			
분 개	(차) 이월이익잉여금	110,000	(대) 미지급배당금	100,000
			이익준비금	10,000

ⓛ 현금배당 지급

거 래	현금배당 100,000원을 보통예금에서 이체하여 지급하다.			
분 개	(차) 미지급배당금	100,000	(대) 보통예금	100,000

③ 주식배당

주주총회에서 주주들에게 주식으로 배당할 것을 결의하면 미처분이익잉여금을 미교부주식배당금(자본조정)으로 대체하는 분개를 한다. 주식배당을 할 때는 이익준비금을 적립할 필요가 없고, 주주총회에서 결의한 주식배당을 실제로 지급할 때는 대변에 자본금 계정을 기록해서 자본금을 증가시킨다.

ⓐ 주식배당 결의

거 래	주주총회에서 미처분이익잉여금 100,000원을 주식배당하기로 결의하다.			
분 개	(차) 이월이익잉여금	100,000	(대) 미교부주식배당금	100,000

ⓛ 주식배당 지급

거 래	주주총회에서 결의한 주식배당 100,000원의 주식을 발행하여 교부하다.			
분 개	(차) 미교부주식배당금	100,000	(대) 자본금	100,000

④ 현금배당과 주식배당 비교

현금배당	• 주주에게 현금을 지급함 • 기업의 순자산(현금)이 외부로 유출됨 • 자본총액 감소, 자본금 불변(이익잉여금 감소, 현금 감소) • 주주 : 배당금수익 발생 [(차) 보통예금 ×××　(대) 배당금수익 ×××]
주식배당	• 주주에게 주식을 지급함 • 기업의 순자산이 외부로 유출되지 않음 • 자본총액 변동 없고, 자본금 증가(이익잉여금 감소, 자본금 증가) • 주주 : 주식 수 증가, 주식 단위당 가액 하락 → 회계처리 없음

⑤ 임의적립금 적립

법정적립금 이외에 기업이 임의로 적립하는 것을 임의적립금이라 한다. 여기에는 사업확장적립금, 배당평균적립금 등이 있다.

거래	정기 주주총회에서 미처분이익잉여금 중 400,000원을 사업확장적립금으로 적립하기로 결의하였다.			
분개	(차) 이월이익잉여금	400,000	(대) 사업확장적립금	400,000

실전문제연습 

01 ㈜진해전자는 주식 1,000주(1주당 액면가액 1,000원)를 1주당 1,500원에 증자하면서 주식발행관련 제비용으로 100,000원을 지출하였다. 이에 대한 결과로 올바른 것은?

① 주식발행초과금 400,000원 증가

② 자본금 1,400,000원 증가

③ 주식발행초과금 500,000원 증가

④ 자본금 1,500,000원 증가

02 이익잉여금처분계산서에서 확인할 수 없는 항목은 무엇인가?

① 기타법정적립금 ② 배당금

③ 주식할인발행차금 ④ 당기순이익

03 자본금이 100,000,000원인 회사가 이월결손금 18,000,000원을 보전하기 위하여 유통 중인 주식 중 1/5에 해당하는 부분을 무상 소각하였다. 이 경우 분개에서 사용하여야 할 자본항목과 금액 중 옳은 것은?

① 감자차손 2,000,000원 ② 주식발행초과금 2,000,000원

③ 감자차익 2,000,000원 ④ 합병차익 2,000,000원

04 이익배당을 주식으로 하는 경우(주식배당) 배당 후 상태변화로 가장 옳지 않은 것은?

① 배당 후 이익잉여금은 증가한다.

② 배당 후 자본금은 증가한다.

③ 배당 후 총자본은 불변이다.

④ 배당 후 발행주식수는 증가한다.

05 ㈜강남스타일의 2024. 1. 1. 자본금은 50,000,000원(주식수 50,000주, 액면가액 1,000원)이다. 2024. 7. 1. 주당 1,200원에 10,000주를 유상증자 하였다. 2024년 기말 자본금은 얼마인가?

① 12,000,000원 ② 50,000,000원

③ 60,000,000원 ④ 62,000,000원

06 다음 자료에 의하여 자본총계를 계산하면 얼마인가?

• 현금 : 500,000원	• 단기대여금 : 250,000원
• 이익준비금 : 20,000원	• 선수금 : 200,000원
• 감가상각누계액 : 50,000원	• 기계장치 : 250,000원
• 미지급금 : 60,000원	• 퇴직급여충당부채 : 90,000원
• 임대보증금 : 100,000원	

① 400,000원 　　② 450,000원 　　③ 480,000원 　　④ 500,000원

07 자본에 대한 설명이다. 틀린 것은?

① 자본금은 우선주자본금과 보통주자본금으로 구분하며, 발행주식수×주당 발행가액으로 표시된다.

② 잉여금은 자본잉여금과 이익잉여금으로 구분 표시한다.

③ 주식의 발행은 할증발행, 액면발행 및 할인발행이 있으며, 어떠한 발행을 하여도 자본금은 동일하게 표시된다.

④ 자본은 자본금·자본잉여금·이익잉여금·자본조정·기타포괄손익누계액으로 구분표시한다.

08 ㈜김해의 전기말 자본금은 60,000,000원(주식수 12,000주, 액면가액 5,000원)이다. 기중에 주당 4,000원에 2,000주를 유상증자하였으며, 그 외의 자본거래는 없었다. ㈜김해의 기말 자본금은 얼마인가?

① 60,000,000원　　　　　　　　　② 70,000,000원

③ 68,000,000원　　　　　　　　　④ 48,000,000원

09 주주총회에서 현금배당이 결의된 당일의 거래요소 결합관계로 옳은 것은?

	차변	대변
①	자본의 감소	자본의 증가
②	부채의 감소	부채의 증가
③	자산의 증가	수익의 발생
④	자본의 감소	부채의 증가

10 다음은 자본에 대한 설명이다. 옳지 않은 것은?

① 이익잉여금을 자본금에 전입하여 무상주를 발행하는 경우에 액면금액을 주식의 발행금액으로 한다.

② 기업이 취득한 자기주식은 취득원가를 자본조정으로 회계처리한다.

③ 자기주식의 처분금액이 장부금액보다 큰 경우 차액은 자기주식처분이익으로 하여 자본잉여금으로 회계처리한다.

④ 기업이 소각을 목적으로 자기주식을 취득하는 경우 주식의 취득원가가 액면금액 보다 작다면 그 차액을 감자차익으로 하여 자본조정으로 회계처리한다.

11 자본의 분류에 대한 다음 설명 중 잘못된 것은?

① 자본금은 법정자본금으로 한다.

② 주식발행초과금, 자기주식처분이익, 주식할인발행차금은 모두 자본잉여금에 해당한다.

③ 자본조정은 당해 항목의 성격으로 보아 자본거래에 해당하나 최종 납입된 자본으로 볼 수 없거나 자본의 가감 성격으로 자본금이나 자본잉여금으로 분류할 수 없는 항목이다.

④ 자본잉여금은 증자나 감자 등 주주와의 거래에서 발생하여 자본을 증가시키는 잉여금이다.

12 다음 중 자본잉여금으로 분류하는 항목을 모두 고른 것은?

> 가. 주식을 할증발행하는 경우에 발행금액이 액면금액을 초과하는 부분
> 나. 자기주식을 처분하는 경우 취득원가를 초과하여 처분할 때 발생하는 이익
> 다. 주식 발행금액이 액면금액에 미달하는 경우 그 미달하는 금액
> 라. 상법규정에 따라 적립된 법정적립금

① 가, 나   ② 가, 다   ③ 다, 라   ④ 가, 나 ,다

13 액면 10,000원인 주식 1주를 12,000원에 발행하였을 때, 재무제표에 미치는 영향은?

① 자산총액이 10,000원 증가한다.

② 자본총액이 10,000원 증가한다.

③ 자본금이 10,000원 증가한다.

④ 당기순이익이 2,000원 증가한다.

14 다음은 재무상태표 항목의 구분과 통합표시에 대한 설명이다. 가장 틀린 것은?

① 중요한 항목은 재무상태표 본문에 별도 항목으로 구분하여 표시한다.

② 현금및현금성자산은 별도 항목으로 구분하여 표시한다.

③ 자본잉여금은 법정적립금, 임의적립금으로 구분하여 표시한다.

④ 자본금은 보통주자본금과 우선주자본금으로 구분하여 표시한다.

15 ㈜남해는 2024년 중에 보통주 10,000주(1주당 액면가액 1,000원)를 1주당 500원에 발행하였다. 2023년 기말 재무상태표상 자본상황이 다음과 같을 경우, 2024년 기말 재무상태표에 표시되는 자본상황으로 올바른 것은?

• 자본금 90,000,000원	• 주식발행초과금 10,000,000원

① 자본금 95,000,000원

② 주식발행초과금 5,000,000원

③ 주식할인발행차금 5,000,000원

④ 총자본 100,000,000원

16 유가증권을 보유함에 따라 무상으로 주식을 배정받은 경우 회계처리방법은?

① 배당금수익(영업외수익)으로 처리한다.

② 장부가액을 증가시키는 회계처리를 하지 않고, 수량과 단가를 새로 계산한다.

③ 장부가액을 증가시키는 회계처리를 하고, 수량과 단가를 새로 계산한다.

④ 장부가액을 증가시키는 회계처리를 하고, 수량과 단가를 새로 계산하지 않는다.

17 다음의 자료에서 2023년 5월 5일 현재 주식수와 주당금액을 계산한 것으로 맞는 것은?

• 2023년 8월 5일 ㈜갑의 주식 100주를 주당 10,000원(액면가액 5,000원)에 취득하였다. 회계처리시 계정과목은 단기매매증권을 사용하였다. • 2023년 12월 31일 ㈜갑의 주식 주당 공정가치는 7,700원이었다. • 2024년 5월 5일 ㈜갑으로부터 무상으로 주식 10주를 수령하였다.

① 100주, 7,000원/주 ② 100주, 7,700원/주

③ 110주, 7,000원/주 ④ 110주, 7,700원/주

실전문제연습 해답 

01 ① (차) 보통예금 등   1,500,000   (대) 자본금   1,000,000

                                          주식발행초과금   400,000

     주식발행초과금 : 1,000주 × (1,500원 − 1,000원) − 100,000원 = 400,000원

02 ③ 주식할인발행차금은 자본조정항목이며 재무상태표에 표시된다. 이익잉여금처분계산서에서 확인할 수 있는 항목은 주식할인발행차금 상각액이다.

03 ③ ∴ 자본금 감소액 = 100,000,000 × 1/5 = 20,000,000원

     (차) 자본금   20,000,000   (대) 미처리결손금   18,000,000

                                          감자차익   2,000,000

04 ① 자본금은 증가하고 이익잉여금은 감소한다.

05 ③ 기말 자본금 (50,000주 + 10,000주) × 1,000원 = 60,000,000원

06 ④ 자산(950,000원) − 부채(450,000원) = 자본(500,000원)

     자산 : 현금 + 단기대여금 + 기계장치 − 감가상각누계액

     부채 : 선수금 + 미지급금 + 퇴직급여충당부채 + 임대보증금

07 ① 자본금은 발행주식수 × 주당 액면가액으로 표시된다.

08 ② 기말 자본금 : (12,000주 + 2,000주) × 5,000원 = 70,000,000원

09 ④ 배당이 확정되면, 대변에 기록되었던 이익잉여금을 차변으로 대체해 감소시키고, 해당 금액만큼 회사가 주주에게 배당금을 지급할 의무를 부담.

10 ④ 자기주식을 소각하는 경우에 주식의 취득원가가 액면금액보다 작다면 그 차액을 감자차익으로 하여 자본잉여금으로 회계처리한다.

11 ② 주식할인발행차금은 자본조정이다.

12 ① 가:주식발행초과금, 나:자기주식처분이익, 다:주식할인발행차금, 라:이익준비금

13 ③ 자본금 10,000원 증가, 자산총액 및 자본총액 12,000원 증가, 당기순이익 무관

14 ③ 자본잉여금은 주식발행초과금과 기타자본잉여금으로 구분하여 표시한다.

15 ② 신주발행시 회계처리

     (차) 보통예금   5,000,000원   (대) 자본금   10,000,000원

        주식발행초과금   5,000,000원

     따라서, 2024년 기말 재무상태표상 자본금 100,000,000원, 주식발행초과금 5,000,000원, 종 자본은 105,000,000원으로 표시된다.

16 ②

17 ③ 110주, 7,000원 2023. 8. 5. 단기매매증권 1,000,000원(100주, 10,000원/주)

                           2023.12.31. 단기매매증권   770,000원(100주, 7,700원/주)

                           2024. 5. 5. 단기매매증권   770,000원(110주, 7,000원/주)

9. 수익과 비용

수익과 비용은 손익계산서에 표시된다. 손익계산서의 구성은 다음과 같다.

	Ⅰ. (순)매출액	총매출액 – 매출할인, 매출환입, 매출에누리
–	Ⅱ. 매출원가	기초재고 + 당기매입 또는 제조 – 기말재고
=	**Ⅲ. 매출총손익**	매출액 – 매출원가
–	Ⅳ. 판매비와관리비	매출원가 외에 판매관리 활동에서 발생하는 비용
=	**Ⅴ. 영업손익**	매출총손익 – 판매비와관리비
+	Ⅵ. 영업외수익	주된 영업활동이 아닌 활동으로부터 발생한 수익
–	Ⅶ. 영업외비용	주된 영업활동이 아닌 활동으로부터 발생한 비용
=	**Ⅷ. 법인세차감전순손익**	영업손익 + 영업외수익 – 영업외비용
–	Ⅸ. 법인세비용	세법에 따른 법인세 등
=	**Ⅹ. 당기순손익**	법인세차감전순이익 – 법인세비용

(1) 수익

① 수익의 개념

재화의 판매 또는 용역의 제공 등에 대한 대가로 발생하는 자산의 유입 또는 부채의 감소를 말한다. 손익계산서에서 대표적인 수익은 매출액(상품매출, 제품매출, 용역매출, 임대료수입)이며, 매출액 외에 영업외수익이 있다.

② 매출액

매출액은 기업의 주된 영업활동에서 발생하는 수익을 말한다. 총매출액에서 매출환입, 매출에누리, 매출할인을 차감한 금액을 순매출액이라 하는데, 순매출액을 일반적으로 매출액이라 한다.

> 매출액(순매출액) = 총매출액 – 매출환입 – 매출에누리 – 매출할인

③ 수익의 인식

일반적으로 수익은 판매시점에 인식하는데, 재화의 판매로 인한 수익은 다음 조건이 모두 충족될 때 인식한다.

1. 재화의 소유에 따른 유의적인 위험과 보상이 구매자에게 이전된다.
2. 판매자는 판매한 재화에 대하여 소유권이 있을 때 통상적으로 행사하는 정도의 관리나 효과적인 통제를 할 수 없다.

3. 수익금액을 신뢰성 있게 측정할 수 있고,

4. 경제적 효익의 유입 가능성이 매우 높다.

5. 거래와 관련하여 발생했거나 발생할 원가를 신뢰성 있게 측정할 수 있다.

수익은 원칙적으로 실현주의에 의해 인식하고, 판매유형별로 수익을 인식하는 시점이 다른데 다음과 같다.

일반매출	할부매출을 포함한 일반적인 매출은 제품(또는 상품)을 인도하는 때
상 품 권	상품권을 사용하여 구입하는 때(상품권 판매한 때 아님. 상품권으로 판매한 대금은 선수금으로 부채에 해당됨)
시용판매	구매자가 구매의사를 표시한 때
위탁판매	수탁자가 판매한 때

④ **총매출액에서 차감하는 것 : 매출환입, 매출에누리, 매출할인**

㉠ 매출환입 및 에누리

매출환입	매출한 상품(제품)이 파손 등의 이유로 반품된 것
매출에누리	불량 등의 이유로 매출액을 감액시켜주는 것

거 래	매출한 제품 중 일부 제품에 불량이 발생하여 외상매출금 중 200,000원을 감소시켰다.		
분 개	(차) 매출환입및에누리 200,000	(대) 외상매출금	200,000

㉡ 매출할인

외상매출액을 조기에 회수하여 약정에 따라 매출액을 할인해 주는 것을 말한다.

거 래	외상매출금 2,000,000원을 조기상환하여 약정에 따라 외상매출금 중 200,000원을 할인해 주고 나머지는 현금으로 받다.		
분 개	(차) 매출할인 200,000 현금 1,800,000	(대) 외상매출금	2,000,000

⑤ **영업외수익**

주된 영업활동 이외의 활동에서 발생한 수익을 말한다. 대표적인 영업외수익에는 이자수익, 단기매매증권평가이익, 매도가능증권처분이익 등이 있는데, 비용 파트에서 영업외비용과 같이 설명한다.

기출문제 연습1 재화의 판매에 대한 수익인식기준으로 틀린 것은?

① 비용금액을 신뢰성 있게 측정할 수 있다.

② 경제적 효익의 유입 가능성이 매우 높다.

③ 재화의 소유에 따른 유의적인 위험과 보상이 구매자에게 이전된다.

④ 거래와 관련하여 발생했거나 발생할 원가를 신뢰성 있게 측정할 수 있다.

풀이

① 비용이 아니라 원가를 신뢰성 있게 측정할 수 있어야 한다.

기출문제 연습2 다음 중 일반기업회계기준에 의한 수익의 인식시점이 옳지 않은 것은?

① 위탁매출은 수탁자가 상품을 판매한 시점

② 상품권매출은 상품권이 고객으로부터 회수된 시점

③ 할부매출은 할부금이 회수된 시점

④ 시용매출은 매입자의 의사표시가 있는 시점

풀이

③ 할부매출은 할부금 회수 시가 아닌, 판매(인도)시에 수익을 인식한다.

(2) 비용

① 비용의 개념

재화의 판매 또는 용역의 제공 등에 따라 발생하는 자산의 유출이나 사용 또는 부채의 증가를 말한다. 비용에는 매출원가, 판매비와관리비, 영업외비용, 법인세비용 등이 있다.

② 비용의 인식

비용은 원칙적으로 관련 수익이 인식되는 회계기간에 인식하는데, 이를 수익·비용 대응원칙이라 한다. 여기에는 직접대응과 간접대응이 있다.

직접대응		• 비용이 수익과 직접적인 인과관계가 있는 경우에 그 인과관계에 따라 수익과 같이 비용을 인식하는 것 • 매출원가, 판매수수료, 매출운임 등
간접대응	체계적이고 합리적인 배분	• 수익과 직접적인 관계는 없지만 해당 자산이 수익창출에 기여하는 기간 동안 비용을 배분하는 것 • 감가상각비, 무형자산상각비
	기간비용	• 수익과 직접적인 관계가 없고, 미래의 경제적 효익의 가능성이 불확실한 경우에 비용으로 인식하는 것 • 광고선전비, 도서인쇄비, 소모품비 등

<table>
<tr><td rowspan="1">기출문제
연습</td><td>특정 수익에 직접 관련되어 발생하지는 않지만 일정기간 동안 수익창출 활동에 기여할 것으로 판단하여 합리적이고 체계적으로 일정 기간에 배분하는 원가 또는 비용은?
① 판매수수료　　　② 광고선전비　　　③ 감가상각비　　　④ 매출원가</td></tr>
<tr><td>풀이</td><td>③ 비용 배분은 수익 · 비용 대응원칙, 합리적이고 체계적인 방법, 당기비용 방법으로 인식한다. 합리적이고 체계적인 방법의 대표적인 비용이 감가상각비이다.</td></tr>
</table>

③ 매출원가

매출에 직접 대응되는 비용을 말하며, 다음과 같이 계산한다.

> • 매출원가 = 기초재고액 + 당기상품매입액(또는 당기제품제조원가) − 기말재고액
> • 당기상품매입액 = 총매입액 + 매입부대비용 − 매입할인 · 매입환출 · 매입에누리

기말재고액이 결정되면 기초재고와 당기매입액을 더한 금액에서 기말재고를 차감한 금액을 매출원가로 회계처리 한다.

거 래	상품의 기초재고액은 1,000,000원, 당기상품매입액은 10,000,000원, 기말재고는 800,000원이다.
분 개	(차) 상품매출원가　　　　10,200,000　　　(대) 상품　　　　10,200,000 　　　* 1,000,000 + 10,000,000 − 800,000 = 10,200,000원

④ 도 · 소매업과 제조업의 손익계산서

매출총이익은 매출액에서 매출원가를 차감해서 계산한다. 여기서 업종에 따라 재고자산의 당기 증가액을 다르게 표시하는데, 재고자산의 당기 증가액으로 도소매업에서는 당기상품매입액을, 제조업에서는 당기제품제조원가를 사용한다.

도소매업(상기업) 손익계산서		제조기업 손익계산서	
Ⅰ. 상품매출액	×××	Ⅰ. 제품매출액	×××
Ⅱ. 상품매출원가	×××	Ⅱ. 제품매출원가	×××
1. 기초상품재고액　×××		1. 기초제품재고액　×××	
2. 당기상품매입액　×××		**2. 당기제품제조원가**　×××	
3. 기밀상품재고액　−×××		3. 기말제품재고액　−×××	
Ⅲ. 매출총손익	×××	Ⅲ. 매출총손익	×××

⑤ 판매비와관리비

판매비와관리비는 제품, 상품 등의 판매활동과 기업의 관리활동에서 발생하는 비용으로서 매출원가에 속하지 아니하는 모든 영업비용을 말한다.

㉠ 급여	㉕ 기업업무추진비	㉢ 차량유지비	㉴ 무형자산상각비	㉷ 경상연구개발비
㉡ 상여금	㉖ 수도광열비	㉣ 운반비	㉵ 수수료비용	㉸ 소모품비
㉢ 복리후생비	㉗ 세금과공과	㉤ 수선비	㉶ 보험료	㉹ 광고선전비
㉣ 퇴직급여	㉘ 감가상각비	㉥ 교육훈련비	㉳ 대손상각비	㉺ 잡급
㉤ 여비교통비	㉙ 임차료	㉠ 도서인쇄비	㉕ 연구비	㉻ 잡비 등

판매비와관리비는 당해 비용을 표시하는 적절한 항목으로 구분하여 표시하거나 일괄표시할 수 있다.

㉠ 급여

급 여	판매 및 관리직원의 급료
임 금	생산직원의 급료
잡 급	일용직 근로자에게 지급하는 일당
상여금	직원에게 지급하는 보너스 등
퇴직급여	직원의 퇴직시 지급하는 퇴직금. 퇴직급여충당부채 잔액이 있으면 이를 먼저 상계함

거 래	관리직원의 월급 1,000,000원을 지급하면서 소득세 등 원천징수 100,000원을 제외한 900,000원을 보통예금에서 이체하였다.
분 개	(차) 급여　　　　　1,000,000　　(대) 예수금　　　　　100,000 　　　　　　　　　　　　　　　　　　보통예금　　　　　900,000

㉡ 소모품비

업무용으로 사용하는 사무용품 등 소모품에 대한 비용을 말하는데, 지출할 때 비용으로 처리하는지 또는 자산으로 처리하는지에 따라 기말결산분개가 달라진다.

거 래	복사용지를 100,000원 구입하면서 신용카드로 결제하다.
분 개	• 비용으로 처리하는 경우(결산시 미사용액으로 분개한다.) 　(차) 소모품비　　　100,000　　(대) 미지급금　　　100,000 • 비용으로 처리한 소모품 100,000원 중에서 기말에 20,000원 남아있는 경우 　(차) 소모품　　　　20,000　　(대) 소모품비　　　20,000 • 자산으로 처리하는 경우(결산시 사용액으로 분개한다.) 　(차) 소모품　　　　100,000　　(대) 미지급금　　　100,000 • 자산으로 처리한 소모품 100,000원 중에서 기말에 20,000원 남아있는 경우 　((차) 소모품비　　　80,000　　(대) 소모품　　　80,000

ⓒ 복리후생비

종업원의 식대, 경조사비, 음료수비, 회식비, 야유회비, 체육대회비, 작업복 등 직원의 복리후생을 위해서 지출하는 비용을 말한다.

거 래	야근하는 직원의 식대 20,000원을 신용카드로 결제하다.			
분 개	(차) 복리후생비	20,000	(대) 미지급금	20,000

신용카드로 결제하면 다음 달에 대금이 인출되므로 상거래가 아닌 경우에는 미지급금 계정을 사용한다. 신용카드로 결제하는 경우에도 상거래에 해당되면 외상매입금 계정을 사용한다.

ⓔ 기업업무추진비

거래처 등에 대한 영업목적으로 지출한 경조금, 선물비, 식대 등을 말한다.

거 래	거래처 직원의 결혼식 축의금으로 현금 100,000원을 지출하다.			
분 개	(차) 기업업무추진비	100,000	(대) 현금	100,000

같은 식대 지출액이라 하더라도 우리 회사 직원들끼리 먹은 식대는 복리후생비이고, 거래처 직원과의 식대는 접대비에 해당된다.

ⓜ 여비교통비

직원이 출장 가서 사용한 교통비, 숙박비, 주차료, 식대 등의 경비를 말한다.

거 래	직원이 출장 가서 교통비와 식대, 숙박비로 50,000원을 현금으로 지출하다.			
분 개	(차) 여비교통비	50,000	(대) 현금	50,000

ⓗ 기타 판매비와 관리비

수도 광열비	• 수도료, 전기사용료, 가스사용료, 난방비 등			
	• 난방용 석유 8,000원을 구입하면서 신용카드로 결제하다.			
	(차) 수도광열비	8,000	(대) 미지급금	8,000

▶ 제조기업의 경우 계정과목이 아래와 같다.

→ 전기료 : 전력비

→ 수도료, 가스료 : 가스수도료

임 차 료	• 토지, 건물 등을 임차하여 사용하면서 사용료로 지출하는 비용 • 사무실 월세 300,000원을 보통예금에서 이체하다. 　　(차) 임차료　　　　　　　　300,000　　(대) 보통예금　　　　　　　300,000
세금과공과	• 세금, 공과금, 과태료, 협회비(공식적인 단체) 등 ※ 비공식 단체에 회비를 납부하면 기부금으로 회계처리 한다. • 협회비 100,000원을 현금으로 지출하다. 　　(차) 세금과공과　　　　　　100,000　　(대) 현금　　　　　　　　　100,000
도서인쇄비	• 서적 구입비, 신문 구독료, 명함 제작비, 사진현상비 등 • 영업사원의 명함 인쇄비 50,000원을 보통예금에서 이체하다. 　　(차) 도서인쇄비　　　　　　 50,000　　(대) 보통예금　　　　　　　 50,000

기출문제 연습1

다음의 계정과목 중 분류가 다른 것은?

① 기타의 대손상각비　　　　　　　　② 이자비용
③ 소모품비　　　　　　　　　　　　　④ 외환차손

풀이

③ 소모품비 이외에는 모두 영업외비용이다.

기출문제 연습2

다음 중 손익계산서상 구분표시가 다른 것은?

① 복리후생비　　　　　　　　　　　　② 유형자산처분손실
③ 기부금　　　　　　　　　　　　　　④ 이자비용

풀이

① 판매비와관리비, ②③④ 영업외비용

⑥ 영업외비용 및 영업외수익

영업외비용	회사의 주된 영업활동 이외의 활동에서 발생한 비용
영업외수익	회사의 주된 영업활동 이외의 활동에서 발생한 수익

【영업외수익】

㉠ 이자수익	㉮ 외환차익	㉰ 유형자산처분이익
㉡ 배당금수익	㉯ 외화환산이익	㉱ 보험금수익
㉢ 임대료	㉰ 대손충당금 환입	㉲ 잡이익 등
㉣ 단기매매증권처분이익	㉭ 자산수증이익	
㉤ 단기매매증권평가이익	㉬ 채무면제이익	

【영업외비용】

㉠ 이자비용	㉢ 단기매매증권평가손실	㉨ 매출채권처분손실
㉡ 기부금	㉣ 외환차손	㉩ 유형자산처분손실
㉢ 재고자산감모손실	㉥ 외화환산손실	㉪ 재해손실
㉣ 단기매매증권처분손실	㉦ 기타의 대손상각비	㉫ 잡손실 등

기출문제 연습1

도매업을 영위하는 ㈜창원의 비용관련 자료이다. 영업외비용 합계액은 얼마인가?

- 광고선전비 : 1,000,000원
- 감가상각비 : 1,000,000원
- 재고자산감모손실(비정상적 발생) : 1,000,000원
- 기부금 : 1,000,000원

① 1,000,000원   ② 2,000,000원
③ 3,000,000원   ④ 4,000,000원

풀이

② 광고선전비와 감가상각비는 판매비와관리비

기출문제 연습2

다음 손익항목 중 영업이익을 산출하는데 반영되는 항목들의 합계액은?

- 상품매출원가 : 10,000,000원
- 복리후생비 : 300,000원
- 접대비 : 500,000원
- 기부금 : 400,000원
- 매출채권처분손실 : 350,000원
- 이자비용 : 150,000원

① 11,350,000원   ② 11,200,000원
③ 10,800,000원   ④ 10,300,000원

풀이

③ 10,000,000원 + 300,000원 + 500,000원 = 10,800,000원

㉠ 이자수익 · 이자비용

이자수익	보통예금 이자 10,000원이 보통예금에 입금되다.			
	(차) 보통예금	10,000	(대) 이자수익	10,000
이자비용	차입금 이자 50,000원을 보통예금에서 이체하여 지급하다.			
	(차) 이자비용	50,000	(대) 보통예금	50,000

130

ⓛ 자산수증이익 · 채무면제이익

자산수증이익	대주주로부터 원가 5,000,000원(공정가액 7,000,000원)인 건물을 증여받다.
	(차) 건물 7,000,000 (대) 자산수증이익 7,000,000
채무면제이익	거래처로부터 외상매입금 7,000,000원의 상환을 면제받다.
	(차) 외상매입금 7,000,000 (대) 채무면제이익 7,000,000

※ 증여(기증)를 받을때는 공정가액을 취득원가(자산수증이익)로 한다.

ⓒ 재해손실 · 보험금수익

재해 발생	화재가 발생하여 상품 800,000원이 소실되었고, 이에 관련된 보험금을 청구하다.
	(차) 재해손실 800,000 (대) 상품(적요:8) 800,000
보험금 결정	보험회사는 화재에 대하여 보험금 700,000원을 지급하기로 결정하다.
	(차) 미수금 700,000 (대) 보험금수익 700,000
보험금 수령	보험회사로부터 보험금 700,000원을 보통예금으로 수령하다.
	(차) 보통예금 700,000 (대) 미수금 700,000

ⓔ 외화환산이익 · 외화환산손실 · 외환차익 · 외환차손

외화자산 또는 외화부채가 발생할 때는 발생 시의 환율로 평가하고, 결산 시에는 결산시의 환율로 환산하고, 회수 또는 상환 시에는 상환 시의 환율을 적용한다.

발 생	거래 발생일의 기준환율로 평가
기 말	결산일의 기준환율로 평가 → 외화환산이익, 외화환산손실
환 산	환산 시 환율로 평가 → 외환차익, 외환차손

실전문제연습 

01 다음 중 판매비와관리비 계정에 속하지 않는 계정과목은?

① 기타의 대손상각비   ② 접대비

③ 복리후생비   ④ 여비교통비

02 ㈜태형의 결산 결과 손익계산서에 당기순이익이 100,000원으로 계상되어 있으나, 다음 사항들을 발견하고 수정하였다. 수정 후의 당기순이익으로 옳은 것은?

> • 손익계산서에 계상된 보험료 중 5,000원은 차기 비용이다.
> • 손익계산서에 계상된 이자수익 중 4,000원은 차기 수익이다.

① 99,000원   ② 100,000원   ③ 101,000원   ④ 109,000원

03 2023년에 자동차 보험료 24개월분(2023. 3월 ~ 2025. 2월) 480,000원을 현금으로 지급하고 미경과분을 선급비용처리 한 경우 2024년 비용으로 인식할 보험료는?

① 200,000원   ② 220,000원   ③ 240,000원   ④ 260,000원

04 결산시 미지급 이자비용을 계상하지 않을 경우 당기 재무제표에 미치는 영향으로 틀린 것은?

① 부채가 과소계상   ② 순이익이 과대계상

③ 비용이 과소계상   ④ 자본이 과소계상

05 ㈜마산은 A사로부터 갑상품을 12월 10일에 주문받고, 주문받은 갑상품을 12월 24일에 인도하였다. 갑상품 대금 100원을 다음과 같이 받을 경우, 갑상품의 수익인식시점은?

> • 12월 31일 : 50원
> • 다음해 1월 2일 : 50원

① 12월 10일   ② 12월 24일

③ 12월 31일   ④ 다음해 1월 2일

06 기업회계기준서상 수익에 대한 내용으로 올바르지 않은 것은?

① 경제적 효익의 유입가능성이 매우 높고, 신뢰성 있게 측정할 수 있을 때 인식한다.

② 판매대가의 공정가액으로 측정하며, 매출에누리 · 할인 · 환입은 차감한다.

③ 성격과 가치가 상이한 재화나 용역간의 교환시 교환으로 제공한 재화나 용역의 공정가액으로 수익을 측정하는 것이 원칙이다.

④ 성격과 가치가 유사한 재화나 용역간의 교환시 제공한 재화나 용역의 공정가액으로 수익을 측정하는 것이 원칙이다.

07 수익과 비용의 직접적인 인과관계에 따라 비용을 인식하는 방법으로 가장 적절한 것은?

① 감가상각비

② 무형자산상각비

③ 매출원가

④ 사무직원 급여

08 다음 회계처리로 인하여 재무제표에 미치는 영향을 바르게 설명한 것은?

> 차량을 취득하기로 하고 지급한 선급금 2,000,000원을 차량유지비로 회계처리하였다.

① 수익이 2,000,000원 과대계상된다.

② 비용이 2,000,000원 과대계상된다.

③ 자본이 2,000,000원 과대계상된다.

④ 자산이 2,000,000원 과대계상된다.

09 기초상품재고자산 65,000원, 기말상품재고자산 100,000원이며, 판매가능상품액 250,000원이라면 매출원가는 얼마인가?

① 150,000원

② 165,000원

③ 285,000원

④ 350,000원

10 현행 기업회계기준서에 의한 손익계산서의 작성기준으로 올바른 것은?

① 손익계산서상 수익과 비용은 순액에 의해 기재함을 원칙으로 한다.

② 손익계산서상 영업손익은 매출액에서 매출원가를 차감하여 표시한다.

③ 매출액은 총매출액에서 매출할인, 매출환입 및 매출에누리를 차감한 금액이다.

④ 손익계산서상 매출원가는 기초상품재고액에서 당기순매입액을 가산한 금액에서 기말상품재고액을 가산한 금액이다.

11 다음 자료에 의한 매출총이익은 얼마인가?

• 총매출액 : 35,000,000원	• 총매입액 : 18,000,000원
• 매입할인 : 300,000원	• 이자비용 : 200,000원
• 매입에누리와환출 : 250,000원	• 복리후생비 : 1,000,000원
• 매출에누리와환입 : 200,000원	• 매출할인 : 200,000원
• 기초상품재고액 : 500,000원	• 기말상품재고액 : 450,000원

① 17,500,000원 ② 17,450,000원
③ 17,100,000원 ④ 17,000,000원

12 다음 발생하는 비용 중 영업비용에 해당하지 않는 것은?

① 거래처 사장인 김수현에게 줄 선물을 구입하고 50,000원을 현금 지급하다.
② 회사 상품 홍보에 50,000원을 현금 지급하다.
③ 외상매출금에 대해 50,000원의 대손이 발생하다.
④ 회사에서 국제구호단체에 현금 50,000원을 기부하다.

13 대형마트에서 상품권 500,000원을 소비자에게 현금으로 판매하면서 상품권 판매시점에서 상품매
출로 회계처리 하였을 경우 나타난 효과로 가장 올바른 것은?

① 자본 과소계상 ② 자산 과소계상
③ 수익 과소계상 ④ 부채 과소계상

14 거래처로부터 받은 판매계약금을 매출액으로 잘못 처리하였다. 이 회계처리가 재무제표에 미치는
영향은?

① 자산이 과소계상, 부채가 과대계상
② 자산이 과대계상, 수익이 과소계상
③ 부채가 과소계상, 자본이 과대계상
④ 부채가 과대계상, 수익이 과대계상

15 장기대여금에 대한 대손충당금을 설정할 경우, 손익계산서 항목 중 변동되는 것은?

① 매출원가 ② 매출총이익
③ 영업이익 ④ 법인세비용차감전순손익

실전문제연습 해답 

01 ① 기타의 대손상각비는 영업외비용이다.

02 ③ 당기순이익에서 보험료 중 선급비용 5,000원은 더하고, 이자수익 중 선수수익 4,000원을 뺀다.

03 ③ 2024년 보험료 = 480,000원 × 12개월/24개월 = 240,000원

04 ④ 계상하지 않은 회계처리 :

　(차) 이자비용(비용)　　　×××　　　(대) 미지급비용(부채)　　　×××

비용 과소계상, 부채 과소계상, 순이익이 과대계상 되어 자본 과대계상

05 ② 인도시점에 수익인식 기준을 충족한다.

06 ④ 성격과 가치가 유사한 재화나 용역간의 교환은 수익을 발생시키는 거래로 보지 않는다.

07 ③ 매출원가 : 매출액(수익)에 대응하는 비용

감가상각비, 무형자산상각비, 사무직원 급여는 수익에 대응하지 않음

08 ② 차변의 계정과목을 선급금(자산)이 아닌 차량유지비(비용)로 회계처리하여, 비용이 2,000,000원 과대계상 된다.

09 ① 250,000 = 매출원가(X) + 100,000

매출원가(X) = 150,000원

10 ③

11 ③ 1. 순매출액 : 35,000,000원 - 200,000원 - 200,000원 = 34,600,000원

2. 순매입액 : 18,000,000원 - 250,000원 - 300,000원 = 17,450,000원

3. 매출원가 : 500,000원 + 17,450,000원 - 450,000원 = 17,500,000원

4. 매출총이익 : 34,600,000원 - 17,500,000원 = 17,100,000원

12 ④ 기부금은 영업외비용에 해당한다.

13 ④ 상품권을 판매하면 수익으로 처리하지 않고, 부채(선수금)로 처리하여야 한다. 그런데 매출(수익)로 처리 하였으므로 부채가 과소계상되고 수익(자본)은 과대계상 된다. 단, 자산은 변함이 없다.

14 ③ 맞는 분개 : (차) 현금　　　×××　　(대) 선수금(부채)　　　×××

틀린 분개 : (차) 현금　　　×××　　(대) 상품매출(수익)　　　×××

부채 과소계상, 수익 과대계상 → 이익 증가 → 자본 과대계상

15 ④ 대여금에 대손충당금을 설정할 경우, 차변에 기타의 대손상각비(영업외비용)로 처리되므로, 영업이익에서 차감되어 법인세비용차감전순손익의 금액이 감소된다.

 **계정과목 분류**

1. 재무상태표 계정과목(자산, 부채, 자본)

① 자산 : 유동자산, 비유동자산

유동자산	당좌자산, 재고자산
비유동자산	투자자산, 유형자산, 무형자산, 기타비유동자산

다음 자산은 유동자산으로 분류하고, 유동자산이 아닌 자산은 비유동자산으로 분류한다.

> ㉠ 사용의 제한이 없는 현금및현금성자산
> ㉡ 정상영업주기 내에 실현될 것으로 예상되거나 판매 · 소비목적으로 보유하는 자산
> ㉢ 단기매매 목적으로 보유하는 자산
> ㉣ ㉠~㉢ 외에 보고기간종료일로부터 1년 이내에 실현될 것으로 예상되는 자산

㉠ 유동자산 : 당좌자산, 재고자산

당 좌 자 산	현금및현금성자산	통화, 통화대용증권, 현금성자산(취득 시 3개월 이내 만기)
	단기매매증권	단기매매목적으로 취득한 시장성 있는 유가증권
	매출채권	상거래에서 발생하는 채권(외상매출금, 받을어음)
	선급비용	당기에 지급하였지만 당기의 비용이 아니라 미래의 비용
	단기대여금	타인에게 빌려준 금액으로 상환 기한이 1년 내인 것
	미수금	상거래 이외의 거래애서 발생하는 채권
	선급금	매입계약 시 지급하는 계약금
	미수수익	당기에 수취하지는 았았지만 당기에 귀속되는 금액
	단기금융상품	만기가 1년 이내에 도래하는 금융상품으로 현금성자산이 아닌 것
재 고 자 산	상 품	판매를 위해 외부에서 구입한 상품
	제 품	판매를 목적으로 제조한 생산품(부산물 포함)
	반제품	자가 제조한 중간제품 및 부분품으로 외부판매 가능한 것
	재공품	제품 또는 반제품의 제조 중에 있는 것
	원재료	원료 · 재료 · 매입부분품 등
	저장품	생산과정에 투입된 소모품 · 소모공구기구비품 · 수선용부분품 등
	미착품	구입주문 후 배송 중에 있는 상품 · 원재료 등

ⓒ 비유동자산 : 투자자산, 유형자산, 무형자산, 기타의비유동자산

투자자산	장기금융상품	결산일부터 만기가 1년 이후에 도래하는 금융상품(장기성예금 등)
	투자부동산	투자의 목적으로 소유하는 토지 및 건물 등 부동산
	장기투자증권	비유동자산으로 분류되는 매도가능증권과 만기보유증권을 통합하여 장기투자증권으로 표시할 수 있음
	매도가능증권	단기매매증권, 만기보유증권, 지분법적용투자주식에 해당되지 않는 주식 또는 채권
	만기보유증권	만기까지 보유할 의도와 능력이 있는 채권
	지분법적용투자주식	유의적인 영향력을 행사할 목적으로 상대방의 주식 20% 이상 보유하는 경우 등 실질적인 영향력을 행사할 수 있는 주식
	장기대여금	대여금 중 만기가 1년 이내에 도래하지 않는 것
	기 타	특정현금과예금, 퇴직연금운용자산 등
유형자산	토 지	영업에 사용하기 위해 보유하는 대지, 임야, 전, 답 등
	건 물	영업에 사용하기 위해 보유하는 공장, 사무실, 창고 등
	구축물	토지 위에 정착된 건물 이외의 교량, 도로포장, 부속설비 등
	차량운반구	영업에 사용하기 위해 보유하는 승용차, 트럭 등 차량
	기계장치	영업에 사용하기 위해 보유하는 제조설비, 운송설비 등 기계
	비 품	영업에 사용하기 위해 보유하는 컴퓨터, 복사기, 책상, 에어컨 등
	건설중인자산	완공되지 않은 유형자산. 완공되면 해당 유형자산으로 대체됨
무형자산	영업권	기업의 우수한 경영진, 숙련된 기술, 특유의 제조기법, 탁월한 입지조건 등으로 인하여 나타나는 장점 또는 초과수익력
	산업재산권	일정기간 동안 독점적, 배타적으로 이용할 수 있는 권리(특허권, 실용신안권, 의장권, 상표권, 상호권, 상품명 등)
	개발비	신제품, 신기술 등의 개발과 관련하여 발생한 지출
	기 타	라이선스, 프랜차이즈, 저작권, 소프트웨어, 임차권리금, 어업권 등
기타비유동자산	임차보증금	월세를 지급하는 조건으로 타인의 부동산 등을 사용하기 위하여 임차인이 지급하는 보증금
	전세권	월세를 지급하지 않고 타인의 부동산 등을 사용하기 위하여 임차인이 지급하는 보증금
	장기매출채권	결산일로부터 만기가 1년 이후에 도래하는 매출채권
	장기미수금	만기가 1년 이후에 도래하는 미수금
	부도어음과수표	어음 소지인이 어음금액의 지급을 청구할 때 지급이 거절된 어음을 말하며, 이 경우 '받을어음'에서 '부도어음과수표'로 대체함

② 부채 : 유동부채, 비유동부채

다음은 유동부채로 분류하고, 유동부채가 아닌 부채는 비유동부채로 분류한다.

> ① 기업의 정상적인 영업주기 내에 상환 등을 통하여 소멸할 것이 예상되는 매입채무와 미지급
> 　비용 등의 부채
> ② 보고기간종료일로부터 1년 이내에 상환되어야 하는 단기차입금 등의 부채
> ③ 보고기간 후 1년 이상 결제를 연기할 수 있는 무조건의 권리를 가지고 있지 않은 부채.

→ 정상적인 영업주기 내에 소멸할 것으로 예상되는 매입채무(외상매입금, 지급어음)와
　미지급비용은 1년 기준을 적용하지 않고 항상 유동부채로 분류한다.

유동부채	매입채무	상거래에서 발생하는 외상매입금과 지급어음
	미지급비용	당기에 발생하였으나 지급기일이 도래하지 않아 미지급한 비용
	미지급금	상거래 이외의 거래에서 발생한 채무
	선수금	미리 받은 금액, 주로 계약금으로 받은 금액
	선수수익	받은 금액 중 당기의 수익이 아니라 차기 이후에 속하는 수익
	단기차입금	상환기일이 보고기간 말부터 1년 이내에 도래하는 차입금
	미지급법인세	법인세 미지급액
	예수금	잠시 보관하고 있다가 지급해야 할 금액
	유동성장기부채	비유동부채 중 상환일이 결산일로부터 1년 이내에 도래하는 부채
	미지급배당금	배당결의 된 현금배당 중 아직 지급되지 않은 배당금
비유동부채	사　채	기업이 자금을 조달하기 위하여 발행하는 채무증권
	장기차입금	결산일로부터 만기가 1년 이후에 도래하는 차입금
	장기성매입채무	결산일로부터 만기가 1년 이후에 도래하는 매입채무
	퇴직급여충당부채	임직원이 퇴직 시 지급해야 할 퇴직금 예상액을 적립한 금액
	제품보증충당부채	판매 후 무상수리를 위해 지출될 비용 예상액을 적립한 금액
	전환사채	주식으로 전환할 수 있는 사채

③ 자본 : 자본금, 자본잉여금, 자본조정, 기타포괄손익누계액, 이익잉여금

자본금	보통주자본금	보통주식 액면금액 × 보통수식 수
	우선주자본금	우선주식 액면금액 × 우선수식 수
자본 잉여금	주식발행초과금	주식의 발행가액이 액면가액을 초과하는 금액
	감자차익	자본의 감소액이 주식의 매입 소각 등에 충당된 금액보다 많을 경우 그 초과액
	자기주식처분이익	자기주식 처분액이 자기주식 매입액을 초과하는 금액
자본 조정	자기주식	회사가 발행한 주식을 스스로 취득한 주식
	주식할인발행차금	주식의 발행가액이 액면가액에 미달하는 금액
	감자차손	자본의 감소를 위하여 지급한 금액이 자본금을 초과하는 금액
	자기주식처분손실	자기주식 처분액이 자기주식 매입액에 미달하는 금액
	미교부주식배당금	주식배당결의 후 실제 주식배당을 하기 전의 금액
	신주청약증거금	주식발행 전 주식응모자가 미리 납입한 금액
기타 포괄 손익 누계액	매도가능증권평가이익	매도가능증권의 기말평가이익
	매도가능증권평가손실	매도가능증권의 기말평가손실
	해외사업환산손익	해외사업환산이익과 해외사업환산손실
	재평가잉여금	유형자산 등에 대한 기말평가이익
이익 잉여금	이익준비금	현금배당 결의 시 현금배당액의 1/10 이상을 자본금의 1/2에 달할 때까지 적립여야 하는 금액(법정적립금에 해당됨)
	기타 법정적립금	각종 법률에 의하여 적립하여야 하는 적립금
	임의적립금	회사의 목적에 따라 임의로 적립하는 적립금
	미처분이익잉여금	이익잉여금 중 배당이나 적립금 등으로 처분되지 않는 금액

2. 손익계산서 계정과목(수익, 비용)

① 수익 : 영업수익, 영업외수익

㉠ 영업수익

영업수익은 기업의 주된 영업활동으로 인한 수익을 말하는데, 상기업 또는 제조기업의 경우에 상품·제품의 매출로 인하여 발생하는 수익을 말한다.

총매출액에서 매출환입, 매출에누리, 매출할인을 차감한 금액을 순매출액이라 하는데, 순매출액을 일반적으로 매출액이라 한다.

매출액(순매출액) = 총매출액 − 매출환입 − 매출에누리 − 매출할인

㉡ 영업외수익

회사의 주된 영업활동 이외의 활동에서 발생한 수익을 영업외수익이라 한다. 대표적인 영업외수익 항목은 다음과 같다.

이자수익	대여금 등 채무나 금융상품 등에서 수취하는 이자
임 대 료	임대인이 월세 등으로 받는 수익
수수료수익	서비스 등을 제공하고 받는 수익
자산수증이익	자산을 무상으로 증여받은 금액
채무면제이익	갚아야 할 채무를 면제받은 금액
단기매매증권평가이익	단기매매증권의 기말평가 시 공정가치가 상승한 금액
단기매매증권처분이익	단기매매증권의 처분 시 처분액 중 장부금액을 초과하는 금액
배당금수익	주주가 수령하는 현금배당
외화환산이익	화폐성 외화자산·부채의 기말평가 시 발생하는 수익
외환차익	외화 채권·채무의 상환 시 발생하는 수익
유형자산처분이익	유형자산의 처분 시 처분액 중 장부금액을 초과하는 금액
투자자산처분이익	투자자산의 처분 시 처분액 중 장부금액을 초과하는 금액
보험금수익	보험회사로부터 지급받을 결정된 보험금
전기오류수정이익	이전 회계기간에 발생한 오류를 수정하면서 발생한 이익
지분법이익	지분법 적용 시 피투자회사의 당기순이익 중 시분에 해당되는 금액
사채상환이익	사채의 조기상환 시 상환가액 중 장부금액에 미달하는 금액
잡 이 익	영업외수익 중 중요하지 않은 금액, 금액이 적은 이익

② 비용 : 매출원가, 판매비와관리비, 영업외비용, 법인세비용

㉠ 매출원가

매출원가란 매출에 직접 대응되는 비용을 말하며, 다음과 같이 계산한다.

> 매출원가 = 기초재고액 + 당기상품매입액 – 기말재고액

㉡ 판매비와관리비

판매비와관리비는 판매활동과 관리활동에서 발생하는 비용으로서 매출원가에 속하지 않는 모든 영업비용을 말한다. 대표적인 판매비와관리비 항목은 다음과 같다.

급 여	임직원의 근로의 대가로 지급하는 금액
퇴직급여	임직원의 퇴직 시 지급하는 금액
상 여 금	임직원의 근무성과 등을 이유로 지급하는 급여 이외의 급액
복리후생비	임직원의 식대, 경조사비, 체육회비 등 임직원을 위해 지출하는 금액
기업업무추진비	거래처 등에 업무와 관련하여 지급하는 금액
광고선전비	불특정다수에게 업무와 관련하여 지출하는 금액
임 차 료	건물 등을 임차하면서 지급하는 월세 등의 금액
세금과공과	협회, 국가, 지방자치단체 등에 지급하는 조세 및 회비 등
감가상각비	유형자산을 사용함에 따른 가치의 감소분에 대한 비용
무형자산상각비	무형자산을 사용함에 따른 가치의 감소분에 대한 비용
대손상각비	매출채권 중 회수할 수 없거나, 회수할 수 없을 것으로 추정되는 금액
통 신 비	인터넷요금, 전화요금(휴대폰 포함), 팩스요금, 우편요금 등
여비교통비	출장비, 버스 · 택시요금, 숙박비 등
수도광열비	수도료, 난방용 석유, 전기 등 요금
차량유지비	업무용 차량에 소요되는 주유비, 수리비 등
보 험 료	업무용 건물 등의 보험료로 지출되는 금액
소모품비	업무용 소모품 구입에 지출되는 금액
연 구 비	연구단계에서 지출되는 금액
경상개발비	개발단계에서 지출되는 금액 중 개발비에 속하지 않는 금액
수수료비용	서비스를 제공받고 지출하는 비용
도서인쇄비	신문대금, 명함제작비, 도서구입비 등
잡 비	판매비와관리비 중 금액이 중요하지 않은 지출

© 영업외비용

회사의 주된 영업활동 이외의 활동에서 발생한 비용을 영업외비용이라 한다. 대표적인 영업외비용 항목은 다음과 같다.

단기매매증권평가손실	단기매매증권의 기말평가 시 공정가치가 하락한 금액
단기매매증권처분손실	단기매매증권의 처분 시 처분액 중 장부금액에 미달되는 금액
유형자산처분손실	유형자산의 처분 시 처분액 중 장부금액에 미달되는 금액
투자자산처분손실	투자자산의 처분 시 처분액 중 장부금액에 미달되는 금액
이자비용	차입금 등 채무로 인하여 지급하는 이자
재고자산감모손실	재고자산의 실제 수량이 장부상 수량보다 적은 금액
전기오류수정손실	이전 회계기간에 발생한 오류를 수정하면서 발생한 손실
기타의대손상각비	매출채권 이외의 채권에서 발생하는 대손액 또는 대손추산액
외화환산손실	화폐성 외화자산·부채의 기말평가 시 발생하는 손실
외환차손	외화 채권·채무의 상환 시 발생하는 손실
사채상환손실	사채의 조기상환 시 상환가액 중 장부금액을 초과하는 금액
지분법손실	지분법 적용 시 피투자회사의 당기순손실 중 지분에 해당되는 금액
기 부 금	공익목적 등으로 기부하는 금액
잡 손 실	영업외비용 중 금액이 중요하지 않은 지출, 금액이 적은 손실

② 법인세비용

법인의 소득에 대하여 부과되는 세금을 말한다.

Part. 2

원가회계

Chapter 1
원가회계 개요

1. 원가회계의 개념과 목적

(1) 원가와 원가회계의 개념

원가회계	제품생산에 소비된 원가에 관한 정보를 경영자에게 제공하기 위한 회계(원가회계, 관리회계, 원가관리회계)
원 가	제품 생산을 위해 사용 또는 소비되는 경제적 가치(제조원가)
비 용	제품 생산이 아닌 판매 및 관리 등에 사용되는 자원(비제조원가)

공장·생산·제조와 관련된 지출은 제조원가로, 그 이외의 지출은 비용(비제조원가, 판매비와관리비)으로 분류한다.

(2) 원가회계의 목적

- 재무제표작성 : 손익계산서의 제품매출원가 결정을 위해 제품원가계산 필요
- 원가관리 및 통제 : 원가관리 및 원가통제를 위해 원가자료를 집계하고 관리
- 의사결정 : 신제품 가격결정 등 경영의사결정에 필요한 원가정보 제공
- 업적평가 : 제품별 또는 판매원별 업적평가 등에 필요한 정보제공

재무회계	외부 보고용 → 투자자, 채권자, 관공서 등에게 보고
원가회계	내부 보고용 → 경영자, 대표자, 관리자 등에게 보고

기출문제 연습 다음 중에서 원가회계 목적과 관련이 가장 적은 것은?

① 재무제표의 작성에 유용한 원가정보를 제공한다.
② 원가통제에 대한 유용한 원가정보를 제공한다.
③ 경영자에게 경영의사결정에 유용한 원가정보를 제공한다.
④ 투자자에게 합리적인 의사결정에 관한 정보제공을 목적으로 한다.

풀이
④ 투자자에게 정보를 제공하는 것은 재무회계와 관련된 내용이다.

2. 원가의 분류

(1) 원가 형태별 분류(원가의 3요소)

원가는 재료비, 노무비, 제조경비로 크게 분류할 수 있다.

- 재료비 : 주요재료비, 보조재료비, 부분품 등
- 노무비 : 임금, 제수당 등
- 제조경비 : 재료비와 노무비를 제외한 원가

(2) 추적가능성에 따른 분류

발생한 원가를 제품별로 추적이 가능하면 직접원가, 추적이 불가능하면 간접원가로 분류한다.

직접원가(직접비)	간접원가(간접비)
제품별로 직접 추적이 가능한 원가	제품별로 추적할 수 없는 원가
직접재료비, 직접노무비, 직접제조경비 등	간접재료비, 간접노무비, 간접제조경비 등

(3) 원가행태(行態)에 따른 분류

원가행태란, 조업도(생산량)의 변화에 따라 원가가 변동하는 현상을 말한다.

구 분	원 가 행 태
변동원가 (변동비)	• 조업도가 증가하면 총변동원가는 증가하고, 조업도가 감소하면 총원가는 감소함(재료비, 노무비 등) • 단위당 변동원가는 조업도의 증감에 관계없이 일정
고정원가 (고정비)	• 조업도와 관계없이 고정원가총액은 일정(보험료, 임차료, 감가상각비 등) • 조업도가 증가하면 단위당 고정원가는 감소
혼합원가 (준변동비)	• 고정비(기본요금)와 변동비(사용료)가 동시에 존재함 • 수도요금, 전화요금, 전기요금, 택시비 등
준고정원가 (계단원가)	• 일정한 범위(관련범위) 내의 조업도에서는 일정한 금액이 발생하지만, 관련범위를 벗어나면, 원가총액이 갑자기 증가 또는 감소 • 공장감독 급여 등

▶ 조업도는 매출액·생산량·고객수 등에 따라 다양하게 나타난다.

㉠ 변동원가(총변동원가 증가, 단위당 변동원가 일정)

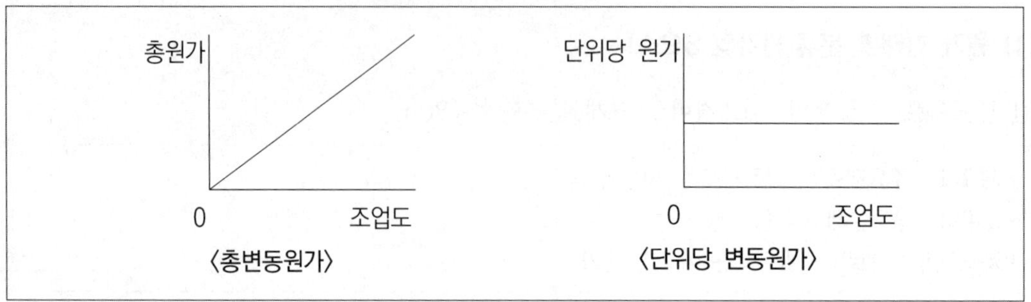

㉡ 고정원가(총고정원가 일정, 단위당고정원가 감소)

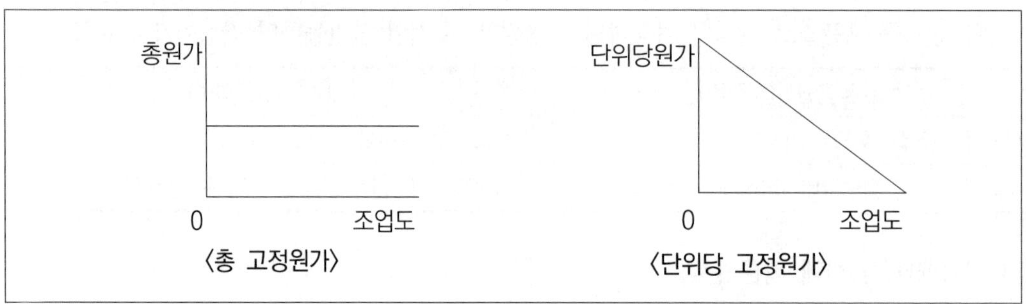

【조업도가 증가하는 경우 변동원가와 고정원가의 행태는 다음과 같다】

조업도 증가시	변동원가	고정원가
총원가	증가	일정
단위당 원가	일정	감소

기출문제 연습

다음 그래프의 원가행태를 모두 만족하는 원가는 무엇인가?

① 직접재료비   ② 관련범위 내의 제조간접비

③ 계단원가   ④ 공장건물 감가상각비

풀이

① 변동비에 대한 그래프로서 직접재료비와 직접노무비 등이 있다.

ⓒ 준변동원가(고정원가 + 변동원가)

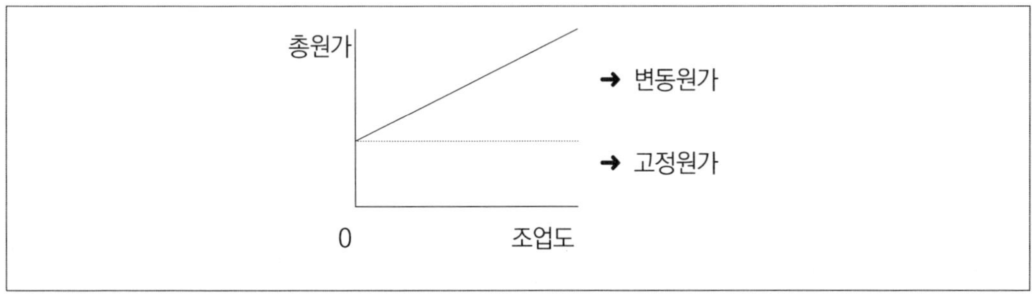

ⓔ 준고정원가(계단원가)

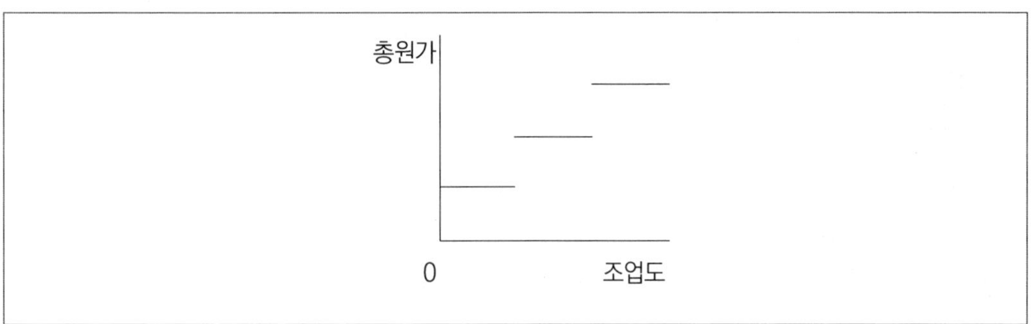

기출문제 연습

다음은 ㈜효정전자의 공장전기요금고지서의 내용이다. 원가 행태 분류로 옳은 것은?

- 기 본 요 금 : 1,000,000원 (사용량과 무관)
- 사 용 요 금 : 3,120,000원 (사용량 : 48,000kw, kw당 65원)
- 전기요금합계 : 4,120,000원

① 고정원가　　　② 준고정원가　　　③ 변동원가　　　④ 준변동원가

풀이

④ 고정원가와 변동원가가 혼합된 것으로 사용과 무관하게 발생하는 기본요금과 사용에 따라 비례적으로 발생하는 추가요금이 혼합된 준변동원가에 해당함.

(4) 기타 원가의 분류

매몰원가	과거에 발생하여 현재 의사결정에 영향을 미치지 않는 원가(역사적원가)
기회원가(비용)	최선의 한 대안을 선택함으로 인하여 포기된 차선의 대안에서 얻을 수 있는 최대 효익
관련원가	현재 의사결정에 필요한 원가(의사결정에 필요하지 않는 과거 원가는 비관련원가)
회피가능원가	회피가 가능한 원가(피할 수 없는 원가는 회피불가능원가)

3. 원가의 구성

(1) 원가의 구성

제품원가를 구성하는 각 원가요소는 여러 단계를 거쳐 판매가격을 구성한다. 직접노무비는
직접원가와 가공원가에 모두 해당된다.

구 분	구 성	개 념
직접원가	직접재료비 + 직접노무비	제품별 원가추적 가능
가공원가	직접노무비 + 제조간접비	직접재료비를 제외한 원가
제조간접비	간접재료비 + 간접노무비 + 간접경비	제품별 원가추적 불가능
총제조원가	직접재료비 + 직접노무비 + 제조간접비	원가의 합계(직접비 + 간접비)
판매원가	제조원가 + 판매비와관리비	판매비와관리비가 포함 됨
판매가격	총원가 + 이익	소비자 판매가격

- 직접원가, 기본원가, 기초원가는 동의어로 사용된다.
- 가공원가는 전환원가와 동의어로 사용된다.
- 제조경비는 대부분 간접제조경비로 구분하며, 제조간접비로 처리한다.
- 직접제조경비는 외주가공비, 특정제품의 설계비 등이 있으나, 시험에는 거의 안 나옴.

(2) 원가와 판매가격의 관계

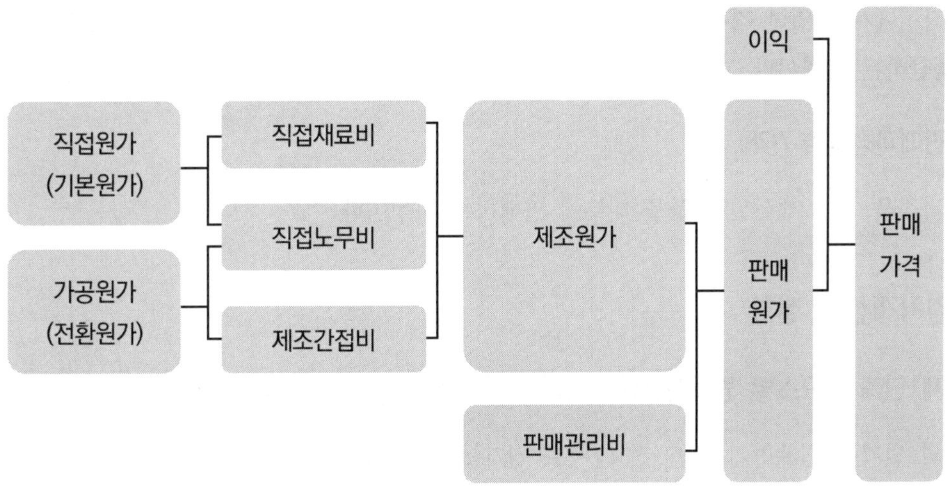

4. 제조기업의 경영활동(순환과정)

상기업의 경영활동은 구매과정과 판매과정으로 이루어지는 것이 보통이지만, 제조기업의 경영활동은 대체로 구매과정 · 제조과정 · 판매과정으로 이루어진다.

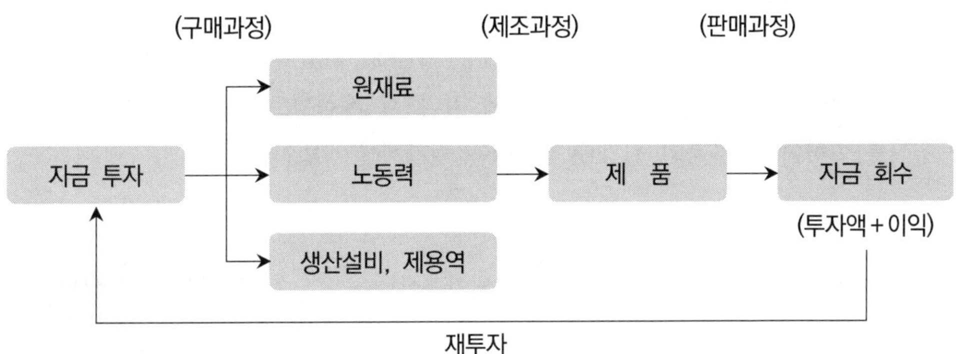

(1) 구매과정(외부거래)

제품생산을 위하여 원재료를 구입하고 이것을 가공하는 데 필요한 노동력과 기계 · 공구기 · 건물 등의 여러 가지 설비와 수도 · 토지 · 전기 · 가스 등과 같은 모든 용역을 외부로부터 구입하여 제조활동의 준비를 하는 과정이다.

(2) 제조과정(내부거래)

구매과정에서 구입한 각종시설을 이용하고, 노동력을 소비하여 원재료를 가공함으로서 제품을 생산하는 과정이다.

(3) 판매과정(외부거래)

제조과정을 거쳐 생산된 제품을 외부에 판매하는 과정이다.

5. 원가계산의 절차

(1) 제1단계 : 요소별 원가계산

제품의 원가를 집계하기 위한 첫 단계로 원가를 발생형태에 따라 재료비, 노무비, 제조경비의 세 가지 원가요소로 분류하여 집계하는 원가계산 방법이다.

(2) 제2단계 : 부문별 원가계산

요소별 원가계산에서 집계된 원가 중 간접원가를 그 발생장소인 원가부문별로 구분하여 집계하는 원가계산 방법이다.

(3) 제3단계 : 제품별 원가계산

요소별 원가계산에서 집계한 제조직접비를 해당 제품에 직접 부과하는 동시에 부문별원가계산에서 집계한 제조간접비를 일정한 기준에 따라 각 제품별로 배부하고, 마지막으로 두 가지 원가를 합하여 각 제품의 원가를 집계하는 원가계산 방법이다.

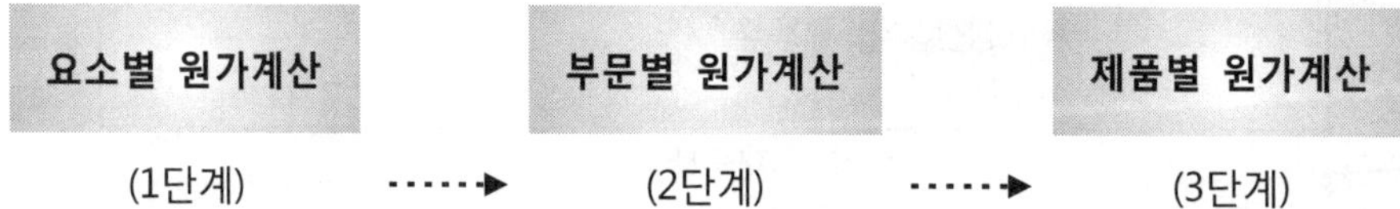

실전문제연습 

01 다음 중 제조원가 항목에 해당하는 것은?

① 관리부 경리사원 급여
② 공장 차량의 감가상각비
③ 영업사원 복리후생비
④ 마케팅부서 접대비

02 다음 중 제조원가에 속하지 않는 것은?

① 직접재료비
② 직접노무비
③ 광고선전비
④ 제조간접비

03 다음 중 원가의 추적가능성에 따른 분류로 가장 맞는 원가 개념은?

① 고정원가와 변동원가
② 직접원가와 간접원가
③ 제품원가와 기간원가
④ 제조원가와 비제조원가

04 공장용 화물차(취득원가 3,500,000원, 처분시 감가상각누계액 2,500,000원)를 매각하려고 한다. 이 화물차에 500,000원을 들여 수선한 후 처분하면 1,200,000원을 받을 수 있지만, 수선하지 않고 처분하면 600,000원을 받을 수 있다. 매몰원가는 얼마인가?

① 400,000원
② 500,000원
③ 1,000,000원
④ 1,200,000원

05 원가 개념에 대한 설명 중 틀린 것은?

① 간접원가란 특정한 원가대상에 직접 추적할 수 없는 원가이다.
② 회피가능원가는 특정 대안을 선택하지 않음으로써 회피할 수 있는 원가이다.
③ 변동원가는 조업도가 증가할 때마다 원가총액이 비례하여 증가하는 원가이다.
④ 경영자가 미래의 의사결정을 위해서는 과거 지출된 원가의 크기를 고려하여야 함으로 매몰원가 역시 관련원가에 해당한다.

06 다음 중 원가회계의 일반적인 특성이 아닌 것은?

① 제품제조원가 계산을 위한 원가자료의 제공
② 기업의 외부정보이용자에게 정보제공
③ 기업의 경영통제를 위한 원가자료의 제공
④ 특수의사결정을 위한 원가정보의 제공

07 다음 중 원가에 대한 설명으로 틀린 것은?

① 직접노무비는 기본원가에 포함되지만 가공비에 포함되지는 않는다.
② 직접비와 간접비는 추적가능성에 따른 분류이다.
③ 제조간접비란 간접재료비, 간접노무비 및 간접제조경비의 합이다.
④ 판매활동과 일반관리활동에서 발생하는 원가로서 제조활동과 직접적인 관련이 없는 원가를 비제조원가라 한다.

08 다음 중 원가관리회계에 대한 설명으로 가장 거리가 먼 것은?

① 도소매업 등에서 매출원가 정보 등을 획득하기 위한 회계과정이다.
② 경영활동의 계획과 통제를 위해 필요한 회계과정이다.
③ 미래 의사결정을 위한 성과평가시 유용한 정보를 제공한다.
④ 외부 이해관계자보다 내부 경영자를 위한 회계이다.

09 다음은 원가에 대한 설명이다. 틀린 것은?

① 직접노무비와 제조간접비를 합하여 가공원가라 한다.
② 조업도와 관련성 여부에 따라 변동비와 고정비로 구분할 수 있다.
③ 의사결정과 관련성 여부에 따라 관련원가와 비관련원가로 구분할 수 있다.
④ 기회비용이란 특정 행위의 선택으로 인해 포기해야 하는 것들의 가치 평균액을 말한다.

10 다음 중 원가회계의 특징으로 가장 틀린 것은?

① 손익계산서의 제품매출원가를 결정하기 위하여 제품생산에 소비된 원가를 집계
② 재무상태표에 표시되는 재공품과 제품 등의 재고자산의 가액을 결정
③ 기업의 경영계획 및 통제, 의사결정에 필요한 원가자료를 제공
④ 주로 외부 이해관계자에게 의사결정에 대한 유용한 정보제공

11 다음 중 원가개념의 설명으로 틀린 것은?

① 직접원가란 특정제품의 제조에만 소비되어 특정제품에 직접 추적할 수 있는 원가이다.

② 관련원가란 의사결정에 영향을 미치는 원가로서 여러 대안 사이에 차이가 나는 과거의 원가이다.

③ 원가행태란 조업도수준이 변화함에 따라 총원가발생액이 일정한 형태로 변화할 때 그 변화하는 형태를 말한다.

④ 매몰원가는 과거의 의사결정의 결과로 이미 발생된 원가로서 현재의 의사결정에는 아무런 영향을 미치지 못하는 원가이다.

12 원가에 대한 다음 설명 중 가장 옳지 않은 것은?

① 준고정원가는 관련조업도 내에서 일정하게 발생하는 원가를 말한다.

② 직접재료비와 직접노무비를 기초원가라 한다.

③ 간접원가란 특정한 원가대상에 직접 추적할 수 없는 원가를 말한다.

④ 제품생산량이 증가함에 따라 관련 범위 내에서 제품단위당 고정원가는 일정하다.

13 일반적으로 조업도수준이 증가할수록 원가총액이 증가하고, 조업도수준이 감소할수록 원가총액이 감소하는 원가행태를 나타내는 것은?

① 영업사원에게 지급하는 영업수당

② 공장건물에 대한 감가상각비

③ 생산직관리자에 대한 상여금

④ 개별제품을 제조하기 위한 원재료 투입비용

14 다음 자료에서 가공비를 계산하면 얼마인가?

• 직접재료비 : 300,000원	• 직접노무비 : 400,000원
• 변동제조간접비 : 200,000원	• 고정제조간접비 : 150,000원

① 700,000원　　　② 400,000원　　　③ 550,000원　　　④ 750,000원

15 다음 중 원가를 원가행태에 따라 구분한 것은?

① 변동원가, 고정원가　　　　② 직접원가, 간접원가

③ 제품원가, 기간원가　　　　④ 사전원가, 사후원가

16 기계장치 1대를 매월 100,000원에 임차하여 사용하고 있으며, 기계장치의 월 최대 생산량은 1,000단위이다. 당월 수주물량이 1,500단위여서 추가로 1대의 기계장치를 임차하기로 하였다. 이 기계장치에 대한 임차료의 원가행태는 무엇인가?

① 고정원가　　　　② 준고정원가　　　　③ 변동원가　　　　④ 준변동원가

17 조업도가 증가할수록 발생원가 총액이 증가하고, 조업도가 감소할수록 발생원가 총액이 감소하는 원가행태에 해당되는 것은?

① 공장 기계장치에 대한 감가상각비
② 공장 건물에 대한 재산세
③ 원재료 운반용 트럭에 대한 보험료
④ 개별 제품에 대한 포장비용

18 조업도의 감소에 따른 고정비 및 변동비와 관련한 원가행태를 틀리게 나타낸 것은?

① 총고정비 일정　　　　　　　② 단위당 고정비 감소
③ 총변동비 감소　　　　　　　④ 단위당 변동비 일정

19 다음 중 원가행태를 나타낸 표로 올바른 것은?

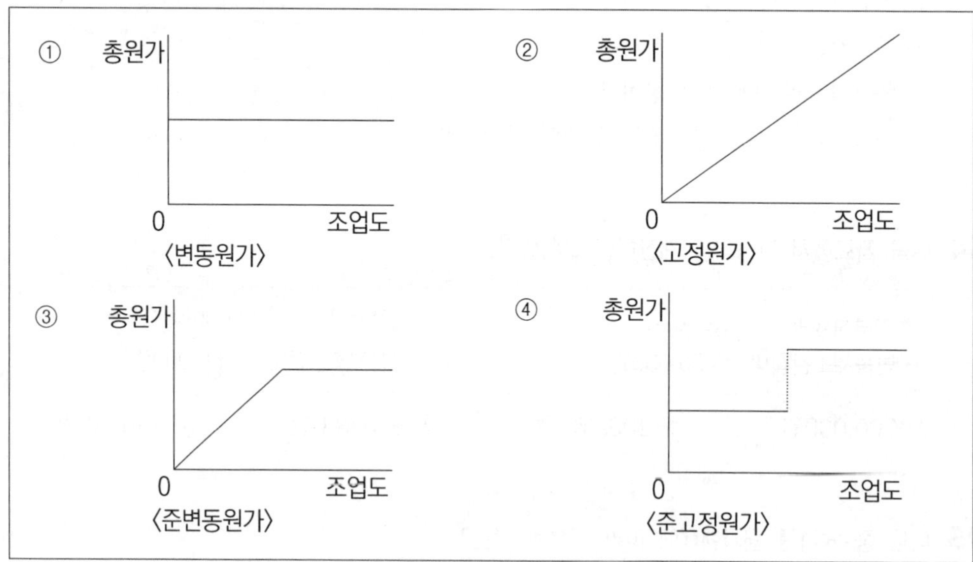

실전문제연습 해답

01 ② 공장 또는 제조와 관련된 차량운반구의 감가상각비는 제조원가이다.

02 ③

03 ② 직접원가와 간접원가

04 ③ 400,000원은 600,000원으로 처분할 경우 발생하는 처분손실이고, 500,000원은 수선비로 투입할 수도 있는 금액이며, 1,200,000원은 수선 후 처분시 받을 수 있는 금액이다. 1,000,000원은 취득원가에서 감가상각누계액을 차감한 장부금액이므로 이는 현재의 의사결정과 무관한 과거원가, 즉 매몰원가가 되는 것이다.

05 ④ 매몰원가는 과거 원가로서 미래 의사결정과 관련이 없으므로 의사결정과정에서 고려하지 않는 비관련원가에 해당한다.

06 ② 원가회계는 일반적 기업의 내부적 의사결정목적으로 작성된다.

07 ① 직접노무비는 기본원가와 가공원가 모두 해당된다.

08 ① 원가관리회계는 공장 또는 제조와 관련된 것이므로 제조업에 적용된다.

09 ④ 기회비용(원가)은 특정 선택으로 인해 포기해야 하는 것 중 가장 큰 것을 말한다.

10 ④ 기업내부 이해관계자의 관리적 의사결정에 대한 유용한 정보제공

11 ② 관련원가란 의사결정에 영향을 미치는 원가로서 여러 대안 사이에 차이가 나는 미래원가이다.

12 ④ 제품생산량이 증가함에 따라 제품단위당 고정원가는 감소한다.

13 ④ 변동원가에 대한 설명으로 직접재료비는 변동원가에 해당된다.

14 ④ 가공비 : 400,000＋200,000＋150,000＝750,000원

15 ①

16 ② 준고정원가란 관련범위에서는 일정한 금액으로 고정되어 있으나, 조업도가 관련범위를 벗어나면 일정액만큼 증가 또는 감소하는 원가로서 계단원가라고도 한다.

17 ④ 감가상각비, 재산세, 보험료는 고정비이며, 포장비용은 변동비에 해당됨.

18 ② 조업도가 감소하는 경우 단위당 고정비는 증가한다.

19 ④

Chapter 2
요소별 원가계산과 원가흐름

1. 원가요소

(1) 원가요소와 당기총제조원가

원가요소에는 재료비, 노무비, 제조경비(제조간접비)가 있는데, 당기에 발생한 직접재료비, 직접노무비, 제조간접비를 합하면 당기총제조원가가 된다.

> 당기총제조원가 = 직접재료비 + 직접노무비 + 제조간접비

(2) 원재료(재고자산) - 재료비

제품을 생산하는데 사용할 목적으로 외부로부터 매입한 물품을 원재료라고 하고, 제품의 제조과정에서 소비된 재료의 가치를 재료비라 한다.

원재료 계정에서 당기 재료비소비액을 계산한다.

원재료(재고자산)			
기초원재료재고액	×××	**재료비 소비액**	×××
당기원재료매입액	×××	기말원재료재고액	×××

> 당기 재료비 소비액 = 기초원재료재고액 + 당기원재료매입액 – 기말원재료재고액

(3) 임금(500번대) - 노무비

제조기업에 종사하는 종업원에게 월급을 지급하면 임금계정으로 처리하고, 제품제조를 위하여 소비된 노동력을 노무비라 한다.

임금 계정에서 당기 노무비소비액을 계산한다.

임 금			
당기임금지급액	×××	전기임금미지급액	×××
당기임금 미지급액	×××	**노무비 소비액**	×××

> 당기 노무비 소비액 = 당기지급액 + 당기분 미지급액 – 전기 미지급액

(4) 제조경비(500번대) – 제조간접비

제조경비는 제품 제조를 위하여 소비되는 원가 중 재료비와 노무비를 제외한 기타의 모든 원가를 말하며, 감가상각비, 보험료, 임차료, 수선비, 전력비, 가스수도료 등이 있다.

제조경비는 대부분 제조간접비로 처리한다. (시험에는 직접제조경비는 안나옴)

	제조경비(500번대)		
전기 선급액	×××	**제조경비 소비액**	×××
당기 지급액	×××	당기 선급액	×××

> 당기 제조경비 소비액 = 전기 선급액 + 당기 지급액 – 당기 선급액

	제조간접비		
간접 재료비	×××	**재공품으로 대체**	×××
간접 노무비	×××		
간접 제조경비	×××		

- 간접재료비와 간접노무비는 제조간접비에 해당 됨
- 제조간접비는 변동제조간접비와 고정제조간접비로 나눌 수 있음
- 제조간접비 전액은 재공품계정 차변으로 대체된다.

기출문제 연습1

제조간접비에 대한 다음 설명 중 맞는 것은?

① 가공비이다   ② 모든 노무비를 포함 한다

③ 변동비만 포함 된다   ④ 고정비만 포함 된다

풀이

① 제조간접비는 직접노무비와 함께 가공비를 구성한다.

기출문제 연습2

전력비에 대한 자료가 다음과 같을 경우 발생한 전력비는 얼마인가?

•당기 지급액 : 1,300,000원	•전기 선급액 : 230,000원
•당기 미지급액: 360,000원	

① 710,000원   ② 1,170,000원

③ 1,430,000원   ④ 1,890,000원

풀이

④ 1,300,000원 + 230,000원 + 360,000원 = 1,890,000원

기출문제 연습3

다음 자료에 의하여 당월의 노무비 지급액을 구하면 얼마인가?

- 당월 노무비 발생액 : 500,000원
- 전월말 노무비 미지급액 : 20,000원
- 당월말 노무비 미지급액 : 60,000원

① 540,000원　　② 520,000원　　③ 460,000원　　④ 440,000원

풀이

③ 미지급노무비계정을 완성하면 당월지급액을 계산할 수 있다.

미지급 노무비(부채)

당월지급액	460,000	전월미지급액	20,000
당월미지급액	60,000	당월발생액	500,000

(5) 재공품(재고자산)

제조과정 중에 있는 미완성 제품을 말하며, 완성된 제품은 제품(당기제품제조원가)계정에 대체된다. 재공품계정은 제품을 제조하는 과정에서 소비되는 모든 제조원가를 기록하는 집합계정으로서 완성품 제조원가가 표시되는 재고자산 계정이다.

재 공 품(재고자산)

기초재공품재고액	×××	당기제품제조원가	×××
직접재료비	×××	기말재공품재고액	×××
직접노무비	×××		
제조간접비	×××		

당기제품제조원가 = 기초재공품재고액 + 당기총제조원가 - 기말재공품재고액

당기총제조원가 = 직접재료비 + 직접노무비 + 제조간접비

(6) 제품(재고자산)

제조공정을 완전히 마친 완성품으로, 제품계정에는 완성된 제품의 원가와 판매된 제품매출원가가 표시되는 재고자산 계정이다.

제　품(재고자산)

기초제품재고액	×××	제품매출원가	×××
당기제품제조원가	×××	기말제품재고액	×××

2. 제조원가의 흐름

(1) 제조원가의 흐름 기본개념

원가요소가 모여서 당기총제조원가가 되고, 당기총제조원가 중에서 제품으로 완성된 부분은 당기제품제조원가(제품)가 되고, 제품이 외부로 판매되면 판매된 것의 원가를 제품매출원가라 한다.

원가요소 → 당기총제조원가 → 당기제품제조원가 → 제품매출원가

원재료

전기이월액	당기소비액
당기매입액	차기이월액

재료비

당기소비액	직접재료비
	간접재료비

재공품

전기이월액	당기제품
직접재료비	제조원가
직접노무비	(제품)
직접제조경비	
제조간접비 배 부 액	차기이월액

임 금

당기지급액	전기미지급액
당기미지급액	당기소비액

노무비

당기소비액	직접노무비
	간접노무비

각종경비항목

전기선급액	당기소비액
당기지급액	당기선급액

제조경비

당기소비액	직접제조경비
	간접제조경비

제조간접비

간접재료비	제조간접비
간접노무비	배 부 액
간접제조경비	(재공품)

제 품

전기이월액	제품매출원가
당기제품 제조원가	차기이월액

매출원가

제품매출품 제조원가	월차손익

월차손익

매출원가	매출액
각종경비 항 목	

당기총제조원가	당기에 발생된 원가요소(직접재료비, 직접노무비, 제조간접비)는 모두 합하여 당기총제조원가를 구성하며, 재공품 계정 차변으로 대체된다.
당기제품제조원가	당기총제조원가와 기초재공품 중 제품으로 완성된 것은 당기제품제조원가가 되고, 미완성분은 기말재공품이 된다.
제품매출원가	당기제품제조원가와 기초제품 중에서 매출된 것은 매출원가가 되고, 매출되지 않은 것은 기말제품으로 남는다.

(2) 주요 산식

제조원가의 흐름에 관한 주요 산식은 다음과 같다. 이 산식은 위의 원가의 흐름 도형을 산식으로 나타낸 것이다. 이 산식을 암기하기 보다는 위의 원가의 흐름을 이해하여야 한다.

- 직접재료비 = 기초재료재고액 + 당기재료매입액 − 기말재료재고액
- 당기총제조원가 = 직접재료비 + 직접노무비 + 제조간접비
- 당기제품제조원가 = 기초재공품재고액 + 당기총제조원가 − 기말재공품재고액
- 제품매출원가 = 기초제품재고액 + 당기제품제조원가 − 기말제품재고액

(3) 제조원가명세서(재공품)

제조원가명세서는 원가요소를 집계하고 제품제조원가를 계산하기 위한 명세서를 말한다. 직접재료 계정과 재공품 계정에서 표시되는 내용과 유사하다.

제조원가명세서	
Ⅰ. 직접재료비	×××
1. 기초재료재고액	×××
2. 당기재료매입액	×××
3. 기말재료재고액	(×××)
Ⅱ. 직접노무비	×××
Ⅲ. 제조간접비	×××
Ⅳ. 당기총제조원가	×××
Ⅴ. 기초재공품재고액	×××
Ⅵ. 합　　　계	×××
Ⅶ. 기말재공품재고액	(×××)
Ⅷ. **당기제품제조원가**	×××

▶ 당기제품제조원가는 손익계산서의 제품매출원가 산출 과정에 대체된다.

실전문제연습 

01 다음 자료에 의한 ㈜서울의 직접노무비는 얼마인가?

> • 기초원재료 100,000원   • 당기원재료매입 600,000원
> • 기말원재료 200,000원   • 제조간접비 1,500,000원
> • 기초재공품 1,000,000원   • 기말재공품 500,000원
> • 당기제품제조원가 4,000,000원

① 500,000원   ② 1,000,000원
③ 1,500,000원   ④ 2,000,000원

02 다음 자료에 의하여 제조간접비를 계산하면 얼마인가?

> • 당기총제조원가 600,000원
> • 직접비(기본원가) 300,000원
> • 가공원가 500,000원

① 100,000원   ② 200,000원
③ 300,000원   ④ 400,000원

03 다음 자료에 의하여 당기제품매출원가를 계산하면 얼마인가?

> • 기초재공품 300,000원   • 당기총제조원가 1,000,000원
> • 기말재공품 400,000원   • 기초제품 200,000원
> • 기말제품 300,000원   • 판매가능재고액 1,100,000원

① 1,000,000원   ② 900,000원
③ 800,000원   ④ 700,000원

04 다음 중 제조원가명세서에 포함되지 않는 항목은?

① 당기제조경비   ② 당기제품제조원가
③ 매출원가   ④ 당기총제조원가

05 기말재공품은 기초재공품에 비해 500,000원 증가하였으며, 제조과정에서 직접재료비가 차지하는 비율은 60%이다. 당기제품제조원가가 1,500,000원이라면 가공원가는 얼마인가?

① 200,000원 ② 400,000원

③ 600,000원 ④ 800,000원

06 다음의 자료를 근거로 당기 총제조원가를 계산하면 얼마인가?

• 기초재공품 : 20,000원	• 기초제품 : 50,000원	• 매출원가 : 500,000원
• 기말재공품 : 35,000원	• 기말제품 : 40,000원	

① 475,000원 ② 490,000원

③ 505,000원 ④ 510,000원

07 다음 자료에 의하면 당기 총제조원가는 얼마인가?

• 기초원가 1,500,000원	• 직접노무비 600,000원
• 간접노무비 200,000원	• 공장세금과공과 150,000원
• 공장임차료 150,000원	• 기계감가상각비 100,000원
• 공장전력비 100,000원	

① 2,000,000원 ② 2,200,000원

③ 2,600,000원 ④ 3,100,000원

08 제조원가명세서와 관련된 설명이다. 틀린 것은?

① 재료 소비액의 산출과정이 표시된다.

② 당기총제조원가와 당기제품제조원가 모두 표시된다.

③ 기초재료 재고액과 기말재료 재고액이 표시된다.

④ 기초재공품 재고액과 기초제품 재고액이 표시된다.

09 다음은 재공품계정에 대한 설명이다. 괄호 안에 들어갈 내용으로 맞는 것은?

기말재공품재고액이 기초재공품재고액 보다 크다면 당기총제조비용이 당기제품제조원가보다 ( ).

① 크다 ② 작다 ③ 같다 ④ 알 수 없다

10 다음 중 원가집계 계정의 흐름으로 가장 옳은 것은?

① 매출원가 → 재공품 → 재료비 → 제품

② 재료비 → 매출원가 → 재공품 → 제품

③ 매출원가 → 재료비 → 재공품 → 제품

④ 재료비 → 재공품 → 제품 → 매출원가

11 당기제품제조원가는 850,000원이다. 다음 주어진 자료에 의하여 기말재공품원가를 계산하면 얼마인가?

• 직접재료비 : 200,000원	• 직접노무비 : 300,000원
• 변동제조간접비 : 300,000원	• 고정제조간접비 : 100,000원
• 기초재공품 : 250,000원	• 기말재공품 : ?
• 기초제품 : 500,000원	• 기말제품 : 400,000원

① 300,000원　　　　　　　　　② 350,000원

③ 400,000원　　　　　　　　　④ 450,000원

12 성훈㈜의 원가 자료가 다음과 같을 경우 가공원가는 얼마인가?

• 직접재료원가 구입액 : 800,000원
• 직접재료원가 사용액 : 900,000원
• 직접노무원가 발생액 : 500,000원
• 변동제조간접원가 발생액 : 600,000원
• 변동제조간접원가는 총제조간접원가의 40%이다

① 2,000,000원　　　　　　　　② 2,400,000원

③ 2,800,000원　　　　　　　　④ 2,900,000원

13 다음의 자료에 의하여 매출원가를 계산하면 얼마인가?

• 제조지시서 #1 : 제조원가 52,000원	• 제조지시서 #2 : 제조원가 70,000원
• 제조지시서 #3 : 제조원가 50,000원	• 월초제품재고액 : 50,000원
• 월말제품재고액 : 40,000원	단, 제조지시서 #3은 미완성품이다.

① 182,000원　　　　　　　　　② 122,000원

③ 132,000원　　　　　　　　　④ 172,000원

14 다음 자료에서 기본원가(혹은 기초원가)와 가공비의 합은 얼마인가?

• 직접재료비 : 150,000원	• 직접노무비 : 320,000원
• 간접재료비 : 50,000원	• 간접노무비 : 80,000원
• 간접경비 : 30,000원	• 광고선전비 : 300,000원

① 630,000원　　　② 760,000원　　　③ 930,000원　　　④ 950,000원

15 다음 중 원가항목과 그 원가항목의 금액을 확인할 수 있는 재무제표간의 짝이 적절치 않은 것은? 단, 재무제표는 2개년 비교형식으로 제공되는 것으로 가정한다.

① 기말제품 : 재무상태표, 손익계산서　　　② 기초재공품 : 재무상태표

③ 기말재공품 : 재무상태표　　　④ 원재료비 : 재무상태표

16 다음은 ㈜마산의 원가계산에 관한 자료이다. 기초재공품원가를 계산하면 얼마인가?

• 기본원가 : 1,200,000원	• 제조간접비 : 200,000원
• 당기제품제조원가 : 1,300,000원	• 기말재공품재고액 : 250,000원

① 100,000원　　　② 150,000원　　　③ 300,000원　　　④ 350,000원

17 다음 자료를 참고하여 ㈜진주의 6월 중 직접노무비를 계산하면 맞는 것은?

• 6월 중 45,000원의 직접재료를 구입하였다.
• 6월 중 제조간접비는 27,000원이었다.
• 6월 중 총제조원가는 109,000원이었다.
• 직접재료의 6월초 재고가 8,000원이었고, 6월말 재고가 6,000원이다.

① 35,000원　　　② 36,000원　　　③ 45,000원　　　④ 62,000원

18 다음은 제조원가와 관련된 자료이다. 기초재공품은 얼마인가?

• 직접재료비 : 5,000,000원	• 직접노무비 : 4,000,000원
• 제조간접비 : 3,000,000원	• 기말재공품 : 1,500,000원
• 당기제품제조원가 : 13,000,000원	• 기초제품 : 2,500,000원

① 2,500,000원　　　② 2,700,000원　　　③ 2,900,000원　　　④ 3,000,000원

실전문제연습 해답 

01 ③ 직접재료비 = 기초(100,000) + 당기매입(600,000) - 기말(200,000) = 500,000

당기총제조원가(3,500,000) = 직접재료비(500,000) + 직접노무비 + 제조간접비(1,500,000)

∴ 직접노무비 = 1,500,000

02 ③ 당기총제조원가(600,000) = 직접재료비 + 직접노무비 + 제조간접비

= 직접비(300,000) + 제조간접비

∴ 제조간접비 = 300,000

03 ③ 재공품계정을 완성하여 당기제품제조원가를 계산한 후 제품계정을 완성한다.

재공품			
기초	300,000	당기제품제조원가	
당기총제조원가			900,000
	1,000,000	기말	400,000

제 품			
기초	200,000	매출원가	
당기제품제조원가			800,000
	900,000	기말	300,000

04 ③ 제조원가명세서에는 재공품 계정에 관한 정보가 표시된다.

05 ④ 재공품계정의 차변합계와 대변합계가 동일하므로 당기총제조원가를 구할 수 있다.

재공품			
기초	X	당기제품제조원가	1,500,000
당기총제조원가	2,000,000	기말	X + 500,000

당기총제조원가(2,0000,000) = 직접재료비 + 가공원가(직접노무비 + 제조간접비)

= 직접재료비(2,000,000 × 60%) + 가공원가

∴ 가공원가 = 800,000

06 ③ 먼저 제품계정을 완성해서 당기제품제조원가를 계산한 후 재공품계정을 완성한다.

재공품			
기초	20,000	당기제품제조원가	
당기총제조원가			490,000
	505,000	기말	35,000

제 품			
기초	50,000	매출원가	500,000
당기제품제조원가			
	490,000	기말	40,000

07 ② 기초원가(기본원가) : 직접재료비 + 직접노무비 = 1,500,000

제조간접비 : 기초원가(기본원가)를 제외한 다른 원가의 합계 = 700,000

당기총제조원가 : 기초원가 + 제조간접비 = 2,200,000

08 ④ 재공품계정의 내용과 유사하다. 기초제품 재고액은 표시되지 않는다.

09 ① 차변에는 "기초재고 + 당기총제조비용". 대변에는 "기말재고 + 당기제품제조원가"이며, 차변합계와 대변합계는 동일한 금액이므로 기말재고가 기초재고보다 크면 상대적으로 당기총제조비용이 당기제품제조원가보다 크다.

10 ④

11 ① 당기총제조원가 : 200,000+300,000+300,000+100,000=900,000원

∴ 기말재공품원가 : 250,000+900,000-850,000=300,000원

재공품

기초	250,000	당기제품제조원가	
당기총제조원가			850,000
	900,000	기말	300,000

12 ① 가공원가 : 직접노무원가+제조간접원가

변동제조간접원가 : 총제조간접원가×40%

∴ 총제조간접원가 : 변동제조간접원가÷40%=1,500,000

∴ 가공원가 : 500,000+1,500,000=2,000,000원

13 ③ 제조지시서 #3만 미완성이므로 #1과 #2는 제품으로 완성된 것임

제 품

기초	50,000	매출원가	132,000
당기제품제조원가			
	52,000+70,000	기말	40,000

14 ④ 470,000+480,000=950,000원

기본원가=직접재료비+직접노무비=150,000+320,000=470,000원

가 공 비=직접노무비+제조간접비=320,000+160,000=480,000원

15 ④ 원재료비는 재무제표인 재무상태표를 통해 확인할 수 없고, 제조원가명세서를 통해 확인할 수 있다.

16 ② 당기총제조원가 : 기본원가(직접재료비+제조간접비)+제조간접비

재공품

기초	150,000	당기제품제조원가	
당기총제조원가			1,300,000
	1,200,000+200,000	기말	250,000

17 ① 직접재료비 소비액=8,000원+45,000원-6,000원=47,000원

직접노무비=총제조원가-직접재료비 소비액-제조간접비

=109,000원-47,000원-27,000원=35,000원

18 ① 당기총제조원가 : 5,000,000+4,000,000+3,000,000=12,000,000

재공품

기초	2,500,000	당기제품제조원가	
당기총제조원가			13,000,000
	12,000,000	기말	1,500,000

Chapter 3
부문별 원가계산

1. 부문별 원가계산의 개념

(1) 부문별 원가계산의 개념

부문별 원가계산이란, 원가(제조간접비)를 각 부문별로 계산하는 것을 말한다. 제조부문을 보조하는 역할을 하는 보조부문의 원가를 일정한 기준에 의해 제조부문에 배부해서 제품의 원가를 계산한다.

(2) 제조부문과 보조부문

제조부문과 보조부문의 개념과 종류는 다음과 같다.

제조부문	보조부문
• 직접 생산을 담당하는 부문	• 제조부문의 활동을 지원하는 부문
• 주조부문, 절단부문, 조립부문 등	• 동력부문, 수선부문, 공장사무부문 등

(3) 배부기준

제조간접비는 비용의 발생과 인과관계가 있는 배부기준을 정하여 배부하는데 일반적으로 원가별 배부기준은 다음과 같다.

원 가	배부기준	원 가	배부기준
건물 감가상각비	건물 면적	전력비	마력수 × 운전시간
기계 감가상각비	기계 사용시간	복리후생비	종업원 수
건물 임차료	건물 면적	수선비	수선작업시간

기출문제 연습 부문공통비인 건물의 감가상각비 배부기준으로 가장 적합한 것은?

① 각 부문의 인원수　　　　② 각 부문의 면적
③ 각 부문의 작업시간　　　④ 각 부문의 노무비

풀이
② 건물 감가상각비는 면적 기준으로 배부하는 것이 적합하다.

2. 부문별 원가계산의 배부 방법

(1) 부문별 원가계산의 종류

부문별 원가계산에서 보조부문원가를 제조부문에 배부하는 방법은 다음과 같다.

• 직접배부법 • 단계배부법 • 상호배부법

(2) 직접배부법

직접배부법은 각 보조부문 간의 용역수수 관계를 완전히 무시하는 배부 방법이다.
가장 간단하고 단순하며, 가장 부정확하다.

(3) 단계배부법

단계배부법은 각 보조부문 간의 용역수수 관계를 일부만 고려하는 배부 방법이다. 보조부문
의 배부 순서가 중요하며, 배부 순서에 따라 제조간접비의 배부액이 달라진다.
직접배부법 보다 우수하지만, 배부 순서를 잘못 선정하는 경우에는 직접배부법 보다 부정확
한 결과를 초래할 수도 있다.
단계배부법은 직접배부법과 상호배부법의 절충적인 방법이다.

(4) 상호배부법

상호배부법은 각 보조부문 간의 용역수수 관계를 완전히 고려하는 배부 방법이다. 가장 정
확하지만, 비용이 많이 들고 복잡하다.

(5) 배부 방법 요약

구 분	개념 및 특성
직접배부법	• 보조부문간의 용역수수를 무시한다. • 보조부문비를 제조부문에만 배부한다. • 가장 단순하고, 비용이 낮으며, 부정확하다.
단계배부법	• 보조부문간의 용역수수를 일부만 고려한다. • 보조부문의 배부순서가 중요히다. • 보조부문의 배부순서에 따라 배부액이 달라진다.
상호배부법	• 보조부문간의 용역수수를 모두 고려한다. • 가장 정확하고, 비용이 높으며, 복잡하다.

기출문제 연습1

보조부문비를 제조부문에 배부하는 방법에 대한 설명 중 틀린 것은?

① 직접배부법은 보조부문 상호간의 용역수수를 전혀 고려하지 않는 방법이다.

② 단계배부법은 보조부문 상호간의 용역수수를 일부 고려하는 방법이다.

③ 상호배부법은 보조부문 상호간의 용역수수를 완전히 고려하는 방법이다.

④ 계산의 정확성은 직접배부법 〉 단계배부법 〉 상호배부법 순으로 나타난다.

풀이

④ 계산의 정확성은 직접배부법 〈 단계배부법 〈 상호배부법 순으로 나타난다.

기출문제 연습2

다음 중 보조부문원가의 배부방법에 대한 설명으로 옳지 않은 것은?

① 상호배부법은 보조부문간의 용역제공을 모두 고려하는 가장 정확한 방법이나, 계산과정이 복잡한 단점이 있다.

② 단계배부법은 보조부문의 우선순위가 결정되어야 하며, 배분결과가 오히려 직접배부법보다 왜곡되는 경우도 발생할 수 있다.

③ 직접배부법은 보조부문의 자가용역도 고려하여 일차적으로 배분 후 제조부문으로 다시 배분하는 방법이다.

④ 일반적으로 원가배부는 인과관계에 따라 배부하는 것이 가장 합리적이다.

풀이

③ 직접배부법은 보조부문의 자가용역을 고려하지 않는다.

기출문제 연습3

직접배분법, 상호배분법 및 단계배분법에 대한 설명으로 가장 옳지 않은 것은?

① 가장 정확한 계산방법은 상호배분법이다

② 가장 정확성이 부족한 계산방법은 단계배분법이다.

③ 배분순서가 중요한 계산방법은 단계배분법이다.

④ 계산방법이 가장 간단한 배분법은 직접배분법이다.

풀이

② 가장 정확성이 적은 것은 직접배분법이다.

169

실전문제연습 

01 정우㈜의 기말재공품계정은 기초재공품에 비하여 400,000원 증가하였다. 또한, 재공품 공정에 투입한 직접재료비와 직접노무비, 제조간접비의 비율이 1:2:3이었다. 여범제조㈜의 당기제품제조원가가 800,000원이라면, 재공품에 투입한 직접노무비는 얼마인가?

① 100,000원   ② 200,000원   ③ 400,000원   ④ 600,000원

02 다음은 보조부문비의 배부기준이다. 가장 적절하지 않은 배부기준은?

① 구매부문 : 주문횟수, 주문비용
② 동력부문 : 사용전력량, 전기용량
③ 노무관리부문 : 수선횟수, 수선유지기간
④ 검사부문 : 검사수량, 검사시간

03 기초재고와 기말재고가 없는 경우, 원가배부 방법 관련 내용으로 옳지 않은 것은?

① 직접배부법은 보조부문 상호간의 용역제공 관계를 고려하지 않는다.
② 단계배부법과 상호배부법은 보조부문 상호간의 용역제공 관계를 고려한다.
③ 어떤 방법을 사용하더라도 보조부문비 총액은 모두 제조부문에 배부된다.
④ 보조부문 배부방법에 따라 회사의 총이익도 달라진다.

04 다음 중 보조부문원가의 배부방법에 대한 설명으로 옳은 것은?

① 어느 방법으로 배부하든 배부 전·후의 제조간접비 총액은 항상 일정하다.
② 보조부문간 용역수수 관계를 고려하지 않고 제조부문에 직접 배부하는 방법은 단계배부법이다.
③ 보조부문간 배부순서를 정하고 단계적으로 배부하는 방법은 상호배부법이다.
④ 보조부문간 용역수수 관계를 완전하게 고려하는 방법은 직접배부법이다.

05 다음은 무엇에 대한 설명인가?

> 보조부문원가를 보조부문의 배부순서를 정하여 다른 보조부문과 제조부문에 배부한다.

① 개별배분법   ② 직접배분법

③ 단계배분법   ④ 상호배분법

실전문제연습 해답 

01 ③ 기초재공품(X) + 당기총제조원가 = 800,000 + (X + 400,000)

∴ 당기총제조원가 = 1,200,000

재공품	
기초 X	당기제품제조원가 800,000
당기총제조원가 1,200,000	기말 X + 400,000

1,200,000 = 직접재료비(1x) + 직접노무비(2x) + 제조간접비(3x)

∴ 직접노무비 = 400,000

02 ③ 노무관리부문은 종업원수로 배부하는 것이 합리적이다.

03 ④ 재고가 존재하지 않는다면 제품의 총원가는 어떤 방법으로 배부한다 하더라도 같기 때문에 회사의 총이익 역시 배부방법에 따라 달라지지 않는다.

04 ①

05 ③ 단계배분법

Chapter 4
개별원가계산

1. 개별원가계산의 의의

(1) 개별원가계산의 개념

개별원가계산이란, 개별 제품별로 제조지시서에 의하여 원가를 계산하는 원가계산방식이며, 여러 종류의 제품을 개별 주문제작 하는 제조업으로, 조선업, 건설업, 항공기제조업, 인쇄업, 가구 및 기계제작업 등이 여기에 해당 된다.

각 제품별로 계산되므로 원가계산이 정확하지만 비용이 많이 들고, 계산이 느린 단점이 있다.

개별원가계산에서는 제조원가를 직접비와 제조간접비로 분류한다.

(2) 제조지시서 및 작업원가표

제조지시서	주문받은 제품의 제조를 위하여 작업현장에서 지시하는 문서
작업원가표	개별 작업에서 발생하는 직접재료원가, 직접노무원가, 제조간접원가 등 제조원가를 작업별로 집계하기 위해 사용되는 표

(3) 배부율과 배부

제조간접비를 특정 제품에 배부하기 위해서는 제조간접비와 제품 간의 인과관계를 잘 나타내 줄 수 있는 배부기준을 선정해서 배부율을 구한 뒤 특정 제품에 배부한다.

$$\bullet\ \text{제조간접비 배부율} = \frac{\text{총제조간접원가}}{\text{총배부기준}}$$

$$\bullet\ \text{제품에 배부하는 금액} = \text{배부기준} \times \text{제조간접비 배부율}$$

2. 개별원가계산의 방법

(1) 실제배부와 예정배부

제조간접비 배부는 실제발생액을 산정한 다음, 실제배부기준에 따라 제조간접비 배부액을 제조지시서에 배부한다. 이 방법을 실제배부법이라 한다.

그러나, 실무에서는 적용상의 어려움(신속한 원가계산이 곤란 등) 때문에 예정배부를 하는 경우가 많다. 예정배부의 경우는 제조간접비 예산총액을 예정배부기준 총계로 나누어 예정배부율을 구한다.

(2) 실제개별원가계산과 예정개별원가계산(정상원가계산)

실제개별원가계산은 실제 배부율을 사용하고, 정상개별원가계산에서는 예정 배부율을 사용한다. 주의할 것은 배부할 때는 모두 실제 조업도를 사용한다는 것이다.

구 분	실제 개별원가계산	정상 개별원가계산
개 념	실제 발생한 원가를 기초로 원가배분	제조간접비 예산을 기초로 원가배분
배부율	$\dfrac{\text{실제 발생 제조간접비}}{\text{실제 조업도}}$	$\dfrac{\text{제조간접비 예산}}{\text{예정 조업도}}$
배 부	실제 조업도 × 실제 배부율	실제 조업도 × 예정 배부율
특 징	• 정확한 원가계산 • 계산결과가 늦게 나옴 • 계절별 또는 주기별 원가변동 가능	• 빠른 원가계산(부정확) • 실제 발생원가와의 배부차이가 발생하므로 이 차이를 조정해야 함

> **기출문제 연습**
>
> 정상개별원가 계산시 제조간접비를 예정배부하는 경우 예정배부계산식으로 옳은 것은?
>
> ① 배부기준의 예정발생액 × 예정배부율
>
> ② 배부기준의 예정발생액 × 실제배부율
>
> ③ 배부기준의 실제발생액 × 예정배부율
>
> ④ 배부기준의 실제발생액 × 실제배부율
>
> **풀이**
>
> ③ 배부기준은 실제발생액을 사용한다.

(3) 제조간접비 배부차이

정상개별원가계산시 제조간접비를 예정배부하면 실제 발생액과의 차이가 발생하는데 이 차이를 제조간접비 배부차이라 한다. 과소배부 또는 과대배부가 있다.

> **제조간접비 배부차이 = 제조간접비 실제발생액 − 예정배부액**

- 실제발생액 〉 예정배부액 → 과소배부
- 실제발생액 〈 예정배부액 → 과대배부

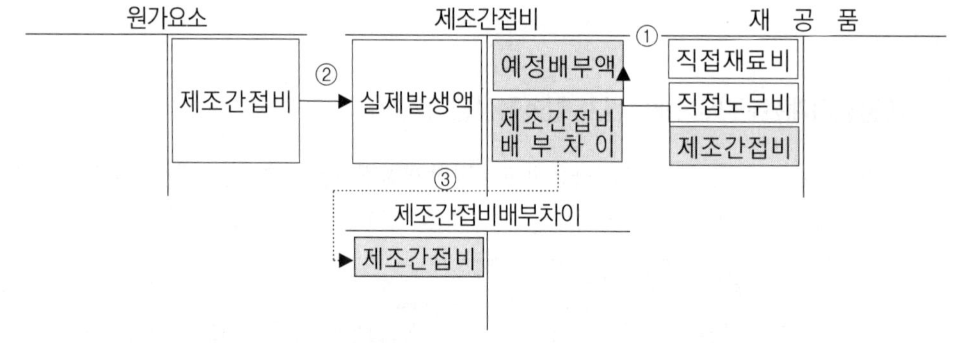

> **제조간접비 예정배부액 = 실제 조업도 × 예정 배부액율**

위의 배부차이를 조정하여 예정배부 된 제조간접비를 실제발생원가로 선환해야 하는데 이를 차이조정이라 한다.

과소배부 된 금액은 해당 계정에 가산하고, 과대배부 된 금액은 차감한다. 다음의 방법으로 조정할 수 있다.

영업외손익법	배부차이를 모두 영업외손익으로 처리
매출원가 조정법	배부차이를 모두 매출원가로 처리
총원가 비례배분법	배부차이를 기말재공품, 기말제품, 매출원가 총액의 비율에 따라 배분
원가요소별 비례배분법	배부차이를 기말재공품, 기말제품, 매출원가에 포함된 제조간접비의 비율에 따라 배분

기출문제 연습1

정상개별원가계산에서 제조간접비의 배부차이를 조정하는 방법이 아닌 것은?

① 매출원가조정법 ② 비례배분법
③ 순실현가치법 ④ 영업외손익법

풀이

③ 순실현가치법은 사용하지 않는다.

기출문제 연습2

다음 중 개별원가계산에 가장 적합한 업종이 아닌 것은?

① 화학공업 ② 항공기제작업
③ 조선업 ④ 건설업

풀이

① 화학공업은 제품을 대량생산하므로 종합원가계산방법이 적합하다.

기출문제 연습

제조간접비를 직접노무시간으로 배부한다. 당해연도 초 제조간접비 예상금액은 600,000원, 예상 직접노무시간은 20,000시간이다. 당기말 현재 실제제조간접비 발생액은 400,000원이고 실제 직접노무시간이 15,000시간일 경우 제조간접비 배부차이는 얼마인가?

① 과대배부 50,000원 ② 과소배부 50,000원
③ 과대배부 200,000원 ④ 과소배부 200,000원

풀이

① 예정배부율 : 600,000원 ÷ 20,000시간 = 30원/시간

예정배부액 : 15,000시간 × 30원 = 450,000원

배부차이 : 400,000 - 450,000 = 50,000원(과대배부)

실전문제연습 

01 제조간접비를 직접노무시간을 기준으로 배부하고 있다. 제조간접비 배부차이는 100,000원이 과대배부 되었다. 당기말 현재 실제 제조간접비 발생액은 500,000원이고, 실제 직접노무시간이 20,000시간일 경우 예정배부율은 얼마인가?

① 25원/시간　　　　② 30원/시간　　　　③ 40원/시간　　　　④ 50원/시간

02 제조간접비를 직접노무시간을 기준으로 예정배부하고 있다. 당해 연도 초의 예상 직접노무시간은 70,000시간이다. 당기 말 현재 실제제조간접비 발생액이 2,150,000원이고 실제 직접노무시간이 75,000시간일 때 제조간접비 배부차이가 250,000원 과대배부된 경우 당해 연도초의 제조간접비 예상액은 얼마였는가?

① 1,900,000원　　　　　　　　　② 2,240,000원
③ 2,350,000원　　　　　　　　　④ 2,400,000원

03 제조간접비 예정배부율은 작업시간당 10,000원이다. 작업시간이 800시간이고, 제조간접비 배부차이가 1,000,000원 과소배부라면, 실제 제조간접비 발생액으로 맞는 것은?

① 6,000,000원　　　　　　　　　② 7,000,000원
③ 8,000,000원　　　　　　　　　④ 9,000,000원

04 ㈜거제산업은 제조간접비를 직접노동시간을 기준으로 하여 배부하고 있다. 다음 자료에 의하여 10월의 제조간접비 배부차이를 구하면?

> • 제조간접비 예산 : 6,000,000원
> • 예상직접노동시간 : 120,000시간
> • 10월 직접노동시간 : 15,000시간
> • 10월 실제 제조간접비 발생액 : 1,000,000원

① 250,000원 과대배부　　　　　　② 250,000원 과소배부
③ 300,000원 과대배부　　　　　　④ 300,000원 과소배부

05 다음 자료에 의할 때 제조지시서#1의 제조간접비는 얼마인가? 단, 제조간접비는 직접재료비를 기준으로 배분한다.

분 류	제조지시서#1	총원가
직접재료비	50,000원	140,000원
직접노무비	30,000원	70,000원
제조간접비	( )	280,000원

① 15,000원　　　　② 50,000원　　　　③ 70,000원　　　　④ 100,000원

06 다음 중 개별원가계산을 적용하기에 가장 적합하지 않은 것은?

① 비행기 제조업　　　　　　　　② 선박 제조업
③ 주문용 소프트웨어 제작　　　　④ 휴대폰 생산

07 다음 자료에 의할 때 제조지시서#2의 직접재료비는 얼마인가?(단, 제조간접비는 직접재료비를 기준으로 배분한다)

분 류	제조지시서#2	총원가
직접재료비	( )원	1,500,000원
직접노무비	1,500,000원	2,200,000원
제조간접비	1,000,000원	3,000,000원

① 500,000원　　　　② 1,000,000원　　　　③ 1,250,000원　　　　④ 1,500,000원

08 다음 중 개별원가계산에 대한 설명으로 틀린 것은?

① 개별원가계산은 시장생산 형태보다 주문생산 형태에 적합하다.
② 개별원가계산은 다품종 제품생산에 적합하다.
③ 개별원가계산은 개별작업별로 구분하여 집계한다.
④ 개별원가계산은 제조간접비의 제품별 직접 추적이 가능하다.

09 재공품계정을 구성하는 자료가 다음과 같을 경우 당기 직접노무비는?

• 직접재료비 10,000원　　• 직접노무비는 가공비의 20%　　• 제조간접비 50,000원

① 10,000원　　　　② 12,500원　　　　③ 15,000원　　　　④ 30,000원

10 개별원가계산제도에 있어 각 작업별 직접재료비, 직접노무비, 제조간접비를 집계, 기록하는 장소는?

① 작업원가표　　　　　　　　　　② 제조지시서

③ 세금계산서　　　　　　　　　　④ 매입주문서

11 당기 직접재료비는 50,000원이고, 제조간접비는 45,000원이다. 직접노무비는 가공비의 20%에 해당하는 경우, 당기의 직접노무비는 얼마인가?

① 9,000원　　　　　　　　　　　② 10,000원

③ 11,250원　　　　　　　　　　　④ 12,500원

12 개별원가계산을 하고 있는 가야제약의 4월의 제조지시서와 원가자료는 다음과 같다. 4월의 실제 제조간접비 총액은 4,000,000원이고, 제조간접비는 직접노동시간당 2,700원의 배부율로 예정배부되며, 제조지시서 #101은 4월 중 완성되었고, #102는 미완성상태이다. 4월말 생산된 제품의 단위당 원가는 얼마인가?

	제조지시서	
	#101	#102
생 산 량	1,000단위	1,000단위
직접노동시간	600시간	600시간
직접재료비	1,350,000원	1,110,000원
직접노무비	2,880,000원	2,460,000원

① 5,900원　　　　　　　　　　　② 5,850원

③ 5,520원　　　　　　　　　　　④ 5,190원

13 원가자료가 다음과 같을 때 당기의 직접재료비를 계산하면 얼마인가?

> • 당기총제조원가는 5,204,000원이다.
> • 제조간접비는 직접노무비의 75%이다.
> • 제조간접비는 당기총제조원가의 24%이다.

① 2,009,600원　　　　　　　　　② 2,289,760원

③ 2,825,360원　　　　　　　　　④ 3,955,040원

실전문제연습 해답 

01 ② 예정배부액 – 실제발생액(500,000) = 100,000원(과대배부)

∴ 예정배부액 = 600,000원

예정배부액(600,000) = 실제직접노무시간(20,000시간) × 예정배부율

∴ 예정배부율 = 30원/시간

02 ② 제조간접비 배부액 = 2,150,000 + 250,000 = 2,400,000

∴ 제조간접비 예정배부율 = 2,400,000 ÷ 75,000(실제 노무시간) = 32

∴ 제조간접비 예상액 = 70,000 × 32 = 2,240,000

03 ④ 10,000원 × 800시간 + 1,000,000원 = 9,000,000원

04 ② 직접노동시간당 제조간접비예정배부율 = 6,000,000 ÷ 120,000 = 50원/시간

10월 제조간접비예정배부 = 15,000 × 50 = 750,000원

배부차이 : 750,000 – 1,000,000 = 250,000원 과소배부

05 ④ 280,000 × (50,000 ÷ 140,000) = 100,000원

06 ④ 개별원가계산은 다품종 소량생산방식이나 주문제작에 적합하고, 종합원가계산은 대량생산에 적합하다. 휴대폰 대량생산에 적합한 업종이다.

07 ① 3,000,000 × (제조지시서#2의 직접재료비 ÷ 1,500,000원) = 1,000,000원

∴ 제조지시서 #2의 직접재료비 = 500,000원

08 ④ 제조간접비의 제품별 직접 추적이 불가능하기에 작업별로 배부한다.

09 ② 가공비 = 직접노무비 + 제조간접비

직접노무비 = (직접노무비 + 제조간접비) × 0.2

제조간접비가 50,000 이므로 직접노무비는 12,500원

10 ① 개별원가계산에서 원가를 집계 계산하는 장소는 작업원가표이다.

11 ③ 가공비 = 직접노무비 + 제조간접비

직접노무비 = (직접노무비 + 45,000원) × 20%

∴ 직접노무비 = 11,250원

12 ② #101은 완성되었으므로 제품이고, #102는 미완성이므로 재공품에 해당됨

#101 제조간접비 배부액 : 600시간 × 2,700원 = 1,620,000

단위당 원가 : (1,620,000 + 1,350,000 + 2,880,000) ÷ 1,000단위 = 5,850원

13 ② 제조간접비 = 5,204,000원 × 24% = 1,248,960원

직접노무비 = 1,248,960원 ÷ 75% = 1,665,280원

직접재료비 = 5,204,000원 – 1,248,960원 – 1,665,280원 = 2,289,760원

Chapter 5
종합원가계산

1. 종합원가계산의 의의

(1) 종합원가계산의 개념

종합원가계산은 연속적인 제조공정을 통해 동일 종류의 제품을 대량생산하는 업종에 적용하기에 적당한 원가계산 방법이며, 공정별로 생산하는 업종에 유용하다. 주로 화학공업, 정유업, 제분업 등에 사용된다.

(2) 종합원가계산의 방법

종합원가계산에서는 제조원가를 직접재료비와 가공비로 분류하며, 직접재료비 · 직접노무비 · 제조간접비로 분류하지 않으므로 제조간접비의 배부 문제가 중요하지 않다.

종합원가계산의 절차는 다음과 같이 5단계를 거친다. 기초재공품의 취급방법에 따라 평균법과 선입선출법으로 나뉜다.

단　계	평균법	선입선출법
① 물량의 흐름	완성된 제품 중 기초재공품을 구분하지 않음	완성된 제품 중 기초재공품을 구분함
② 완성품환산량	기말재공품의 완성도만 반영	기초재공품과 기말재공품의 완성도를 모두 반영
③ 원가발생액 요약	기초재공품의 원가를 구분하지 않고 당기발생원가와 합산함	기초재공품의 원가를 구분함
④ 완성품환산량 단위당원가	원가발생액을 완성품환산량으로 나눔	당기 원가발생액을 완성품환산량으로 나눔
⑤ 완성품과 기말재공품	완성품환산량과 완성품환산량 단위당원가를 곱함	완성품환산량과 완성품환산량단위당원가를 곱한 후 완성품원가에 기초재공품원가를 합산

(3) 평균법과 선입선출법

평균법은 모든 원가가 당기에 투입된다고 가정하고, 선입선출법은 기초재공품이 먼저 완성된 후 당기에 착수한 물량이 나중에 완성된다고 가정한다.

평균법과 선입선출법은 기초재공품의 취급방법에 따른 구분이므로 기초재공품이 없는 경우에는 평균법과 선입선출법의 계산결과가 동일하다.

기출문제 연습1

종합원가계산에서 평균법과 선입선출법에 대한 설명 중 틀린 것은?

① 선입선출법은 평균법에 비해 원가계산이 간단하여 정확하지 않다.

② 선입선출법은 기초재공품원가가 먼저 완성되는 것으로 가정하여 당기투입원가가 배분대상원가이다.

③ 평균법은 기초재공품을 당기투입원가와 같이 당기에 투입한 것으로 보므로 기초재공품에 대하여 완성도를 적용할 필요가 없다.

④ 평균법상 완성품환산량은 당기완성수량＋기말재공품환산량이다.

풀이

① 선입선출법은 평균법에 비해 원가계산이 더 복잡하며, 정확성도 더 높다.

기출문제 연습2

다음 중 종합원가계산에 대한 설명으로 틀린 것은?

① 적용생산형태 : 대량연속생산

② 원가계산 : 공정별원가계산

③ 적용업종 : 자동차, 전자제품, 정유업 등

④ 원가계산의 특징 : 제조간접비 배부

풀이

④ 제조간접비 배부는 개별원가의 특징임

---

① 평균법 완성품환산량 구하는 방법

  ▸ 완성품환산량 = 완성품수량 + 기말재공품수량(환산량)

② 선입선출법 완성품환산량 구하는 방법

  ▸ 완성품환산량 = 완성품수량 - 기초재공품수량(환산량) + 기말재공품수량(환산량)

구 분	환산량
재료비가 제조착수(공정초기)시 투입되는 경우	환산하지 않는다.
재료비가 제조진행에 따라 투입되는 경우	환산한다.
가공비는 무조건 환산하면 된다.	환산한다.

예) 기말재공품 수량 100개(완성도 70%) : 환산하면 70개, 환산하지 않으면 100개

> **기출문제 연습3**
>
> 다음 자료를 이용하여 평균법과 선입선출법의 재료비와 가공비 완성품 환산량을 계산하시오.
> 재료비는 공정초기에 전량 투입하고, 가공비는 공정 전반에 걸쳐 균등 발생)
>
> - 기초재공품수량 : 500개(완성도 30%)
> - 당기완성품수량 : 1,000개
> - 당기착수수량 : 600개
> - 기말재공품수량 : 100개(완성도 50%)
>
> **풀이**
>
> 재료비는 공정초기에 투입했으므로 환산하지 않고, 가공비는 환산한다.
>
> 평균법
>
> - 재료비 : 1,000개 + 100개 = 1,100개
> - 가공비 : 1,000개 + 50개 = 1,050개
>
> 선입선출법
>
> - 재료비 : 1,000개 - 500개 + 100개 = 600개
> - 가공비 : 1,000개 - 150개 + 50개 = 900개

(4) 개별원가계산과 종합원가계산의 비교

원가계산방법을 개별원가계산과 종합원가계산 중 선택하는 것이 중요한데, 방법의 선택은 해당 기업의 업종 및 생산방법(발생된 원가를 제품별로 집계하는 방법) 등 여러 가지 조건에 따라 선택된다.

구 분	개별원가계산	종합원가계산
생산방법	소량 주문생산, 다품종	동일제품 반복대량생산, 소품종 (공정별 생산)
적용 업종	조선업, 항공업, 건설업 등	식품업, 화학업, 제분업, 정유업 등
원가집계	개별제품(개별 제조지시서)	기간단위 생산량
원가구분	직접비·간접비(제조간접비 배부, 원가계산표 작성)	직접재료비·가공비(완성품환산량 단위원가에 의해 제품에 배부)
장 점	정확한 원가계산 및 손익계산 효율적인 통제 가능	쉽고 단순함 공정별 책임중심점이 명확함
단 점	복잡하고 비용이 많이 든다	제품별 원가집계(계산)가 어려움

기출문제 연습1 종합원가계산에 대한 설명 중 틀린 것은?

① 동종 제품의 연속 대량 생산체제에서 사용한다.

② 정유업, 제분업, 철강업, 제지업, 화학품제조업 등 업종에서 주로 사용한다.

③ 기말재공품 평가가 불필요하며, 제조지시서에 원가를 집계하여 계산 한다.

④ 개별원가계산에 비해 정확성은 낮지만, 제품의 대량생산체계에 적용하기 쉬운 장점이 있다.

풀이

③ 제조지시서의 원가를 집계하여 원가계산하는 방법은 개별원가계산임.

기출문제 연습2 다음 중 종합원가계산의 특징과 가장 관련이 있는 것은?

① 작업원가표　　　　　　　　② 주문생산업종에 적합

③ 완성품환산량　　　　　　　④ 원가를 개별작업별로 집계

풀이

③ 종합원가계산은 물량흐름을 파악하여 완성품환산량을 구한다. 작업원가표, 주문생산업종에 적합, 원가를 개별작업별로 집계는 개별원가계산의 특징이다.

---

(5) 종합원가계산의 종류

① 단일 종합원가계산(단순종합원가계산)

단일제품, 단일공정을 통하여 연속적으로 대량생산하는 형태의 원가계산 방법이다. (예: 얼음제조업, 소금제조업, 기와제조업 등)

② 공정별 종합원가계산

동일 종류의 제품을 두 개 이상의 제조공정을 거쳐 연속 대량생산하는 형태의 원가계산 방법이다.(예: 제지업, 제당업 등)

③ 조별 종합원가계산

단일 종류가 아닌 여러 종류의 제품을 연속적으로 대량생산하는 경우에 제품의 종류마다 조를 설정하여 조별로 생산하는 형태의 원가계산 방법이다.(예: 통조림제조업, 자동차제조업 등)

④ 등급별 종합원가계산

동일한 공정에서 동일한 재료를 사용하여 연속적으로 동일한 제품을 생산하였으나, 품질,

모양, 크기, 무게 등이 서로 다른 제품을 생산하는 형태의 원가계산 방법이다.(예: 양조업, 제화업, 정유업 등)

2. 공손

(1) 공손의 개념

공손이란 불량품을 말하는데, 정상범위 내에서 발생하는 공손을 정상공손, 정상범위를 초과하는 것을 비정상공손이라 한다.

정상공손은 원가로 분류하여 완성품 또는 기말재공품에 배분하고, 비정상공손은 영업외비용으로 처리한다.

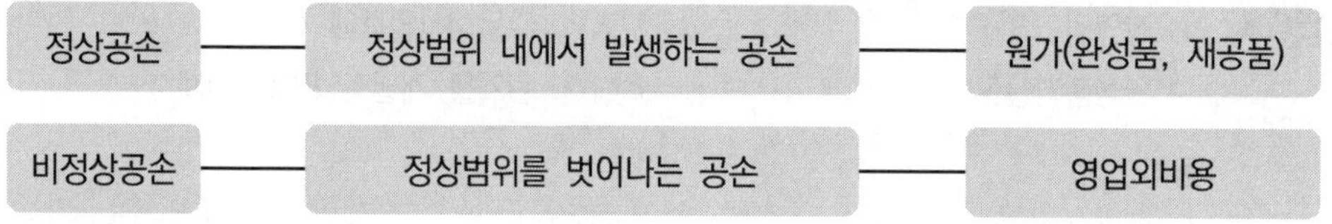

(2) 정상공손 원가의 배분

원가로 분류된 정상공손을 완성품과 기말재공품 중에 어디로 배분할지의 문제가 발생하는데, 기말재공품의 작업진행률이 검사시점을 통과한 후라면 완성품과 기말재공품에 나누어서 배분하고, 검사시점을 통과하기 전이라면 완성품에만 배분한다.

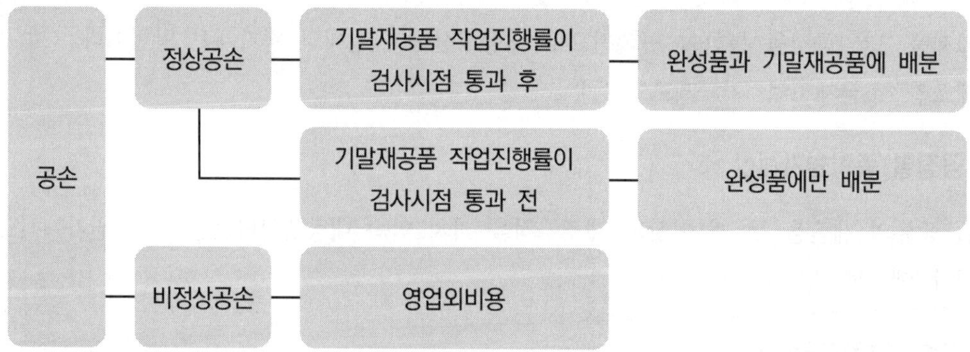

(3) 작업폐물

작업폐물은 원재료에서 발생하는 찌꺼기 등 가치가 적은 것을 말하는데 이는 공손과는 다른 개념이다.

실전문제연습 

01 종합원가계산에서는 원가흐름 또는 물량흐름에 대해 어떤 가정을 하느냐에 따라 완성품환산량이 다르게 계산된다. 다음 중 평균법에 대한 설명으로 틀린 것은?

① 전기와 당기 발생원가를 구분하지 않고 모두 당기발생원가로 가정하여 계산한다.

② 계산방법이 상대적으로 간편하다.

③ 원가통제 등에 보다 더 유용한 정보를 제공한다.

④ 완성품환산량 단위당 원가는 총원가를 기준으로 계산된다.

02 개별원가계산과 종합원가계산의 차이점을 설명한 것 중 틀린 것은?

① 개별원가계산은 다품종 소량주문생산, 종합원가계산은 대량생산업종에 적합하다.

② 개별원가계산은 각 작업별로 원가를 집계하나 종합원가계산은 공정별로 원가를 집계한다.

③ 개별원가계산은 건설업, 조선업에 적합하며 종합원가계산은 정유업에 적합하다.

④ 개별원가계산은 완성품환산량을 기준으로 원가를 배분하며 종합원가계산은 작업원가표에 의하여 배분한다.

03 ㈜남해는 종합원가계산에 의하여 제품을 생산한다. 재료는 공정의 초기단계에 투입되며, 가공원가는 전체 공정에 고르게 투입된다. 다음 자료에서 평균법에 의한 재료비와 가공비의 당기 완성품 환산량은 얼마인가?

• 기초재공품 : 5,000개(완성도 50%)	• 당기착수량 : 35,000개
• 당기완성품 : 30,000개	• 기말재공품의 완성도 40%

① 재료비 : 35,000개 가공비 : 31,500개

② 재료비 : 40,000개 가공비 : 34,000개

③ 재료비 : 40,000개 가공비 : 40,000개

④ 재료비 : 35,000개 가공비 : 34,000개

04 다음은 공손에 대한 설명이다. (   ) 안에 들어갈 말은?

> • 정상공손 : 제품을 생산하는데 불가피하게 발생한 것으로 (ㄱ)에 포함한다.
>
> • 비정상공손 : 비효율적 생산관리로 인하여 발생한 것으로 (ㄴ)로 처리한다.

① (ㄱ) 영업외비용　　　(ㄴ) 판매관리비

② (ㄱ) 제품제조원가　　(ㄴ) 영업외비용

③ (ㄱ) 영업외비용　　　(ㄴ) 제품제조원가

④ (ㄱ) 판매관리비　　　(ㄴ) 영업외비용

05 다음에서 선입선출법과 평균법에 의한 재료비의 완성품환산량 차이는 얼마인가?

> • 기초재공품 : 200개(완성도 50%)
>
> • 완성품수량 : 2,600개
>
> • 기말재공품 : 500개(완성도 40%)
>
> • 원재료는 공정초에 전량 투입되고, 가공비는 공정전반에 걸쳐 균등하게 발생된다.

① 100개　　　　　② 200개　　　　　③ 300개　　　　　④ 400개

06 선입선출법에 의한 재료비와 가공비의 완성품환산량을 계산하면 얼마인가?

> • 기초재공품 : 500개(완성도 20%)
>
> • 당기착수량 : 2,000개
>
> • 기말재공품 : 300개(완성도 50%)
>
> • 재료는 공정초에 전량 투입되고, 가공비는 공정전반에 걸쳐 균등하게 투입된다.

① 재료비 2,000개, 가공비 2,250개　　　② 재료비 2,200개, 가공비 1,990개

③ 재료비 1,500개, 가공비 1,740개　　　④ 재료비 1,500개, 가공비 1,990개

07 다음 자료를 보고 평균법에 의한 재료비의 완성품환산량을 계산하면 얼마인가?

> • 기초재공품 12,000단위 (완성도: 60%)
>
> • 기말재공품 24,000단위 (완성도: 40%)
>
> • 착수량 32,000단위
>
> • 완성품수량 20,000단위
>
> • 원재료와 가공비는 공정전반에 걸쳐 균등하게 발생한다.

① 25,600단위　　　② 29,600단위　　　③ 34,000단위　　　④ 54,000단위

실전문제연습 해답 

01 ③ 전기와 당기 발생 원가를 각각 구분하여 완성품환산량을 계산하기 때문에 보다 정확한 원가계산이 가능하고 원가통제 등에 더 유용한 정보를 제공하는 물량흐름의 가정은 선입선출법이다.

02 ④ 개별원가계산은 작업원가표, 종합원가계산은 완성품환산량 기준

03 ②
- ▸ 기초재공품 5,000개 + 당기착수량 35,000개 - 완성품수량 30,000개
  = 기말재공품수량 10,000개
- ▸ 평균법 : 완성품수량 + 기말재공품수량(환산량)
- ▸ 재료비(환산안함) : 30,000개 + 10,000개 = 40,000개
- ▸ 가공비(환산한다) : 30,000개 + 4,000개 = 34,000개

04 ② 정상공손은 제품제조원가, 비정상공손은 영업외비용으로 처리한다.

05 ② 재료비의 완성품환산량
  평균법 : 완성품 + 기말재공품 = 2,600 + 500 = 31,000
  선입선출법 : 당기투입당기완성품 + 기말재공품 = (2,600 - 200) + 500 = 2,900
  ∴ 차이 : 3,100 - 2,900 = 200

06 ①
- ▸ 기초재공품 500개 + 당기착수량 2,000개 - 기말재공품수량 300개
  = 완성품수량 2,200개
- ▸ 선입선출법 : 완성품수량 - 기초재공수량(환산량) + 기말재공품수량(환산량)
- ▸ 재료비(환산안함) : 2,200개 - 500개 + 300개 = 2,000개
- ▸ 가공비(환산한다) : 2,200개 - 100개 + 150개 = 2,250개

07 ②
- ▸ 평균법 : 완성품수량 + 기말재공품수량(환산량)
- ▸ 재료비(환산한다) : 20,000개 + 9,600개 = 29,600

Part. 3

부가가치세

Chapter 1
부가가치세 개요

1. 개요

(1) 부가가치세의 개념

부가가치세란, 재화 또는 용역의 각 거래단계에서 증가되는 가치에 대하여 부과되는 세금 (10%)을 말한다.

(2) 전단계세액공제법

부가가치세의 계산방법으로는 전단계세액공제법과 전단계거래액공제법이 있는데, 우리나라는 전단계세액공제법을 채택하고 있다.

전단계세액공제법	부가가치세 = 매출세액 - 매입세액 = 매출액×세율 - 매입액×세율
전단계거래액공제법	부가가치세 = (매출액 - 매입액)×세율

매출세액(부가세예수금)에서 매입세액(부가세대급금)을 차감한 금액이 (+)이면 부가가치세를 납부하고, (-)이면 환급받을 수 있다.

(3) 부가가치세의 성격(특징)

㉠ 소비세	소비에 과세함
㉡ 일반소비세	원칙적으로 모든 재화·용역에 과세함 (면세대상은 제외)
㉢ 국 세	과세권이 국가에 있음
㉣ 간접세	담세자 = 최종소비자, 납세자 = 사업자, 담세자 ≠ 납세자
㉤ 다단계거래세	모든 거래단계에서 과세되는 다단계거래세
㉥ 전단계세액공제법	매출세액 - 매입세액 = 납부세액
㉦ 소비지국과세원칙	재화 등을 소비하는 나라에서 과세함
㉧ 물 세	인격체가 아닌 물건을 중심으로 과세함
㉨ 비례세	단일 비례세율(10%)을 적용함
㉩ 역진성(불공평성)	저소득층과 고소득층이 동일하게 10%의 세율이 적용됨

(4) 부가가치세의 구조

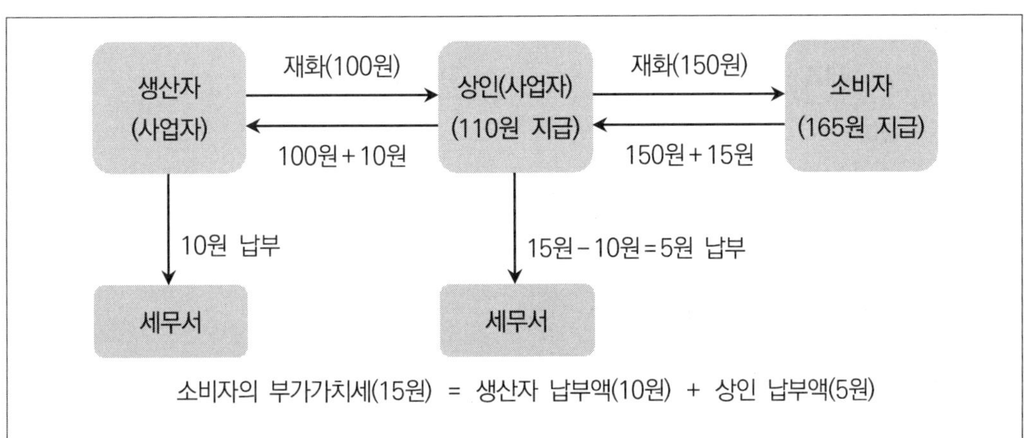

결과적으로 생산자와 상인이 납부한 부가가치세는 모두 소비자가 부담하는 것이고, 생산자와 상인은 소비자로부터 부가가치세를 받아서 납부만 하는 것이다.

일반적으로 생산자와 상인은 사업자이다. 따라서 납세자는 사업자이지만, 담세자는 최종소비자인 것이다.

납세자 · 담세자	납세자 = 사업자, 담세자 = 최종소비자
간접세	담세자와 납세자가 다른 조세 (납세자≠담세자)

⑤ 거래징수

공급하는 자가 공급받는 자로부터 부가가치세를 징수하는 것을 거래징수라 한다. 부가가치세 과세사업자가 과세대상 재화·용역을 공급하는 경우에는 공급받는 자가 과세사업자이건 면세사업자이건 또는 비사업자이건 불문하고 거래징수 한다.

거래징수	공급하는 사업자가 공급받는 자로부터 부가가치세를 징수하는 것 ▸ 거래징수 의무자 : 사업자(매출자) ▸ 거래징수 대상자 : 소비자(매입자)
공급받는 자	공급받는 자가 과세사업자 · 면세사업자 · 비사업자 불문

기출문제 연습1 다음 중 우리나라의 부가가치세법의 특징이 아닌 것은?

① 개별소비세　　　　　　　② 소비형 부가가치세
③ 간접세　　　　　　　　　④ 전단계세액공제법

풀이

① 개별소비세가 아니라 일반소비세이다.

<table>
<tr><td>기출문제
연습2</td><td>다음 중 우리나라의 부가가치세의 특징으로 틀린 것은?
① 일반소비세　　　　　　　　　② 직접세
③ 전단계세액공제법　　　　　　④ 소비지국과세원칙

풀이
② 간접세</td></tr>
</table>

2. 납세의무자 · 납세지 · 사업자등록

(1) 납세의무자

사업자 및 재화를 수입하는 자는 부가가치세 납세의무가 있다.

사 업 자 (납세의무자 요건)	사업목적이 영리이든 비영리이든 관계없이 사업상 계속적, 독립적으로 재화 또는 용역을 공급하는 자를 말한다. ㉮ 영리목적의 유무와는 무관하다.(비영리법인도 납세의무를 진다) ㉯ 사업성을 갖추어야 한다.(계속, 반복적으로 재화 또는 용역을 공급하는 것을 말한다) ㉰ 사업상 독립적이어야 한다.(고용된 지위의 종사자는 제외) ㉱ 과세 대상인 재화 또는 용역을 공급하여야 한다. 　　(면세대상인 재화 또는 용역의 공급은 제외된다)
재화를 수입하는 자	재화를 수입하는 자는 사업자가 아니더라도 납세의무자에 해당됨

(2) 납세의무자에 관한 기타 사항

국가 등	납세의무자에는 개인, 법인 또는 기타 단체뿐만 아니라 국가 · 지방자치단체 · 지방자치단체조합도 포함된다. 다만, 국가 등의 경우 대부분 면세로 규정되어 실제로 부가가치세를 납부하지는 않는다.
종업원	사업자는 사업상 독립적이어야 하므로 기존 사업자에게 종속된 종업원의 입장에서 재화 · 용역을 공급하는 자는 사업자가 아니다.

(3) 사업자의 종류

과세사업자	일반과세자 및 간이과세자
간이과세자	직전연도 공급대가가 8,000만원 미만인 개인사업자
면세사업자	부가가치세법상 납세의무가 없음(부가가치세법상 사업자가 아님)

(4) 납세지

사업자가 신고·납부 등 의무를 이행하고, 과세관청이 부과·징수권을 행사하는 기준이 되는 장소를 말한다. 사업장 소재지가 부가가치세 납세지에 해당되고, 사업장 마다 신고납부를 하는 것이 원칙이다.

(5) 사업장

사업자 또는 그 사용인이 상시 주재하여 거래의 전부 또는 일부를 행하는 장소를 말하는데, 사업장의 판정기준은 다음과 같다.

㉠ 광 업	광업사무소의 소재지
㉡ 제조업	최종제품을 완성하는 장소(포장만 하거나 충전만 하는 장소는 제외)
㉢ 건설업·운수업·부동산매매업	법인 : 법인의 등기부상 소재지 개인 : 업무를 총괄하는 장소
㉣ 부동산임대업	그 부동산의 등기부상 소재지
㉤ 무인자동판매기로 공급하는 사업	업무를 총괄하는 장소
㉥ 사업장을 설치하지 아니한 경우	사업자의 주소 또는 거소

위 사업장 이외에도 사업자의 신청에 의하여 추가로 사업장을 등록할 수 있다. 단, 무인판매기로 공급하는 사업은 신청할 수 없다.

(6) 하치장·임시사업장·직매장

하치장	재화를 관리 보관하는 곳(사업장이 아님)
임시사업장	박람회 등 행사를 위해 개설되는 임시매장(기존 사업장에 포함됨)
직매장	재화를 직접 판매하기 위한 장소(사업장에 해당됨)

(7) 사업자등록 신청과 사업자등록증 발급

사업자등록신청은 사업개시 20일 이내 해야 한다. 단, 신규사업자는 사업개시 전에도 신청이 가능하다. 사업자등록신청을 받은 세무서장은 신청일부터 2일 이내(조사 등의 필요가 있는 경우 5일 이내)에 사업자등록증을 발급하여야 한다.

> • 사업자등록신청 : 20일 이내   • 사업자등록증 발급 : 2일(또는 5일) 이내

사업자등록은 원칙적으로 각 사업장마다 해야 한다. 단, 사업자 단위과세의 경우 본점 또는 주사무소에서 한다.

(8) 사업자등록 직권거부 및 직권등록 등

직권 거부	사업개시 전 등록신청 시 세무서장이 직권으로 등록거부 가능
직권 등록	세무서장이 직권으로 사업자등록 가능

(9) 사업자등록 정정신고

다음 어느 하나에 해당하는 때에는 지체 없이 사업자등록 정정신고를 하여야 한다. 신고를 받은 세무서장은 재발급기한 내에 사업자등록증을 정정하여 재발급하여야 한다.

사업자등록 정정사유	재발급 기한
㉠ 상호를 변경하는 때 ㉡ 통신판매업자가 사이버몰의 명칭 또는 인터넷 도메인이름을 변경하는 때	신청일 당일
㉢ 법인(또는 1거주자로 보는 단체)의 대표자를 변경하는 때 ㉣ 사업의 종류에 변동이 있는 때 ㉤ 사업장을 이전하는 때 ㉥ 상속으로 인하여 사업자의 명의가 변경되는 때 ㉦ 공동사업자의 구성원 또는 출자지분의 변경이 있는 때 ㉧ 임대인, 임대차 목적물·그 면적, 보증금, 차임 또는 임대차기간의 변경이 있거나 새로이 상가건물을 임차한 때 ㉨ 사업자단위과세사업자가 사업자단위과세적용사업장을 변경하거나 종된 사업장을 신설(이전, 휴업, 폐업)할 때	신청일부터 2일 이내

▸ 주의할 것은 법인의 대표자변경은 사업자등록 정정사유이지만, 개인사업자의 대표자변경
  은 정정사유가 아니라 폐업사유(상속 제외)라는 것이다.

(10) 사업자등록을 하지 않을 경우 불이익

매입세액 불공제	사업자등록 전의 매입세액은 공제받지 못한다. 다만, 공급시기가 속하는 과세기간이 끝난 후 20일 이내에 등록을 신청한 경우 등록신청일부터 공급시기가 속하는 과세기간 기산일까지 역산한 기간 내의 것은 공제받을 수 있다.
미등록 가산세	사업개시 20일 이내에 사업자 등록신청을 하지 않거나 허위로 등록하고 사업을 영위하는 경우에는 해당 기간 동안 미등록 또는 허위등록가산세(공급가액×1%)가 부과된다.

(11) 주사업장총괄납부 및 사업자단위과세

주사업장총괄납부와 사업자단위과세는 사업장별 신고·납부 원칙의 예외에 해당된다. 주사업장총괄납부는 납부(또는 환급)만 주사업장에서 총괄한다.

주사업장 총괄납부	• 납부(환급)만 주사업장에서 총괄
	• 주된 사업장은 법인의 본점 또는 지점, 개인사업자는 주사무소
사업자단위과세	• 사업자등록, 세금계산서, 납부(환급) 등 모두 주사업장에서 총괄
	• 주된 사업장은 법인의 본점, 개인사업자는 주사무소

주사업장총괄납부 또는 사업자단위과세를 신청하거나 포기하려면 해당 과세기간의 개시일 20일 전까지 관할세무서장에게 신고서를 제출하여야 한다.

기출문제 연습

다음 중 부가가치세법상 사업자등록의 정정사유가 아닌 것은?

① 사업의 종류를 변경 또는 추가하는 때

② 사업장을 이전하는 때

③ 법인의 대표자를 변경하는 때

④ 개인이 대표자를 변경하는 때

풀이

④ 폐업사유에 해당함

3. 과세기간

(1) 원칙적인 과세기간

사업자에 대한 부가가치세의 과세기간은 다음과 같이 6개월 단위로 제1기 과세기간과 제2 기 과세기간으로 나누어져 있다.

제1기	1월 1일부터 6월 30일까지 → 7월 25일까지 신고납부
제2기	7월 1일부터 12월 31일까지 → 다음 해 1월 25일까지 신고납부

(2) 과세기간 요약

구 분	과세기간	예정/확정 과세기간		신고납부기한
제1기	1월 1일 ~ 6월 30일	예정 과세기간	1/1 ~ 3/31	4/25까지
		확정 과세기간	4/1 ~ 6/30	7/25까지
제2기	7월 1일 ~ 12월 31일	예정 과세기간	7/1 ~ 9/30	10/25까지
		확정 과세기간	10/1 ~ 12/31	익년 1/25까지

▶ 법인사업자 : 예정 - 신고납부, 확정 - 신고납부

▶ 개인사업자 : 예정 - 고지납부, 확정 - 신고납부

▸ 간이과세자 : 1기 – 고지납부, 2기 – 신고납부(환급은 되지 않는다)

▸ 예정고지액이 50만원 미만이면 예정고지는 없는 것으로 본다.

▸ 4,800만원 미만 간이과세자는 납부가 면제 된다.

(3) 기타 과세기간

간이과세자	1월 1일 ~ 12월 31일(1년)
신규사업자	사업개시일 ~ 과세기간 종료일(단, 사업개시일 전 등록한 경우에는 그 등록일로부터 그 날이 속하는 과세기간의 종료일)
폐업사업자	과세기간 개시일 ~ 폐업일
합병으로 인한 소멸법인	과세기간 개시일 ~ 합병등기일

4. 신고와 납부

(1) 법인사업자의 예정신고 납부 의무

법인사업자는 각 예정신고기간에 대한 과세표준과 납부세액(환급세액)을 그 예정신고기간의 종료 후 25일 이내에 관할세무서장에게 신고 · 납부하여야 한다.

제1기	1월 1일부터 3월 31일까지(4월 25일까지 신고납부)
제2기	7월 1일부터 9월 30일까지(10월 25일까지 신고납부)

(2) 개인사업자와 소규모 법인사업자에 대한 예정신고납부의무 면제

다음의 사업자는 예정신고의무가 면제되고, 관할세무서장이 직전 과세기간 납부세액의 50%를 결정하여 징수한다(예정고지징수).

- 개인사업자
- 직전 과세기간의 공급가액이 1억 5천만원 미만인 법인사업자

다음의 경우에는 예정고지 징수하지 아니한다.

- 징수금액이 50만원 미만인 경우
- 간이과세자에서 일반과세자로 변경된 경우
- 납세자가 재난 · 도난 · 사업에 현저한 손실 · 동거가족의 질병이나 중상해 또는 상중(喪中)인 경우 등의 사유로 납부할 수 없다고 인정되는 경우

(3) 개인사업자와 소규모 법인사업자가 예정신고 납부할 수 있는 경우

다음의 경우에는 개인사업자와 소규모 법인사업자가 예정신고 납부할 수 있다. 이 경우에는 관할세무서장이 결정하여 고지한 것은 무효가 된다.

> • 휴업이나 사업부진 등으로 예정신고기간의 공급가액 또는 납부세액이 직전과세기간의 1/3에 미달할 때
> • 예정신고기간분에 대하여 조기환급을 받고자 할 때

(4) 확정 신고납부

제1기 과세기간 및 제2기 과세기간이 끝난 후 25일(폐업시는 폐업일이 속한 달의 다음달 25일) 이내에 확정신고 납부를 하여야 한다.

예정신고 또는 조기환급 신고 시 신고한 것은 확정 신고 시 신고하지 아니하며, 예정신고 시 미환급세액 등은 확정 신고 시 공제한다.

5. 환급

(1) 환급기한

일반적인 환급은 신고기한 경과 후 30일 이내에, 조기환급은 조기환급 신고기한 경과 후 15일 이내에, 경정으로 환급세액이 발생한 경우에는 지체 없이 환급한다.

> • 일반환급 : 30일 이내   • 조기환급 : 15일 이내   • 경정시 환급 : 지체없이

주의할 것은 '신고기한'이 지난 후 30일(또는 15일) 이내에 환급한다는 것이다. 제1기 신고 기간은 1월부터 6월말까지고, 그 신고기한은 7월 25일까지 이다. 환급은 7월 26일부터 30 일 이내인 8월 24일 이내에 이루어진다.

(2) 조기환급

일반적인 부가가치세 환급보다 빠른 시기에 환급해 주는 것을 조기환급이라 한다.

조기환급 대상	• 영세율이 적용되는 경우 • 사업설비를 신설, 취득, 확장, 증축하는 경우 • 재무구조개선계획을 이행 중인 경우
조기환급 기간	예정신고기간, 확정신고기간, 매월 또는 매 2월을 대상으로 조기환급 신고를 할 수 있다. 따라서, 1월 또는 2월을 각각 조기환급 대상으로 할 수도 있고, 1월과 2월을 묶어서 할 수도 있다.

실전문제연습 

01 다음 (   )안에 들어갈 용어로 올바른 것은?

> 부가가치세법 제31조에 따르면 사업자가 재화 또는 용역을 공급하고 부가가치세법에 따른 과세표준에 세율을 적용하여 계산한 부가가치세를 그 공급받는 자로부터 징수하는 것을 (   )라 한다.

① 원천징수　　　　② 거래징수　　　　③ 납세징수　　　　④ 통합징수

02 다음 중 부가가치세의 특징에 대한 설명으로 옳지 않은 것은?

① 일반소비세로서 간접세에 해당
② 생산지국 과세원칙
③ 전단계세액공제법
④ 영세율과 면세제도

03 다음 중 부가가치세법에 대한 설명으로 잘못된 것은?

① 재화란 재산 가치가 있는 물건과 권리를 말하며, 역무는 포함되지 않는다.
② 사업자란 사업 목적이 영리이든 비영리이든 관계없이 사업상 독립적으로 재화 또는 용역을 공급하는 자를 말한다.
③ 재화 및 용역을 일시적·우발적으로 공급하는 자는 부가가치세법상 사업자에 해당하지 않는다.
④ 간이과세자란 직전 연도의 공급대가 합계액이 5,000만원에 미달하는 사업자를 말한다.

04 다음 중 거래징수의 내용으로 틀린 것은?(공급하는 사업자는 과세사업자임)

① 공급받는 자는 부가가치세를 지급할 의무를 짐
② 공급자가 부가가치세를 거래상대방으로부터 징수하는 제도
③ 공급가액에 세율을 곱한 금액을 공급받는 자로부터 징수
④ 공급받는 자가 면세사업자이면 거래징수의무가 없음

05 현행 부가가치세법에 대한 설명으로 가장 거리가 먼 것은?

① 부가가치세 부담은 전적으로 최종소비자가 하는 것이 원칙이다.

② 영리목적의 유무에 불구하고 사업상 독립적으로 재화를 공급하는 자는 납세의무가 있다.

③ 해당 과세기간 중 이익이 발생하지 않았을 경우에는 납부하지 않아도 된다.

④ 일반과세자의 내수용 과세거래에 대해서는 원칙적으로 10%의 단일세율을 적용한다.

06 다음 중 부가가치세법에 대한 설명으로 옳지 않은 것은?

① 현행 부가가치세는 일반소비세이면서 간접세에 해당된다.

② 면세제도의 궁극적인 목적은 부가가치세의 역진성을 완화하는 것이다.

③ 현행 부가가치세는 전단계거래액공제법을 채택하고 있다.

④ 소비지국과세원칙을 채택하고 있어 수출재화 등에 영세율이 적용된다.

07 부가가치세법상 사업자등록에 대한 설명으로 틀린 것은?

① 사업자는 사업개시일부터 20일 이내에 사업장 관할 세무서장에게 사업자등록을 신청하여야 한다.

② 사업자등록의 신청은 사업장 관할 세무서장이 아닌 다른 관할 세무서장에게도 신청할 수 있다.

③ 신규로 사업을 시작하려는 자는 사업 개시일 이후에만 사업자등록을 신청해야한다.

④ 사업자는 휴업 또는 폐업을 하거나 등록사항이 변경되면 지체없이 사업장 관할 세무서장에게 신고하여야 한다.

08 다음 중 부가가치세법상 사업자등록 정정사유가 아닌 것은?

① 상호 변경

② 상속으로 인한 사업자 명의 변경

③ 증여로 인한 사업자 명의 변경

④ 사업장 주소 변경

09 홍길동은 일반과세사업자로 2024년 9월 1일에 사업을 시작하여 당일 사업자등록 신청을 하였다. 홍길동의 부가가치세법상 2024년 제2기 과세기간은?

① 2024년 1월 1일 ~ 12월 31일　　② 2024년 9월 1일 ~ 12월 31일

③ 2024년 1월 1일 ~ 9월 1일　　④ 2024년 7월 1일 ~ 12월 31일

10 다음 중 부가가치세 신고 · 납세지에 대한 설명으로 가장 적절하지 않은 것은?

① 부가가치세는 원칙적으로 사업장마다 신고 납부하여야 한다.

② 재화 또는 용역의 공급이 이루어지는 장소, 즉 사업장을 기준으로 납세지를 정하고 있다.

③ 2 이상의 사업장이 있는 경우 신청 없이 주된 사업장에서 총괄하여 납부할 수 있다.

④ 사업자단위과세사업자는 사업자등록도 본점 등의 등록번호로 단일화하고, 세금계산서도 하나의 사업자등록번호로 발급한다.

11 다음 중 부가가치세에 대한 설명으로 틀린 것은?

① 부가가치세의 납세의무자는 영리사업자에 한정한다.

② 부가가치세는 원칙적으로 사업장마다 신고 및 납부하여야 한다.

③ 상품의 단순한 보관 · 관리만을 위한 장소로 설치신고를 한 장소나 하치장은 사업장이 아니다.

④ 주사업장 총괄납부제도는 사업장별 과세원칙의 예외에 해당된다.

12 다음 중 부가가치세법상 '조기환급'과 관련된 내용으로 틀린 것은?

① 조기환급 : 조기환급신고 기한 경과 후 25일 이내 환급

② 조기환급기간 : 예정신고기간 또는 과세기간 최종 3월 중 매월 또는 매 2월

③ 조기환급신고 : 조기환급기간 종료일부터 25일 이내에 조기환급기간에 대한 과세표준과 환급세액 신고

④ 조기환급대상 : 영세율적용이나 사업 설비를 신설, 취득, 확장 또는 증축하는 경우

13 부가가치세법상 예정신고납부에 대한 설명이다. 가장 옳지 않은 것은?

① 법인사업자는 예정신고기간 종료 후 25일 이내에 부가가치세를 신고납부 하여야 한다.

② 개인사업자는 예정신고기간 종료 후 25일 이내에 예정고지된 금액을 납부하여야 한다.

③ 개인사업자에게 징수하여야 할 예정고지금액이 30만원 미만인 경우 징수하지 아니한다.

④ 개인사업자는 사업실적이 악화된 경우 등 사유가 있는 경우에는 예정신고납부를 할 수 있다.

실전문제연습 해답 

01 ② 거래징수의 개념을 말하는 것임

02 ② 현행 부가가치세는 소비지국 과세원칙을 채택하고 있다.

03 ④ 간이과세자란 직전 연도의 공급대가가 8,000만원에 미달하는 사업자를 말한다.

04 ④ 공급자는 공급받는 자가 과세사업자이건 면세사업자이건 거래징수의무를 진다.

05 ③ 부가가치세는 이익발생과 관계없이 납부세액이 발생하면 납부해야 한다.

06 ③ 현행 부가가치세는 전단계세액공제법을 채택하고 있다.

07 ③ 사업자는 사업장마다 사업 개시일부터 20일 이내에 사업장 사업자등록을 신청하여야 한다. 다만, 신규로 사업을 시작하려는 자는 사업 개시일 이전이라도 사업자등록을 신청할 수 있다.

08 ③ 증여로 인한 사업자 명의 변경은 기존사업장 폐업과 신규사업자등록사유이다.

09 ② 신규사업자의 최초 과세기간은 사업개시일로부터 과세기간의 종료일까지이다.

10 ③ 주사업장총괄납부 신청을 하여 주된 사업장에서 총괄하여 납부할 수 있다.

11 ① 부가가치세의 납세의무자는 영리사업자여부를 불문한다.

12 ① 조기환급 : 조기환급신고 기한 경과 후 15일 이내

13 ③ 징수하여야 할 금액이 50만원 미만이거나 간이과세자에서 해당 과세기간 개시일 현재 일반과세자로 변경된 경우에는 징수하지 아니한다.

Chapter 2
과세대상과 공급시기

1. 부가가치세의 과세대상

(1) 원칙적인 부가가치세 과세대상

부가가치세는 재화·용역의 공급 또는 재화의 수입에 대해 과세된다. 용역의 수입은 부가가치세 과세대상이 아니다.

• 재화의 공급	• 용역의 공급	• 재화의 수입

(2) 재화의 공급

재화란, 재산적가치가 있는 모든 유체물과 무체물을 말한다.
유체물과 무체물의 개념은 다음과 같다.

유체물	상품·제품·원료·기계·건물과 기타 모든 유형적 물건 포함
무체물	동력·열 기타 관리할 수 있는 자연력 및 권리 등으로서 재산적 가치가 있는 유체물 이외의 모든 것 포함(전기도 재화의 범위에 포함됨)

재화의 공급은 다음과 같이 계약상 또는 법률상의 모든 원인에 따라 재화를 인도하거나 양도하는 것으로 한다.

㉠ 판 매	현금판매, 외상판매, 할부판매, 조건부 판매, 위탁판매 등에 따라 재화를 인도하거나 양도하는 것
㉡ 가공계약	자기가 주요자재의 전부 또는 일부를 부담하고 상대방으로부터 인도받은 재화를 가공하여 새로운 재화를 만드는 가공계약에 따라 재화를 인도하는 것
㉢ 교환계약	재화의 인도 대가로서 다른 재화를 인도받거나 용역을 제공받는 교환계약에 따라 재화를 인도하거나 양도하는 것
㉣ 경매 등	경매, 수용, 현물출자와 그 밖의 계약상 또는 법률상의 원인에 따라 재화를 인도하거나 양도하는 것

기타 재화의 범위에 포함되거나 포함되지 않는 것은 다음과 같다.

| 물·흙 등 | 물·흙·퇴비 등도 재산가치가 있으면 재화의 범위에 포함 |
| 유가증권 | 수표·어음·상품권 등의 화폐대용증권, 지분증권(주식 등) 및 채무증권(공채·사채)은 재화로 보지 않음 |

(3) 용역의 공급

용역이란, 재화 외의 재산적가치가 있는 모든 역무 및 그 밖의 행위를 말한다. 용역의 공급에는 역무를 제공하는 것 또는 권리·재화·시설물을 사용하게 하는 것으로써 건설업, 부동산임대업 등이 있다.

다음 어느 하나에 해당하는 것은 용역의 공급으로 본다.

가공무역	자기가 주요자재를 전혀 부담하지 아니하고 상대방으로부터 인도받은 재화를 단순히 가공만 해 주는 것
건설업	건설업의 경우 건설업자가 건설자재의 전부 또는 일부를 부담하는 것도 용역의 공급으로 봄
지식 등	산업상·상업상 또는 과학상의 지식·경험 또는 숙련에 관한 정보를 제공하는 것

임대업 중에서 전·답·과수원·목장용지, 염전 등의 임대업은 부가가치세 과세대상이 아니다. 또한 용역의 무상공급 및 근로관계는 다음과 같이 원칙적으로 공급으로 보지 않으므로 부가가치세가 과세되지 않는다.

| 용역의 무상공급 | 사업자가 용역을 무상으로 공급한 경우에는 용역의 공급으로 보지 않으므로 과세하지 않는다. 다만, 특수관계인에게 사업용 부동산임대용역을 무상으로 공급하는 것은 용역의 공급으로 본다. |
| 고용관계 | 고용관계로 근로를 제공하는 것은 용역의 공급으로 보지 아니한다. |

기출문제 연습 다음 중 부가가치세 과세거래에 해당되는 것을 모두 고르면?

| 가. 재화의 수입 | 나. 용역의 수입 |
| 다. 용역의 무상공급 | 라. 고용관계에 의한 근로의 제공 |

① 가　　　　② 가, 나　　　　③ 가, 나, 다　　　　④ 가, 나, 다, 라

풀이

① 용역의 수입은 과세대상에서 제외

(4) 재화의 수입

재화의 수입이란 다음 물품을 국내로 반입하는 것을 말한다.

> ㉠ 외국에서 우리나라에 도착된 물품으로서 수입신고가 수리되기 전의 것
>
> ㉡ 수출신고가 수리된 물품

재화의 공급과 용역의 공급은 공급자가 반드시 사업자인 경우에 과세된다. 하지만 재화를 수입하는 경우에는 수입하는 자가 사업자인지의 여부에 관계없이 과세대상이 된다.

(5) 공급으로 보지 아니하는 경우

다음 어느 하나에 해당하는 경우에는 공급으로 보지 아니한다. 여기에 해당하면 공급으로 보지 않으므로 부가가치세가 과세되지 않는다.

㉠ 담보 제공	질권, 저당권 또는 양도담보의 목적으로 동산, 부동산 및 부동산상의 권리를 제공하는 경우
㉡ 사업의 포괄적 양도	사업에 관한 모든 권리와 의무를 포괄적으로 승계시키는 경우(미수금, 미지급금, 해당 사업과 관련 없는 토지 또는 건물에 관한 것은 승계하지 않아도 됨)
㉢ 조세의 물납	사업용 자산을 상속세 및 증여세법, 지방세법, 종합부동산세법에 따라 물납하는 경우
㉣ 공매 · 경매	공매 또는 강제경매에 의하여 인도 · 양도하는 경우
㉤ 수 용	도시 및 주거환경정비법 등 법률에 따라 토지 등이 수용되는 경우

2. 재화의 간주공급

(1) 간주공급의 개념

재화를 공급하지 않아도 공급한 것으로 간주하고 부가가치세를 과세하는 경우가 있는데, 이를 간주공급이라 한다.

간주공급에는 자가공급 · 개인적공급 · 사업상증여 · 폐업시 잔존재화가 있으며, 이 중 자가공급은 면세사업전용 · 비영업용 소형승용차 · 판매목적 타사업장 반출로 구성된다.

(2) 자가공급

사업자가 자기의 사업과 관련하여 생산하거나 취득한 재화를 자기의 사업을 위하여 직접 사용하거나 소비하는 것을 말하는데, 다음 3가지가 해당된다.

면세사업전용	과세사업과 면세사업을 겸영하는 사업자가 과세사업과 관련하여 생산·취득한 재화를 자신의 면세사업을 위해 사용하는 것
비영업용 소형승용차	사업자가 자기가 생산·취득한 재화를 매입세액공제가 되지 아니하는 승용차 (1,000cc 초과, 8인승이하, 개별소비세 과세대상)로 사용·소비하거나 그 자동차의 유지를 위하여 사용·소비하는 것
판매목적 타사업장 반출	2 이상의 사업장이 있는 사업자가 자기사업과 관련하여 생산·취득한 재화를 판매할 목적으로 다른 사업장에 반출하는 것(직매장 반출) 세금계산서를 원가로 발행한다.

(3) 개인적 공급

개인적 공급이란, 자기 사업과 관련하여 생산·취득한 재화를 자신 또는 사용인의 개인적목적 등에 사용·소비하는 것을 말한다. 단, 작업복, 작업모, 작업화, 직장체육비, 직장연예비와 관련된 재화는 제외한다.

또한, 1인당 연간 10만원 이내의 경조사, 명절, 기념일 등과 관련된 재화는 제외한다.

(4) 사업상 증여

사업상 증여란, 자기 사업과 관련하여 생산·취득한 재화를 자기의 고객이나 불특정 다수인에게 증여하는 것을 말한다.

단, 광고선전물, 견본품, 특별재난지역 구호품을 지급하는 것은 제외한다.

(5) 폐업시 잔존재화

폐업시 잔존재화란, 사업자가 사업을 폐업하는 경우 남아 있는 재화(시가)를 말한다.

(6) 당초에 매입세액공제를 받은 것

판매목적 타사업장반출 이외의 간주공급은 매입세액공제를 받지 않은 경우에는 간주공급으로 보지 않는다.

따라서 판매목적 타사업장반출은 매입 시 해당 재화에 대한 매입세액공제를 받았는지 여부와 상관없이 간주공급에 해당된다.

(7) 용역의 간주공급

용역의 경우에는 간주공급에 관한 규정이 없으므로 용역에 대해서는 간주공급을 적용하지 않는다.

【간주공급 요약】

자가 공급	과세사업 관련 재화를 면세사업에 전용
	비영업용 소형승용차와 그 유지를 위한 재화
	판매를 목적으로 타 사업장에 반출하는 재화
개인적 공급	사업관련 재화를 자신이나 사용인을 위해 사용하는 것
사업상 증여	사업관련 재화를 고객이나 불특정 다수에게 지급하는 것
폐업시 잔존재화	폐업시 사업장에 남아있는 재화

기출문제 연습1

현행 부가가치세법상 용역의 공급으로 과세하지 않는 경우는 어느 것인가?

① 건설업자가 건설자재의 전부 또는 일부를 부담하는 경우

② 상대방으로부터 인도받은 재화에 주요자재를 전혀 부담하지 아니하고 단순히 가공만 하여 주는 경우

③ 산업상, 상업상 또는 과학상의 지식, 경험 또는 숙련에 관한 정보를 제공하는 경우

④ 용역의 무상공급의 경우

풀이

④ 용역의 무상공급의 경우는 용역의 공급으로 보지 않는다.

기출문제 연습2

다음 중 부가가치세법상 재화의 공급으로 보는 것은?

① 증여세를 건물로 물납하는 경우　　　② 사업의 포괄양수도

③ 차량을 담보목적으로 제공하는 경우　　　④ 폐업시 잔존재화

풀이

④ 사업자가 사업을 폐업하는 경우 남아 있는 재화(매입세액이 공제되지 아니한 재화는 제외)는 자기에게 공급하는 것으로 본다.

---

3. 공급시기

(1) 재화의 공급시기

원칙적인 재화의 공급시기는 다음과 같다.

> ㉠ 재화의 이동이 필요한 경우 : 재화가 인도되는 때
> ㉡ 재화의 이동이 필요하지 아니한 경우 : 재화가 이용 가능하게 되는 때
> ㉢ 위 ㉠, ㉡을 적용할 수 없는 경우 : 재화의 공급이 확정되는 때

거래형태별로 재화의 공급시기는 다음에 따른다. 다만, 폐업 전에 공급한 재화의 공급시기가 폐업일 이후에 도래하는 경우에는 폐업일을 공급시기로 본다.

거래 형태	공급 시기
㉠ 현금판매 · 외상판매 · 할부판매	인도되거나 이용가능하게 되는 때
㉡ 상품권 등을 판매한 후 해당 상품권 등이 현물과 교환되는 경우	재화가 실제로 인도되는 때
㉢ 장기할부판매	대가의 각 부분을 받기로 한 때
㉣ 반환조건부판매 · 동의조건부판매 기타 조건부 및 기한부 판매	그 조건이 성취되거나 기한이 경과되어 판매가 확정되는 때
㉤ 완성도기준지급 또는 중간지급조건부로 재화를 공급하거나 전력 기타 공급단위를 구획할 수 없는 재화를 계속적으로 공급하는 경우	대가의 각 부분을 받기로 한 때
㉥ 재화의 공급으로 보는 가공	가공된 재화를 인도하는 때
㉦ 재화의 간주공급	재화가 사용 또는 소비되는 때 (폐업시 잔존재화는 폐업하는 때)
㉧ 무인판매기를 이용하여 재화를 공급하는 경우	무인판매기에서 현금을 꺼내는 때
㉨ 내국물품을 외국으로 반출하거나 중계무역방식의 수출	수출재화의 선(기)적일
㉩ 원양어업 및 위탁판매수출	수출재화의 공급가액이 확정되는 때
㉪ 위탁가공무역방식의 수출 · 외국인도수출	외국에서 해당 재화가 인도되는 때
㉫ 보세구역 내에서 보세구역 이외의 국내에 재화를 공급하는 경우	당해 재화가 수입재화에 해당하는 때에는 수입신고수리일
㉬ 기타의 경우	재화가 인도되거나 인도가능한 때

(2) 장기할부판매와 중간지급조건부판매의 개념

장기할부판매	대가를 2회 이상으로 분할하여 받고, 재화 인도일의 다음날부터 최종의 할부금 지급기일까지 1년 이상일 것
중간지급 조건부 판매	재화의 인도(또는 이용가능) 전, 또는 용역제공완료 전에 계약금 이외의 대가를 분할하여 지급 받고, 계약금 지급 약정일부터 인도일까지 6개월 이상일 것

(3) 용역의 공급시기

용역의 공급시기는 역무가 제공되거나 재화 · 시설물 또는 권리가 사용되는 때로 하며, 구체적인 공급시기는 다음에 의한다.

용역 형태	공급 시기
㉠ 통상적인 공급의 경우	역무의 제공이 완료되는 때
㉡ 완성도 기준지급 · 중간지급 · 장기할부 또는 기타 조건부로 용역을 공급하거나 그 공급단위를 구획할 수 없는 용역을 계속적으로 공급하는 경우	대가의 각 부분을 받기로 한 때
㉢ 부동산임대용역을 공급하고 전세금 또는 임대보증금을 받는 경우 간주임대료	예정신고기간 또는 과세기간의 종료일
㉣ 둘 이상의 과세기간에 걸쳐 부동산임대용역을 공급하고 그 대가를 선불 또는 후불로 받는 경우 해당 금액을 계약기간의 월수로 나눈 임대료	예정신고기간 또는 과세기간의 종료일
㉤ 위 규정을 적용할 수 없는 경우	역무의 제공이 완료되고 그 공급가액이 확정되는 때

폐업 전에 공급한 용역의 공급시기가 폐업일 이후에 도래하는 경우에는 그 폐업일을 공급시기로 본다.

(4) 거래 장소

재 화	• 이동이 필요한 경우 : 이동이 개시되는 장소 • 이동이 필요하지 않은 경우 : 공급시기에 재화가 소재하는 장소
용 역	• 일반적인 경우 : 역무가 제공되거나 재화 · 시설물 · 권리가 사용되는 장소 • 비거주자 · 외국법인의 국제운송용역 : 여객탑승장소 또는 화물적재장소

기출문제 연습

다음 중 부가가치세법상 공급시기가 잘못된 것은?

① 폐업시 잔존재화의 경우 : 재화가 사용 또는 소비되는 때

② 장기할부판매의 경우 : 대가의 각 부분을 받기로 한 때

③ 무인판매기로 재화를 공급하는 경우 : 무인판매기에서 현금을 꺼내는 때

④ 외상판매의 경우 : 재화가 인도되거나 이용가능하게 되는 때

풀이

① 폐업시 잔존재화는 의제공급에 해당하는 것으로 공급시기는 폐업하는 때로 한다.

실전문제연습 

01 부가가치세법상 용역의 공급으로 과세하지 아니하는 것은?

① 고용관계에 의하여 근로를 제공하는 경우

② 사업자가 특수관계 있는 자에게 사업용 부동산의 임대용역을 무상공급하는 경우

③ 상대방으로부터 인도받은 재화에 주요자재를 전혀 부담하지 아니하고 단순히 가공만 하는 경우

④ 건설업자가 건설자재의 전부 또는 일부를 부담하고 공급하는 용역의 경우

02 다음 중 부가가치세 과세대상 거래에 해당되는 것을 모두 고르면?

가. 재화의 수입
나. 재산적 가치가 있는 권리의 양도
다. (특수관계 없는 자에게)부동산임대용역의 무상공급
라. 국가 등에 무상으로 공급하는 재화

① 가 ② 가, 나
③ 가, 나, 라 ④ 가, 나, 다, 라

03 다음 중 부가가치세법상 재화의 공급으로 보지 않는 거래는?

① 사업용 자산으로 국세를 물납하는 것

② 현물출자를 위해 재화를 인도하는 것

③ 장기할부판매로 재화를 공급하는 것

④ 매매계약에 따라 재화를 공급하는 것

04 다음 중 부가가치세법상 공급시기가 잘못된 것은?

① 외상판매의 경우 : 재화가 인도되거나 이용가능하게 되는 때

② 장기할부판매의 경우 : 대가의 각 부분을 받기로 한 때

③ 무인판매기로 재화를 공급하는 경우 : 무인판매기에서 현금을 인취하는 때

④ 폐업시 잔존재화의 경우 : 재화가 사용 또는 소비되는 때

05 부가가치세법상 부동산임대용역을 공급하는 경우에 전세금 또는 임대보증금에 대한 간주임대료의 공급시기는?

① 그 대가의 각 부분을 받기로 한 때
② 용역의 공급이 완료된 때
③ 그 대가를 받은 때
④ 예정신고기간 또는 과세기간 종료일

06 다음 중 부가가치세법상 재화의 공급시기가 '대가의 각 부분을 받기로 한 때'가 적용될 수 없는 것은?

① 기한부판매　　　　　　　　　② 장기할부판매
③ 완성도기준지급　　　　　　　④ 중간지급조건부

07 다음 중 부가가치세법상 재화의 공급시기로 틀린 것은?

① 현금판매 : 재화가 인도되거나 이용가능하게 되는 때
② 반환조건부 : 그 조건이 성취되어 판매가 확정되는 때
③ 무인판매기에 의한 공급 : 무인판매기에서 현금을 인취하는 때
④ 폐업시 잔존재화 : 폐업신고서 접수일

08 부가가치세법상 재화의 원칙적인 공급시기에 대한 설명으로 틀린 것은?

① 장기할부판매 : 인도기준
② 국내물품을 외국으로 반출 : 수출재화의 선적일 또는 기적일
③ 폐업시 잔존재화 : 폐업일
④ 조건부판매 및 기한부판매 : 그 조건이 성취되거나 기한이 지나 판매가 확정되는 때

09 다음은 부가가치세법상 공급시기에 대한 설명이다. 잘못된 것은?

① 재화의 이동이 필요한 경우 : 재화가 인도되는 때
② 재화의 공급으로 보는 가공의 경우 : 가공된 재화를 인도하는 때
③ 반환조건부 판매, 동의조건부 판매 : 그 조건이 성취되어 판매가 확정되는 때
④ 상품권 등을 현금 또는 외상으로 판매하고 그 상품권 등이 현물과 교환되는 경우 : 상품권 등을 현금 또는 외상으로 판매한 때

실전문제연습 해답 

01 ① 고용관계에 의하여 근로를 제공하는 경우 부가가치세법상 용역의 공급으로 보지 않는다. 그리고 사업자가 특수관계 있는 자에게 사업용 부동산의 임대용역을 무상공급하는 경우 용역의 공급으로 본다.

02 ② 특수관계 없는 자에게 용역의 무상공급은 용역의 공급으로 보지 아니하고, 국가 등에 무상으로 공급하는 재화는 면세대상이다.

03 ① 물납은 재화의 공급으로 보지 않는다.

04 ④ 폐업시 잔존재화는 의제공급에 해당하는 것으로 공급시기는 폐업하는 때로 한다.

05 ④

06 ①

07 ④ 폐업시 잔존재화 : 폐업하는 때

08 ① 장기할부판매는 대가의 각 부분을 받기로 한 때를 재화의 공급시기로 본다.

09 ④ 재화가 실제로 인도되는 때

Chapter 3
영세율과 면세

1. 영세율

(1) 영세율의 개념

영세율이란, 매출세액 계산시 영의 세율(0%)을 적용하는 것을 말한다. 이 경우 매출세액이 0원이므로 매입세액이 있는 경우 부가가치세를 환급받을 수 있다.

(2) 영세율의 효과

완전 면세	매출세액이 0원이므로 매입세액이 전액 환급된다. 따라서 부가가치세를 완전히 면제하는 효과가 있다. 이와 대비되어 면세는 불완전면세라고 한다.
국제적 이중과세 방지	국내생산 재화에 부가가치세 효과를 완전히 없애고, 재화를 소비하는 외국에서 과세하므로 소비지국과세원칙을 실현하게 된다. 결과적으로 국제적 이중과세를 방지하는 효과가 있다.
수출 지원	주로 수출하는 기업에 영세율을 적용하여 부가가치세가 환급되므로 수출을 지원하는 효과가 있다.

(3) 면세사업자 및 간이과세자의 영세율

면세사업자	면세사업자가 영세율을 적용받기 위해서는 면세를 포기해야 한다.
간이과세자	간이과세자는 영세율 적용이 가능 하지만 환급을 받을 수 없다.

(4) 영세율 적용 대상

영세율 적용 대상은 다음과 같이 수출 등 외화획득과 관련된 사업이다. 이 중에서 직수출은 세금계산서 발급의무가 없지만, 내국신용장 및 구매확인서에 의한 공급 등 국내거래에 해당되는 경우에는 세금계산서 발급의무가 있다.

수출 재화	• 내국물품의 외국반출(직수출) • 내국신용장 또는 구매확인서에 의한 공급 • 중계무역수출, 위탁판매수출, 외국인도수출 등
국외제공용역	국외에서 공급하는 용역

국외항행용역	선박 또는 항공기가 국내에서 국외로, 국외에서 국내로, 또는 국외에서 국외로 운송하는 용역
기타 외화획득	수출은 아니지만 실질이 수출과 유사하거나, 기타 외화획득을 위한 재화 또는 용역의 공급

기출문제 연습1

다음 중 부가가치세법상 영세율에 대한 설명으로 틀린 것은?

① 완전면세

② 국제적 이중과세의 방지

③ 세부담의 역진성 완화

④ 수출산업의 지원

풀이

③ 세부담의 역진성 완화는 면세제도의 취지에 해당한다.

기출문제 연습2

다음 중 부가가치세법상 영세율의 특징이 아닌 것은?

① 수출업자의 자금부담을 줄여서 수출을 촉진한다.

② 사업자의 부가가치세 부담을 완전히 면제해 준다.

③ 국가간 이중과세를 방지한다.

④ 저소득층의 세부담 역진성을 완화 한다.

풀이

④ 면세는 세부담의 역진성을 완화해 준다.

(5) 세금계산서 발급의무

직수출의 경우에는 세금계산서 발급의무가 없지만, 내국신용장·구매확인서에 의한 공급 등 국내거래인 경우에는 영세율거래임에도 세금계산서 발급의무가 있다.

기출문제 연습

다음 중 부가가치세법상 영세율 적용대상이 아닌 것은?

① 사업자가 내국신용장 또는 구매확인서에 의하여 공급하는 수출용 재화

② 수출업자와 직접 도급계약에 의한 수출재화임가공용역

③ 국외에서 공급하는 용역

④ 수출업자가 타인의 계산으로 대행위탁수출을 하고 받은 수출대행수수료

풀이

④ 수출업자가 타인의 계산으로 대행위탁수출을 하고 받은 수출대행수수료는 세금계산서를 교부하여야 함, 영세율 아닌 일반세율(10%) 적용

2. 면세

(1) 면세의 의의

부가가치세의 역진성 완화를 위하여 생활필수품 등에 부가가치세를 면세한다. 영세율과 달리 불완전면세이며, 면세사업자는 부가가치세 신고납부의무가 없다.

(2) 면세 대상

분 류	면세 대상
㉠ 기초생활필수품	• 미가공식료품(국산·외국산 불문) • 국내 생산 비식용 농산물, 축산물, 수산물과 임산물 • 수돗물(생수는 과세), 연탄과 무연탄(갈탄, 유연탄은 과세) • 여성용 생리처리 위생용품 • 여객운송용역(단,항공기·전세버스·택시·특수자동차·특종선박·고속철도는 과세) • 주택과 부수토지 임대용역(상가임대는 과세)
㉡ 국민후생 및 문화	• 의료보건용역(수의사의 용역 포함)과 혈액 • 교육용역(무도학원·운전학원은 과세, 무허가 학원 등은 과세) • 도서(도서대여 용역 포함)·신문·잡지·관보·뉴스통신(광고는 과세) • 예술창작품(골동품 제외), 예술·문화행사, 아마추어 운동경기 • 도서관·과학관·박물관·미술관·동물원, 식물원 등의 입장
㉢ 부가가치 생산요소	• 토지, 금융보험용역 • 저술가·작곡가 등이 직업상 제공하는 인적용역
㉣ 조세정책	• 우표(수집용 우표는 과세), 인지, 증지, 복권, 공중전화 • 일정한 담배 • 종교, 자선, 학술, 구호, 그 밖의 공익을 목적으로 하는 단체가 공급하는 일정한 재화 또는 용역 • 국가 등이 공급하는 일정한 재화 또는 용역 • 국가 등 또는 공익단체에 무상으로 공급하는 재화 또는 용역

(3) 토지와 건물

토지의 공급은 부가가치세를 면세한다. 하지만 토지의 임대는 과세한다. 단. 주택부수토지의 임대는 면세한다.

주택을 제외한 건물의 임대 및 공급은 원칙적으로 과세한다.

토지의 공급	면세
토지의 임대	과세(단, 주택 부수토지의 임대는 면세) 논, 밭, 과수원, 목장, 염전 등은 면세
건물의 공급 및 임대	과세(단, 국민주택(25.7평)의 공급 및 임대는 면세)

(4) 면세포기

일정한 경우에는 면세사업자가 면세를 포기하고 과세사업자로 전환할 수 있다. 주로 영세율 적용을 위해서 면세를 포기하는 경우가 있다.

면세포기의 대상	• 영세율의 적용대상이 되는 것 • 학술연구단체 등의 학술연구 등과 관련된 것
면세포기의 기한	정해진 기한이 없으므로 언제라도 포기 가능
승인여부	과세관청의 승인을 얻을 필요도 없음(신청만 하면 됨)
면세로 다시 전환	면세포기 후 3년간 면세사업자로 다시 전환할 수 없음

【영세율과 면세 비교】

구 분	영세율	면 세
취 지	소비지국 과세원칙 실현	부가가치세의 역진성 완화
성 격	완전면세(환급)	부분면세(환급 없음)
의 무	일반과세자의 모든 의무 이행	부가가치세법상 의무 없음(매입처별세금계산서 제출의무 등 협력의무만 있음)
적용 대상	• 수출재화 • 국외제공용역 • 선박 · 항공기의 외국항행 용역 • 기타 외화획득 재화 · 용역	• 기초생필품 • 국민후생 · 문화 • 부가가치 생산요소 • 기타 정책목적
포 기	포기제도 없음	포기 가능

실전문제연습 

01 다음 중 부가가치세가 면세되는 재화 또는 용역의 공급의 개수는?

1. 단순가공 된 두부	2. 신문사광고	3. 연탄과 무연탄
4. 시내버스 운송용역	5. 의료보건용역	6. 금융 · 보험용역

① 3개　　　　② 4개　　　　③ 5개　　　　④ 6개

02 다음 중 면세대상에 해당하는 것은 모두 몇 개인가?

ⓐ 수돗물	ⓑ 도서, 신문	ⓒ 가공식료품
ⓓ 시내버스운송용역	ⓔ 토지의공급	ⓕ 교육용역(허가, 인가받은 경우에 한함)

① 3개　　　　② 4개　　　　③ 5개　　　　④ 6개

03 다음 중 부가가치세법상 면세대상에 해당하지 않는 것은?

① 시내버스의 여객운송용역　　　　② 대통령령으로 정하고 있는 교육용역

③ 수집용 우표　　　　④ 미가공 식료품

04 다음 중 부가가치세 면세대상이 아닌 것은?

① 약사법에 따른 약사가 제공하는 의약품의 조제용역

② 수돗물

③ 연탄과 무연탄

④ 항공법에 따른 항공기에 의한 여객운송 용역

05 부가가치세법에 의한 재화나 용역의 공급 시 적용되는 세율이 다른 하나는?

① 일반과세사업자가 면세사업자에게 공급하는 과세재화

② 간이과세사업자가 비사업자인 개인에게 공급하는 과세재화

③ 일반과세사업자가 구매확인서에 의하여 공급하는 과세용역

④ 일반과세사업자의 폐업 시 미판매된 재고자산(매입세액공제 됨)

06 다음 중 부가가치세법상 부가가치세가 면제되는 재화 또는 용역이 아닌 것은?

① 나대지의 임대

② 국민주택의 공급

③ 미가공식료품

④ 약사가 제공하는 의약품의 조제용역

실전문제연습 해답 

01 ③ 광고는 과세다.

02 ③ 가공식료품은 과세에 해당한다.

03 ③ 수집용 우표는 과세대상에 해당한다.

04 ④ 항공기에 의한 여객운송 용역은 과세대상이다.

05 ③ 구매확인서에 의한 공급은 영세율(0%) 적용대상이다.

06 ① 나대지는 토지의 일종이며, 토지의 임대는 원칙적으로 과세다.

Chapter 4
과세표준과 매입세액

1. 과세표준

(1) 과세표준의 개념

세액산출의 기초가 되는 과세대상의 수량 또는 가액을 말하는데, 재화·용역의 공급에 대한 부가가치세 과세표준은 공급가액의 합계 금액이다.

- 공급가액 : 부가가치세가 제외된 금액(일반과세자의 과세표준)
- 공급대가 : 공급가액에 부가가치세가 포함된 금액(공급가액 + 부가가치세)

(2) 과세표준 금액

- ⊙ 금전으로 대가를 받는 경우 : 그 대가(부가가치세 제외 금액)
- ⓛ 금전 외의 대가(현물)를 받는 경우 : 자기가 공급한 재화·용역의 시가
- ⓒ 특수관계자 간의 거래 : 자기가 공급한 재화·용역의 시가

유형별 구체적인 과세표준은 다음과 같다.

외상판매·할부판매	공급한 재화의 총 가액
장기할부판매·완성도기준지급 중간지급조건부 공급 및 계속적으로 재화·용역을 공급하는 경우	계약에 따라 받기로 한 대가의 각 부분

(3) 과세표준에 포함되는 것과 포함되지 않는 것

포 함	⊙ 장기할부판매 또는 할부판매 경우의 이자상당액
	ⓛ 대가의 일부로 받는 운송보험료·산재보험료·운송비·포장비·하역비 등
불포함	⊙ 매출에누리액, 매출환입액, 매출할인액
	ⓛ 공급받는 자에게 도달하기 전에 파손·훼손·멸실된 재화의 가액
	ⓒ 재화·용역의 공급과 직접 관련되지 않은 국고보조금·공공보조금
	ⓔ 공급 대가의 지급이 지연되어 받는 연체이자
	ⓜ 반환조건부로 제공되는 포장용기 또는 포장비용
	ⓗ 대가와 구분하여 받는 종업원의 봉사료

기출문제 연습

다음 중 과세표준에 포함하지 않는 금액으로 틀린 것은?

① 부가가치세

② 매출에누리, 매출환입 및 매출할인

③ 공급자가 부담하는 원자재 등의 가액

④ 공급받는 자에게 도달하기 전에 파손 · 훼손 또는 멸실된 재화의 가액

풀이

③ 원자재 등의 가액은 과세표준에서 차감하지 않음

(4) 과세표준에서 공제하지 않는 것

대 손 금	대손금이 발생하는 경우에는 이를 부가가치세 과세표준에서 공제하지 못한다. 다만, 대손세액공제를 받을 수 있다.
판매장려금	판매장려금은 과세표준에서 공제하지 아니하며, 판매장려물품은 사업상증여(간주공급)로 과세한다.
하자보증금	하자의 보증을 위하여 공급받는 자가 보관하는 하자보증금은 과세표준에서 공제하지 아니한다.

기출문제 연습

다음 중 부가가치세의 과세표준에서 공제하지 않는 것은 어느 것인가?

① 대손금과 장려금　　　　② 환입된 재화의 가액

③ 매출할인　　　　　　　④ 에누리액

풀이

① 대손금, 장려금, 하자보증금

(5) 외화환산 시 과세표준

대가를 외화로 받아 환가할 때에는 다음과 같은 금액을 과세표준으로 한다.

> ㉠ 공급시기 도래 전에 지급받아서 환가하는 경우 : 환가한 금액
> ㉡ 공급시기 이후에 외화로 보관하거나 지급받는 경우 : 공급시기의 기준환율 또는 재정환율로 계산한 금액

(6) 세액이 표시되지 않은 경우의 과세표준

공급하고 받은 금액에 세액이 별도 표시되어 있지 않거나 부가가치세가 포함되어 있는지 불분명한 경우에는 다음 금액을 과세표준으로 한다.

$$과세표준 = 거래금액(또는 영수액) \times \frac{100}{110}$$

즉, 거래 금액에 부가가치세가 포함되어 있는 것으로 보고 공급가액을 계산한다.

(7) 특수관계자와의 저가 또는 무상거래

사업자가 특수관계자와의 거래에서 저가로 공급하거나, 대가를 받지 아니하는 경우에는 시가를 과세표준으로 한다.

용역의 무상공급은 과세대상이 아니지만, 특수관계자에게 사업용 부동산 임대용역을 무상으로 공급하는 경우에는 시가로 과세한다.

특수관계자 거 래	재화의 공급	• 저가공급 및 무상공급 모두 공급한 재화의 시가
	용역의 공급	• 저가공급 : 공급한 용역의 시가 • 무상공급 : 사업용 부동산 임대용역만 시가

(8) 재화의 간주공급 시 과세표준

원 칙	시가(감가상각자산은 간주시가)
예 외	판매목적 타사업장 반출은 취득원가(단, 취득가액에 일정액을 더하여 타사업장으로 반출하는 경우에는 공급가액)

(9) 재화의 수입 시 과세표준

재화를 외국에서 수입할 때는 다음을 모두 합한 금액이 과세표준이다.

관세의 과세가격＋관세＋개별소비세 · 주세＋교육세 · 농어촌특별세＋교통 · 에너지 · 환경세

(10) 대손세액공제(세무2급에서 자세히 설명)

상대방의 파산 등으로 매출채권 등을 못 받게 되는 것을 대손이라 한다. 이때 대손이 확정된 세액을 매출세액에서 차감할 수 있는데 이를 대손세액공제라 한다.

$$대손세액공제액 = 대손금액 \times \frac{10}{110}$$

기출문제 연습1

부가가치세법상 과세표준에 포함되지 않는 것은?

① 관세

② 개별소비세

③ 할부거래에 따른 이자액

④ 매출에누리

풀이

④ 매출에누리는 과세표준에 포함되지 않는다.

기출문제 연습2

다음 중 부가가치세 과세표준에 포함되는 것은?

① 공급에 대한 대가의 지급이 지체되었음을 이유로 받는 연체이자

② 환입된 재화의 가액

③ 공급대가를 약정기일 전에 받아 사업자가 당초 공급가액에서 할인해 준 금액

④ 공급받는 자에게 도달한 후에 파손·훼손되거나 멸실한 재화의 가액

풀이

④ 공급받는 자에게 도달하기 전에 파손되거나 훼손되거나 멸실한 재화의 가액

2. 매입세액

(1) 매입세액의 종류

매입세액은 사업을 위하여 사용할 목적으로 공급받은 재화·용역 또는 재화의 수입에 대한 부가가치세이며, 다음과 같은 것이 있다.

> ㉠ 세금계산서를 수취한 매입세액
> ㉡ 매입자 발행 세금계산서 매입세액
> ㉢ 신용카드매출전표·현금영수증·직불카드영수증 등 수령분 매입세액
> ㉣ 의제매입세액 등

(2) 의제매입세액공제(세무2급에서 자세히 설명)

의제매입세액공제란, 과세사업자가 면세되는 농·축·수·임산물을 원료로 하여 제조·가공한 재화·용역이 과세되는 경우에 면세되는 농·축·수·임산물의 매입가액에서 일정한 공제율을 곱한 금액을 매입세액으로 공제하는 제도를 말한다.

> 의제매입세액공제액 = 면세되는 농·축·수·임산물의 매입가액 × 공제율

(3) 공제받지 못할 매입세액

㉠ 세금계산서 미수취 또는 부실기재분	세금계산서 미수취 또는 필요적 기재사항 중 일부 누락했거나 사실과 다르게 기재된 경우. 단, 착오로 잘못 기재된 것이 확인된 경우에는 공제가능
㉡ 매입처별 세금계산서합계표 미제출·부실 기재분	매입처별 세금계산서 합계표 미제출 또는 기재사항 중 거래처별 등록번호와 공급가액 미기재의 경우. 단, 착오로 잘못 기재된 것이 확인된 경우에는 공제가능
㉢ 사업자등록신청 전 매입세액	사업자등록신청 전의 매입세액. 단, 공급시기가 속하는 과세기간이 끝난 후 20일 이내에 등록신청한 경우 등록신청일부터 공급시기가 속하는 과세기간 기산일까지는 공제가능
㉣ 토지 또는 면세사업 관련 매입세액	토지의 취득원가를 구성하는 지출과 관련된 매입세액 또는 면세사업과 관련된 매입세액
㉤ 사업과 직접 관련 없는 매입세액	사업과 직접 관련된 지출만 공제대상이 됨
㉥ 개별소비세 과세대상 소형승용차 구입·임차·유지 관련 매입세액	개별소비세 과세대상 소형승용차는 사업과 직접 관련 없다고 봄
㉦ 기업업무추진비 관련 매입세액	기업업무추진비·기밀비·교제비 등 접대비 유사비용

(4) 전자신고 세액공제

부가가치세 확정신고시 납세자가 직접 전자신고하는 경우에는 납부세액에서 1만원을 공제하거나 환급세액에 가산한다. 예정신고시에는 적용하지 않는다. (잡이익으로 처리)

(5) 전자세금계산서 발급에 대한 세액공제

직전연도 공급가액이 3억원 미만인 개인사업자(간이과세자 포함)가 전자세금계산서 또는 전자계산서를 발급하고 발급일의 다음날까지 국세청장에게 전송한 경우 다음 금액을 부가가치세액 또는 소득세액에서 공제한다.

> 공제받는 금액 : MIN(㉠, ㉡)
> ㉠ 전자세금계산서(또는 전자계산서) 발급 건수 × 200원
> ㉡ 연간 한도 100만원

실전문제연습 

01 수출 대가를 외국통화 기타 외국환으로 수령한 경우 공급가액의 환산 기준으로 올바르지 않은 것은?

① 공급시기 이후 대가 수령 : 공급시기의 기준환율 또는 재정환율

② 공급시기 전 수령, 공급시기 전 환가 : 공급시기의 기준환율 또는 재정환율

③ 공급시기 전 수령, 공급시기 후 환가 : 공급시기의 기준환율 또는 재정환율

④ 공급시기 전 수령, 공급시기 후 계속 보유 : 공급시기의 기준환율 또는 재정환율

02 다음 중 부가가치세법상 과세표준의 산정방법이 옳지 않은 것은?

① 재화의 공급에 대하여 부당하게 낮은 대가를 받는 경우 : 공급한 재화의 시가

② 재화의 공급에 대하여 대가를 받지 아니하는 경우 : 공급한 재화의 시가

③ 특수관계인에게 용역을 공급하고 부당하게 낮은 대가를 받는 경우 : 공급한 용역의 시가

④ 특수관계 없는 자에게 용역을 공급하고 대가를 받지 아니하는 경우 : 공급한 용역의 시가

03 다음 중 자동차를 수입하는 경우 수입세금계산서상의 공급가액에 포함되지 않는 것은?

① 교육세　　　　　② 관세　　　　　③ 개별소비세　　　　　④ 취득세

04 부가가치세 과세사업을 영위하던 김관우씨는 2024년 2월 10일에 해당 사업을 폐업하였다. 폐업 당시에 잔존하는 재화가 다음과 같다면 그 부가가치세 과세표준은 얼마인가?(매입시 매입세액공제를 받았음)

상　품(2023. 12. 1. 취득)	• 취득가액 : 15,000,000원　• 시가 : 10,000,000원
토　지(2020. 11. 1. 취득)	• 취득가액 : 5,000,000원　• 시가 : 15,000,000원

① 10,000,000원　　　　　　　　② 15,000,000원

③ 20,000,000원　　　　　　　　④ 25,000,000원

05 다음 중 부가가치세의 과세표준에 포함되는 항목은 어느 것인가?

① 재화를 공급하고 외상매출금의 일부 또는 전부를 회수할 수 없는 경우의 대손금액

② 재화 또는 용역의 공급과 직접 관련되지 아니하는 국고보조금과 공공보조금

③ 환입된 재화의 가액

④ 공급에 대한 대가의 지급이 지체되었음을 이유로 받는 연체이자

06 다음 자료에 의한 부가가치세 과세표준을 계산하면 얼마인가?

• 총매출액 : 50,000,000원	• 매출에누리액 : 4,000,000원
• 매출할인 : 3,000,000원	• 대손금 : 2,000,000원

① 40,000,000원 ② 43,000,000원

③ 48,000,000원 ④ 50,000,000원

07 다음 자료에 의하여 부가가치세 매출세액을 계산하면 얼마인가?

• 영세율세금계산서의 공급가액은 2,400,000원이다.
• 세금계산서를 받고 매입한 물품의 공급가액은 15,000,000원이고, 이 중 사업과 관련이 없는 물품의 공급가액 1,500,000원이 포함되어 있다.
• 납부세액은 1,500,000원이다.

① 2,850,000원 ② 3,000,000원

③ 3,090,000원 ④ 3,150,000원

08 다음 자료에 의하여 부가가치세 과세표준을 계산하면 얼마인가?

• 영세율세금계산서 공급가액은 1,500,000원이고, 그 외의 영세율 거래는 없다.
• 세금계산서를 받고 매입한 물품의 매입세액은 620,000원이고, 이 중 사업과 관련이 없는 물품의 매입세액 40,000원이 포함되어 있다.
• 납부세액은 27,000원이다.

① 7,000,000원 ② 8,500,000원

③ 7,570,000원 ④ 11,500,000원

09 다음 자료에 의한 부가가치세법상 일반과세자의 부가가치세 과세표준은 얼마인가?

> • 총매출액 10,000,000원　　　　　　• 매출에누리액 2,000,000원
> • 총매입액 5,000,000원　　　　　　　• 신용카드발행공제 400,000원
> • 대손금 1,000,000원

① 2,600,000원　　　　② 3,000,000원　　　　③ 7,000,000원　　　　④ 8,000,000원

10 부가가치세법상 일반과세자의 부가가치세 과세표준을 계산하면 얼마인가?

> • 세금계산서 교부분 공급가액 : 10,000,000원(영세율 4,000,000원 포함)
> • 신용카드 매출전표상의 매출액 : 1,100,000원(부가가치세액 포함 금액임)

① 6,000,000원　　　　② 6,100,000원　　　　③ 11,000,000원　　　　④ 11,100,000원

11 다음 중 부가가치세 과세표준(공급가액)에 포함하는 항목인 것은?

① 매출할인, 매출에누리 및 매출환입액
② 할부판매, 장기할부판매의 경우 이자상당액
③ 재화·용역의 공급과 직접 관련이 없는 국고보조금과 공공보조금
④ 공급대가의 지급지연으로 인하여 받은 연체이자

12 현행 부가가치세법상 매입세액으로 공제가 가능한 것은?

① 세금계산서 미수취 관련 매입세액
② 사업과 직접 관련이 없는 지출에 대한 매입세액
③ 기업업무추진비 및 이와 유사한 비용의 지출에 관련된 매입세액
④ 매입자발행세금계산서상의 매입세액

13 다음 중 부가가치세 불공제대상 매입세액이 아닌 것은?(모두 세금계산서를 교부받았고 업무와 관련된 것임)

① 프린터기 매입세액
② 업무용 승용차(2500cc) 매입세액(비영업용임)
③ 토지의 취득부대비용 관련 매입세액
④ 기업업무추진비 관련 매입세액

14 다음 중 부가가치세법상 매입세액공제가 가능한 금액은?

> • 기업업무추진비 지출에 대한 매입세액 100,000원
> • 면세사업과 관련된 매입세액 100,000원
> • 토지관련 매입세액 100,000원

① 0원　　　　② 100,000원　　　　③ 200,000원　　　　④ 300,000원

15 부가가치세법상 매입세액으로 공제가 불가능한 경우로 옳은 것은?

① 소매업자가 사업과 관련하여 받은 영수증에 의한 매입세액

② 음식업자가 계산서를 받고 구입한 농산물의 의제매입세액

③ 신용카드매출전표 등 적격증빙 수령분 매입세액

④ 종업원 회식비와 관련된 매입세액

16 다음 중 부가가치세 매입세액으로 공제되는 것은?

① 기계부품 제조업자가 원재료를 매입하고 신용카드매출전표를 수취한 경우

② 농산물(배추) 도매업자가 운송용 트럭을 매입하는 경우

③ 거래처에 접대하기 위하여 선물을 매입하는 경우

④ 비사업자로부터 원재료를 매입하면서 세금계산서 등을 수취하지 않은 경우

17 다음 중 부가가치세에 대한 설명으로 틀린 것은?

① 부가가치세는 전단계세액공제법을 채택하고 있다.

② 부가가치세는 0% 또는 10%의 세율을 적용한다.

③ 면세사업과 관련한 매입세액은 부가가치세 매입세액공제가 불가능하다.

④ 기업업무추진비 및 이와 유사한 지출도 사업과 관련이 있는 지출이므로 매입세액공제가
　 가능하다.

18 부가가치세법상 다음의 매입세액 중 매출세액에서 공제되는 매입세액은?

① 기업업무추진비 관련 매입세액

② 면세사업 관련 매입세액

③ 화물차 구입 관련 매입세액

④ 사업과 직접 관련 없는 지출에 대한 매입세액

실전문제연습 해답 

01 ② • 공급시기 도래 전에 원화로 환가한 경우에는 그 환가한 금액
- 공급시기 이후에 외국통화 기타 외국환의 상태로 보유하거나 지급받는 경우에는 공급시기의 기준환율 또는 재정환율에 의하여 계산한 금액

02 ④ 일반적으로 용역의 무상공급은 용역의 공급으로 보지 아니한다.

03 ④ 관세의 과세가격, 관세, 개별소비세, 주세, 교육세, 농어촌특별세, 교통·에너지·환경세

04 ① 과세표준은 상품(시가) 10,000,000원이 해당되고 토지의 공급은 면세대상이다.

05 ① 대손금은 과세표준에서 공제하지 아니한다.

06 ② 50,000,000원 - 4,000,000원 - 3,000,000원 = 43,000,000원

대손금은 과세표준에서 공제하지 않는다.

07 ① 납부세액 = 매출세액 - (매입세액 - 매입세액불공제)

$1,500,000$ = 매출세액 - $(15,000,000 - 1,500,000) \times 10\%$

08 ③ 과세표준 = 일반과세표준 + 영세율과세표준(1,500,000)

납부세액 = 일반과세표준 $\times 10\%$ - (매입세액 - 매입세액불공제)

$27,000$ = 일반과세표준 $\times 10\%$ - $(620,000 - 40,000)$

∴ 일반과세표준 = $6,070,000$

∴ 과세표준 = $6,070,000 + 1,500,000 = 7,570,000$원

09 ④ 10,000,000원 - 2,000,000원 = 8,000,000원

10 ③ 10,000,000원 + 1,000,000원 = 11,000,000원 (부가가치세 10%를 제외함)

11 ② 할부판매, 장기할부판매의 경우 이자상당액은 과세표준에 포함된 항목임

12 ④ 매입자발행세금계산서상의 매입세액은 공제 가능하다.

13 ① 기업업무추진비 관련 매입세액, 토지관련 매입세액, 개별소비세 과세대상 소형승용자동차 구입과 임차 및 유지관련매입세액은 불공제매입세액 이다.

14 ①

15 ① 영수증(영수증은 무증빙)에 의한 매입세액은 매입세액공제가 불가능하다.

16 ① 면세사업(농산물 도매업)에 관련된 매입세액, 기업업무추진비 관련 매입세액 및 세금계산서 등을 수취하지 않은 경우 매입세액이 불공제 된다.

17 ④ 기업업무추진비 및 이와 유사한 지출은 부가세 매입세액공제가 불가능하다.

18 ③ 화물차 구입 관련 매입세액은 공제되는 매입세액이다.

Chapter 5
세금계산서

1. 세금계산서의 의의

(1) 세금계산서의 개념

사업자가 재화 또는 용역을 공급하면서 거래상대방으로부터 부가가치세를 받아서 납부하는데, 이를 거래징수라 한다. 사업자는 거래징수를 통하여 부가가치세를 거래상대방에게 전가한다. 세금계산서는 거래징수를 증명하는 증빙이다.

세금계산서는 다음과 같은 기능을 한다.

> 송장, 영수증, 청구서, 기초증빙자료 역할, 영세사업자의 경우 기장 의무이행의 역할, 과세증빙 등

(2) 세금계산서의 필요적 기재사항

세금계산서에는 다음과 같은 필요적 기재사항이 있다.

> ㉠ 공급하는 사업자의 등록번호와 성명 또는 명칭
> ㉡ 공급받는 자의 등록번호(고유번호 또는 주민등록번호)
> ㉢ 공급가액과 부가가치세액
> ㉣ 작성 연월일(공급 연월일이 아님에 주의한다.)

이러한 필요적 기재사항 중 하나라도 누락하거나 사실과 다를 경우에는 세금계산서의 효력이 인정되지 않으므로 이러한 세금계산서를 발급받은 자는 매입세액공제를 받을 수 없고, 이를 발급한 자는 세금계산서불성실가산세를 부담하게 된다.

기출문제 연습

부가가치세법상 세금계산서의 필요적 기재사항으로 올바르지 않은 것은?
① 공급연월일
② 공급자의 등록번호와 성명 또는 명칭
③ 공급받는 자의 등록번호
④ 공급가액과 부가가치세액

풀이

① 공급연월일이 아니라 작성연월일이 필요적 기재사항이다.

(3) 세금계산서 발급의무자

일반과세자 등	다음의 사업자가 재화·용역을 공급할 때 작성하여 거래상대방에게 세금계산서를 발급하여야 한다. • 사업자등록을 한 일반과세자 • 영세율사업자(내국신용장·구매확인서 등에 의한 공급) • 직전연도 공급대가가 4,800만원 이상인 간이과세자
세관장의 수입세금계산서	세관장은 수입된 재화에 대한 세금계산서(수입세금계산서)를 수입하는 자에게 발급하여야 한다.

영세율사업자도 세금계산서 발급의무가 있지만, 외국으로 직수출하는 경우 등 세금계산서 발급의무가 면제되는 경우가 있다. 내국신용장·구매확인서로 공급하는 경우 등 국내거래인 경우에는 세금계산서를 발급한다.

(4) 세금계산서를 발급할 수 없는 자

비사업자·면세사업자	사업자등록을 하지 않은 자(비사업자) 또는 면세사업자
간이과세자 중 일부	간이과세자 중에서 신규사업자 및 직전 사업연도의 공급대가가 4,800만원 미만인 자

(5) 세금계산서의 발급시기

① 세금계산서의 발급시기 원칙

세금계산서는 원칙적으로 공급시기에 발급한다.

② 세금계산서의 발급시기 특례(공급시기 전에 세금계산서 발급)

ⓐ 공급시기 전에 대가의 전부 또는 일부를 받고 세금계산서 발급 시 발급하는 때를 공급시기로 봄
ⓑ 공급시기 전에 세금계산서를 발급하고 발급일부터 7일 이내에 대가를 지급받으면 발급시기를 공급시기로 봄(단, 일정 요건 충족 시에는 7일 경과 후에 대가를 지급하더라도 세금계산서 발급시기를 공급시기로 봄)
ⓒ 장기할부판매 등 일정한 경우에는 공급시기 전에 세금계산서 발급 시 발급한 때를 공급시기로 봄

③ 세금계산서의 발급시기 특례(공급시기 후에 세금계산서 발급)

위의 규정에도 불구하고 다음 어느 하나에 해당*하는 경우에는 재화 또는 용역의 공급일이 속하는 달의 다음달 10일까지 세금계산서를 발급할 수 있다.

> ⓐ 거래처별로 1역월의 공급가액을 합하여 해당 달의 말일을 작성 연월일로 하여 세금계산서를 발급하는 경우
> ⓑ 거래처별로 1역월 이내에서 사업자가 임의로 정한 기간의 공급가액을 합하여 그 기간의 종료일을 작성 연월일로 하여 세금계산서를 발급하는 경우
> ⓒ 관계 증명서류 등에 따라 실제거래사실이 확인되는 경우로서 해당 거래일을 작성 연월일로 하여 세금계산서를 발급하는 경우

기출문제 연습	다음 중 세금계산서의 원칙적인 발급시기로서 옳은 것은? ① 재화 또는 용역의 공급시기 ② 재화 또는 용역의 공급시기가 속하는 달의 말일까지 ③ 재화 또는 용역의 공급시기가 속하는 달의 다음달 10일까지 ④ 재화 또는 용역의 공급시기가 속하는 달의 다음달 15일까지
풀이 ①	

2. 전자세금계산서

(1) 전자세금계산서 발급의무자

다음의 사업자는 재화 및 용역의 공급시 전자세금계산서를 발급하여야 한다.

> ㉠ 법인사업자
> ㉡ 직전연도 사업장별 매출액(과세+면세)의 합계액이 8천만원 이상인 개인사업자

【전자세금계산서 발급의무 개인사업자】

매출액(과세+면세)	기준 금액	발급 의무 기간
2022년 기준	1억원 이상	2023. 07. 01 ~ 2024. 06. 30.
2023년 기준	8천만원 이상	2024. 07. 01 ~ 2025. 06. 30.

(2) 전송의무 및 혜택

전 송	전자세금계산서를 발급하였을 때에는 발급일의 다음날까지 전자세금계산서 발급명세서를 국세청장에게 전송하여야 한다.
혜 택	전자세금계산서 발급 시 다음과 같은 혜택이 있다. • 예정신고 및 확정신고 시 세금계산서 합계표 제출의무 면제 • 종이세금계산서는 5년간 보관해야 하지만 전자세금계산서 발급 시 보관의무 면제

(3) 전송의무 및 혜택

전 송	전자세금계산서를 발급하였을 때에는 발급일의 다음날까지 전자세금계산서 발급명세서를 국세청장에게 전송하여야 한다.
혜 택	전자세금계산서 발급 시 다음과 같은 혜택이 있다. • 예정신고 및 확정신고 시 세금계산서 합계표 제출의무 면제 • 종이세금계산서는 5년간 보관해야 하지만 전자세금계산서 발급 시 보관의무 면제 • 직전연도 공급가액 3억원 미만인 개인사업자(간이과세자 포함)에 대하여 전자세금계산서 발급세액공제(발급건당 200원, 연간한도 100만원)가 적용된다.

기출문제 연습

전자세금계산서를 의무적으로 발급해야 하는 사업자로 가장 적절한 것은?

① 휴대폰을 판매하는 법인사업자
② 음식점을 운영하는 직전 과세기간 매출액 3,000만원인 간이과세자
③ 배추를 재배해서 판매하는 영농조합법인
④ 입시학원을 운영하는 개인사업자

풀이

① 과세사업을 영위하는 법인은 모두 전자세금계산서 의무발행사업자임

3. 세금계산서 등 발급의무 면제

(1) 영수증 발급대상 업종

소매업 등	• 공급받는 자가 요구하는 경우에는 세금계산서 발급해야 함 • 소매업, 음식점업, 숙박업, 양복점, 부동산중개업 등
미용업 등	• 공급받는 자가 요구해도 세금계산서 발급 불가 • 미용 · 목욕탕 및 유사서비스업, 자동차운전학원 등

(2) 증빙 발급의무 면제

다음의 업종은 세금계산서 뿐만 아니라 영수증도 발급의무가 면제 된다.

⊙ 택시, 노점, 무인판매기
ⓒ 재화의 간주공급(판매목적 타사업장 반출 제외)
ⓒ 간주임대료 및 직수출
ⓔ 미용 · 목욕탕 및 유사서비스업, 소매업(공급받는 자가 요구하는 경우에는 발급하여야 함)

(3) 간이과세자, 면세사업자

공급대가 4,800만원 미만인 간이과세자는 세금계산서를 발급할 수 없으며, 면세사업자는 세금계산서가 아닌 계산서를 발급할 수 있다. 다만, 신용카드매출전표·현금영수증 등은 모두 발급할 수 있다.

▸ 4,800만원 미만인 간이과세자에게 매입한 경우에는 매입세액 공제가 안되므로, 일반전표에 입력을 해야 한다.

【매입자발행 세금계산서】

개 념	일반과세자가 재화·용역 공급 시 세금계산서를 발급하지 아니한 경우에 공급받는 사업자(면세사업자 포함)가 관할세무서장의 확인을 받아서 발급하는 세금계산서
발 급	공급시기가 속하는 과세기간 종료일부터 6개월 이내에 관할세무서장에게 확인을 받아서 발급하며, 건당 공급대가가 5만원 이상 이어야 함

기출문제 연습	다음 ( ) 안에 들어갈 말은 무엇인가? 사업자가 재화·용역을 공급하고 세금계산서를 교부하지 아니한 경우 공급받은 자는 관할세무서무장의 확인을 받아 ( )발행 세금계산서를 발행할 수 있다. ① 사업자　　　　② 매입자　　　　③ 중개인　　　　④ 매출자

풀이

② 매입자발행 세금계산서에 기재된 부가가치세액은 공제받을 수 있다.

실전문제연습 

01 다음 중 부가가치세법상 사업자별 발급가능한 증명서류로서 잘못 짝지은 것은?

① 간이과세자 : 세금계산서, 계산서, 신용카드매출전표, 현금영수증

② 일반과세자 중 면세물품공급자 : 계산서, 신용카드매출전표, 현금영수증

③ 일반과세자 중 과세물품공급자 : 세금계산서, 신용카드매출전표, 현금영수증

④ 면세사업자 : 계산서, 신용카드매출전표, 현금영수증

02 다음 중 세금계산서 발급의무가 면제되는 경우에 해당되지 않는 항목은?

① 내국신용장 또는 구매확인서에 의하여 공급하는 재화

② 판매목적 타사업장 반출을 제외한 간주공급

③ 부동산임대용역 중 간주임대료

④ 택시운송 사업자가 제공하는 용역

03 다음은 사업자 간의 거래내용이다. ㈜서울이 전자세금계산서를 발행하고자 할 때, 다음 내용에 추가적으로 반드시 있어야 하는 필요적 기재사항은 무엇인가?

> ㈜용감(사업자 등록번호:129-86-49875, 대표자:신보라)은 ㈜강남스타일(사업자 등록번호:124-82-44582, 대표자:박재상)에게 소프트웨어 프로그램 2개를 10,000,000원(부가가치세 별도)에 공급하였다.

① 공급받는자의 사업장 주소　　　　② 작성연월일

③ 업태 및 종목　　　　　　　　　　④ 품목 및 수량

04 다음 자료에서 세금계산서의 필수적 기재사항을 모두 모은 것은?

> ㉮ 공급하는 사업자의 등록번호와 성명(명칭)　㉯ 공급받는자의 등록번호
> ㉰ 공급가액과 부가가치세액　　　　　　　　　㉱ 공급연월일
> ㉲ 작성연월일

① ㉮-㉯-㉰　　　　　　　　　　② ㉮-㉯-㉰-㉱

③ ㉮-㉯-㉰-㉲　　　　　　　　④ ㉮-㉯-㉰-㉱-㉲

05 부가가치세법상 법인사업자가 전자세금계산서를 발급하는 경우 전자세금계산서 발급명세서를 언제까지 국세청장에게 전송하여야 하는가?

① 전자세금계산서 발급일의 다음 날

② 전자세금계산서 발급일의 일주일 이내

③ 전자세금계산서 발급일이 속하는 달의 다음 달 10일 이내

④ 전자세금계산서 발급일이 속하는 예정신고기한 또는 확정신고기한 이내

06 다음은 세금계산서의 일부이다. 부가가치세법상 필요적 기재사항이 아닌 것은?

전자세금계산서					승인번호		
공급자	사업자 등록번호	① 종사업장 번호		공급받는자	사업자 등록번호	종사업장 번호	
	상호(법인명)	성명(대표자)			상호(법인명)	성 명	④
	사업장주소				사업장 주소		
	업 태	종목			업 태	종 목	
	이메일				이메일		
작성일자	공급가액	세액	수정사유				
②	③						

07 다음 중 부가가치세법상 세금계산서 발급의무 면제대상이 아닌 것은?

① 직매장반출을 제외한 간주공급에 해당하는 재화의 공급

② 부동산임대용역 중 간주임대료

③ 일반과세자로서 전세버스 운송사업을 영위하는 자

④ 미용업 또는 목욕탕업을 경영하는 자가 공급하는 용역

08 세금계산서 발급의무의 면제에 해당하지 않는 것은?(단, 과세사업자를 전제한다)

① 미용, 욕탕 및 유사 서비스업을 경영히는 지기 공급하는 재화 또는 용역

② 부동산임대에 따른 간주임대료

③ 도매업을 영위하는 자가 공급하는 재화·용역

④ 무인판매기를 이용하여 재화와 용역을 공급하는 자

09 다음 중 부가가치세법상 공급시기는?

> ㉠ 3월 1일 : A제품 판매주문을 받았음
>
> ㉡ 3월 31일 : A제품 판매대가 1,000,000원을 전액 수령하고 세금계산서를 발급함
>
> ㉢ 4월 3일 : A제품을 인도함
>
> ㉣ 4월 15일 : 거래처로부터 A제품 수령증을 수취함

① 3월 1일 ② 3월 31일
③ 4월 3일 ④ 4월 15일

실전문제연습 해답 

01 ① 공급대가 4,800만원 미만 간이과세자는 세금계산서를 발급할 수 없다.

02 ① 내국신용장·구매확인서에 의하여 공급하는 재화는 세금계산서를 발급해야 한다.

03 ② 작성연월일은 필요적 기재사항이다.

04 ③ 공급연월일은 임의적 기재사항임

05 ① 전자세금계산서 발급일의 다음 날까지

06 ④ 공급받는자의 성명은 임의적 기재사항이다.

07 ③

08 ③

09 ② 공급시기가 되기 전에 대가의 전부 또는 일부를 받고, 이와 동시에 그 받은 대가에 대하여 세금계산서를 발급하면, 그 세금계산서 등을 발급하는 때를 그 재화 또는 용역의 공급시기로 본다.

Part. 4

부가가치세 유형 및 분개 연습문제

Chapter 1
매입매출 분개 유형

1. 매입거래 유형

코드	유형	입력 내용	반영되는 장부(서식)
51	과세	일반 매입(전자)세금계산서 (10% 부가가치세)	– 매입처별세금계산서합계표 – 매입매출장 – 부가가치세신고서 매입세금계산서란
52	영세	영세율 매입(전자)세금계산서	– 매입처별세금계산서합계표 – 매입매출장 – 부가가치세신고서 매입세금계산서란
53	면세	부가가치세 면세사업자가 발행한 (전자)계산서 (세금계산서가 아님)발급매입	– 매입처별계산서합계표 – 매입매출장
54	불공	매입세액 불공제분 (전자)세금계산서 – 소형승용차구입 및 유지 – 거래처 접대비 지출시 – 면세사업관련 매입, 토지관련 지출	– 매입처별세금계산서합계표 – 매입매출장 – 부가가치세신고서(매입세금계산서) – 부가가치세신고서(공제받지못할매입세액) – 부속서류(공제받지못할매입세액명세서)
55	수입	세관장이 발행한 수입(전자)세금계산서 (공급가액은 과세표준에 불과하므로 회계 처리 대상이 아니고 부가가치세만 회계처리)	– 매입처별세금계산서합계표 – 매입매출장 – 부가가치세신고서(매입세금계산서)
56	금전	금전등록기영수증 수취매입	– 매입매출장
57	카과	매입세액공제가 가능한 신용카드 매입발행전표	– 매입매출장 – 부가가치세신고서(그밖의공제매입세액) – 부속서류(신용카드매출전표수령합계표)
58	카면	신용카드에 의한 면세매입	– 매입매출장
59	카영	신용카드에 의한 영세매입	– 매입매출장
60	면건	계산서가 교부되지 않는 면세적용 매입	– 매입매출장
61	현과	현금영수증 과세매입	– 부가가치세신고서(기타공제매입세액) – 부속서류(신용카드매출전표수령합계표)
62	현면	현금영수증 수취 면세매입	– 매입매출장

2. 매출거래 유형

코드	유형	입력 내용	반영되는 장부(서식)
11	과세	일반 매출(전자)세금계산서 (10% 부가가치세)	- 매출처별세금계산서합계표 - 매입매출장 - 부가가치세신고서(매출과세 세금계산서)
12	영세	- 내국신용장(Local L/C분) - 영세율(전자)세금계산서(부가가치세액이 "0")	- 매출처별세금계산서합계표 - 매입매출장 - 부가가치세신고서(영세세금계산서)
13	면세	부가가치세 면세업자가 발행한 (전자)계산서 (세금계산서가 아님)발행매출	- 매출처별계산서합계표 - 매입매출장
14	건별	세금계산서가 발행되지 않는 과세매출 공급 대가를 입력하면 공급가액과 금액이 자동계 산 됨	- 매입매출장 - 부가가치세신고서(과세매출 기타)
15	간이	- 간이과세자의 매출(공급대가와 부가가치 세가 구분되지 않음) - 일반과세자는 사용하지 않음	- 매입매출장 - 부가가치세신고서(과세매출)
16	수출	수출면장에 의한 수출(직수출)	- 매입매출장 - 부가가치세신고서(영세매출 기타)
17	카과	신용카드에 의한 과세매출	- 매입매출장 - 신용카드매출전표발행집계표 - 부가가치세신고서(과세매출 신용카드)
18	카면	면세대상거래의 신용카드에 의한 매출	- 매입매출장, - 신용카드매출전표발행집계표
19	카영	신용카드에 의한 영세매출	- 매입매출장 - 신용카드매출전표발행집계표 - 부가가치세산고서(영세매출 기타)
20	면건	면세사업자의 계산서 발행이 없는 매출	- 매입, 매출장의 반영은 매입,매출거래 (카드영세~현금영세)모두에 공통적용
21	전자	전자화폐 결제에 의한 매출	- 신용카드매출전표 발행집계표 - 부가가치세신고서(과세매출 신용카드)
22	현과	현금영수증발행 과세매출	- 신용카드매출전표 발행집계표 - 부가가치세신고서(과세매출 신용카드)
23	현면	현금영수증발행 면세매출	- 부가가치세 신고 서식과는 무관함
24	현영	현금영수증발행 영세매출	- 신용카드매출전표발행집계표 - 부가가치세신고서(영세매출 기타)

Chapter 2
매입매출 분개 연습

[1] 8월 1일 창원전자(주)로부터 원재료를 매입하고, 다음의 전자세금계산서를 발급 받았다.

전자세금계산서(공급받는자 보관용)				책 번 호	3 권	21호
				일련번호		

공급자	등록번호	609-84-13579		공급받는자	등록번호	609-84-24680	
	상 호 (법인명)	창원전자(주)	성 명 (대표자) 이예림		상 호 (법인명) (주)정우산업	성 명 (대표자)	이병찬
	주 소	창원시 성산구 용지로 133번길 5			주 소	창원시 의창구 천주로 33	
	업 태 제조	종 목 컴퓨터부품			업 태 제조, 도매	종 목	컴퓨터외

작성				공 급 가 액									세 액									비 고
연	월	일	공란수	백	십	억	천	백	십	만	천	백	십	일	십	억	천	백	십	만	천	백	십	일	
24	8	1	3			2	0	0	0	0	0	0	0			2	0	0	0	0	0	0	

월일	품　　　　목	규격	수량	단 가	공 급 가 액	세 액	비 고
8 1	메모리(램)		400	50,000	20,000,000	2,000,000	

합 계 금 액	현 　 금	수 　 표	어 　 음	외 상 미 수 금	이 금액을 영수 청구 함
22,000,000	2,000,000	3,000,000	2,000,000	15,000,000	

[2] 8월 2일 위 8월 1일 매입한 원재료 중 불량품이 있어 100개를 반품(전자세금계산서 발급)하고, 대금은 외상매입금과 상계처리하기로 하였다.

[3] 8월 3일 ㈜두산철강으로부터 내국신용장에 의한 원재료(공급가액 15,000,000원)를 매입하고, 영세율전자세금계산서를 발급받았다. 대금 중 2,000,000원은 수표발행하여 지급하고, 잔액은 약속어음을 발행하여 결제하였다.

[4] 8월 4일 업무용 승용차(1500cc)가 고장이나 마산자동차로부터 수리하고, 수리대금 330,000원 (부가가치세 포함)을 현금 지급하고, 전자세금계산서를 발급받았다.(동수리비는 수익적 지출로 처리할 것.)

[5] 8월 5일 경리팀에서 사용할 조세법전을 구입하고, 교부받은 전자계산서이다.

전자계산서(공급받는자 보관용)														책 번 호	4권	3 호		
														일련번호				

<table>
<tr><td rowspan="6">공급자</td><td colspan="2">등록번호</td><td colspan="10">608 - 92 - 12345</td><td rowspan="6">공급받는자</td><td colspan="2">등록번호</td><td colspan="8">609 - 84 - 24680</td></tr>
<tr><td colspan="2">상 호
(법인명)</td><td colspan="4">또와문고</td><td colspan="3">성 명
(대표자)</td><td colspan="3">이효정</td><td colspan="2">상 호
(법인명)</td><td colspan="3">㈜정우산업</td><td colspan="2">성 명
(대표자)</td><td colspan="3">이병찬</td></tr>
<tr><td colspan="2">주 소</td><td colspan="10">창원시 마산회원구 중리 100</td><td colspan="2">주 소</td><td colspan="8">창원시 의창구 천주로 33</td></tr>
<tr><td colspan="2">업 태</td><td colspan="4">도매,소매</td><td colspan="3">종 목</td><td colspan="3">서적</td><td colspan="2">업 태</td><td colspan="3">제조, 도매</td><td colspan="2">종 목</td><td colspan="3">컴퓨터외</td></tr>
</table>

작성일자				공 급 가 액										비 고				
연	월	일	공란수	백	십	억	천	백	십	만	천	백	십	일				
24	8	5	5						3	0	0	0	0	0				

월일		품 목	규격	수량	단 가	공 급 가 액	비 고
8	5	조세법전				300,000	

합 계 금 액	현 금	수 표	어 음	외 상 미 수 금	이 금액을 영수/청구 함
300,000	200,000		100,000		

[6] 8월 6일 원재료 매입거래처인 한공회가 확장 이전하게 되어 김해화원에서 서양란을 100,000원에 수표를 발행하여 구입하고, 계산서를 수취하였다.

[7] 8월 7일 대표이사(나대표)의 개인적인 용도로 사용할 골프용품을 진해골프용품으로부터 구매하면서 발급받은 전자세금계산서 1매 (공급가액 2,000,000원, 부가가치세 별도)에 대하여 전액 현금지급 하였다.

[8] 8월 8일 판매거래처의 선물용 화장품(공급가액 700,000원, 부가가치세 별도)을 사임당화장품에서 구입하여 매출거래처에 제공하고, 대금은 당좌수표를 발행하여 지급하였으며, 전자세금계산서를 발급 받았다.

[9] 8월 9일 원재료를 수입하면서 김해세관으로부터 전자수입세금계산서(공급가액 9,500,000원, 부가가치세 950,000원)를 발급받고, 부가가치세는 현금으로 지급하였다.

[10] 8월 10일 여름철 더위로 인하여 ㈜너거전자에 의뢰하여 공장내부에 대형 에어컨을 설치하고, 대금 2,750,000원(부가가치세 포함)을 하나카드를 이용하여 결제하였다.

[11] 8월 11일 중국산갈비에서 생산직직원 회식비 550,000원(부가가치세 포함)을 삼성카드(법인카드)로 결제하고, 공급가액과 부가가치세를 구분 기재한 신용카드매출전표를 수령하였다.

[12] 8월 12일 경남신문에 신제품광고를 하고 광고비는 현금으로 지급하였으며, 현금영수증(공급대가 3,300,000원)을 발급받았다.

[13] 8월 13일 본사 영업부에서 야유회때 직원들 식사로 제공할 삼겹살을 1,800,000원을 동네정육에서 직접 구매하고, 회사 법인카드(비씨카드)로 결제하였다.

[14] 9월 14일 북면금속(주)에 제품을 매출하고, 발급한 세금계산서에 대하여 회계처리하시오.

전자세금계산서(공급자 보관용)

	책 번 호	4권	41호
	일련번호	-	

공급자	등록번호	6 0 9 - 8 4 - 2 4 6 8 0			공급받는자	등록번호	6 0 9 - 8 5 - 5 5 5 5 5		
	상 호 (법인명)	(주)정우산업	성 명 (대표자)	이병찬		(법인명)	북면금속(주)	성 명 (대표자)	김성훈
	사업장주소	창원시 의창구 천주로 33				사업장주소	창원시 의창구 북면 133		
	업 태	제조, 도매	종 목	컴퓨터외		업 태	제조	종목	금속

작성			공 급 가 액										세 액									비 고
연	월	일	공란수	백	십	억	천	백	십	만	천	백	십	일	십	억	천	백	십	만	천	백	십	일	
24	9	14	3				3	0	0	0	0	0	0	0				3	0	0	0	0	0	0	

월	일	품 목	규격	수량	단 가	공급가액	세 액	비 고
9	13	팬4 - 300		30	1,000,000	30,000,000	3,000,000	

합 계 금 액	현 금	수 표	어 음	외 상 미 수 금	이 금액을 영수 / 청구 함
33,000,000	1,000,000	2,000,000	5,000,000	25,000,000	

[15] 9월 15일 매출처 북면금속(주)에 매출한 제품의 포장불량으로 반품액이 1,100,000원(부가가치세 포함)으로 결정되어 당일자로 매출차감전자세금계산서를 발급하고 외상대금과 상계하기로 하였다.

[16] 9월 16일   용마중고자동차에 승합차 취득원가 12,000,000원(감가상각누계액 5,300,000원)을 8,800,000원(부가가치세 별도)에 매각하고, 전자세금계산서를 발급 받았으며, 대금은 수표로 받다.

[17] 9월 17일   개인 이상자에게 상품(전자제품)을 350,000원에 현금으로 매출하고, 전자계산서를 발행하다.

[18] 9월 18일   (주)병찬물산에 local L/C에 의해 제품 15,000,000원을 현금으로 매출하고, 영세율 전자세금계산서를 발급하였다.

[19] 9월 19일   태국 소재 Jungwoo사에 제품 250box(box당 $200)를 선적 완료하여 수출하고, 대금의 결제는 수입한 회사의 검수 후에 하기로 하였다.
- 9월 09일 계약일 환율 : 1$당 1,200원
- 9월 19일 선적일 환율 : 1$당 1,300원
- 9월 29일 대금 결제일 환율 : 1$당 1,270원

[20] 9월 20일   비사업자인 이효정에게 제품(모니터)을 330,000원(부가가치세 포함)에 판매하고, 대금은 신용카드(하나카드)로 결제 하였다.(전자세금계산서 발급하지 않음)

[21] 9월 21일   전주상사에 상품(컴퓨터 관련서적)을 70,000원을 매출하고, 대금은 국민카드로 결제하여 신용카드매출전표를 발행하였다.

[22] 9월 22일　소매사업자인 구미상사에 제품(컴퓨터) 1,300,000원(부가가치세 별도)을 매출하고, 전자세금계산서를 발급하였으며, 대금은 현대카드로 결제하고 신용카드매출전표를 발행하였다.

[23] 9월 23일　개인 소비자인 이예림에게 제품(컴퓨터)을 1,430,000원(공급대가)을 현금으로 매출하고, 현금영수증을 발급하여 주다.

[24] 9월 24일　주전자(주)에게 고객주차장으로 사용하던 토지를 100,000,000원에 처분하고, 대금은 보통예금계좌로 이체받고, 현금영수증을 발행하다.

[25] 9월 25일　자사제품(원가 3,000,000원, 시가 4,000,000원)을 영업부 매출처 진해상사에 선물로 제공하다.

[26] 9월 26일　비사업자인 개인소비자 이사람에게 제품(컴퓨터)을 1,760,000원(공급대가)을 현금으로 매출하고, 영수증을 발급해 주다.

[27] 9월 27일　원재료 납품업체의 공장건물 준공식에 쌀 300,000원을 선물하고, 쌀살정미소로부터 영수증을 수취하고, 보통예금계좌에서 이체하다.

[28] 9월 28일　공장건물을 신축하기 위한 토지를 취득하면서, 토지 정지비용(공급가액 5,000,000원, 부가가치세 500,000원)을 약속어음을 발행하여 지급하고, ㈜모두골라로부터 전자세금계산서를 발급받다.

매입매출 분개 연습 정답 

번호	유형	차 변		대 변	
1	매입과세	원 재 료 부 가 세 대 급 금	20,000,000 2,000,000	현 금 당 좌 예 금 지 급 어 음 외 상 매 입 금	2,000,000 3,000,000 2,000,000 15,000,000
2	매입과세	원 재 료 부 가 세 대 급 금	−5,000,000 −500,000	외 상 매 입 금	−5,500,000
3	매입영세	원 재 료	15,000,000	당 좌 예 금 지 급 어 음	2,000,000 13,000,000
4	매입불공	차 량 유 지 비	330,000	현 금	330,000
5	매입면세	도 서 인 쇄 비	300,000	현 금 미 지 급 금	200,000 100,000
6	매입면세	기업업무추진비(제)	100,000	당 좌 예 금	100,000
7	매입불공	가 지 급 금	2,200,000	현 금	2,200,000
8	매입불공	접 대 비	770,000	당 좌 예 금	770,000
9	매입수입	부 가 세 대 급 금	950,000	현 금	950,000
10	매입카과	비 품 부 가 세 대 급 금	2,500,000 250,000	미 지 급 금	2,750,000
11	매입카과	복 리 후 생 비 (제) 부 가 세 대 급 금	500,000 50,000	미 지 급 금	550,000
12	매입현과	광 고 선 전 비 부 가 세 대 급 금	3,000,000 300,000	현 금	3,300,000
13	매입카면	복 리 후 생 비	1,800,000	미 지 급 금	1,800,000
14	매출과세	현 금 받 을 어 음 외 상 매 출 금	3,000,000 5,000,000 25,000,000	제 품 매 출 부 가 세 예 수 금	30,000,000 3,000,000
15	매출과세	외 상 매 출 금	−1,100,000	제 품 매 출 부 가 세 예 수 금	−1,000,000 −100,000

번호	유 형	차 변		대 변	
16	매출과세	차량감가상각누계액	5,300,000	차 량 운 반 구	12,000,000
		현　　　　　금	9,680,000	부 가 세 예 수 금	880,000
				유 형 자 산 처 분 이 익	2,100,000
17	매출면세	현　　　　　금	350,000	상　품　매　출	350,000
18	매출영세	현　　　　　금	15,000,000	제　품　매　출	15,000,000
19	매출수출	외 상 매 출 금	65,000,000	제　품　매　출	65,000,000
20	매출카과	외 상 매 출 금	330,000	제　품　매　출	300,000
				부 가 세 예 수 금	300,000
21	매출카면	외 상 매 출 금	70,000	상　품　매　출	70,000
22	매출과세	외 상 매 출 금	1,430,000	제　품　매　출	1,300,000
				부 가 세 예 수 금	130,000
23	매출현과	현　　　　　금	1,430,000	제　품　매　출	1,300,000
				부 가 세 예 수 금	130,000
24	매출현면	보 통 예 금	100,000,000	토　　　　　지	100,000,000
25	매출건별	접　대　비	3,400,000	제 품 (적 요 8 번)	3,000,000
				부 가 세 예 수 금	400,000
26	매출건별	현　　　　　금	1,760,000	제　품　매　출	1,600,000
				부 가 세 예 수 금	160,000
27	매입면건	기업업무추진비(제)	300,000	보 통 예 금	300,000
28	매입불공	토　　　　　지	5,500,000	미 지 급 금	5,500,000

Chapter 3
기출 분개 연습 100선

※ [01~50] 일반전표입력 문제

01 창고에서 화재가 발생하여 보관하고 있던 제품 24,550,000원(장부가액)이 소실되었다. 당사는 이와 관련한 보험에 가입되어 있지 않다.

02 대주주로부터 토지(대주주의 토지 취득가액 : 48,000,000원, 토지의 증여일 현재 공정가치 : 50,000,000원)를 무상으로 증여받고, 소유권 이전비용으로 2,873,430원을 보통예금으로 지출하였다.

03 다음과 같이 9월분 건강보험료를 보통예금으로 납부하였다.

> • 회사부담분 : 300,000원(영업부직원), 500,000원(생산부직원)
> • 종업원부담분 : 800,000원(급여지급 시 이 금액을 차감하고 지급함)
> • 회사부담분의 건강보험료는 복리후생비로 회계 처리한다.

04 신제품을 개발하고 특허권을 취득하기 위한 수수료 500,000원을 현금으로 지급하였다.(무형자산으로 처리할 것)

05 원재료 500,000원(원가)을 공장에서 사용 중인 기계장치의 수리를 위하여 소비하다.

06 아르헨티나 현지법인인 ㈜해주산업에 직수출(선적일 : 7월 1일)하였던 제품에 대한 외상매출금($1,000)을 수령한 후 즉시 원화로 환전하여 보통예금에 입금하였다.(7월 1일 환율 : 1,100원/$, 7월 14일 환율 : 1,300원/$)

07 회사는 전 임직원의 퇴직금에 대해 확정급여형(DB형) 퇴직연금에 가입하고 있으며, 8월분 퇴직연금 13,520,000원을 당사 보통예금에서 이체하여 납부하였다.

08 영업부 행정업무 지원을 위한 일용직근로자 2명을 채용하고 당일 일당인 200,000원(1인당 일당 100,000원)을 보통예금에서 지급하였다.

09 우리은행의 이자수익 중 원천징수세액 46,200원을 제외한 나머지 금액인 253,800원이 보통예금으로 입금되었음을 확인하였다.(단, 원천징수세액은 자산으로 처리할 것)

10 단기 시세차익을 목적으로 당해 연도에 취득하였던 ㈜올빅뱅의 주식 1,000주(1주당 액면가 5,000원, 1주당 구입가 10,000원)를 12,000,000원에 처분하고 보통예금에 입금하였다.

11 이안산업에서 매입한 원재료 일부에서 불량품이 발견되어 외상대금 잔액 5,000,000원 중 1,200,000원을 감액 받고, 나머지는 보통예금으로 결제하였다.

12 보유 중인 자기주식 1,000주(액면가 주당 @1,000원, 장부가 주당 @1,240원) 전량을 1,200,000원에 처분하고 처분대금 전액이 당일에 보통예금으로 입금되었다.(단, 자기주식처분이익 및 자기주식처분손실계정의 잔액은 없음)

13 본사신축을 위해 미래은행에서 빌린 대출금에 대한 9월분 이자 1,350,000원을 당사 보통예금에서 이체하였다. 공사기간은 2024. 7. 1.부터 2년간이며, 이자비용은 자본화하기로 한다.

14 ㈜민국의 외상매입금 4,000,000원 중 1,000,000원은 보통예금에서 지급하였고 잔액은 3개월 만기 전자어음을 발행하여 지급하였다.(단, 하나의 전표로 입력할 것)

15 ㈜대한모터스의 주식 100주(액면가 @5,000원)를 4,200,000원에 취득하고 보통예금에서 이체
하였다.(시장성이 있고 단기시세차익 목적임)

16 ㈜희망의 외상매출금 3,000,000원이 대손처리 요건에 충족되어 당일 대손처리하기로 하였다. 단
대손충당금 잔액은 1,000,000원 있다.(단, 부가가치세는 고려하지 않는다)

17 1주당 발행가액 7,000원에 유상증가를 실시하여 신주 10,000주(주당 액면가액 5,000원)를 발행
하였으며, 주금은 보통예금 계좌에 입금되었다. 단, 증자 전 주식할인발행차금 계정의 잔액은
1,000,000원이 있다.

18 수입한 원재료에 부과되는 관세 1,500,000원과 통관수수료 500,000원을 김해세관에 보통예금
계좌에서 이체 납부하였다.

19 태종빌딩과 전월에 체결한 본사 건물 임대차계약의 잔금일이 도래하여 임차보증금 50,000,000
원 중 계약일에 지급한 5,000,000원을 제외한 잔금을 보통예금 계좌에서 이체하였다.

20 사채 액면총액 20,00,000원, 상환기간 3년, 발행가액 22,000,000원으로 발행하고, 납입금은 보
통예금에 입금되었다.

21 제품 운반용 트럭(취득가액 25,000,000원, 감가상각누계액 20,000,000원)이 노후 되어 폐차하
였으며, 폐차관련 부대비용 350,000원은 보통예금에서 이체지급 하였다.(당기의 감가상각비는
고려하지 말 것)

22 ㈜날씬닷컴의 외상매입금 5,000,000원을 결제하기 위하여 ㈜명화상사로부터 받을어음 5,000,000원을 배서 양도하였다.

23 상업은행에서 차입한 단기차입금에 대한 이자 120,000원을 당사의 보통예금 계좌에서 지급하였다.

24 당사의 최대주주인 김으뜸씨로부터 본사를 신축할 토지를 기증받았다. 토지에 대한 소유권 이전 비용 2,000,000원은 당좌수표를 발행하여 지급하였다. 토지의 공정가액은 50,000,000원, 장부가액은 40,000,000원이다.(하나의 전표로 입력할 것)

25 당해 사업연도 법인세 중간예납세액 1,100,000원을 현금으로 납부하였다.(단, 법인세납부액은 자산계정으로 처리할 것)

26 제조공장 운영을 위하여 시민은행으로부터 95,000,000원을 차입(상환일: 내년 6월 30일)하면서 수수료비용(제조경비로 처리할 것) 150,000원을 차감한 잔액인 94,850,000원이 보통예금으로 입금되었다.(하나의 전표로 입력할 것)

27 단기투자목적으로 보유 중인 ㈜풍림철강 주식에 대하여 15,000,000원 배당금 지급통지서를 수령하고, 배당금을 보통예금 계좌로 지급받았다.(세금은 고려하지 말고 지급통지서 수령일에 배당 확정된 것으로 가정한다)

28 장부상 제품재고액은 1,500,000원이고 실제 제품 재고액은 1,450,000원이다. 이 재고감모액은 비정상적으로 발생되었다. 재고감모액에 대한 회계처리를 하시오.

29 본사 영업부 직원의 명함을 인쇄하고 40,000원에 해당하는 영수증을 받았다. 대금은 현금으로 지급하였다.

30 전 직원(영업직 40명, 생산직 60명)에 대한 독감예방접종을 태양병원에서 실시하고, 접종비용 5,000,000원을 사업용카드인 비자카드로 결제하였다.

31 9월 3일에 선적하여 미국 Ace corp.에 수출한 제품에 대한 외상매출금을 회수하여 원화로 당사 보통예금 계좌에 입금하였다. (입금일 9월 13일)

> • 외상매출금 : 10,000$(미)　　• 9월 3일 환율 : 1,100원/$　　• 9월 13일 환율 : 1,150원/$

32 (주)한국건설에 공장 건물 증축을 의뢰하여 완공되었다. 공사비용 100,000,000원을 6개월 만기 당사발행 약속어음으로 60% 결제하였으며, 나머지는 보통예금계좌에서 이체하였다.

33 7월분 급여 지급시 원천징수한 근로소득세 950,000원을 관할세무서에 현금납부하다.

34 제품 1개(원가 : 300,000원)를 매출거래처에 견본품으로 무상 제공하였다.(견본비 계정으로 처리할 것)

35 매출처 ㈜대현전자의 부도로 외상매출금 잔액 2,000,000원이 회수 불가능하여 대손처리하였다. 대손처리하기 전 재무상태표상 대손충당금 잔액은 500,000원이다.

36 ㈜영리한의 외상매출금 중 10,000,000원은 자기앞수표로 받고, 5,000,000원은 신한은행 보통 예금계좌로 이체받았다.

37 유전기업에서 원재료 4,000,000원을 구입하면서 계약금으로 지급한 400,000원을 차감한 잔액을 약속어음(3개월 만기)으로 발행하여 지급하다.

38 영업부 임직원의 안정적인 퇴직금 지급을 위해 제일금융에 확정급여형(DB) 퇴직연금에 가입하고, 9,500,000원을 당사 보통예금 계좌에서 이체하였다. 이 금액 중 100,000원은 운용에 따른 수수료비용이다.

39 상품 매입에 따른 택배요금 4,300,000을 현금으로 지급하고, 우체국 증빙을 받다.

40 판매장의 화재와 도난에 대비하기 위하여 화재손해보험에 가입하고 1년분 보험료 480,000원을 보통예금계좌로 이체지급 하였다. 모두 비용으로 처리하시오.

41 거래처인 ㈜대박물류에 대한 외상매출금 현재잔액 4,000,000원 전액을 대여금(9개월 만기)으로 전환하기로 하였다.

42 ㈜일신기업에서 매출대금으로 받아 보관 중인 약속어음 2,000,000원이 만기가 도래하여 기업은행에 추심의뢰한 바, 추심수수료 30,000원을 차감한 금액이 당점 기업은행 보통예금 통장에 입금되다.

43 전년도에 (주)금산이 파산하여 외상매출금 6,000,000원이 회수 불가능한 것을 뒤늦게 올해 확인하였다. 그 금액이 중요하지 않아 전기분 재무제표는 수정하지 않고 당기 손익에 반영한다.

44 제품매출 거래처인 한국전자(주)에 대한 외상매출금 12,500,000원이 약정기일보다 빠르게 회수되어 2%의 할인을 해주고 잔액을 보통예금계좌로 송금받았다.

45 전기에 대손이 확정되어 대손충당금과 상계처리 하였던 코코상사의 외상매출금 4,000,000원을 회수하여 싱싱은행의 당점 보통예금 계좌에 입금하였다.

46 개인 고혜림으로부터 차입한 운영자금에 대한 당월 이자비용 2,000,000원이 발생하여 원천징수 세액 550,000원을 차감한 나머지금액 1,450,000원을 보통예금으로 지급하였다.

47 직원 엄성철 및 백도성에 대해 지급한 7월분 급여는 다음의 급여명세서와 같으며, 공제 후 차감 지급액에 대해서는 당사 보통예금 계좌에서 이체하였다.

2024년 7월 급여명세서 이창원(생산부) 귀하			2024년 7월 급여명세서 김마산(영업부) 귀하		
지급내역	기본급	1,500,000	지급내역	기본급	1,200,000
	자격수당	100,000		자격수당	60,000
	직무수당	50,000		직무수당	30,000
	식대	80,000		식대	80,000
	월차수당	70,000		월차수당	50,000
	근속수당			근속수당	
	상여금			상여금	
	특별수당			특별수당	
	퇴직수당			퇴직수당	
	기타 1			기타 1	
	지급액	1,800,000		지급액	1,420,000
공제내역	소득세	15,560	공제내역	소득세	5,560
	지방소득세	1,550		지방소득세	550
	국민연금	81,000		국민연금	63,900
	건강보험	52,630		건강보험	41,000
	고용보험	8,100		고용보험	6,390
	공제계	158,840		공제계	117,400
지 급 총 액		1,641,160	지 급 총 액		1,302,600
[귀하의 노고에 감사드립니다.]			[귀하의 노고에 감사드립니다.]		

48 단기 시세차익을 목적으로 ㈜올품의 주식 1,000주(1주당 액면가 5,000원)를 10,000,000원에 구입하고, 매입수수료 50,000원을 포함하여 10,050,000원을 현금으로 지급하였다.

49 베트남의 하남기업에 수출(선적일 : 7월 1일)하였던 제품에 대한 외상매출금($1,000)을 수령한 후 즉시 원화로 환전하여 보통예금에 입금하였다.(7월 1일 환율 : 1,100원/$, 7월 14일 환율 : 1,200원/$)

50 회사는 동아기업에 지급할 외상매입금 중 1,000,000원을 동아기업으로부터 면제받다.

※ **[51~100] 매입매출전표입력 문제**

51 ㈜베타전자로부터 영업부서에서 사용할 컴퓨터를 구입하고 대금 1,650,000원(부가가치세 포함)을 하나카드로 결제하였다.(단, 컴퓨터는 유형자산 계정으로 처리할 것)

52 ㈜삼성상사로부터 원재료를 전액 보통예금으로 매입하고, 다음의 지출증빙용 현금영수증을 수령하였다.

<table>
<tr><td colspan="3" align="center">현금영수증</td></tr>
<tr><td colspan="3">가맹점명
(주)삼성상사 114 - 81 - 81238   신동기
서울 송파구 동남로 123 TEL : 02 - 500 - 5566
홈페이지 http://www.ssamssung.co.kr</td></tr>
<tr><td colspan="3" align="center">현금(지출증빙용)</td></tr>
<tr><td colspan="3">구매 2024/9/14/15:20   거래번호 : 4512 - 1020</td></tr>
<tr><td>상품명</td><td>수량</td><td>금액</td></tr>
<tr><td>원재료
123 - ADC - 456</td><td>10</td><td>24,200,000</td></tr>
<tr><td>과세공급가액</td><td></td><td>22,000,000</td></tr>
<tr><td>부가가치세</td><td></td><td>2,200,000</td></tr>
<tr><td>합   계</td><td></td><td>24,200,000</td></tr>
</table>

53 회사 공장 건물을 신축하기 위하여 ㈜본점으로부터 토지를 100,000,000원에 구입하고 전자계산
서를 발급받았다. 대금 중 70,000,000원은 당좌수표를 발행하여 지급하고, 나머지는 약속어음
(만기 3개월)을 발행하여 지급하였다.

54 ㈜런닝맨유통에 내국신용장(Local L/C)에 의하여 제품 50,000,000원을 납품하고 영세율 전자세
금계산서를 발급하였다. 대금은 내국신용장 개설은행에 곧 청구할 예정이다.

55 공장에서 사용하는 기계장치의 원상회복을 위한 수선을 하고 수선비 110,000원(공급대가)을 전액
하나카드로 결제하고, 매출전표를 수취하였다.

56 당사는 제품을 제조하기 위해 ㈜반도정밀에서 기계장치를 100,000,000원(부가가치세 별도)에
10개월 할부로 구매하고 전자세금계산서를 발급받았다. 할부대금은 다음달부터 지급한다.

57 태국 소재의 회사인 무에타이(Muaythai.com)에게 20,000,000원의 제품을 직수출하고 대금 중
10,000,000원은 당일에 보통예금으로 받고 나머지는 다음 달에 받기로 하였다.

58 공장에서 사용하는 화물용 차량인 포터의 접촉 사고로 ㈜싸다정비소에서 수리하고, 2,200,000원
(부가가치세 포함)을 법인카드(삼성카드)로 결제하였다. 지출비용은 차량유지비 계정을 사용한다.

59 ㈜동서유통으로부터 스포츠용품 제조에 필요한 원재료를 매입하고 다음과 같이 전자세금계산서를 수취하였다. 대금은 다음 달에 결제할 예정이다.

<table>
<tr><td colspan="6" rowspan="2" style="text-align:center">전자세금계산서(공급받는자 보관용)</td><td>승인번호</td><td colspan="2">20240716 - 41050052 - 51746692</td></tr>
<tr><td></td><td colspan="2"></td></tr>
<tr><td rowspan="8">공
급
자</td><td>사업자
등록번호</td><td colspan="2">135 - 81 - 34111</td><td>종사업장
번호</td><td></td><td rowspan="8">공
급
받
는
자</td><td>사업자
등록번호</td><td>305 - 86 - 12346</td><td>종사업장
번호</td><td></td></tr>
<tr><td>상호
(법인명)</td><td colspan="2">(주)동서유통</td><td>성 명
(대표자)</td><td>이세로</td><td>상호
(법인명)</td><td>(주)승진상사</td><td>성 명
(대표자)</td><td>강인주</td></tr>
<tr><td>사업장
주소</td><td colspan="4">서울 동작구 장승배기로 161</td><td>사업장
주소</td><td colspan="3">대전 중구 선화로 81번길 85</td></tr>
<tr><td>업 태</td><td colspan="2">제조</td><td>종 목</td><td>스포츠용품</td><td>업 태</td><td>제조,판매</td><td>종 목</td><td>스포츠용품</td></tr>
<tr><td>이메일</td><td colspan="4"></td><td>이메일</td><td colspan="3"></td></tr>
</table>

작성일자	공급가액	세액	수정사유			
2024.07.16	20,000,000	2,000,000				
비고						

월	일	품 목	규 격	수 량	단 가	공 급 가 액	세 액	비 고
7	16	고무창				20,000,000	2,000,000	

합 계 금 액	현 금	수 표	어 음	외상미수금	이 금액을 영수/청구 함
22,000,000				22,000,000	청구

60 본사 영업부에서 야유회 때 직원들 식사로 제공할 생고기를 직접 구매하고, 현금 1,800,000원을 지급하고, 전자계산서를 수취하였다.

61 ㈜동서물산에 제품 23,000,000원(부가가치세 별도)을 공급하고 전자세금계산서를 발급하였다. 지난 12월 6일에 받은 계약금 3,000,000원을 제외한 나머지 금액은 전액 ㈜대진이 발행한 당좌수표로 받았다.

62 우리상사에 제품을 판매하고 다음과 같이 전자세금계산서를 발급하였다.(단, 어음의 만기일은 3개월이다)

<table>
<tr><td colspan="5" rowspan="2">전자세금계산서(공급자 보관용)</td><td>승인번호</td><td colspan="2">20241025 - 21058052 - 11726645</td></tr>
<tr><td colspan="3"></td></tr>
<tr><td rowspan="8">공급자</td><td>사업자
등록번호</td><td colspan="2">229 - 81 - 28156</td><td>종사업장
번호</td><td></td><td rowspan="8">공급받는자</td><td>사업자
등록번호</td><td colspan="2">130 - 33 - 68798</td><td>종사업장
번호</td><td></td></tr>
<tr><td>상호
(법인명)</td><td colspan="2">(주)화랑전자</td><td>성 명
(대표자)</td><td>박형식</td><td>상호
(법인명)</td><td colspan="2">우리상사</td><td>성 명</td><td>이하나</td></tr>
<tr><td>사업장
주소</td><td colspan="4">서울 서초구 방배로 142, 동주빌딩 3층</td><td>사업장
주소</td><td colspan="4">서울시 마포구 상암동 261</td></tr>
<tr><td>업 태</td><td colspan="2">제조</td><td>종 목</td><td>전자부품</td><td>업 태</td><td colspan="2">도매업</td><td>종 목</td><td>컴퓨터</td></tr>
<tr><td>이메일</td><td colspan="4"></td><td>이메일</td><td colspan="4"></td></tr>
</table>

작성일자	공급가액	세액	수정사유			
2024. 10. 25	2,000,000	200,000				

비고								

월	일	품 목	규 격	수 량	단 가	공 급 가 액	세 액	비 고
10	25	전자부품		200개	10,000	2,000,000	200,000	

합 계 금 액	현 금	수 표	어 음	외 상 미 수 금	이 금액을 영수/청구 함
2,200,000	1,100,000		1,100,000		

63 ㈜행복컨설팅으로부터 생산직 직원들의 교육훈련 특강을 실시하고, 특강료 3,300,000원(부가가치세 포함)에 대한 전자세금계산서를 발급받았다. 특강료는 12월 1일에 지급한 계약금 1,000,000원을 제외한 나머지 금액 2,300,000원을 현금으로 지급하였다.(단, 계약금은 선급금계정으로 처리하였음)

64 ㈜무릉하이테크로부터 원재료(@4,000원, 10,000개, 부가가치세 별도)를 구입하고 전자세금계산서를 발급받았다. 대금 중 34,000,000원은 약속어음을 발행(만기:2024.12.31.)했으며, 나머지는 당좌수표를 발행하여 지급하였다.

65 ㈜이에스텍으로부터 공장의 시설보호 목적으로 CCTV를 설치완료하고 전자세금계산서를 발급받았다. 대금총액은 3,300,000원(부가가치세 포함)이며 당일에 현금으로 300,000원을 지급하였고 나머지는 10회에 걸쳐 매달 균등지급하기로 하였다.(계정과목은 설비장치 과목을 사용하고, 고정자산등록은 생략할 것)

66 업무용 승용자동차(배기량 2,000cc)를 15,000,000(부가가치세별도)매입하고, 전자세금계산서를 발급받았다. 차량대금 결제는 다음달 말일에 하기로 하였다.

67 판매한 제품이 불량으로 반품되어 수정전자세금계산서를 발급하였으며, 수정전자세금계산서 발급과 동시에 현금 99,000원을 지급하였다.

68 대표이사인 김사부가 자택에서 사용할 목적으로 ㈜전자마트에서 3D TV를 4,400,000원(부가가치세 별도)에 구입하고, 당사 명의로 전자세금계산서를 발급 받았다. 대금은 당사 당좌수표를 발행하여 지급하였으며, 대표이사의 가지급금으로 처리한다.

69 삼미빌딩으로부터 영업부 사무실의 당월분 임차료 3,000,000원(부가가치세 별도)에 대한 전자세금계산서를 발급받고, 대금은 다음달에 지급하기로 하였다.

70 ㈜지성상사로부터 비품인 업무용 빔프로젝터를 5,500,000원(부가가치세포함)에 구입하고 전자세금계산서를 발급받았다. 대금 중 550,000원은 11월 1일 계약금으로 지급하였고, 2,000,000원은 보통예금으로 그리고 남은 잔액은 법인카드(하나카드)로 결제하였다

71 ㈜자판기커피에서 영업부서 직원의 복리후생목적으로 물품을 현금으로 구입하고, 660,000원(부가가치세 포함) 현금영수증을 발급받았다.

72 구매확인서에 의해 수출용제품에 대한 원재료(공급가액 22,000,000원)를 ㈜전남기업으로부터 매입하고 영세율전자세금계산서를 발급받았다. 매입대금 중 10,000,000원은 ㈜경남기업으로부터 받아 보관 중인 약속어음을 배서양도하고, 나머지 금액은 2개월 만기의 당사 발행 약속어음으로 지급하였다.

73 매출 거래처 직원인 김철수의 승진 축하에 사용할 동양란(99,000원)을 ㈜향기나는꽃집에서 구입하고, 전자계산서를 발급받았다. 대금은 전액 보통예금계좌에서 이체하였다.

74 당사는 본사의 사옥을 신출할 목적으로 기존 건물이 있는 토지를 취득하고, 즉시 건물을 철거한 후 ㈜철거로부터 전자세금계산서를 발급받았다. 구건물 철거 비용 33,000,000원(부가가치세 포함) 중 15,000,000원은 보통예금 계좌에서 이체 지급하고, 잔액은 외상으로 하였다.

75 영업부에서 사용할 승용차(배기량 998cc, 개별소비세 과세대상 아님)를 ㈜희망자동차에서 구입하고 전자세금계산서를 수취하였다. 차량구매대금 15,400,000원(부가가치세 포함)을 보통예금에서 이체하였다.

76 공장건물 임대인인 ㈜동국개발로부터 임차료 4,400,000원(부가가치세 포함)과 공장 전기요금 770,000원(부가가치세 포함)에 대한 전자세금계산서 1매를 발급받고, 당좌수표를 발행하여 지급하였다. (임대차계약서상 매월 말일에 지급하기로 약정되어 있으며, 하나의 전표로 처리할 것)

77 본사 신축을 위해 구입하는 토지 취득에 대한 법률자문 및 등기대행 용역을 ㈜국민개발로부터 제공받았다. 용역에 대한 수수료 3,000,000원(부가가치세 별도)은 현금으로 지급하고, 전자세금계산서를 발급 받았다.

78 중국에 소재하는 웨이카센타로부터 수입한 원재료와 관련하여 인천세관으로부터 전자수입세금계산서(공급가액 12,000,000원, 부가가치세 1,200,000원)를 수취하였다. 부가가치세는 즉시 현금으로 납부하였다.

79 기계장치(취득원가 25,000,000원, 처분시점의 감가상각누계액 23,400,000원)를 ㈜한성에 2,000,000원(부가가치세 별도)에 처분하면서 전자세금계산서를 교부하였다. 기계장치 처분에 대한 대금은 30일 후 받기로 하였다.

80 해외거래처로부터 수입한 원재료와 관련하여 인천세관에 부가가치세 5,400,000원(공급가액 54,000,000원)을 현금으로 납부하고, 전자수입세금계산서를 교부받았다.

81 영업부에서 사용할 실무서적을 미풍문고에서 250,000원에 구입하고 전자계산서를 수취하였다. 구매대금은 7월 31일에 지급하기로 하였다.

82 생산직 근로자들에게 추석선물로 주기 위하여 (주)포항수산으로부터 선물세트를 구입하고, 전자세금계산서 8,800,000원(부가가치세 포함)을 발급받았다. 대금은 ㈜한백건설에서 제품매출 대가로 받아 보관 중인 약속어음(만기 6개월)을 배서양도하였다.

83 영업부 건물을 신축하기 위하여 ㈜땅나라로부터 토지를 580,000,000원에 매입하고 전자계산서를 발급받았다. 대금 중 300,000,000원은 당좌수표를 발행하여 지급하고, 나머지는 약속어음(만기 3개월)을 발행하여 주었다.

84 프랑스 소재의 회사 메르씨봉봉에게 공급가액 50,000,000원의 제품을 직수출하고 대금 중 10,000,000원은 현금으로 수취하고 나머지 대금은 다음달에 받기로 하였다.

85 ㈜상신기업에서 수출용 제품의 원재료를 내국신용장에 의하여 1,500,000원에 구입하고 영세율 전자세금계산서를 발급받았다. 대금은 아직 내국신용장 개설은행에서 지급되지 않았다.

86 수출대행업체인 거래처 삼미상사의 구매확인서에 의하여 제품 100개를 1개당 500,000원에 납품하고 영세율 전자세금계산서를 발행하였다. 대금 중 10%는 자기앞수표로 받고 잔액은 외상으로 하다.

87 당사 제조부는 (주)가야상사에서 반도체 제조를 위한 기계장치를 130,000,000원(부가가치세 별도)에 10개월 할부로 구매하고 전자세금계산서를 발급받았다. 할부대금은 다음달부터 지급한다.

88 공장 기계장치에 대한 매뉴얼 책자를 ㈜국민서적에서 구입하면서 다음과 같이 전자계산서를 수취하고, 대금 70,000원은 당사발행 당좌수표로 결제하였다.

89 당사는 판매부문에서 사용하기 위하여 창조렌탈에서 복사기를 임차하여 사용하고 있다. 10월분 사용료로 330,000원(부가가치세 포함)을 현금으로 지급하면서 지출증빙용 현금영수증을 발급받았다(회사는 임차료 계정을 사용한다).

90 공장에서 사용하는 화물차에 대한 부품을 소망자동차에서 550,000원(부가가치세 포함)에 구입하고, 전자세금계산서를 교부받았다. 대금결제는 다음 달에 하기로 하였으며, 차량유지비로 처리한다.

91 생산부서 직원용으로 사용하기 위하여 호반상사에서 생수를 500,000원(부가가치세 별도)에 구입하였다. 대금은 현금으로 결제하였으며 현금영수증(지출증빙용)을 교부받다.

92 (주)알파컴퓨터로부터 비품인 업무용 노트북 2대를 5,500,000원(부가가치세 포함)에 구입하고 법인카드인 국민카드로 결제하였다.(신용카드 매입세액공제요건을 모두 충족함)

93 일본의 야마모토 상사에 제품B를 ¥300,000에 직접 수출하고, 대금은 외상으로 하였다. 선적일(9월30일) 환율은 1,000원/¥100이다.

94 영업부 업무용 승용차(1997cc)의 주유비 66,000원(공급대가)을 일반과세자인 미래주유소에서 현금으로 결제하고 전자세금계산서를 수령하였다.

95 공장에서 사용하는 화물차에 넣을 경유를 (주)에스주유소에서 주유하고, 165,000원(부가가치세 포함)을 신한카드로 결제하였다.

96 (주)한국유통에 구매확인서에 의하여 제품 40,000,000원을 납품하고 영세율 전자세금계산서를 발행하였다. 대금 중 40%는 현금으로 받고, 나머지는 동사발행 6개월 만기 약속어음을 수령하였다.

97 업무용 비품으로 사용하던 냉장고(취득가액 2,800,000원, 처분시 감가상각누계액 1,650,000원)을 (주)현아실업에 1,000,000원(부가가치세 별도)에 처분하고 전자세금계산서를 발급하였다. 대금은 현금으로 받았다.

98 개인인 소비자 김한수에게 전자제품을 5,500,000원(부가가치세 포함)에 현금판매하고 현금영수증(소비자 소득공제용)을 발급하였다.

99 부품제작에 필요한 원재료 22,000,000원(공급가액)을 수입하고, 김해세관으로부터 수입전자세금계산서를 발급 받았다. 부가가치세는 현금으로 지급하였다.(미착품에 대한 회계처리는 생략한다)

100 한성공업에 제품 2,200,000원(공급대가)을 판매하고 신용카드(비씨카드)로 결제를 받고, 매출전표를 교부하다.

기출 분개 연습 100선 해답

번호	차 변		대 변	
1	재 해 손 실	24,550,000	제 품	24,550,000
2	토 지	52,873,430	자 산 수 증 이 익	50,000,000
			보 통 예 금	2,873,430
3	예 수 금	800,000	보 통 예 금	1,600,000
	복 리 후 생 비	300,000		
	복 리 후 생 비 (제)	500,000		
4	특 허 권	500,000	현 금	500,000
5	수 선 비 (제)	500,000	원 재 료 (적 요 8)	500,000
6	보 통 예 금	1,300,000	외 상 매 출 금	1,100,000
			외 환 차 익	200,000
7	퇴직연금운용자산	13,520,000	보 통 예 금	13,520,000
8	잡 급	200,000	보 통 예 금	200,000
9	선 납 세 금	46,200	이 자 수 익	300,000
	보 통 예 금	253,800		
10	보 통 예 금	12,000,000	단 기 매 매 증 권	10,000,000
			단기매매증권처분이익	2,000,000
11	외 상 매 입 금	5,000,000	매입환출 및 에누리	1,200,000
			보 통 예 금	3,800,000
12	보 통 예 금	1,200,000	자 기 주 식	1,240,000
	자기주식처분손실	40,000		
13	건 설 중 인 자 산	1,350,000	보 통 예 금	1,350,000
14	외 상 매 입 금	4,000,000	보 통 예 금	1,000,000
			지 급 어 음	3,000,000
15	단 기 매 매 증 권	4,200,000	보 통 예 금	4,200,000
16	외 상 대 손 충 당 금	1,000,000	외 상 매 출 금	3,000,000
	대 손 상 각 비	2,000,000		
17	보 통 예 금	70,000,000	자 본 금	50,000,000
			주 식 할 인 발 행 차 금	10,000,000
			주 식 발 행 초 과 금	10,000,000
18	원 재 료	2,000,000	보 통 예 금	2,000,000
19	임 차 보 증 금	50,000,000	선 급 금	5,000,000
			보 통 예 금	45,000,000

번호	차 변		대 변	
20	보 통 예 금	22,000,000	사　　　　　채	20,000,000
			사채할증발행차금	2,000,000
21	차량감가상각누계액	20,000,000	차 량 운 반 구	25,000,000
	유형자산처분손실	5,350,000	보 통 예 금	350,000
22	외 상 매 입 금	5,000,000	받 을 어 음	5,000,000
23	이 자 비 용	120,000	보 통 예 금	120,000
24	토　　　　　지	52,000,000	자 산 수 증 이 익	50,000,000
			당 좌 예 금	2,000,000
25	선 납 세 금	1,100,000	현　　　　　금	1,100,000
26	수 수 료 비 용 (제)	150,000	단 기 차 입 금	95,000,000
	보 통 예 금	94,850,000		
27	보 통 예 금	15,000,000	배 당 금 수 익	15,000,000
28	재고자산감모손실	50,000	제　　　　　품	50,000
29	도 서 인 쇄 비	40,000	현　　　　　금	40,000
30	복 리 후 생 비	2,000,000	미 지 급 금	5,000,000
	복 리 후 생 비 (제)	3,000,000		
31	보 통 예 금	11,500,000	외 상 매 출 금	11,000,000
			외 환 차 익	500,000
32	건　　　　　물	100,000,000	미 지 급 금	60,000,000
			보 통 예 금	40,000,000
33	예 수 금	950,000	현　　　　　금	950,000
34	견 본 비	300,000	제　　　　　품	300,000
35	외 상 대 손 충 당 금	500,000	외 상 매 출 금	2,000,000
	대 손 상 각 비	1,500,000		
36	현　　　　　금	10,000,000	외 상 매 출 금	15,000,000
	보 통 예 금	5,000,000		
37	원 재 료	4,000,000	선 급 금	400,000
			지 급 어 음	3,600,000
38	퇴직연금운용자산	9,400,000	보 통 예 금	9,500,000
	수 수 료 비 용	100,000		
39	상　　　　　품	4,300,000	현　　　　　금	4,300,000
40	보 험 료	480,000	보 통 예 금	480,000
41	단 기 대 여 금	4,000,000	외 상 매 출 금	4,000,000

번호	차 변		대 변	
42	수 수 료 비 용 보 통 예 금	30,000 1,970,000	받 을 어 음	2,000,000
43	전기오류수정손실	6,000,000	외 상 매 출 금	6,000,000
44	매 출 할 인 보 통 예 금	250,000 12,250,000	외 상 매 출 금	12,500,000
45	보 통 예 금	4,000,000	외 상 대 손 충 당 금	4,000,000
46	이 자 비 용	2,000,000	예 수 금 보 통 예 금	550,000 1,450,000
47	임 금 (제) 급 여	1,800,000 1,420,000	예 수 금 보 통 예 금	276,240 2,943,760
48	단 기 매 매 증 권 수 수 료 비 용 (영 업 외 비 용)	10,000,000 50,000	현 금	10,050,000
49	보 통 예 금	1,200,000	외 상 매 출 금 외 환 차 익	1,100,000 100,000
50	외 상 매 입 금	1,000,000	채 무 면 제 이 익	1,000,000

(매입매출분개)

번호	유형	차 변		대 변	
51	매입카과	비 품 부 가 세 대 금 금	1,500,000 150,000	미 지 급 금	1,650,000
52	매입현과	원 재 료 부 가 세 대 금 금	22,000,000 2,200,000	보 통 예 금	24,200,000
53	매입면세	토 지	100,000,000	당 좌 예 금 미 지 급 금	70,000,000 30,000,000
54	매출영세	외 상 매 출 금	50,000,000	제 품 매 출	50,000,000
55	매입카과	수 선 비 (제) 부 가 세 대 급 금	100,000 10,000	미 지 급 금	110,000
56	매입과세	기 계 장 치 부 가 세 대 급 금	100,000,000 10,000,000	미 지 급 금	110,000,000
57	매출수출	보 통 예 금 외 상 매 출 금	10,000,000 10,000,000	제 품 매 출	20,000,000
58	매입카과	차량유지비(제) 부 가 세 대 급 금	2,000,000 200,000	미 지 급 금	2,200,000

번호	유형	차 변		대 변	
59	매입과세	원 재 료 부가세대급금	20,000,000 2,000,000	외 상 매 입 금	22,000,000
60	매입면세	복 리 후 생 비	1,800,000	현　　　　금	1,800,000
61	매출과세	선　수　금 현　　　　금	3,000,000 22,300,000	제 품 매 출 부 가 세 예 수 금	23,000,000 2,300,000
62	매출과세	현　　　　금 받 을 어 음	1,100,000 1,100,000	제 품 매 품 부 가 세 예 수 금	2,000,000 200,000
63	매입과세	교육훈련비(제) 부가세대급금	3,000,000 300,000	선　급　금 현　　　　금	1,000,000 2,300,000
64	매입과세	원 재 료 부가세대급금	40,000,000 4,000,000	지 급 어 음 당 좌 예 금	34,000,000 10,000,000
65	매입과세	설 비 장 치 부가세대급금	3,000,000 300,000	현　　　　금 미 지 급 금	300,000 3,000,000
66	매입불공	차 량 운 반 구	16,500,000	미 지 급 금	16,500,000
67	매출과세	현　　　　금 또 는 대 변 에 현금99,000	-99,000	제 품 매 출 부 가 세 예 수 금	-90,000 -9,000
68	매입불공	가 지 급 금	4,840,000	당 좌 예 금	4,840,000
69	매입과세	임　차　료 부가세대급금	3,000,000 300,000	미 지 급 금	3,300,000
70	매입과세	비　　　품 부가세대급금	5,000,000 500,000	선　급　금 보 통 예 금 미 지 급 금	550,000 2,000,000 2,950,000
71	매입현과	복 리 후 생 비 부가세대급금	600,000 60,000	현　　　　금	660,000
72	매입영세	원 재 료	22,000,000	받 을 어 음 지 급 어 음	10,000,00 12,000,000
73	매입면세	기업업무추진비	99,000	보 통 예 금	99,000
74	매입불공	토　　　　지	33,000,000	보 통 예 금 미 지 급 금	15,000,000 18,000,000
75	매입과세	차 량 운 반 구 부가세대급금	14,000,000 1,400,000	보 통 예 금	15,400,000

번호	유형	차 변		대 변	
76	매입과세	임 차 료 (제) 전 력 비 (제) 부 가 세 대 급 금	4,000,000 700,000 470,000	당 좌 예 금	5,170,000
77	매입불공	토 지	3,300,000	현 금	3,300,000
78	매입수입	부 가 세 대 급 금	1,200,000	현 금	1,200,000
79	매출과세	기계감가상각누계액 미 수 금	23,400,000 2,200,000	기 계 장 치 부 가 세 예 수 금 유형자산처분이익	25,000,000 200,000 400,000
80	매입수입	부 가 세 대 급 금	5,400,000	현 금	5,400,000
81	매입면세	도 서 인 쇄 비	250,000	미 지 급 금	250,000
82	매입과세	복리후생비(제) 부 가 세 대 급 금	8,000,000 800,000	받 을 어 음	8,800,000
83	매입면세	토 지	580,000,00	당 좌 예 금 미 지 급 금	300,000,000 280,000,000
84	매출수출	현 금 외 상 매 출 금	10,000,000 40,000,000	제 품 매 출	50,000,000
85	매입영세	원 재 료	1,500,000	외 상 매 입 금	1,500,000
86	매출영세	현 금 외 상 매 출 금	5,000,000 45,000,000	제 품 매 출	50,000,000
87	매입과세	기 계 장 치 부 가 세 대 급 금	130,000,000 13,000,000	미 지 급 금	143,000,000
88	매입면세	도서인쇄비(제)	70,000	당 좌 예 금	70,000
89	매입현과	임 차 료 부 가 세 대 급 금	300,000 30,000	현 금	330,000
90	매입과세	차량유지비(제) 부 가 세 대 급 금	500,000 50,000	미 지 급 금	550,000
91	매입현과	복리후생비(제) 부 가 세 대 급 금	500,000 50,000	현 금	550,000
92	매입카과	비 품 부 가 세 대 급 금	5,000,000 500,000	미 지 급 금	5,500,000
93	매출수출	외 상 매 출 금	3,000,000	제 품 매 출	3,000,000
94	매입불공	차 량 유 지 비	66,000	현 금	66,000

번호	유형	차 변		대 변	
95	매입카과	차량유지비(제) 부가세대급금	150,000 15,000	미 지 급 금	165,000
96	매출영세	현 금 받 을 어 음	16,000,000 24,000,000	제 품 매 출	40,000,000
97	매출과세	비품감가상각누계액 현 금 유형자산처분손실	1,650,000 1,100,000 150,000	비 품 부 가 세 예 수 금	2,800,000 100,000
98	매출현과	현 금	5,500,000	제 품 매 출 부 가 세 예 수 금	5,000,000 500,000
99	매입수입	부 가 세 대 급 금	2,200,000	현 금	2,200,000
100	매출카과	외 상 매 출 금	2,200,000	제 품 매 출 부 가 세 예 수 금	2,000,000 200,000

Part. 5

전산회계 1급
기출문제

제100회 전산회계 1급 기출문제

세무사랑㈜ (코드번호:1003)

▌이 론 시 험 ▐

1. 다음 중 재무제표를 통해 제공되는 정보에 대한 설명으로 틀린 것은?

① 재무제표는 추정에 의한 측정치를 포함하지 않는다.

② 재무제표는 특정 기업실체에 관한 정보를 제공한다.

③ 재무제표는 화폐단위로 측정된 정보를 주로 제공한다.

④ 재무제표는 산업 또는 경제 전반에 관한 정보를 제공하지 않는다.

2. 다음의 회계처리로 인하여 재무제표에 미치는 영향을 바르게 설명한 것은?

비품 7,000,000원을 소모품비로 회계처리하였다.

① 수익이 7,000,000원 과대 계상된다.

② 자산이 7,000,000원 과소 계상된다.

③ 비용이 7,000,000원 과소 계상된다.

④ 순이익이 7,000,000원 과대 계상된다.

3. 다음은 ㈜상무물산의 제1기(1.1.~12.31.) 재고자산에 대한 내역이다. 선입선출법에 의한 기말재고자산 금액은 얼마인가?

일자	적요	수량	단가
01.23	매입	3,000개	300원
04.30	매출	500개	500원
05.31	매출	1,500개	600원
08.15	매입	2,000개	400원
12.25	매출	500개	500원

① 750,000원   ② 850,000원   ③ 916,666원   ④ 950,000원

4. 다음 중 무형자산으로 인식되기 위한 인식기준이 아닌 것은?

① 식별가능성　　　② 통제가능성　　　③ 미래 경제적 효익　④ 판매가능성

5. 다음은 ㈜대한이 당기 중 취득하여 기말 현재 보유하고 있는 유가증권 관련 자료이다. 기말 회계처리로 적절한 것은 무엇인가?

> • 취득원가 2,000,000원인 ㈜미국의 주식은 단기보유목적으로 취득하였으며, 동 주식의 기말 공정가치는 2,400,000원이다.
> • 취득원가 1,800,000원인 ㈜중국의 시장성 있는 주식을 장기투자목적으로 취득하였고, 동 주식의 기말 공정가치는 1,700,000원이다.

① (차) 유가증권　　　　　　　300,000 원　(대) 유가증권평가이익　　300,000 원
② (차) 단기매매증권　　　　　400,000 원　(대) 단기매매증권평가이익　400,000 원
③ (차) 단기매매증권　　　　　400,000 원　(대) 단기매매증권평가이익　400,000 원
　(차) 만기보유증권평가손실　100,000 원　(대) 만기보유증권　　　　100,000 원
④ (차) 단기매매증권　　　　　400,000 원　(대) 단기매매증권평가이익　400,000 원
　(차) 매도가능증권평가손실　100,000 원　(대) 매도가능증권　　　　100,000 원

6. 다음은 기계장치에 대한 감가상각 관련 자료이다. 연수합계법에 의한 1차연도의 감가상각비는 얼마인가?

> • 취득원가 : 60,000,000원(1월 1일 취득)　• 잔존가치 : 취득원가의 10%
> • 내용연수 : 3년

① 9,000,000원　　② 15,000,000원　　③ 18,000,000원　　④ 27,000,000원

7. 다음 중 유형자산에 대한 특징이 아닌 것은?

① 물리적 형태가 있는 자산이다.
② 판매를 목적으로 취득한 자산이다.
③ 비화폐성 자산이다.
④ 여러 회계기간에 걸쳐 경제적 효익을 제공해주는 자산이다.

8. 다음의 자료를 이용하여 매출원가를 구하시오.

> • 기초상품재고액 5,000,000원 　　　　• 매입운임 200,000원
>
> • 당기매입액 2,000,000원 　　　　　　• 기말상품재고액 2,000,000원
>
> • 매입할인 100,000원

① 4,900,000원 　　② 5,000,000원 　　③ 5,100,000원 　　④ 5,200,000원

9. 다음 중 보조부문원가의 배분방법에 대한 설명으로 옳지 않은 것은?

① 상호배분법은 가장 정확성이 높은 배분방법이다.

② 직접배분법은 배분순위를 고려하지 않는 가장 단순한 방법이다.

③ 직접배분법은 단계배분법에 비해 순이익을 높게 계상하는 배분방법이다.

④ 보조부문원가 배분방법 중 배분순위를 고려하여 배분하는 것은 단계배분법이다.

10. 다음 자료를 이용하여 5월 노무비 발생액을 계산하면 얼마인가?

> • 노무비 전월 선급액 : 500,000원 　　　　• 노무비 당월 지급액 : 200,000원
>
> • 당월 선급액과 당월 미지급액은 없다.

① 100,000원 　　② 300,000원 　　③ 400,000원 　　④ 700,000원

11. 다음 중 개별원가계산과 종합원가계산에 대한 설명으로 옳은 것은?

① 개별원가계산은 표준화된 제품을 연속적이며 대량으로 생산하는 기업에 적합하다.

② 종합원가계산은 직접재료비와 직접노무비의 실제로 발생한 원가를 각 제품별로 대응시킨다.

③ 개별원가계산은 종합원가계산에 비해 각 제품별 정확한 원가계산이 가능하다.

④ 종합원가계산은 특정제조지시서를 사용한다.

12. 직접재료원가와 직접노무원가는 실제원가로, 제조간접원가는 예정배부율로 계산하는 방법인 정상개별원가계산에 의하여 제조간접비를 예정배부하는 경우 예정배부액 계산식으로 옳은 것은?

① 배부기준의 예정조업도 × 예정배부율

② 배부기준의 실제조업도 × 실제배부율

③ 배부기준의 예정조업도 × 실제배부율

④ 배부기준의 실제조업도 × 예정배부율

13. 다음 중 부가가치세법상 영세율에 대한 설명으로 틀린 것은?

① 영세율은 부분면세제도이다.
② 영세율의 목적은 소비지국 과세원칙의 구현이다.
③ 영세율의 목적은 국제적 이중과세 방지를 위한 것이다.
④ 영세율이 적용되는 경우에도 세금계산서를 발급하는 경우가 있다.

14. 다음 중 부가가치세법상 용역의 공급으로 과세하지 않는 것은?

① 고용관계에 의하여 근로를 제공하는 경우
② 사업자가 특수관계 있는 자에게 사업용 부동산의 임대용역을 무상공급하는 경우
③ 자기가 주요 자재를 전혀 부담하지 아니하고 상대방으로부터 인도받은 재화를 단순히 가공만 하는 경우
④ 건설사업자가 건설자재의 전부 또는 일부를 부담하고 공급하는 용역의 경우

15. 다음 중 부가가치세법상 세금계산서에 대한 설명으로 가장 옳지 않은 것은?

① 법인사업자 및 개인사업자는 반드시 전자세금계산서를 발급하여야 한다.
② 세금계산서는 사업자가 원칙적으로 재화 또는 용역의 공급시기에 재화 또는 용역을 공급받는 자에게 발급하여야 한다.
③ 전자세금계산서를 발급하였을 때에는 발급일의 다음 날까지 전자세금계산서 발급명세를 국세청장에게 전송하여야 한다.
④ 세관장은 수입되는 재화에 대하여 부가가치세를 징수할 때에는 수입된 재화에 대한 수입세금계산서를 수입하는 자에게 발급하여야 한다.

▌ 실 무 시 험 ▐

세무사랑㈜(회사코드:1003)은 부동산임대업 및 전자제품의 제조·도소매업을 영위하는 중소기업으로 당기(제7기) 회계기간은 2024.1.1.~2024.12.31.이다. 전산세무회계 수험용 프로그램을 이용하여 다음 물음에 답하시오.

문제1 다음은 [기초정보관리] 및 [전기분재무제표]에 대한 자료이다. 각각의 요구사항에 대하여 답하시오. (10점)

[1] 당사는 현재 사용하고 있는 창고의 일부를 1년간 임대하기로 하고, 임차인으로부터 1년치 임대료를 현금으로 선수령하였다. [계정과목및적요등록] 메뉴에서 다음 사항을 추가로 입력하시오. (3점)

• 코드 : 274	• 계정과목 : 선수임대료
• 성격 : 2.일반	• 대체적요 : 1.기간미경과 임대료 계상

[2] 신한은행에서 통장을 신규 개설하였다. 다음의 자료를 이용하여 [거래처등록] 메뉴에 입력하시오. (3점)

• 코드번호 : 98004	• 계좌번호 : 413-920-769077
• 유형 : 정기적금	• 계좌개설은행/지점 : 신한은행/마곡점
• 계좌개설일 : 2024년 11월 10일	

[3] 거래처별 초기이월 자료를 검토하여 수정 또는 추가 입력하시오. (4점)

계정과목	거래처	금 액
받을어음	㈜하늘정밀	13,300,000원
	㈜일렉코리아	11,700,000원
지급어음	㈜프로테크	14,500,000원
	㈜부흥기업	13,500,000원

문제2 다음 거래 자료를 [일반전표입력] 메뉴에 추가 입력하시오(일반전표입력의 모든 거래는 부가가치세를 고려하지 말 것). (18점)

[1] 07월 04일 공장 생산직 직원들의 업무능력 향상을 위한 외부강사 초빙교육에 따른 교육훈련비 500,000원 중 원천징수세액 16,500원을 차감한 금액을 보통예금 계좌에서 지급하였다. (3점)

[2] 07월 11일 원재료 보관용 창고의 화재와 도난에 대비하기 위하여 화재손해보험에 가입하고 3개월분 보험료 3,000,000원을 보통예금 계좌에서 이체하였다(단, 보험료는 전액 비용계정으로 회계처리 한다). (3점)

[3] 07월 25일 단기투자목적으로 보유 중인 ㈜한국의 주식에 대하여 배당금 1,500,000원이 확정되었다. 배당금은 당일 당사의 보통예금 계좌로 입금되었다. (3점)

[4] 08월 16일 다음은 영업팀에서 거래처와의 식사비용을 법인카드(신한카드)로 결제하고 수령한 신용카드매출전표이다. (3점)

매 출 전 표

단말기번호 10032158		전표번호

카드종류	거래종류	결제방법
신한카드	신용구매	일시불
회원번호(Card No)	취소 시 원거래일자	
1140-2303-4255-8956		
유효기간	거래일시 2024. 08. 16.	품명
전표제출	금 액/AMOUNT	300,000원
	부 가 세/VAT	30,000원
전표매입사	봉 사 료/TIPS	
	합 계/TOTAL	330,000원
거래번호	승인번호/(Approval No.) 51874871	
가맹점	**일등참치**	
대표자	**김이등** TEL	
가맹점번호	사업자번호	126-05-00480
주소	서울 성동구 상왕십리동 514-4	
	서명(Signature) 세무사랑㈜	

[5] 08월 25일 직원 김성실에 대한 8월분 급여명세서는 다음과 같으며, 공제내역을 제외한 차인지급액을 보통예금에서 계좌 이체하여 지급하였다. (3점)

2024년 8월 급여명세서

김성실(생산부) 귀하

지급내역	기본급	1,500,000원
	자격수당	100,000원
	직무수당	130,000원
	식대	100,000원
	월차수당	70,000원
	지급총액	1,900,000원
공제내역	소득세	15,560원
	지방소득세	1,550원
	국민연금	81,000원
	건강보험	61,740원
	고용보험	14,400원
	공제총액	174,250원
차인지급액		1,725,750원
[귀하의 노고에 감사드립니다.]		

[6] 09월 17일 유기견 보호단체에 기부금 2,500,000원을 보통예금 계좌에서 기부하였다. (3점)

문제3   다음 거래 자료를 [매입매출전표입력] 메뉴에 입력하시오. (18점)

[1] 09월 03일 해피상사에 제품을 판매하고 다음과 같이 전자세금계산서를 발급하였다. (3점)

전자세금계산서						승인번호	20240903 - 21058052 - 11726645		
공급자	사업자등록번호	214-87-10127	종사업장번호		공급받는자	사업자등록번호	120-35-68795	종사업장번호	
	상호(법인명)	세무사랑㈜	성명(대표자)	원경희		상호(법인명)	해피상사	성명(대표자)	김수은
	사업장 주소	서울시 서초구 명달로 105 (서초동)				사업장 주소	서울시 마포구 상암동 331		
	업태	제조 외	종목	전자제품 외		업태	도매업	종목	컴퓨터
	이메일					이메일			

작성일자	공급가액	세액	수정사유		
2024.09.03.	6,000,000원	600,000원			
비고					

월	일	품목	규격	수량	단가	공급가액	세액	비고
09	03	전자부품		100개	60,000원	6,000,000원	600,000원	

합계금액	현금	수표	어음	외상미수금	이 금액을	
6,600,000원	3,300,000원			3,300,000원	영수 / 청구	함

[2] 09월 25일 조아무역에 제품을 5,500,000원(부가가치세 포함)에 판매하고 신용카드(비씨카드)로 결제받았다. (3점)

[3] 10월 15일 공장의 시설보호 목적으로 CCTV 설치를 완료하고 ㈜에스콤으로부터 전자세금계산서를 발급받았다. 대금총액은 5,500,000원(부가가치세 포함)으로 당일에 500,000원을 현금으로 지급하였으며, 나머지는 10회에 걸쳐 매달 균등액을 지급하기로 하였다(단, 설비장치 계정과목을 사용하되 고정자산등록은 생략한다). (3점)

[4] 10월 20일 대만에서 원재료를 공급가액 10,000,000원(부가가치세 별도)에 수입하고 수입전자세금계산서를 인천세관장으로부터 발급받았으며, 부가가치세액을 즉시 현금으로 납부하였다(부가가치세액에 대한 회계처리만 할 것). (3점)

<table>
<tr><td colspan="4" align="center">수입전자세금계산서</td><td>승인번호</td><td colspan="5">20241020 - 111254645 - 557786</td></tr>
<tr><td rowspan="5">세
관
명</td><td>등록번호</td><td>121-83-00561</td><td>종사업장
번호</td><td rowspan="5">공
급
받
는
자</td><td>사업자
등록번호</td><td colspan="2">214-87-10127</td><td>종사업장
번호</td><td></td></tr>
<tr><td>세관명</td><td>인천세관</td><td>성명
(대표자)　인천세관장</td><td>상호
(법인명)</td><td colspan="2">세무사랑㈜</td><td>성명
(대표자)</td><td>원경희</td></tr>
<tr><td>세관주소</td><td colspan="2">인천광역시 중구 서해대로 339</td><td>사업장 주소</td><td colspan="4">서울시 서초구 명달로 105 (서초동)</td></tr>
<tr><td>수입신고번호 또는
일괄발급기간(총건)</td><td colspan="2" rowspan="2">1234567890</td><td>업태</td><td>제조 외</td><td>종목</td><td colspan="2">전자제품 외</td></tr>
<tr><td></td><td>이메일</td><td colspan="4"></td></tr>
<tr><td colspan="2" align="center">작성일자</td><td colspan="2" align="center">공급가액</td><td align="center">세액</td><td colspan="5" align="center">수정사유</td></tr>
<tr><td colspan="2" align="center">2024.10.20.</td><td colspan="2" align="center">10,000,000</td><td>1,000,000</td><td colspan="5" align="center">해당 없음</td></tr>
<tr><td>월</td><td>일</td><td colspan="2" align="center">품목</td><td>규격</td><td>수량</td><td>단가</td><td>과세표준</td><td>세액</td><td>비고</td></tr>
<tr><td>10</td><td>20</td><td colspan="2">원재료</td><td></td><td></td><td></td><td>10,000,000</td><td>1,000,000</td><td></td></tr>
<tr><td colspan="2"></td><td colspan="8"></td></tr>
<tr><td colspan="2"></td><td colspan="8"></td></tr>
<tr><td colspan="2" align="center">합계금액</td><td colspan="8">11,000,000원</td></tr>
</table>

[5] 11월 30일 ㈜리스로부터 영업직 직원들이 사용할 목적으로 업무용승용차를 리스하였다. 해당 리스는 운용리스이며, 리스계약일은 2024년 11월 30일, 리스기간은 5년 약정, 월 리스료는 800,000원이다. ㈜리스로부터 1회차 임차료(판)에 대한 전자계산서를 당일에 발급받았으며, 대금은 익월 초에 지급하기로 하였다. (3점)

[6] 12월 12일 해외거래처인 베스트인터내셔날에 제품 1,000개(1개당 $200)를 직수출하고, 대금은 외상으로 하였다. 선적일(12월 12일)의 기준환율은 1,300원/$ 이었다(단, 수출신고번호 입력은 생략한다). (3점)

문제4 [일반전표입력] 및 [매입매출전표입력] 메뉴에 입력된 내용 중 다음과 같은 오류가 발견되었다. 입력된 내용을 확인하여 정정하시오. (6점)

[1] 08월 19일 영업부서에서 소모품(비용으로 처리) 550,000원(부가가치세 포함)을 ㈜마트에서 구매하고 삼성카드로 결제하였다. 이를 제조원가의 소모품비로 회계처리하였다. (3점)

[2] 11월 19일 한성공업에 대한 외상매출금 25,000,000원을 전액 현금으로 회수한 것으로 일반전표에 회계처리를 하였으나, 15,000,000원은 동사 발행 약속어음(만기일 2025년 6월 30일)으로 받고, 잔액만 현금으로 회수된 것으로 확인되었다. (3점)

문제5 결산정리사항은 다음과 같다. 해당 메뉴에 입력하시오. (9점)

[1] 결산일 현재 영업부 건물에 대하여 우진화재에 지급한 화재보험료의 상세 내역이다. 단, 보험료 지급액은 전부 판매비와관리비로 처리하였으며, 보험료는 월할 계산한다. (3점)

> • 보험기간 : 2024. 07. 01. ~ 2025. 06. 30.
> • 보험료 납부일 : 2024. 07. 01.
> • 보험료 : 6,000,000원

[2] 12월 1일 장부상 현금보다 실제 현금 보유액이 30,000원 많은 것을 발견하여 현금과부족으로 회계처리하였으며, 현금과부족의 원인을 기말까지 파악할 수 없다. (3점)

[3] 기말 외상매입금 계정에 미국 Rose사에 대한 외상매입금 3,300,000원($3,000)이 포함되어 있다 (결산일 현재 기준환율 : 1,200원/$). (3점)

문제6 다음 사항을 조회하여 답안을 `이론문제 답안작성` 메뉴에 입력하시오. (9점)

[1] 1월부터 6월까지의 현금지급액은 총 얼마인가? (3점)

[2] 2024년 4월부터 6월까지 매입전자세금계산서 매수가 가장 많은 거래처명을 입력하시오. (3점)

[3] 당사의 제1기 예정신고기간의 신용카드 사용에 따른 매입세액공제액은 얼마인가? (3점)

제101회 전산회계 1급 기출문제

㈜동진상사 (코드번호:1013)

▌ 이 론 시 험 ▐

1. 다음의 손익계산서 항목 중 유형자산처분손실이 발생할 경우 변동되는 것은?

① 매출원가
② 매출총이익
③ 영업이익
④ 법인세비용차감전순손익

2. 다음 중 현금및현금성자산에 해당하지 않는 것은?

① 당좌예금
② 타인발행수표
③ 보통예금
④ 취득 당시 만기가 1년 이후에 도래하는 양도성예금증서

3. 다음의 거래를 회계처리할 때 사용되지 않는 계정과목은 무엇인가?

> 업무용 승용차 20,000,000원을 취득하면서 먼저 지급한 계약금 2,000,000원을 제외한 나머지 잔액은 약속어음을 발행하여 지급하였다.

① 선급금
② 지급어음
③ 미지급금
④ 차량운반구

4. 아래의 고정자산 관리대장에 의하여 2024년 기말결산 시 감가상각비(제조원가)로 인식할 금액은 얼마인가? 단, 월할 계산하고 소수점 미만 금액은 절사한다.

구분	자산명	취득일	취득가액 (단위 : 원)	잔존가치 (단위 : 원)	상각 방법	내용 연수	상각률	사용 부서
차량	BMW520d	2024.03.01.	65,000,000	15,000,000	정액법	5	0.2	영업부
운반구	포터2 더블캡	2021.05.02.	30,000,000	5,000,000	정액법	5	0.2	생산부

① 5,000,000원
② 6,000,000원
③ 8,333,333원
④ 15,000,000원

5. 다음 중 무형자산에 대한 설명으로 옳지 않은 것은?

① 무형자산은 영업상 목적으로 획득 또는 보유하는 것으로, 물리적 형체가 없다.

② 식별가능성은 특정 무형자산을 다른 자산과 구분하여 별도로 인식할 수 있음을 의미한다.

③ 무형자산의 미래 경제적 효익은 재화의 매출이나 용역수익, 원가절감, 또는 자산의 사용에 따른 기타 효익의 형태로 발생한다.

④ 무형자산을 최초로 인식할 때에는 시가로 측정한다.

6. 다음의 계정별원장을 분석하여 9월 1일 단기매매증권처분가액을 계산하면 얼마인가?

단기매매증권		단기매매증권처분이익	
8/1 현금 500,000원	9/1 현금 500,000원		9/1 현금 100,000원

① 400,000원　　　　② 500,000원　　　　③ 600,000원　　　　④ 1,000,000원

7. 아래의 분개를 각 계정별원장에 전기한 것으로 가장 적절한 것은?

12월 1일	(차) 급여	2,000,000 원	(대) 미지급금	1,950,000 원
			예수금	50,000 원

①	예수금		②	미지급금	
	12/1 급여 50,000원				12/1 예수금 50,000원

③	미지급금		④	미지급금	
	12/1 급여 2,000,000원				12/1 급여 1,950,000원

8. 다음의 계정과목 중 계정체계의 분류가 나머지와 다른 것은?

① 매도가능증권처분이익　　　　② 자산수증이익

③ 단기매매증권평가이익　　　　④ 자기주식처분이익

9. 다음 중 제조원가명세서에 표시되지 않는 것은?

① 직접재료비, 직접노무비, 제조간접비　　　　② 당기총제조원가

③ 당기제품제조원가　　　　④ 제품매출원가

10. 다음은 종합원가계산과 개별원가계산에 대한 설명이다. 옳지 않은 것을 고르시오.

① 다품종 주문생산에 적합한 원가계산 방법은 개별원가계산이다.

② 정유업, 제당업, 제분업은 종합원가계산이 적합하다.

③ 건설업, 주문에 의한 기계제조업, 항공기제조업은 개별원가계산이 적합하다.

④ 상대적으로 정확한 제품원가계산이 가능한 방법은 종합원가계산이다.

11. 다음 자료를 이용하여 평균법에 의한 가공비 완성품환산량을 계산하시오. 단, 재료비는 공정 초기에 전량 투입되며, 가공비는 공정 전반에 걸쳐 균등하게 발생한다.

• 기초재공품 수량 : 400개(완성도 20%)	• 당기완성품 수량 : 800개
• 당기착수 수량 : 450개	• 기말재공품 수량 : 50개(완성도 40%)

① 450개　　　　② 800개　　　　③ 820개　　　　④ 850개

12. 다음 중 원가와 관련된 설명으로 옳지 않은 것은?

① 당기총제조원가는 직접재료비, 직접노무비, 제조간접비의 합계이다.

② 재공품의 기초, 기말재고가 없는 경우 당기총제조원가는 당기제품제조원가와 같다.

③ 매몰원가는 의사결정을 할 때 고려되지 않는 과거에 발생한 원가의 합계이다.

④ 기회원가는 여러 대안에 대한 의사결정을 하였을 때, 선택하지 않은 대안의 기대치 합계이다.

13. 다음 중 부가가치세법상 세금계산서 및 거래징수와 관련된 설명으로 잘못된 것은?

① 사업자가 재화 또는 용역을 공급하는 경우에는 부가가치세를 재화 또는 용역을 공급받는 자로부터 징수하여야 한다.

② 세금계산서는 재화 또는 용역의 공급시기에 발급한다.

③ 세금계산서는 재화 또는 용역의 공급받는 자와 대가를 지급하는 자가 다른 경우 대가를 지급하는 자에게 발급하여야 한다.

④ 재화 또는 용역의 공급시기가 되기 전이라도 대가의 전부 또는 일부를 수령한 경우 세금계산서를 발급할 수 있다.

14. 다음 중 부가가치세법상 면세 대상 용역에 해당하는 것은?

① 전세버스 운송 용역

② 골동품 중개 용역

③ 도서대여 용역

④ 자동차운전학원 교육 용역

15. 다음 자료에 의하여 부가가치세 과세표준을 계산하면 얼마인가?

• 총매출액 : 1,000,000원	• 외상매출금 연체이자 : 5,000원
• 매출에누리액 : 16,000원	• 매출할인액 : 30,000원
• 판매장려금(금전) 지급액 : 50,000원	• 대손금 20,000원

① 929,000원   ② 934,000원   ③ 954,000원   ④ 959,000원

▌ 실 무 시 험 ▐

㈜동진상사(회사코드:1013)는 스포츠의류를 제조하여 판매하는 중소기업으로 당기(제7기)의 회계기간은 2024.1.1.~2024.12.31.이다. 전산세무회계 수험용 프로그램을 이용하여 다음 물음에 답하시오.

문제1 다음은 [기초정보관리] 및 [전기분재무제표]에 대한 자료이다. 각각의 요구사항에 대하여 답하시오. (10점)

[1] 제품 매출을 위해 소망카드와 신용카드가맹점 계약을 하였다. 다음의 자료를 이용하여 [거래처등록] 메뉴에서 거래처를 등록하시오(단, 주어진 자료 외의 다른 항목은 입력할 필요 없음). (3점)

• 코드 : 99605	• 거래처명 : 소망카드	• 가맹점번호 : 654800341	• 유형 : 매출

[2] 다음 자료를 이용하여 [계정과목및적요등록] 메뉴에서 계정과목을 등록하시오. (3점)

• 코드 : 855	• 계정과목 : 인적용역비
• 성격 : 경비	• 대체적요 : 1. 사업소득자 용역비 지급

[3] ㈜동진상사의 기초 채권 및 채무의 올바른 잔액은 다음과 같다. [거래처별초기이월] 자료를 검토하고 오류가 있으면 삭제 또는 수정, 추가 입력하여 올바르게 정정하시오. (4점)

계정과목	거래처	금 액	재무상태표 금액
외상매출금	㈜부산무역	49,000,000원	82,000,000원
	㈜영월상사	33,000,000원	
외상매입금	㈜여주기업	51,000,000원	75,800,000원
	㈜부여산업	24,800,000원	

문제2 다음의 거래 자료를 [일반전표입력] 메뉴를 이용하여 입력하시오(일반전표입력의 모든 거래는 부가가치세를 고려하지 말 것). (18점)

[1] 09월 18일 ㈜강남에 지급하여야 하는 외상매입금 2,500,000원 중 1,300,000원은 3개월 만기 약속어음을 발행하여 지급하고, 나머지는 면제받았다. (3점)

[2] 10월 13일 제품 3,000,000원을 거래처 일만상사에 판매하기로 계약하고, 계약금으로 공급대가의 20%를 일만상사 발행 당좌수표로 받다. (3점)

[3] 10월 15일 추석 명절을 맞아 다음과 같이 직원 상여금을 보통예금 계좌에서 지급하였다. (3점)

성 명	부 서	상여금(원)	공제액(원)			차인지급액(원)
			근로소득세	지방소득세	공제합계	
김세무	영업부	500,000	50,000	5,000	55,000	445,000
이회계	생산부	900,000	90,000	9,000	99,000	801,000
계		1,400,000	140,000	14,000	154,000	1,246,000

[4] 11월 11일 9월 30일에 열린 주주총회에서 결의했던 금전 중간배당금 2,000,000원을 보통예금으로 지급하였다(단, 9월 30일의 회계처리는 적정하게 이루어졌으며, 원천징수는 없는 것으로 가정한다). (3점)

[5] 12월 28일 사무실에서 사용할 비품으로 공기청정기를 ㈜윤서전자에서 3,000,000원에 구입하고, 구입대금은 씨티카드로 결제하였다(카드대금은 미지급금 계정을 사용할 것). (3점)

[6] 12월 30일 ㈜동진상사는 영업부 임직원의 퇴직금에 대하여 확정급여형(DB형) 퇴직연금에 가입하고 있으며, 12월분 퇴직연금 납입액 5,500,000원을 당사 보통예금 계좌에서 이체하였다. 단, 납입액 5,500,000원 중 2%는 금융기관에 지급하는 수수료이다. (3점)

문제3 다음의 거래 자료를 [매입매출전표입력] 메뉴를 이용하여 입력하시오. (18점)

[1] 07월 25일 수출 관련 구매확인서에 근거하여 제품 10,000,000원(공급가액)을 ㈜정남에 공급하고 영세율전자세금계산서를 발급하였다. 7월 15일에 가수령한 계약금 2,000,000원을 제외한 대금은 외상으로 하였다(서류번호는 입력하지 않음). (3점)

[2] 09월 20일 주경상사에서 원재료를 매입하고 다음의 전자세금계산서를 발급받았다. (3점)

<table>
<tr><td colspan="4" align="center">전자세금계산서</td><td>승인번호</td><td colspan="4">20240920-1000000-00009329</td></tr>
<tr><td rowspan="7">공
급
자</td><td>사업자
등록번호</td><td>109-53-56618</td><td>종사업장
번호</td><td rowspan="7">공
급
받
는
자</td><td>사업자
등록번호</td><td colspan="2">136-81-29187</td><td>종사업장
번호</td><td></td></tr>
<tr><td>상호
(법인명)</td><td>주경상사</td><td>성명
(대표자)</td><td>한수진</td><td>상호
(법인명)</td><td colspan="2">㈜동진상사</td><td>성명
(대표자)</td><td>김동진</td></tr>
<tr><td>사업장 주소</td><td colspan="3">경기도 의정부시 망월로 11</td><td>사업장 주소</td><td colspan="4">경기도 안산시 단원구 별망로 178</td></tr>
<tr><td>업태</td><td>도소매</td><td>종목</td><td>의류</td><td>업태</td><td colspan="2">제조ㆍ도소매</td><td>종목</td><td>스포츠의류</td></tr>
<tr><td>이메일</td><td colspan="3"></td><td>이메일</td><td colspan="4"></td></tr>
</table>

작성일자	공급가액	세액	수정사유			
2024.09.20.	1,300,000원	130,000원	해당 없음			
비고						

월	일	품목	규격	수량	단가	공급가액	세액	비고
9	20	원단		100	13,000원	1,300,000원	130,000원	

합계금액	현금	수표	어음	외상미수금	이 금액을	영수 / 청구	함
1,430,000원	1,000,000원		430,000원				

[3] 10월 26일 영업사원을 대상으로 직장 내 성희롱 예방교육을 실시하고, ㈜예인으로부터 전자계산서를 발급받았다. 대금 1,650,000원은 보통예금에서 이체하였다. (3점)

[4] 11월 11일 독일 왓츠자동차로부터 5인승 업무용 승용차(3,000cc)를 수입하면서 인천세관장으로부터 수입전자세금계산서를 다음과 같이 수취하고, 부가가치세는 당좌수표를 발행하여 즉시 납부하다(부가가치세만 회계처리할 것). (3점)

<table>
<tr><td colspan="6" rowspan="2" style="text-align:center">수입전자세금계산서</td><td>승인번호</td><td colspan="4">20241111-1000000-00009329</td></tr>
<tr><td rowspan="8" style="text-align:center">세
관
명</td></tr>
</table>

세 관 명	사업자 등록번호	128-88-12345	종사업장 번호			공 급 받 는 자	사업자 등록번호	136-81-29187	종사업장 번호	
	세관명	인천세관	성명 (대표자)	인천세관장			상호 (법인명)	㈜동진상사	성명 (대표자)	김동진
	세관 주소	인천광역시 남동구 구월남로 129					사업장 주소	경기도 안산시 단원구 별망로 178		
	수입신고번호 또는 일괄발급기간(총건)						업태	제조·도소매	종목	스포츠의류
							이메일			

작성일자	과세표준	세액	수정사유
2024.11.11.	88,000,000원	8,800,000원	해당 없음
비고			

월	일	품목	규격	수량	단가	과세표준	세액	비고
11	11	승용차(3000cc)				88,000,000원	8,800,000원	
합계금액		96,800,000원						

[5] 12월 07일 영업부에서 회식을 하고 법인체크카드(하나카드)로 결제하자마자 바로 보통예금에서 인출되었다. (3점)

단말기번호	전표번호
502252251	120724128234
카드종류	
하나카드	신용승인
카드번호	
9451-1122-1314-1235	
판매일자	
2024/12/07 11:12:36	
거래구분	금액　400,000원
일시불	세금　40,000원
은행확인	봉사료　0원
하나카드	합계　440,000원
판매자	
대표자	이성수
사업자등록번호	875-03-00273
가맹점명	명량
서명	㈜동진상사

[6] 12월 30일 개인사업자인 미래회계학원에 제품을 현금으로 판매하고 다음과 같은 현금영수증을 발급하였다(단, 거래처를 입력할 것). (3점)

<table>
<tr><td colspan="3" align="center">㈜동진상사</td></tr>
<tr><td colspan="2">사업자번호 136-81-29187</td><td align="right">김동진</td></tr>
<tr><td colspan="2">경기도 안산시 단원구 별망로 178</td><td align="right">TEL : 031-3289-8085</td></tr>
<tr><td colspan="3" align="center">현금(지출증빙)</td></tr>
<tr><td colspan="2">구매 2024/12/30/10:46</td><td>거래번호 : 0026-0107</td></tr>
<tr><td align="center">상품명</td><td align="center">수량</td><td align="center">금액</td></tr>
<tr><td align="center">패딩셋트</td><td align="center">3set</td><td align="center">6,600,000원</td></tr>
<tr><td></td><td align="center">과 세 물 품 가 액</td><td align="center">6,000,000원</td></tr>
<tr><td></td><td align="center">부　가　세</td><td align="center">600,000원</td></tr>
<tr><td></td><td align="center">합　　　계</td><td align="center">6,600,000원</td></tr>
<tr><td></td><td align="center">승 인 금 액</td><td align="center">6,600,000원</td></tr>
</table>

문제4 **[일반전표입력] 및 [매입매출전표입력] 메뉴에 입력된 내용 중 다음과 같은 오류가 발견되었다. 입력된 내용을 확인하여 삭제, 수정 또는 추가 입력하여 오류를 정정하시오. (6점)**

[1] 12월 10일 공장의 창문이 파손되어 유리창을 교체하면서 800,000원(부가가치세 별도)을 ㈜글라스에 자기앞수표로 지급하고 전자세금계산서를 수령하였다. 이는 수익적지출에 해당하나 자본적 지출로 잘못 회계처리 하였다. (3점)

[2] 12월 18일 영업부 사무실의 수도광열비 74,500원을 현금으로 지급한 것으로 회계처리하였으나, 이는 제품 제조공장에서 발생한 전기요금으로 확인되었다. (3점)

288

문제5 결산정리사항은 다음과 같다. 해당 메뉴에 입력하시오. (9점)

[1] 결산일 현재 현금과부족에 대한 원인을 확인한 결과 영업부 직원의 출장경비 영수증이 누락된 것으로 판명되어 해당 직원으로부터 아래의 영수증을 제출받았다(출장경비는 여비교통비 계정을 사용할 것). (3점)

<table>
<tr><td colspan="3" align="center">지방모텔</td></tr>
<tr><td colspan="2">사업자번호 106-28-20180</td><td>이지안</td></tr>
<tr><td colspan="2">강원도 삼척시 세멘로 24</td><td>TEL : 3285-8083</td></tr>
<tr><td colspan="3" align="center"><u>영수증</u></td></tr>
<tr><td>상품명</td><td>수량</td><td>금액</td></tr>
<tr><td>일반실</td><td>2</td><td>140,000원</td></tr>
<tr><td>합　계</td><td></td><td>140,000원</td></tr>
<tr><td>받은금액</td><td></td><td>140,000원</td></tr>
</table>

<table>
<tr><td colspan="3" align="center">이지방맛집</td></tr>
<tr><td colspan="2">사업자번호 106-11-10175</td><td>이지방</td></tr>
<tr><td colspan="2">강원도 삼척시 동굴로 33</td><td>TEL : 3285-3085</td></tr>
<tr><td colspan="3" align="center"><u>영수증</u></td></tr>
<tr><td>상품명</td><td>수량</td><td>금액</td></tr>
<tr><td>송이전골</td><td>3</td><td>90,000원</td></tr>
<tr><td>합　계</td><td></td><td>90,000원</td></tr>
<tr><td>받은금액</td><td></td><td>90,000원</td></tr>
</table>

[2] 11월 25일 미국 K사로부터 차입한 외화장기차입금 36,000,000원($30,000)에 대하여 결산일 현재의 기준환율 1,150원/$을 적용하여 평가하다. (3점)

[3] 12월 31일 결산일 현재 재고자산의 기말재고액은 다음과 같다(단, 전표입력의 구분은 5:결산차변 또는 6:결산대변으로 입력할 것). (3점)

• 원재료 : 4,400,000원	• 재공품 : 5,000,000원	• 제품 : 5,600,000원

문제6 다음 사항을 조회하여 답안을 [이론문제 답안작성] 메뉴에 입력하시오. (9점)

[1] 제1기 부가가치세 예정신고에 반영된 내용 중 3월 현금영수증 발행분 매출의 공급가액은 얼마인가? (3점)

[2] 상반기(1월~6월) 중 외상매출금이 가장 많이 감소한 거래처와 그 금액은 얼마인가? (3점)

[3] 4월 중 현금으로 지급한 도서인쇄비(판매비및일반관리비)의 금액은 얼마인가? (3점)

제102회 전산회계 1급 기출문제

㈜금왕전자 (코드번호:1023)

▌ 이 론 시 험 ▌

1. 다음 중 거래의 8요소와 그 예시로 가장 적절하지 않은 것은?

① 자산증가/자본증가 : 회사의 설립을 위한 자본금 1,000만원을 보통예금에 입금하다.

② 자산증가/자산감소 : 마스크생산에 사용되는 원단 구입대금 3,000만원을 현금으로 지급하다.

③ 자산증가/부채증가 : 직원의 주택구입자금 1억원을 보통예금에서 이체하여 대여하다.

④ 부채감소/부채증가 : 약속어음을 발행하여 외상매입금을 지급하다.

2. 다음 자료를 이용하여 선입선출법에 따라 계산한 ㈜서울의 기말재고자산 금액은 얼마인가?

일 자	적요	수량	단가
05월 06일	매입	200개	200원
09월 21일	매출	150개	500원
12월 12일	매입	100개	300원

① 30,000원   ② 35,000원   ③ 40,000원   ④ 45,000원

3. 다음 중 영업외비용으로 처리되는 계정과목은?

① 개발비   ② 경상연구개발비
③ 무형자산손상차손   ④ 소모품비

4. 다음 중 유형자산과 무형자산에 대한 설명으로 맞는 것은?

① 유형자산은 모두 감가상각을 해야 한다.

② 무형자산은 화폐성자산이다.

③ 무형자산은 미래 경제적 효익이 없다.

④ 무형자산은 물리적 실체가 없다.

5. 다음 거래를 모두 반영하였을 경우 나타날 결과에 대한 설명으로 옳지 않은 것은?

> • 2월 1일 : 시장성 있는 ㈜한국의 주식(액면금액 4,000원) 100주를 단기간 보유할 목적으로 주당 4,200원에 취득하였다. 취득과정에서 별도의 수수료 20,000원이 발생하였다.
> • 7월 1일 : ㈜한국의 주식 100주를 주당 4,300원에 처분하였다.

① 단기매매증권처분이익이 10,000원이 발생한다.

② 단기매매증권을 취득할 때 발생한 수수료는 자산처리 하지 않고, 비용처리 한다.

③ 당기순이익이 10,000원 증가한다.

④ 당기순이익이 10,000원 감소한다.

6. 다음 중 부채를 인식하는 요건에 대한 설명으로 옳지 않은 것은?

① 과거 사건이나 거래의 결과로 현재 의무가 존재한다.

② 당해 의무를 이행하기 위하여 자원이 유출될 가능성이 매우 높다.

③ 당해 의무의 이행에 사용되는 금액을 신뢰성 있게 추정할 수 있다.

④ 우발부채는 부채로 인식하지 않아 의무를 이행하기 위하여 자원이 유출될 가능성이 높은 경우에도 주석으로 기재하지 않는다.

7. 재무상태표의 기본요소 중 하나인 자본에 대한 설명으로 잘못된 것은?

① 자본이란 기업실체의 자산에 대한 소유주의 잔여청구권이다.

② 배당금 수령이나 청산 시에 주주간의 권리가 상이한 경우 주주지분을 구분표시할 수 있다.

③ 재무상태표상 자본의 총액은 자산 및 부채를 인식, 측정함에 따라 결정된다.

④ 재무상태표상 자본의 총액은 주식의 시가총액과 일치하는 것이 일반적이다.

8. 다음 자료를 이용하여 아래의 (가)를 계산하면 얼마인가?

> • 영업부 종업원의 급여 50,000원　　• 상거래채권의 대손상각비 20,000원
> • 상거래채권 외의 대손상각비 50,000원　　• 이자비용 20,000원
> • 기부금 40,000원

> 매출총이익 - (　　가　　) = 영업이익

① 70,000원　　② 90,000원　　③ 130,000원　　④ 140,000원

9. 다음 중 제조기업의 원가계산 산식으로 가장 옳은 것은?

① 당기제품제조원가 = 직접재료비 + 직접노무비 + 제조간접비

② 직접재료비 = 기초원재료재고액 + 당기원재료순매입액 – 기말원재료재고액

③ 당기총제조원가 = 기초재공품재고액 + 당기총제조원가 – 기말재공품재고액

④ 매출원가 = 기초제품재고액 – 당기제품제조원가 + 기말제품재고액

10. 다음 중 개별원가계산과 종합원가계산의 비교 내용으로 잘못된 것은?

① 종합원가계산은 소품종 대량생산의 경우에 주로 사용된다.

② 종합원가계산은 원가를 제조공정별로 집계한다.

③ 개별원가계산은 원가보고서를 개별작업별로 작성한다.

④ 개별원가계산이 사용되는 산업은 정유업, 화학업, 제지업 등이 대표적이다.

11. 다음 자료에 의하여 평균법에 따라 재료비와 가공비 각각의 완성품환산량을 구하시오.

• 기초재공품 100개(완성도 25%)	• 당기착수 400개
• 기말재공품 200개(완성도 50%)	• 당기완성 300개
• 재료는 공정 초기에 투입되며, 가공비는 공정 전반에 걸쳐 균등하게 발생한다.	

	재료비	가공비
①	475개	300개
②	475개	400개
③	500개	400개
④	500개	300개

12. 다음 중 보조부문의 원가를 배부하는 방법에 대한 설명으로 옳지 않은 것은?

① 상호배분법은 보조부문 상호 간의 용역제공 관계를 완전히 고려하여 배부하므로 사전에 배부금액을 결정하는 방법이다.

② 단계배분법은 보조부문 상호 간의 용역제공 관계에 대해 우선순위를 정하고 배부하는 방법이다.

③ 직접배분법은 보조부문 상호 간의 용역제공 관계를 무시하고 배부하는 방법이다.

④ 원가계산의 정확성은 상호배분법 > 단계배분법 > 직접배분법 순이다.

13. 다음 중 부가가치세법상 세금계산서 및 영수증 발급의무면제 대상이 아닌 것은? (단, 주사업장총괄납부 및 사업자단위과세 사업자가 아니다.)

① 용역의 국외공급

② 무인자동판매기를 이용한 재화의 공급

③ 다른 사업장에 판매목적으로 반출되어 공급으로 의제되는 재화

④ 부동산임대용역 중 간주임대료에 해당하는 부분

14. 다음 중 부가가치세법상 세금계산서의 필요적 기재사항에 해당하는 것은?

① 공급연월일

② 공급받는자의 상호, 성명, 주소

③ 공급품목

④ 공급받는자의 사업자등록번호

15. 다음 중 부가가치세법상 면세되는 용역이 아닌 것은?

① 은행법에 따른 은행 업무 및 금융용역

② 주무관청의 허가 또는 인가 등을 받은 교육용역

③ 철도건설법에 따른 고속철도에 의한 여객운송용역

④ 주택임대용역

▌ 실 무 시 험 ▐

㈜금왕전자(회사코드:1023)는 전자제품을 제조하여 판매하는 중소기업으로, 당기의 회계기간은 2024.1.1.~ 2024.12.31.이다. 전산세무회계 수험용 프로그램을 이용하여 다음 물음에 답하시오.

문제1 다음은 기초정보관리와 전기분 재무제표에 대한 자료이다. 각각의 요구사항에 대하여 답하시오.(10점)

[1] 다음의 자료를 이용하여 [거래처등록] 메뉴에서 신규거래처를 등록하시오(단, 주어진 자료 외의 다른 항목은 입력할 필요 없음). (3점)

- 거래처코드 : 7171　　　 • 거래처명 : ㈜천천상사　　　 • 대표자성명 : 이부천　　　 • 유형 : 매출
- 사업자등록번호 : 129 – 86 – 78690　　　　　　　　 • 업태 : 도매　　　 • 종목 : 전자제품
- 사업장 주소 : 인천광역시 계양구 경명대로 1077 로얄프라자 201호(계산동)
  (단, 주소 입력 시 우편번호 입력은 생략함.)

[2] ㈜금왕전자의 기초 채권 및 채무의 올바른 잔액은 다음과 같다. [거래처별초기이월] 자료를 검토하여 오류가 있으면 삭제 또는 수정, 추가 입력하여 올바르게 정정하시오. (3점)

계정과목	거래처	금　액
외상매출금	㈜대전전자	3,000,000원
	㈜목포전자	2,000,000원
외상매입금	손오공상사	1,500,000원
	사오정산업	800,000원
받을어음	㈜대구전자	300,000원

[3] 전기분 손익계산서를 검토한 결과 다음과 같은 오류가 발견되었다. [전기분재무상태표], [전기분손익계산서], [전기분원가명세서], [전기분잉여금처분계산서] 중 관련된 부분을 수정하시오. (4점)

계정과목	틀린 내용	올바른 내용
소모품비	판매비와관리비로 2,000,000원을 과다계상함	제조원가로 2,000,000원을 추가 반영할 것

문제2 다음 거래 자료를 일반전표입력 메뉴에 추가 입력하시오.(일반전표입력의 모든 거래는 부가가
치세를 고려하지 말 것)(18점)

[1] 07월 20일 회사가 보유하고 있던 매도가능증권(투자자산)을 다음과 같은 조건으로 처분하고 대금은
보통예금으로 회수하였다(단, 전기의 기말평가는 일반기업회계기준에 따라 처리하였다).
(3점)

취득가액	2023년 말 공정가치	처분가액	비 고
24,000,000원	28,000,000원	29,000,000원	시장성이 있다.

[2] 09월 26일 창고에 보관 중인 원재료 550,000원(원가)을 공장에서 사용 중인 기계장치의 수리를
위하여 사용하였다. (3점)

[3] 11월 04일 세금계산서를 발급할 수 없는 간이과세자인 일백토스트에서 공장 생산직 직원들의 간식
용 토스트를 주문하였다. 대금은 현금으로 지급하고, 아래와 같은 영수증을 받았다(일반
전표에 입력할 것). (3점)

일백토스트

사업자번호 121-15-12340   김일백

경기도 이천시 가좌로1번길   TEL : 031-400-1158

홈페이지 http://www.kacpta.or.kr

현금(지출증빙용)

구매 2024/11/04/10:06   거래번호 : 150

상품명	단가	수량	금액
햄토스트	2,500원	4	10,000원
치즈토스트	2,000원	5	10,000원
		합계	20,000원
		받은금액	20,000원

[4] 11월 05일 전기에 대손이 확정되어 대손충당금과 상계처리하였던 ㈜대전전자의 외상매출금 500,000원
이 회수되어 당사의 보통예금 계좌에 입금되었다. (3점)

[5] 11월 08일 기계장치 구입으로 인하여 부가가치세 제2기 예정신고기간에 발생한 부가가치세 환급금
10,300,000원이 보통예금 계좌로 입금되었다. 부가가치세 제2기 예정신고기간의 부가가
치세 환급금은 미수금으로 회계처리를 하였다. (3점)

[6] 11월 30일 해외거래처인 ACE에 수출(선적일 : 11월 1일)한 제품에 대한 외상매출금 $2,000를 회수하였다. 외화로 회수한 외상매출금은 즉시 원화로 환전하여 당사 보통예금 계좌에 입금하였다. (3점)

• 2024년 11월 1일 환율 : 1,100원/$　　　　• 2024년 11월 30일 환율 : 1,150원/$

문제3 다음 거래 자료를 매입매출전표입력 메뉴에 입력하시오.(18점)

[1] 10월 16일 ㈜한국마트에서 대표이사 신윤철이 업무와 무관하게 개인적으로 이용하기 위하여 노트북 1대를 2,500,000원(부가가치세 별도)에 외상으로 구매하고 전자세금계산서를 받았다. (단, 거래처를 입력할 것) (3점)

전자세금계산서					승인번호		20241016 - 15454645 - 58811886	
공급자	등록번호	105-81-23608	종사업장번호		공급받는자	등록번호	126-87-10121	종사업장번호
	상호(법인명)	㈜한국마트	성명	한만군		상호(법인명)	㈜금왕전자	성명　신윤철
	사업장주소	서울특별시 동작구 여의대방로 28				사업장주소	경기도 이천시 가좌로1번길 21-26	
	업태	도소매	종목	전자제품		업태	제조,도소매 종목	전자제품
	이메일					이메일		
						이메일		

작성일자	공급가액	세액	수정사유	비고
2024-10-16	2,500,000원	250,000원	해당 없음	

월	일	품목	규격	수량	단가	공급가액	세액	비고
10	16	노트북		1	2,500,000원	2,500,000원	250,000원	

합계금액	현금	수표	어음	외상미수금	
2,750,000원				2,750,000원	위 금액을 (청구) 함

[2] 10월 21일 ㈜송송유통에 제품을 판매하고 다음과 같이 전자세금계산서를 발급하였다. 판매대금 중 10,000,000원은 지주상사가 발행한 어음으로 받았고, 나머지는 다음 달에 받기로 하였다. (3점)

전자세금계산서					승인번호		20241021 - 15454645 - 58811886		
공급자	등록번호	126-87-10121	종사업장번호		공급받는자	등록번호	110-81-19066	종사업장번호	
	상호(법인명)	㈜금왕전자	성명	신윤철		상호(법인명)	㈜송송유통	성명	이송
	사업장주소	경기도 이천시 가좌로1번길 21-26				사업장주소	서울특별시 강남구 강남대로 30		
	업태	제조,도소매	종목	전자제품		업태	도소매	종목	전자제품
	이메일					이메일			
						이메일			

작성일자	공급가액	세액	수정사유	비고
2024-10-21	40,000,000원	4,000,000원	해당 없음	

월	일	품목	규격	수량	단가	공급가액	세액	비고
10	21	전자제품				40,000,000원	4,000,000원	

합계금액	현금	수표	어음	외상미수금	위 금액을 (청구) 함
44,000,000원			10,000,000원	34,000,000원	

[3] 11월 02일 ㈜이에스텍으로부터 공장 시설보호를 목적으로 CCTV 설치를 완료하고 전자세금계산서를 발급받았다. 대금총액 3,300,000원(부가가치세 포함) 중 현금으로 300,000원을 지급하였고, 나머지는 10회에 걸쳐 매달 말 균등 지급하기로 하였다(계정과목은 시설장치 과목을 사용할 것). (3점)

[4] 11월 27일 당사는 본사의 사옥을 신축할 목적으로 기존 건물이 있는 토지를 취득하고 즉시 건물을 철거한 후 ㈜철거로부터 전자세금계산서를 발급받았다. 구건물 철거 비용 33,000,000원(공급가액 30,000,000원, 세액 3,000,000원) 중 15,000,000원은 보통예금으로 지급하고, 나머지는 외상으로 하였다. (3점)

[5] 12월 01일 개인 소비자인 권지우씨에게 제품을 2,400,000원(부가가치세 별도)에 판매하고, 판매대금은 신용카드로 결제받았다. 단, 신용카드에 의한 판매는 매출채권으로 처리한다. (3점)

<table>
<tr><td colspan="3" align="center">카드매출전표</td></tr>
<tr><td>카드종류</td><td>:</td><td>국민카드</td></tr>
<tr><td>회원번호</td><td>:</td><td>2224 - 1222 - **** - 1345</td></tr>
<tr><td>거래일시</td><td>:</td><td>2024.12.1. 16:05:16</td></tr>
<tr><td>거래유형</td><td>:</td><td>신용승인</td></tr>
<tr><td>매출액</td><td>:</td><td>2,400,000원</td></tr>
<tr><td>부가세액</td><td>:</td><td>240,000원</td></tr>
<tr><td>합계액</td><td>:</td><td>2,640,000원</td></tr>
<tr><td>결제방법</td><td>:</td><td>일시불</td></tr>
<tr><td>승인번호</td><td>:</td><td>71999995</td></tr>
<tr><td>은행확인</td><td>:</td><td>국민은행</td></tr>
<tr><td>가맹점명</td><td>:</td><td>㈜금왕전자</td></tr>
<tr><td colspan="3" align="center">- 이 하 생 략 -</td></tr>
</table>

[6] 12월 20일 미국 소재 법인 dongho와 8월 4일 직수출 계약을 체결한 제품 $5,000의 선적을 완료하고, 수출대금은 차후에 받기로 하였다. 직수출 계약일의 기준환율은 1,180원/$, 선적일의 기준환율은 1,185원/$이다(수출신고번호 입력은 생략함). (3점)

문제4 일반전표입력 및 매입매출전표입력 메뉴에 입력된 내용 중 다음과 같은 오류가 발견되었다. 입력된 내용을 확인하여 정정하시오.(6점)

[1] 08월 25일 제1기 확정신고기간의 부가가치세 납부세액과 가산세 162,750원을 보통예금으로 납부하고 일반전표에서 세금과공과(판)로 회계처리 하였다. 단, 6월 30일의 부가가치세 회계처리를 확인하고, 가산세는 세금과공과(판)로 처리하시오. (3점)

[2] 10월 17일 ㈜이플러스로부터 구매한 스피커의 대금 2,200,000원을 보통예금 계좌에서 이체하고 일반전표에서 상품으로 회계처리 하였으나, 사실은 영업부 사무실에서 업무용으로 사용할 목적으로 구입하고 지출증빙용 현금영수증을 발급받은 것으로 확인되었다. 회사는 이를 비품으로 처리하고 매입세액공제를 받으려고 한다. (3점)

문제5 결산정리사항은 다음과 같다. 해당 메뉴에 입력하시오.(9점)

[1] 외상매입금 계정에는 중국에 소재한 거래처 상하이에 대한 외상매입금 2,200,000원($2,000)이 포함되어 있다(결산일 현재 적용환율 : 1,120원/$). (3점)

[2] 7월 1일 전액 비용으로 회계처리한 보험료(제조부문 : 2,400,000원, 영업부문 : 1,500,000원)는 1년분(2024.7.1.~2025.6.30.) 보험료를 일시에 지급한 것으로, 보험료는 월할계산한다. (3점)

[3] 9월 15일 가수금으로 처리한 2,550,000원에 대한 원인을 조사한 결과, 그 중 2,530,000원은 ㈜인천의 외상매출금을 회수한 것으로 밝혀졌다. 나머지 금액은 결산일 현재까지 그 차이의 원인을 알 수 없어 당기 수익(영업외수익)으로 처리하였다. (3점)

문제6 다음 사항을 조회하여 답안을 이론문제 답안작성 메뉴에 입력하시오.(9점)

[1] 1분기(1월~3월) 중 제품매출이 가장 많은 달(月)과 가장 적은 달(月)의 차이는 얼마인가? (단, 음수로 입력하지 말 것) (3점)

[2] 부가가치세 제1기 예정신고기간(1월~3월) 중 신용카드로 매입한 사업용 고정자산의 공급가액은 얼마인가? (3점)

[3] 6월 중 한일상회에서 회수한 외상매출금은 얼마인가? (3점)

제103회 전산회계 1급 기출문제

㈜일진자동차 (코드번호:1033)

▌이 론 시 험 ▌

1. 다음 중 일반기업회계기준에서 말하는 재무제표에 해당하는 것을 모두 고르면 몇 개인가?

• 재무상태표	• 수입금액조정명세서	• 현금흐름표
• 손익계산서	• 자본변동표	• 제조원가명세서
• 합계잔액시산표	• 주석	• 주주명부

① 5개   ② 4개   ③ 3개   ④ 2개

2. 다음 자료는 2024년 12월 31일 현재 재무상태표의 각 계정의 잔액이다. 외상매입금은 얼마인가?

• 보통예금 : 300,000원	• 외상매출금 : 700,000원	• 외상매입금 : ?
• 미지급금 : 150,000원	• 자본금 : 300,000원	• 이익잉여금 : 100,000원

① 450,000원   ② 550,000원   ③ 750,000원   ④ 850,000원

3. 도소매업을 영위하는 ㈜미래가 기말 결산 시 영업활동에 사용 중인 차량에 대한 아래의 회계처리를 누락한 경우 재무상태표와 손익계산서에 미치는 영향을 설명한 것으로 옳은 것은?

(차) 감가상각비	1,000,000원	(대) 감가상각누계액	1,000,000원

① 재무상태표상 유동자산이 1,000,000원 과대표시된다.
② 재무상태표상 비유동자산이 1,000,000원 과소표시된다.
③ 손익계산서상 영업이익이 1,000,000원 과대표시된다.
④ 손익계산서상 영업외수익이 1,000,000원 과대표시된다.

4. 다음 중 기말 결산 시 원장의 잔액을 차기로 이월하는 방법을 통하여 장부를 마감하는 계정과목이 아닌 것은?

① 선수금   ② 기부금   ③ 개발비   ④ 저장품

5. 다음 중 회계정보의 질적특성에 대한 설명으로 잘못된 것은?

① 회계정보의 질적특성이란 회계정보가 유용하기 위해 갖추어야 할 주요 속성을 말한다.

② 회계정보의 질적특성은 회계정보의 유용성의 판단기준이 된다.

③ 회계정보가 갖추어야 할 가장 중요한 질적특성은 목적적합성과 신뢰성이다.

④ 비교가능성은 목적적합성과 신뢰성보다 중요한 질적특성이다.

6. 다음 거래에 대한 회계처리 시 나타나는 거래요소의 결합관계를 아래의 보기에서 모두 고른 것은?

단기대여금 50,000원과 그에 대한 이자 1,000원을 현금으로 회수하다.

〈보기〉		
가. 자산의 증가	나. 자산의 감소	다. 부채의 증가
라. 부채의 감소	마. 수익의 발생	바. 비용의 발생

① 가, 나, 바

③ 나, 라, 바

② 나, 다, 마

④ 가, 나, 마

7. 다음 중 자본에 대한 설명으로 가장 옳지 않은 것은?

① 자본은 기업의 자산에서 모든 부채를 차감한 후의 잔여지분을 의미한다.

② 잉여금은 자본거래에 따라 이익잉여금, 손익거래에 따라 자본잉여금으로 구분한다.

③ 주식의 발행금액 중 주권의 액면을 초과하여 발행한 금액을 주식발행초과금이라 한다.

④ 주식으로 배당하는 경우 발행주식의 액면금액을 배당액으로 하여 자본금의 증가와 이익잉여금의 감소로 회계처리 한다.

8. 다음 중 일반기업회계기준에 의한 수익인식 기준으로 가장 옳지 않은 것은?

① 상품권 판매 : 물품 등을 제공 또는 판매하여 상품권을 회수한 때 수익을 인식한다.

② 위탁판매 : 위탁자는 수탁자가 해당 재화를 제3자에게 판매한 시점에 수익을 인식한다.

③ 광고매체수수료 : 광고 또는 상업방송이 대중에게 전달될 때 수익을 인식한다.

④ 주문형 소프트웨어의 개발 수수료 : 소프트웨어 전달 시에 수익을 인식한다.

9. 원가 및 비용의 분류 중 제조원가에 해당하는 것은?

① 원재료 운반용 차량의 처분손실

② 영업용 차량의 처분손실

③ 생산부 건물 경비원의 인건비

④ 영업부 사무실의 소모품비

10. 다음 중 보조부문원가의 배분방법이 아닌 것은?

① 직접배분법   ② 비례배분법   ③ 상호배분법   ④ 단계배분법

11. 다음 자료를 이용하여 당기제품제조원가를 구하시오.

• 기초제품재고액 : 90,000원	• 기말제품재고액 : 70,000원
• 당기총제조비용 : 1,220,000원	• 매출원가 : 1,300,000원

① 1,280,000원   ② 1,400,000원   ③ 2,680,000원   ④ 2,860,000원

12. 다음 중 공손에 대한 설명으로 옳지 않은 것은?

① 공손품은 정상품에 비하여 품질이나 규격이 미달하는 불합격품을 말한다.

② 공손품은 원재료의 불량, 작업자의 부주의 등의 원인에 의해 발생한다.

③ 정상공손이란 효율적인 생산과정에서도 발생하는 공손을 말한다.

④ 정상 및 비정상 공손품의 원가는 발생한 기간의 손실로서 영업외비용으로 처리한다.

13. 다음 중 부가가치세에 대한 설명으로 잘못된 것은?

① 부가가치세 납부세액은 매출세액에서 매입세액을 뺀 금액으로 한다.

② 법인사업자는 부가가치세법상 전자세금계산서 의무발급 대상자이다.

③ 금전 외의 대가를 받은 경우 공급가액은 자기가 공급받은 재화 또는 용역의 시가로 한다.

④ 부가가치세는 납세의무자와 담세자가 다를 것을 예정하고 있는 세목에 해당한다.

14. 다음 중 부가가치세법에 따른 재화 또는 용역의 공급시기에 대한 설명으로 옳지 않은 것은?

① 현금판매, 외상판매의 경우 재화가 인도되거나 이용 가능하게 되는 때이다.

② 장기할부판매의 경우 대가의 각 부분을 받기로 한 때이다.

③ 반환조건부 판매의 경우 조건이 성취되거나 기한이 지나 판매가 확정되는 때이다.

④ 폐업 시 잔존재화의 경우 재화가 실제 사용하거나 판매되는 때이다.

15. 다음 중 부가가치세법상 납세지에 대한 설명으로 옳지 않은 것은?

① 사업자의 납세지는 각 사업장의 소재지로 한다.

② 제조업의 납세지는 최종제품을 완성하는 장소를 원칙으로 한다.

③ 광업의 납세지는 광구 내에 있는 광업사무소의 소재지를 원칙으로 한다.

④ 무인자동판매기를 통하여 재화를 공급하는 사업의 납세지는 무인자동판매기를 설치한 장소로 한다.

▌ 실 무 시 험 ▌

㈜일진자동차(회사코드:1033)는 자동차특장을 제조하여 판매하는 중소기업으로, 당기의 회계
2024.1.1.~2024.12.31.이다. 전산세무회계 수험용 프로그램을 이용하여 다음 물음에 답하시오.

문제1 다음은 [기초정보관리] 및 [전기분재무제표]에 대한 자료이다. 각각의 요구사항에 대하여 답하
시오. (10점)

[1] 다음은 ㈜일진자동차의 사업자등록증이다. [회사등록] 메뉴에 입력된 내용을 검토하여 누락분은 추
가입력하고 잘못된 부분은 정정하시오(주소입력 시 우편번호는 입력하지 않아도 무방함). (3점)

사 업 자 등 록 증

(법인사업자)

등록번호 : 134-86-81692

법 인 명 (단 체 명) : ㈜일진자동차
대　　표　　자 : 김일진

개 업 연 월 일 : 2018년 05월 06일　　법인등록번호 : 110111-1390212
사 업 장 소 재 지 : 경기도 화성시 송산면 마도북로 40

본 점 소 재 지 : 경기도 화성시 송산면 마도북로 40
사 업 의 종 류 : ┌─────┐ 제조업　　　　　　　　　┌───┐ 자동차특장
　　　　　　　　　│ 업태 │　　　　　　　　　　　│ 종목 │
　　　　　　　　　└─────┘　　　　　　　　　　└───┘

발 급 사 유 : 신규

사업자 단위 과세 적용사업자 여부 : 여( ) 부(∨)
전자세금계산서 전용 전자우편주소 :

2018 년 05 월 04 일

화 성 세 무 서

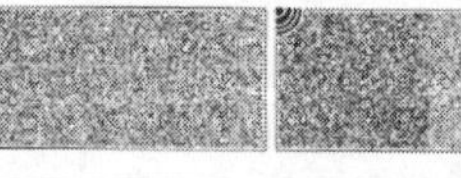
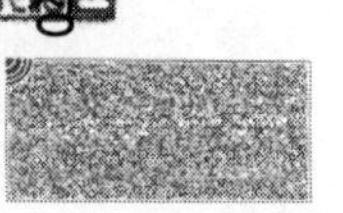

[2] 다음 자료를 이용하여 아래의 계정과목에 대한 적요를 추가로 등록하시오. (3점)

• 계정과목 : 831. 수수료비용	• 현금적요 : (적요NO. 8) 오픈마켓 결제대행 수수료

[3] 전기분 재무제표 중 아래의 계정과목에서 다음과 같은 오류를 발견하였다. 수정 후 잔액이 되도록 적절하게 관련 재무제표를 모두 수정하시오. (4점)

부 서	계정과목	수정 전 잔액	수정 후 잔액
영업부	수도광열비	3,300,000원	2,750,000원
생산부	가스수도료	7,900,000원	8,450,000원

문제2 다음의 거래 자료를 [일반전표입력] 메뉴를 이용하여 입력하시오(일반전표입력의 모든 거래는 부가가치세를 고려하지 말 것). (18점)

[1] 07월 30일 제품을 판매하고 ㈜초코로부터 받은 약속어음 5,000,000원을 만기가 도래하기 전에 보람은행에 할인하고, 할인료 30,000원을 차감한 후 보통예금 계좌로 입금되었다(단, 매각거래로 처리한다). (3점)

[2] 08월 10일 7월분 국민연금보험료를 현금으로 납부하였다. 납부한 총금액은 540,000원이며, 이 중 50%는 직원 부담분이고, 나머지 50%는 회사부담분(제조부문 직원분:180,000원, 관리부문 직원분:90,000원)이다. 단, 회사부담분은 세금과공과로 처리한다. (3점)

[3] 09월 26일 우리은행에 예치한 정기예금 50,000,000원의 만기일이 도래하여 정기예금 이자에 대한 원천징수세액을 차감한 후 보통예금 계좌로 입금되었다(단, 원천징수세액은 자산으로 처리한다). (3점)

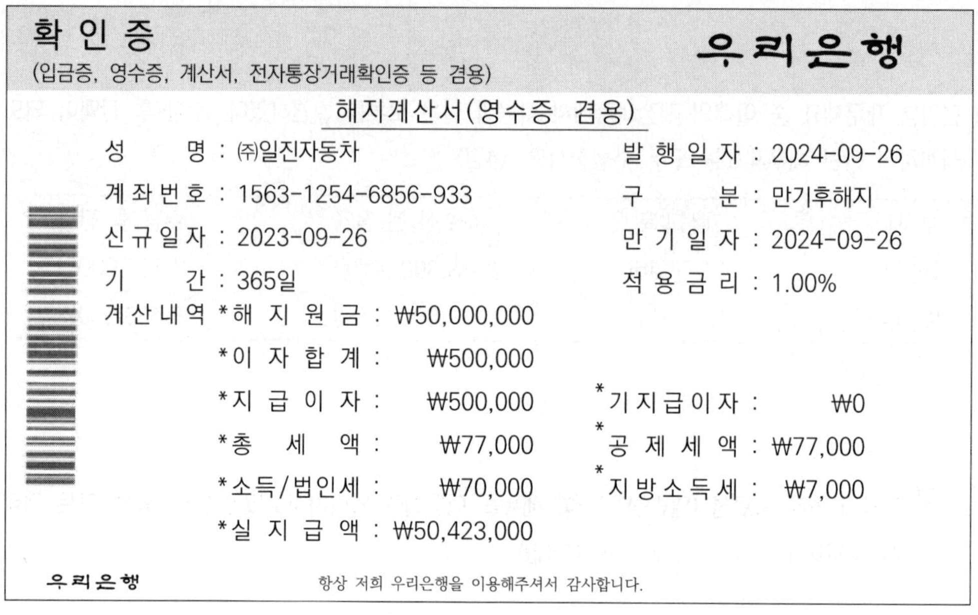

확 인 증
(입금증, 영수증, 계산서, 전자통장거래확인증 등 겸용)

우 리 은 행

해지계산서(영수증 겸용)

성 명 : ㈜일진자동차	발 행 일 자 : 2024-09-26
계 좌 번 호 : 1563-1254-6856-933	구 분 : 만기후해지
신 규 일 자 : 2023-09-26	만 기 일 자 : 2024-09-26
기 간 : 365일	적 용 금 리 : 1.00%

계 산 내 역 * 해 지 원 금 : ₩50,000,000
　　　　　　 * 이 자 합 계 : 　₩500,000
　　　　　　 * 지 급 이 자 : 　₩500,000　　　* 기 지 급 이 자 : 　　₩0
　　　　　　 * 총 세 액 : 　　₩77,000　　　* 공 제 세 액 : ₩77,000
　　　　　　 * 소 득/법 인 세 : 　₩70,000　　　* 지 방 소 득 세 : 　₩7,000
　　　　　　 * 실 지 급 액 : ₩50,423,000

우 리 은 행　　　　　　항상 저희 우리은행을 이용해주셔서 감사합니다.

[4] 10월 26일 주당 발행가액 6,000원에 유상증자를 실시하여 신주 10,000주(주당 액면가액 5,000원)를 발행하였으며, 주금납입액은 보통예금 계좌에 입금되었다. 단, 증자 전 주식할인발행차금 계정의 잔액은 1,000,000원이다. (3점)

[5] 10월 29일 아주중고로부터 매입한 원재료에 대한 매입운임 50,000원을 현금으로 지급하였다. (3점)

[6] 11월 08일 제조부문이 사용하고 있는 건물의 증축공사에서 발생한 인건비 15,000,000원을 보통예금 계좌에서 이체하여 지급하였다(단, 해당 비용은 자본적지출에 해당하며, 해당 인건비에 대해 원천징수를 하지 않는다고 가정한다). (3점)

문제3 **다음 자료를 이용하여 입력하시오.(6점)**

[1] 09월 30일 제조부문이 사용하는 기계장치의 원상회복을 위한 수선을 하고 수선비 330,000원을 전액 하나카드로 결제하고, 다음의 매출전표를 수취하였다(미지급금으로 회계처리 할 것).(3점)

매 출 전 표

단말기번호	11213692	전표번호	234568

카드종류		거래종류	결제방법
하나카드		신용구매	일시불
회원번호(Card No)		취소시 원거래일자	
4140-0202-3245-9959			
유효기간		거래일시	품명
2025.12.31.		2024.09.30.	기계수선
전표제출	금	액/AMOUNT	300,000
	부 가	세/VAT	30,000
전표매입사	봉 사	료/TIPS	
	합	계/TOTAL	330,000
거래번호	승인번호/(Approval No.) 98421147		
가 맹 점 ㈜다고쳐			
대 표 자 김세무		TEL 031-628-8624	
가맹점번호 3685062		사업자번호 204-19-76690	
주 소 경기 성남시 수정구 고등동 525-5			
		서명(Signature) ㈜일진자동차	

[2] 10월 11일 아재자동차로부터 원재료 운반용 화물자동차를 매입하고 전자세금계산서를 발급받았으며, 대금 중 3,300,000원은 보관 중인 ㈜삼진의 약속어음을 배서하여 지급하고, 잔액은 외상으로 하였다. (3점)

<table>
<tr><td colspan="6" align="center">전자세금계산서</td><td align="center">승인번호</td><td colspan="3">20241011-1000000-00009329</td></tr>
<tr><td rowspan="6" align="center">공급자</td><td align="center">등록
번호</td><td colspan="2">519-15-00319</td><td align="center">종사업장
번호</td><td></td><td rowspan="6" align="center">공급받는자</td><td align="center">등록
번호</td><td colspan="2">134-86-81692</td><td align="center">종사업장
번호</td><td></td></tr>
<tr><td align="center">상호
(법인명)</td><td colspan="2">아재자동차</td><td align="center">성명</td><td>김아재</td><td align="center">상호
(법인명)</td><td colspan="2">㈜일진자동차</td><td align="center">성명</td><td>김일진</td></tr>
<tr><td align="center">사업장
주소</td><td colspan="4"></td><td align="center">사업장
주소</td><td colspan="4">경기도 화성시 송산면 마도북로 40</td></tr>
<tr><td align="center">업태</td><td>제조,도소매</td><td align="center">종목</td><td colspan="2">자동차, 부품</td><td align="center">업태</td><td>제조</td><td align="center">종목</td><td colspan="2">자동차특장</td></tr>
<tr><td rowspan="2" align="center">이메일</td><td colspan="4" rowspan="2"></td><td align="center">이메일</td><td colspan="4"></td></tr>
<tr><td align="center">이메일</td><td colspan="4"></td></tr>
</table>

작성일자	공급가액	세액	수정사유	비고
2024-10-11	6,000,000원	600,000원	해당 없음	

월	일	품목	규격	수량	단가	공급가액	세액	비고
10	11	화물자동차				6,000,000원	600,000원	

합계금액	현금	수표	어음	외상미수금	위 금액을 (영수)(청구) 함
6,600,000원			3,300,000원	3,300,000원	

[3] 10월 15일 미국에 소재한 ANGEL사로부터 수입한 원재료에 대하여 수입전자세금계산서(공급가액 5,000,000원, 부가가치세 500,000원)를 인천세관으로부터 발급받고, 이에 관한 부가가치세를 보통예금 계좌에서 이체하였다. (3점)

[4] 11월 04일 ㈜삼양안전으로부터 제조부문에서 사용할 안전용품을 구입하고 아래의 전자세금계산서를 발급받았다. 단, 안전용품은 소모품(자산) 계정을 사용하여 회계처리한다. (3점)

전자세금계산서					승인번호		20241104-1000000-00009331	
공급자	등록 번호	109-81-33618	종사업장 번호		공급받는자	등록 번호	134-86-81692	종사업장 번호	
	상호 (법인명)	㈜삼양안전	성명	이수진		상호 (법인명)	㈜일진자동차	성명	김일진
	사업장 주소	경기도 의정부시 부자로 11				사업장 주소	경기도 화성시 송산면 마도북로 40		
	업태	도소매	종목	목재		업태	제조	종목	자동차특장
	이메일					이메일			
						이메일			

작성일자	공급가액	세액	수정사유	비고
2024-11-04	1,600,000원	160,000원	해당 없음	

월	일	품목	규격	수량	단가	공급가액	세액	비고
11	04	안전용품				1,600,000원	160,000원	

합계금액	현금	수표	어음	외상미수금	위 금액을 (영수) 함 (청구)
1,760,000원	300,000원			1,460,000원	

[5] 11월 14일 제조부문에서 사용하던 기계장치(취득원가 50,000,000원, 감가상각누계액 43,000,000원)를 인천상사에 5,000,000원(부가가치세 별도)에 매각하면서 전자세금계산서를 발급하였으며, 대금 중 부가가치세는 현금으로 받고, 나머지는 전액 인천상사가 발행한 약속어음으로 수령하였다. (3점)

[6] 11월 22일 매출처인 ㈜성남의 야유회에 증정할 물품으로 미래마트에서 음료수 550,000원(부가가치세 포함)을 구입하고 전자세금계산서를 발급받고, 대금은 보통예금 계좌에서 이체하여 지급하였다. (3점)

문제4 [일반전표입력] 및 [매입매출전표입력] 메뉴에 입력된 내용 중 다음과 같은 오류가 발견되었다. 입력된 내용을 확인하여 삭제, 수정 또는 추가 입력하여 오류를 정정하시오. (6점)

[1] 07월 03일 ㈜한성전자의 부도로 미수금 잔액 10,000,000원이 회수불능되어 전액 대손 처리하였으나, 확인 결과 ㈜한성전자의 미수금이 아니라 ㈜성한전기의 미수금이며, 부도 시점에 미수금에 대한 대손충당금 잔액 1,000,000원이 있었던 것으로 확인된다. (3점)

[2] 11월 29일 일시 보유목적으로 시장성 있는 태평상사의 주식 100주를 주당 10,000원에 취득하면서 취득과정에서 발생한 수수료 10,000원도 취득원가로 회계처리 하였다. (3점)

문제5 결산정리사항은 다음과 같다. 해당 메뉴에 입력하시오. (9점)

[1] 국민은행의 정기예금에 대한 기간경과분 이자수익을 인식하다(단, 월할로 계산할 것). (3점)

• 예금금액 : 60,000,000원	• 예금기간 : 2년(2024.10.01.~2026.09.30.)
• 연이자율 : 2%	• 이자지급일 : 연 1회(매년 9월 30일)

[2] 10월 05일 영업부문에서 사용할 소모품 500,000원을 구입하고 자산으로 회계처리 하였다. 결산일 현재 소모품 사용액은 350,000원이다. (3점)

[3] 결산일 현재 외상매출금 잔액의 1%에 대하여 대손이 예상된다. 보충법에 의하여 대손충당금 설정 회계처리를 하시오(단, 대손충당금 설정에 필요한 정보는 관련 데이터를 조회하여 사용할 것). (3점)

문제6 다음의 결산정리사항을 입력하여 결산을 완료하시오.(12점)

[1] 제1기 부가가치세 확정신고기간(4월~6월) 중 매입세액을 공제받지 않은 공급가액은 얼마인가? (3점)

[2] 제1기 부가가치세 예정신고기간(1월~3월)과 확정신고기간(4월~6월)의 매출세금계산서 발급매수의 차이는 얼마인가? (단, 답이 음수인 경우에도 양수로 입력한다.) (3점)

[3] 4월(4월 1일~4월 30일) 중 외상매출금 회수액은 얼마인가? (3점)

제104회 전산회계 1급 기출문제

㈜광주기계 (코드번호:1043)

▌ 이 론 시 험 ▌

1. 다음 중 기말재고자산 단가 결정 방법이 아닌 것은?

① 선입선출법　　② 총평균법　　③ 연수합계법　　④ 이동평균법

2. 다음 자료를 참고로 현금및현금성자산의 금액을 계산하면 얼마인가?

• 현금 1,000,000원	• 우편환증서 50,000원	• 보통예금 500,000원
• 정기예금 3,000,000원	• 당좌예금 400,000원	• 단기매매증권 1,000,000원

① 900,000원　　② 1,950,000원　　③ 2,900,000원　　④ 4,950,000원

3. 다음 중 유형자산 취득 후의 지출과 관련하여 성격이 다른 것은?

① 건물의 엘리베이터 설치　　　　② 건물의 외벽 도색작업
③ 파손된 타일의 원상회복을 위한 수선　　④ 보일러 부속품의 교체

4. 다음 중 무형자산과 관련된 설명으로 잘못된 것은?

① 내부 창출된 무형자산이 인식기준에 부합하는지 평가하기 위해 연구단계와 개발단계로 구분한다.
② 산업재산권, 저작권, 개발비 등이 대표적이며 사업결합에서 발생한 영업권은 포함하지 않는다.
③ 물리적 형체는 없지만 식별가능하고, 기업이 통제하고 있으며, 미래경제적 효익이 있는 비화폐성 자산이다.
④ 내부 프로젝트를 연구단계와 개발단계로 구분할 수 없는 경우 모두 연구단계에서 발생한 것으로 본다.

5. 다음 중 유가증권의 취득원가 및 평가에 대한 설명으로 옳지 않은 것은?

① 단기매매증권은 공정가치로 평가하며 평가손익을 당기손익으로 인식한다.

② 매도가능증권은 시장성이 있는 경우 공정가치로 평가하며 평가손익을 당기손익으로 인식한다.

③ 단기매매증권의 취득부대비용은 발생 즉시 비용으로 처리한다.

④ 만기보유증권의 취득부대비용은 취득원가에 가산한다.

6. 다음 중 자기주식거래와 관련하여 자본항목의 성격이 올바르게 짝지어진 것은?

① 자기주식처분이익 : 자본조정

② 자기주식처분손실 : 기타포괄손익누계액

③ 감자차익 : 자본조정

④ 감자차손 : 자본조정

7. 다음 자료는 12월 31일 결산자료이다. 상품 매출원가를 계산하고 이에 대한 회계처리로 옳은 것은?

• 기초상품재고액 10,000,000원	• 기말상품재고액 4,000,000원
• 당기상품매입액 5,000,000원	• 매입에누리 및 매입환출 700,000원

① (차) 상품 11,000,000원 (대) 상품매출원가 11,000,000원

② (차) 상품매출원가 10,300,000원 (대) 상품 10,300,000원

③ (차) 상품 11,300,000원 (대) 상품매출원가 11,300,000원

④ (차) 상품매출원가 10,000,000원 (대) 상품 10,000,000원

8. 다음 중 거래의 8요소와 그 예시로 가장 적절하지 않은 것은?

① (차) 비용발생 (대) 자산감소 : 신용카드 연회비 1만원이 신용카드로 결제되다.

② (차) 자산증가 (대) 수익발생 : 보통예금의 결산이자 100만원이 입금되다.

③ (차) 자산증가 (대) 부채증가 : 원재료 2,000만원을 외상으로 구입하다.

④ (차) 부채감소 (대) 부채증가 : 외상매입금 1,000만원을 신용카드로 결제하다.

9. 다음 중 제조원가명세서에서 확인할 수 없는 것은?

   ① 기말원재료재고액   ② 기초재공품재고액

   ③ 당기제품제조원가   ④ 기말제품재고액

10. 다음 중 원가의 분류 방법과 종류가 잘못 짝지어진 것은?

   ① 원가의 행태에 따른 분류 : 변동원가와 고정원가

   ② 통제가능성에 따른 분류 : 역사적원가와 예정원가

   ③ 추적가능성에 따른 분류 : 직접원가와 간접원가

   ④ 의사결정과의 관련성에 따른 분류 : 관련원가와 매몰원가

11. 다음의 자료를 이용하여 기초원가와 가공원가를 계산한 것으로 옳은 것은?

구 분	직접비	간접비
재료비	100,000원	50,000원
노무비	200,000원	100,000원
제조경비	0원	50,000원

	기초원가	가공원가
①	300,000원	200,000원
②	200,000원	250,000원
③	300,000원	400,000원
④	450,000원	50,000원

12. 제조간접비 예정배부율은 기계작업시간당 80원이고, 실제기계작업시간이 50,000시간일 때 제조간접비 배부차이가 130,000원 과대배부인 경우 제조간접비 실제 발생액은 얼마인가?

   ① 2,500,000원   ② 3,870,000원   ③ 4,000,000원   ④ 4,130,000원

13. 다음 중 부가가치세법상 재화의 공급에 해당하는 것은?

   ① 부동산의 담보제공

   ② 사업장별로 사업에 관한 모든 권리와 의무 중 일부를 승계하는 사업양도

   ③ 사업용 자산을 지방세법에 따라 물납하는 것

   ④ 도시 및 주거환경정비법에 따른 수용 및 국세징수법에 따른 공매

14. 다음 중 부가가치세법상 과세표준에 포함하는 것은?

① 공급에 대한 대가의 지급이 지체되었음을 이유로 받는 연체이자

② 매출에누리, 매출환입 및 매출할인

③ 수입하는 재화에 대한 관세의 과세가격과 관세 및 개별소비세

④ 공급받는 자에게 도달하기 전에 파손·훼손 또는 멸실된 재화의 가액

15. 부가가치세법상 부동산임대용역을 공급하는 경우, 전세금 또는 임대보증금에 대한 간주임대료의 공급시기로 옳은 것은?

① 대가의 각 부분을 받기로 한 때

② 용역의 공급이 완료된 때

③ 대가를 받은 때

④ 예정신고기간 또는 과세기간 종료일

▌ 실 무 시 험 ▌

㈜광주기계(회사코드:1043)는 기계부품을 제조하여 판매하는 중소기업으로 당기(제8기)의 회계기간은 2024.1.1.~2024.12.31.이다. 전산세무회계 수험용 프로그램을 이용하여 다음 물음에 답하시오.

문제1 다음은 [기초정보관리] 및 [전기분재무제표]에 대한 자료이다. 각각의 요구사항에 대하여 답하시오. (10점)

[1] 다음의 신규거래처를 [거래처등록] 메뉴를 이용하여 추가로 등록하시오. (3점)

- 거래처코드 : 1001
- 거래처명 : ㈜보석상사
- 유형 : 동시
- 사업자등록번호 : 108-81-13579
- 대표자 : 송달인
- 업태 : 제조
- 종목 : 금속가공
- 사업장주소 : 경기도 여주시 세종로 14(홍문동)

※ 주소입력 시 우편번호 입력은 생략해도 무방함.

[2] [계정과목및적요등록] 메뉴에서 복리후생비(판매비및일반관리비) 계정의 대체적요 3번에 "임직원피복비 미지급"을 등록하시오. (3점)

[3] 전기분 재무제표를 검토한 결과 다음과 같은 오류를 확인하였다. 이와 관련된 전기분 재무제표를 적절히 수정하시오. (4점)

외주가공비(제조원가에 속함) 5,500,000원이 누락된 것으로 확인된다.

문제2 다음의 거래 자료를 [일반전표입력] 메뉴를 이용하여 입력하시오(일반전표입력의 모든 거래는 부가가치세를 고려하지 말 것). (18점)

[1] 07월 10일 ㈜서창상사의 외상매출금 10,000,000원을 ㈜서창상사가 보유하고 있던 약속어음(㈜신흥기전 발행) 10,000,000원으로 배서양도 받다. (3점)

[2] 08월 08일 지난달 근로소득 지급액에 대한 원천징수세액인 예수금 220,000원 중 200,000원은 보통예금으로 납부하고, 나머지는 현금으로 납부하다(단, 하나의 전표로 처리하되, 거래처명은 기재하지 말 것). (3점)

[3] 09월 30일 창고에 보관 중인 제품 7,200,000원이 화재로 인하여 소실되다. 당사는 화재보험에 가입되어 있지 않다. (3점)

[4] 10월 20일 ㈜상록에 판매한 제품을 화물차로 발송하면서 운임비 250,000원을 현금으로 지급하고 운송장을 발급받다. (3점)

[5] 11월 08일 보유하고 있던 자기주식 중 300주(주당 액면가액 1,000원, 주당 취득가액 1,500원)를 주당 1,300원에 처분하고, 처분대금은 모두 현금으로 수취하다(처분 전 자기주식처분이익 계정 잔액은 없는 것으로 하며, 하나의 전표로 처리할 것). (3점)

[6] 12월 26일 연말 불우이웃돕기 성금으로 현금 3,000,000원을 지급하다. (3점)

문제3 다음의 거래 자료를 [매입매출전표입력] 메뉴를 이용하여 입력하시오. (18점)

[1] 08월 25일 영업부의 거래처인 맘모스 물산의 사업장 확장 이전을 축하하기 위하여 축하 화환을 현금으로 구입하고 아래의 전자계산서를 발급받다. (3점)

<table>
<tr><td colspan="5" style="text-align:center">전자계산서</td><td>승인번호</td><td colspan="3">20240825 - 15454645 - 58811886</td></tr>
<tr><td rowspan="6">공급자</td><td>등록번호</td><td colspan="2">105-92-25728</td><td>종사업장번호</td><td></td><td rowspan="6">공급받는자</td><td>등록번호</td><td>211-87-10230</td><td>종사업장번호</td><td></td></tr>
<tr><td>상호
(법인명)</td><td colspan="2">남동꽃도매시장</td><td>성명</td><td>한다발</td><td>상호
(법인명)</td><td>㈜광주기계</td><td>성명</td><td>안효섭</td></tr>
<tr><td>사업장주소</td><td colspan="4">인천광역시 남동구 인하로 501</td><td>사업장주소</td><td colspan="3">서울시 송파구 도곡로 434</td></tr>
<tr><td>업태</td><td>도소매</td><td>종목</td><td colspan="2">화훼류</td><td>업태</td><td>제조</td><td>종목</td><td>기계부품</td></tr>
<tr><td rowspan="2">이메일</td><td colspan="4" rowspan="2"></td><td>이메일</td><td colspan="3"></td></tr>
<tr><td>이메일</td><td colspan="3"></td></tr>
</table>

작성일자	공급가액	수정사유	비고			
2024-08-25	200,000원	해당 없음				

월	일	품목	규격	수량	단가	공급가액	비고
08	25	화환		1		200,000원	

합계금액	현금	수표	어음	외상미수금	위 금액을 (영수) 함
200,000원	200,000원				

[2] 09월 05일 공장부지로 사용할 토지의 취득으로 발생한 중개수수료 5,500,000원(부가가치세 포함)을 ㈜한화공인중개법인에 보통예금으로 지급하고 전자세금계산서를 발급받다. (3점)

[3] 11월 15일 최종소비자인 이영수 씨에게 제품 968,000(부가가치세 포함)을 현금으로 판매하고 다음과 같은 현금영수증을 발급하다(단, 거래처를 입력할 것). (3점)

[4] 11월 19일 ㈜연기실업에 당사가 사용하던 차량운반구(취득원가 50,000,000원, 처분일 현재 감가상각누계액 35,000,000원)를 12,500,000원(부가가치세 별도)에 처분하다. 대금은 보통예금 계좌로 입금되었으며, 전자세금계산서를 발급하다. (3점)

[5] 12월 06일 임대인 하우스랜드로부터 생산부의 11월분 임차료 2,500,000원(부가가치세 별도)에 대한 전자세금계산서를 발급받다. (3점)

[6] 12월 11일 구매확인서에 의해 ㈜아카디상사에 제품 11,000,000원을 납품하고 영세율전자세금계산서를 발급하다. 대금 중 7,000,000원은 외상으로 하고, 나머지는 약속어음으로 수령하였다(단, 서류번호 입력은 무시한다). (3점)

문제4 **[일반전표입력] 및 [매입매출전표입력] 메뉴에 입력된 내용 중 다음과 같은 오류가 발견되었다. 입력된 내용을 확인하여 수정 또는 삭제, 추가 입력하여 오류를 정정하시오. (6점)**

[1] 08월 31일 ㈜현대전자로부터 차입한 운영자금에 대한 이자비용 500,000원 중 원천징수세액 137,500원을 제외하고 보통예금 계좌에서 이체한 금액인 362,500원에 대해서만 회계처리 하였음이 확인되었다. 올바른 회계처리를 하시오(원천징수세액은 부채로 처리하고, 하나의 전표로 입력할 것). (3점)

[2] 10월 02일 영국의 TOMS사에 직수출하고 제품매출액 $3,000를 $1당 1,200원으로 환산하여 계상하였으나, 검토 결과 선적일 당시 기준환율은 $1당 1,250원으로 확인되었다. (3점)

문제5 결산정리사항은 다음과 같다. 해당 메뉴에 입력하시오. (9점)

[1] 영업부의 소모품 구입 시 전액 소모품으로 자산화하고, 결산 시 사용분을 비용으로 계상해오고 있다. 결산 시 영업부로부터 미사용분인 소모품은 1,000,000원으로 통보받았다(단, 전산을 조회하여 처리하고, 금액은 음수로 입력하지 말 것). (3점)

[2] 12월 11일 실제 현금보유액이 장부상 현금보다 570,000원이 많아서 현금과부족으로 처리하였던 바, 결산일에 340,000원은 선수금(㈜건영상사)으로 밝혀졌으나, 230,000원은 그 원인을 알 수 없다. (3점)

[3] 기업회계기준에 의하여 퇴직급여충당부채(퇴직급여추계액의 100%)를 설정하고 있다. 퇴직급여충당부채와 관련한 자료는 다음과 같다(단, 퇴직금 지급 시 퇴직급여충당부채와 상계하기로 한다). (3점)

구 분	기초금액	당기설정액	기중 사용금액 (퇴직금 지급액)	퇴직급여추계액
판매관리부	25,000,000원	13,000,000원	8,000,000원	30,000,000원
제조생산부	30,000,000원	15,000,000원	10,000,000원	35,000,000원

문제6 다음 사항을 조회하여 답안을 이론문제 답안작성 메뉴에 입력하시오. (9점)

[1] 4월의 롯데카드 사용금액은 얼마인가?(단, 미지급금으로 계상하였으며, 카드대금 결제일은 다음 달 10일이다.) (3점)

[2] 5월 한 달 동안 판매비와관리비 총 지출금액은 얼마인가? (3점)

[3] 제1기 부가가치세 확정신고기간(4월 ~ 6월)의 전자세금계산서 발급분 중 주민등록번호발급분의 공급가액은 얼마인가? (3점)

제105회 전산회계 1급 기출문제

㈜천안테크 (코드번호:1053)

▌ 이 론 시 험 ▌

1. 다음 중 회계상 거래가 아닌 것은?

① 사업을 위하여 10,000,000원을 추가로 출자하다.

② 지급기일이 도래한 약속어음 10,000,000원을 보통예금에서 이체하여 변제하다.

③ 성수기 재고 확보를 위하여 상품 30,000,000원을 추가 주문하기로 하다.

④ 화재가 발생하여 창고에 있던 재고자산 20,000,000원이 멸실되다.

2. 다음은 무엇에 대한 설명인가?

> 기업은 그 목적과 의무를 이행하기에 충분할 정도로 장기간 존속한다고 가정하는 것을 말한다. 즉, 기업은 경영활동을 청산하거나 중대하게 축소시킬 의도가 없을 뿐 아니라 청산이 요구되는 상황도 없다고 가정된다.

① 계속기업의 가정

② 기업실체의 가정

③ 기간별보고의 가정

④ 회계정보의 질적특성

3. 다음 중 일반기업회계기준에 따른 재고자산으로 분류되는 항목은?

① 회계법인의 업무용으로 구입한 컴퓨터

② 임대업을 운영하는 기업의 임대용으로 보유 중인 주택

③ 경영컨설팅을 전문으로 하는 회사에서 시세차익을 목적으로 보유하는 유가증권

④ 조선업을 운영하는 기업의 판매용으로 제조 중인 선박

4. 다음 중 유형자산의 취득원가에 관한 설명으로 가장 잘못된 것은?

① 유형자산은 최초에는 취득원가로 측정한다.

② 유형자산의 취득에 관한 운송비와 설치비용은 취득원가에 가산한다.

③ 사용 중인 건물을 새로운 건물로 신축하기 위하여 철거하는 경우에 기존건물의 장부가액은 새로운 건물의 취득원가에 가산한다.

④ 국·공채를 불가피하게 매입하는 경우에는 동 국·공채의 매입가액과 현재가치와의 차액을 유형자산의 취득원가에 가산한다.

5. 다음 중 무형자산의 상각에 대한 설명으로 바르지 않은 것은?

① 자산이 사용 가능한 때부터 상각을 시작한다.

② 일반적으로 상각기간은 최대 40년까지 가능하다.

③ 합리적인 상각방법을 정할 수 없을 때에는 정액법으로 상각한다.

④ 재무상태표상 표시 방법으로 취득원가에서 무형자산상각누계액을 직접 차감하여 표시하는 직접법과 취득원가에서 무형자산상각누계액을 차감하는 형식으로 표시하는 간접법 모두 허용된다.

6. 다음 중 주요장부로 구분할 수 있는 것은?

① 현금출납장　　　② 분개장　　　③ 정산표　　　④ 합계잔액시산표

7. 다음의 자본항목 중 기타포괄손익누계액에 해당하는 것은?

① 매도가능증권평가손익　　　　② 감자차손

③ 자기주식　　　　④ 주식할인발행차금

8. 다음 자료를 이용하여 매출총이익을 계산하면 얼마인가?

• 순매출액	475,000원	• 기초상품재고액	100,000원
• 매입할인	5,000원	• 총매입액	200,000원
• 매입환출	5,000원	• 기말상품재고액	110,000원

① 300,000원　　　② 295,000원　　　③ 290,000원　　　④ 280,000원

9. 다음 자료를 참고로 가공원가를 계산하면 얼마인가?

> • 직접재료원가 1,000,000원
> • 직접노무원가 1,600,000원
> • 변동제조간접원가 600,000원(변동제조간접원가는 총제조간접원가의 30%이다.)

① 1,600,000원　　　② 2,600,000원　　　③ 3,600,000원　　　④ 4,300,000원

10. 다음 그래프의 원가행태에 해당하는 원가는 무엇인가?

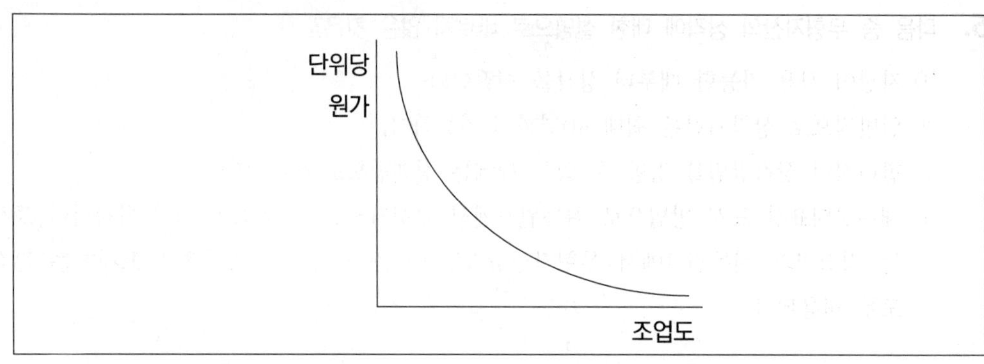

① 직접재료비　　　　　　　　　　　　② 공장 사무실의 전화요금
③ 기계장치 가동에 필요한 연료비　　　④ 공장건물의 임차료

11. 다음 자료를 이용하여 평균법에 의한 가공원가 완성품 환산량을 계산하면 얼마인가? (단, 재료비는 공정 초기에 전량 투입되며, 가공비는 공정 전반에 걸쳐 균등하게 발생한다.)

> • 기초재공품 수량 : 1,000개(완성도 20%)　　　• 당기 완성품 수량 : 8,000개
> • 당기 착수량 : 10,000개　　　　　　　　　　　• 기말 재공품 수량 : 3,000개(완성도 60%)

① 8,000개　　　　　② 9,000개　　　　　③ 9,800개　　　　　④ 10,000개

12. 다음 중 개별원가계산과 종합원가계산에 대한 설명으로 잘못된 것은?

① 종합원가계산은 동일 규격의 제품이 반복하여 생산되는 경우 사용된다.
② 종합원가계산은 각 작업별로 원가보고서를 작성한다.
③ 개별원가계산은 주문에 의해 각 제품을 별도로 제작, 판매하는 제조업에 사용된다.
④ 개별원가계산은 주문받은 개별 제품별로 작성된 작업원가표에 집계하여 원가를 계산한다.

13. 다음 중 부가가치세법상 납세의무자에 대한 설명으로 옳지 않은 것은?

① 영리목적을 추구하는 사업자만이 납세의무를 진다.

② 사업설비를 갖추고 계속·반복적으로 재화나 용역을 공급하는 자가 해당한다.

③ 인적·물적 독립성을 지닌 사업자가 해당한다.

④ 면세대상이 아닌 과세대상 재화·용역을 공급하는 자가 해당한다.

14. 다음 중 부가가치세법상 면세제도와 관련한 내용으로 옳은 것은?

① 건물이 없는 토지의 임대, 약사가 공급하는 일반의약품은 면세에 해당한다.

② 면세제도는 사업자의 세부담을 완화하기 위한 완전면세제도이다.

③ 면세를 포기하고자 하는 경우 포기일부터 1개월 이내에 사업자등록을 정정하여야 한다.

④ 면세포기를 신고한 사업자는 신고한 날부터 3년간은 면세를 적용받지 못한다.

15. 다음은 부가가치세법상 무엇에 대한 설명인가?

> 둘 이상의 사업장이 있는 사업자는 부가가치세를 주된 사업장에서 총괄하여 납부할 수 있다. 이는 사업자의 납세편의를 도모하고 사업장별로 납부세액과 환급세액이 발생하는 경우 자금부담을 완화시켜주기 위한 제도이다.

① 납세지　　　　　　　　　　　② 사업자단위과세제도

③ 전단계세액공제법　　　　　　④ 주사업장총괄납부

▌ 실 무 시 험 ▐

㈜천안테크(회사코드:1053)는 자동차부품을 제조하여 판매하는 중소기업이며, 당기의 회계기간은 2024.1.1.~2024.12.31.이다. 전산세무회계 수험용 프로그램을 이용하여 다음 물음에 답하시오.

문제1 다음은 기초정보관리와 전기분 재무제표에 대한 자료이다. 각각의 요구사항에 대하여 답하시오.(10점)

[1] 전기분 재무상태표에서 토지의 가액이 11,000,000원 과소입력되어 있으며 건물의 가액은 11,000,000원 과대입력되어 있음을 확인하였다. 전기분 재무상태표를 수정하시오. (3점)

[2] 다음 자료를 이용하여 [계정과목및적요등록] 메뉴에서 계정과목을 등록하시오. (3점)

• 코드 : 824	• 계정과목 : 운반비	• 현금적요 : 4. 택배운송비 지급

[3] 거래처별 초기이월 채권과 채무잔액은 다음과 같다. 자료에 맞게 추가입력이나 정정 및 삭제하시오. (4점)

계정과목	거래처	금 액	재무상태표 금액
외상매출금	㈜보령전자	10,200,000원	59,000,000원
	대전전자㈜	12,000,000원	
	평택전자㈜	36,800,000원	
지급어음	대덕전자부품㈜	10,000,000원	37,000,000원
	명성전자㈜	27,000,000원	

문제2 다음 거래 자료를 일반전표입력 메뉴에 추가 입력하시오.(일반전표입력의 모든 거래는 부가가
치세를 고려하지 말 것)(18점)

[1] 08월 16일 영업부 사무실의 파손된 유리창을 교체하고, 대금 2,800,000원은 당좌수표를 발행하여
지급하다(수익적 지출로 처리하시오). (3점)

[2] 09월 30일 ㈜창창기계산업에 9월 20일 제품을 판매하고 발생한 외상매출금 10,000,000원을 약정
기일보다 10일 빠르게 회수하여 외상매출금의 3%를 할인해 주었다. 대금은 보통예금
계좌에 입금되었다. (3점)

[3] 10월 27일 주당 액면가액이 10,000원인 보통주 2,000주를 주당 13,000원에 발행하고, 신주납입
대금은 신주 발행에 소요된 비용 400,000원을 차감한 잔액이 보통예금 계좌에 입금되
었다(단, 하나의 전표로 처리하며 신주 발행 전 주식할인발행차금 잔액은 없는 것으로
한다). (3점)

[4] 10월 28일 수입한 원재료에 부과되는 관세 1,500,000원과 통관수수료 500,000원을 보통예금 계
좌에서 이체하였다. (3점)

[5] 10월 29일 영업부에서 제품홍보물 제작비용 510,000원을 탱탱광고사에 국민카드(법인)로 결제하
였다. (3점)

[6] 11월 30일 ㈜동행기업의 파산으로 인해 단기대여금 3,000,000원이 회수불능되어 대손처리를 하였다(단,
단기대여금에 대한 대손충당금 현재 잔액은 660,000원이다). (3점)

문제3 다음 거래 자료를 매입매출전표입력 메뉴에 입력하시오.(18점)

[1] 07월 20일 원재료를 구입하면서 발생한 운반비 33,000원(부가가치세 포함)을 일반과세자인 상록택배에 보통예금 계좌에서 지급하고, 지출증빙용 현금영수증을 수취하였다. (3점)

[2] 09월 30일 ㈜청주자동차에 제품을 판매하고 다음의 전자세금계산서를 발급하였다. (3점)

<table>
<tr><td colspan="4" align="center">전자세금계산서</td><td>승인번호</td><td colspan="4">20240930 – 15454645 – 58811886</td></tr>
<tr><td rowspan="6">공급자</td><td>등록번호</td><td>307-81-12347</td><td>종사업장번호</td><td rowspan="6">공급받는자</td><td>등록번호</td><td>126-87-10121</td><td>종사업장번호</td><td></td></tr>
<tr><td>상호(법인명)</td><td>㈜천안테크</td><td>성명 김도담</td><td>상호(법인명)</td><td>㈜청주자동차</td><td>성명</td><td>하민우</td></tr>
<tr><td>사업장주소</td><td colspan="2">충청남도 천안시 동남구 가마골1길 5</td><td>사업장주소</td><td colspan="3">충청북도 청주시 충대로1번길 21-26</td></tr>
<tr><td>업태</td><td>제조도매</td><td>종목 자동차부품</td><td>업태</td><td>제조</td><td>종목</td><td>자동차</td></tr>
<tr><td rowspan="2">이메일</td><td colspan="2" rowspan="2"></td><td>이메일</td><td colspan="3"></td></tr>
<tr><td>이메일</td><td colspan="3"></td></tr>
<tr><td>작성일자</td><td>공급가액</td><td colspan="2">세액</td><td>수정사유</td><td colspan="4">비고</td></tr>
<tr><td>2024-09-30</td><td>25,000,000원</td><td colspan="2">2,500,000원</td><td>해당 없음</td><td colspan="4"></td></tr>
<tr><td>월 일</td><td colspan="2">품목</td><td>규격</td><td>수량</td><td>단가</td><td>공급가액</td><td>세액</td><td>비고</td></tr>
<tr><td>09 30</td><td colspan="2">자동차부품</td><td></td><td>10</td><td>2,500,000원</td><td>25,000,000원</td><td>2,500,000원</td><td></td></tr>
<tr><td></td><td colspan="2"></td><td></td><td></td><td></td><td></td><td></td><td></td></tr>
<tr><td></td><td colspan="2"></td><td></td><td></td><td></td><td></td><td></td><td></td></tr>
<tr><td></td><td colspan="2"></td><td></td><td></td><td></td><td></td><td></td><td></td></tr>
<tr><td>합계금액</td><td>현금</td><td colspan="2">수표</td><td>어음</td><td colspan="2">외상미수금</td><td colspan="2" rowspan="2">위 금액을 (청구) 함</td></tr>
<tr><td>27,500,000원</td><td></td><td colspan="2"></td><td>25,000,000</td><td colspan="2">2,500,000원</td></tr>
</table>

[3] 11월 07일 싱가포르에 소재한 글로벌인더스트리와 $42,000에 직수출하기로 계약한 제품의 선적을 완료하였다. 수출대금은 5개월 후에 받기로 하였으며, 선적일의 기준환율은 1,200원/$이다(단, 수출신고번호 입력은 생략한다). (3점)

[4] 12월 07일 제품 110,000원(부가가치세 포함)을 비사업자인 강태오에게 판매하고 현금을 수취하였으나 현금영수증을 발급하지 않았다. (3점)

[5] 12월 20일 생산부 직원들에게 간식으로 제공하기 위한 샌드위치를 커피프린스(일반과세자)에서 신용카드로 구매하였다. (3점)

단말기번호	14359661 08750002 040017		전표번호	
카드종류	신한카드		008202	
회원번호	9435-2802-7580-0500			
유효기간	거 래 일 시		취소시당초거래일	
2025/09	2024/12/20 14:32			
거래유형	신용승인	품명	샌드위치	
결제방법	일시불	금 액 AMOUNT	600 000	
매장명		부가세 VAT	60 000	
판매자		봉사료 S/C		
은행확인	신한카드			
대표자		합 계 TOTAL	660 000	
알림/NOTICE	제출	승인번호	00360380	
가맹점주소	서울 용산구 부흥로2가 15-2			
가맹점번호	104108086			
사업자등록번호	106-62-61190			
가맹점명	커피프린스			
문의전화/HELP TEL. TEL:1544-4700 (회원용)		서명/SIGNATURE		

[6] 12월 30일 영업부는 거래처의 20주년 창립기념일을 맞아 축하선물로 보내기 위한 집기비품을 두리상사로부터 2,200,000원(부가가치세 포함)에 구입하고 전자세금계산서를 발급받았으며, 대금은 보통예금 계좌에서 이체하여 지급하였다. (3점)

문제4 **[일반전표입력] 및 [매입매출전표입력] 메뉴에 입력된 내용 중 다음과 같은 오류가 발견되었다. 입력된 내용을 확인하여 수정 또는 삭제, 추가 입력하여 오류를 정정하시오. (6점)**

[1] 12월 01일 임시 물류창고로 사용하기 위해 임대업자 나자비씨와 물류창고 임대차계약서를 작성하고 보증금 20,000,000원 전액을 보통예금 계좌에서 이체하였다. 이에 대해 임대보증금으로 회계처리하였다. (3점)

[2] 12월 09일 전의카센터에 생산부의 운반용 트럭의 수리비용 990,000원(부가가치세 포함)을 보통예
금 계좌에서 지급하고 전자세금계산서를 발급받았으나, 일반전표로 회계처리 하였다. (3점)

문제5 결산정리사항은 다음과 같다. 해당 메뉴에 입력하시오.(9점)

[1] 부가가치세 제2기 확정신고기간에 대한 부가세예수금은 62,346,500원, 부가세대급금이 52,749,000원
일 때 부가가치세를 정리하는 회계처리를 하시오. 단, 납부세액(또는 환급세액)은 미지급세금(또는
미수금)으로 회계처리하고, 불러온 자료는 무시한다. (3점)

[2] 단기차입금에는 거래처 아메리칸테크㈜에 대한 외화차입금 30,000,000원(미화 $30,000)이 계상
되어 있다(회계기간 종료일 현재 기준환율 : 미화 1$당 1,100원). (3점)

[3] 당사가 단기시세차익을 목적으로 취득한 ㈜삼호산업 주식의 취득가액 및 기말 현재 공정가액은 다
음과 같으며, 공정가액으로 평가하기로 한다. (3점)

주식명	2024.04.25. 취득가액	2024.12.31. 공정가액
㈜삼호산업	64,000,000원	49,000,000원

문제6 다음 사항을 조회하여 답안을 이론문제 답안작성 메뉴에 입력하시오.(9점)

[1] 부가가치세 제1기 확정신고기간(4월~6월) 중 매입한 사업용 고정자산의 매입세액은 얼마인가? (3점)

[2] 2분기(4월~6월) 중 발생한 수수료비용(판매비및일반관리비)은 얼마인가? (3점)

[3] 6월 30일 현재 외상매출금 잔액이 가장 많은 거래처명과 금액은 얼마인가? (3점)

제106회 전산회계 1급 기출문제

남다른패션㈜ (코드번호:1063)

▌ 이 론 시 험 ▌

1. 다음 중 회계정보의 질적특성과 관련된 설명으로 잘못된 것은?

① 유형자산을 역사적 원가로 평가하면 측정의 신뢰성은 저하되나 목적적합성은 제고된다.

② 회계정보는 기간별 비교가 가능해야 하고, 기업실체간 비교가능성도 있어야 한다.

③ 회계정보의 질적특성은 회계정보의 유용성을 판단하는 기준이 된다.

④ 회계정보가 갖추어야 할 가장 중요한 질적특성은 목적적합성과 신뢰성이다.

2. 다음 중 재무상태표가 제공할 수 있는 재무정보로 올바르지 않은 것은?

① 타인자본에 대한 정보 ② 자기자본에 대한 정보

③ 자산총액에 대한 정보 ④ 경영성과에 관한 정보

3. 다음 중 유형자산의 취득원가에 포함하지 않는 것은?

① 토지의 취득세

② 새로운 상품과 서비스를 소개하는데 소요되는 원가

③ 유형자산의 취득과 관련하여 불가피하게 매입한 국공채의 매입금액과 현재가치와의 차액

④ 설계와 관련하여 전문가에게 지급하는 수수료

4. 다음 중 유가증권과 관련한 내용으로 가장 옳은 것은?

① 만기보유증권은 유가증권 형태상 주식 및 채권에 적용된다.

② 매도가능증권은 만기가 1년 이상인 경우에 투자자산으로 분류하며 주식 형태만 가능하다.

③ 단기매매증권은 주식 및 채권에 적용되며 당좌자산으로 분류한다.

④ 만기보유증권은 주식에만 적용되며 투자자산으로 분류한다.

5. 다음 중 자본조정항목으로 분류할 수 없는 계정과목은?

① 감자차익   ② 주식할인발행차금

③ 자기주식   ④ 자기주식처분손실

6. 다음 중 수익의 측정에 대한 설명으로 옳지 않은 것은?

① 로열티수익은 관련된 계약의 경제적 실질을 반영하여 발생기준에 따라 인식한다.

② 이자수익은 원칙적으로 유효이자율을 적용하여 발생기준에 따라 인식한다.

③ 배당금수익은 배당금을 받을 권리와 금액이 확정되는 시점에 인식한다.

④ 수익은 권리의무 확정주의에 따라 합리적으로 인식한다.

7. 다음 자료에 의할 때 당기의 매출원가는 얼마인가?

• 기초상품재고액 500,000원	• 기말상품재고액 1,500,000원
• 매입에누리금액 750,000원	• 총매입액 8,000,000원
• 타계정대체금액 300,000원	• 판매대행수수료 1,100,000원

① 7,050,000원   ② 6,950,000원

③ 6,250,000원   ④ 5,950,000원

8. ㈜연무는 2024년 12월 26일 거래처에 상품을 인도하였으나 상품 판매대금 전액이 2025년 1월 5일에 입금되어 동일자에 전액 수익으로 인식하였다. 위 회계처리가 2024년도의 재무제표에 미치는 영향으로 올바른 것은?(단, 매출원가에 대해서는 고려하지 않는다.)

① 자산의 과소계상   ② 비용의 과대계상

③ 부채의 과소계상   ④ 수익의 과대계상

9. 아래의 자료에서 설명하는 원가행태에 해당하는 것은?

조업도의 변동과 관계없이 총원가가 일정한 고정원가와 조업도의 변동에 비례하여 총원가가 변동하는 변동원가가 혼합된 원가

① 전화요금   ② 직접재료원가   ③ 감가상각비   ④ 화재보험료

10. 다음 중 개별원가계산에 대한 설명으로 옳지 않은 것은?

① 단일 종류의 제품을 연속생산, 대량생산하는 업종에 적합한 원가계산 방법이다.

② 조선업, 건설업이 개별원가계산에 적합한 업종에 해당한다.

③ 직접원가와 제조간접원가의 구분이 중요하며, 제조간접원가의 배부가 핵심과제이다.

④ 각 제조지시서별로 원가계산을 해야 하므로 많은 시간과 비용이 발생한다.

11. 다음의 자료를 보고 영업외비용으로 처리해야 할 공손의 수량을 구하시오.

• 기초재공품 400개	• 기말재공품 200개
• 당기착수량 1,000개	• 공손수량 200개
• 정상공손은 완성품 수량의 5%로 한다.	

① 50개　　　　② 100개　　　　③ 150개　　　　④ 200개

12. 다음 자료를 이용하여 당기 총제조원가를 구하면 얼마인가?

• 기초 재공품 원가	100,000원	• 직접재료원가	180,000원
• 기말 재공품 원가	80,000원	• 직접노무원가	320,000원
• 공장 전력비	50,000원	• 공장 임차료	200,000원

① 500,000원　　　　② 600,000원　　　　③ 730,000원　　　　④ 750,000원

13. 다음 중 부가가치세법상 과세 대상으로 볼 수 없는 것은?

① 재화의 공급　　　② 용역의 공급　　　③ 재화의 수입　　　④ 용역의 수입

14. 다음 중 부가가치세법상 사업자등록에 관한 설명으로 잘못된 것은?

① 사업자는 사업장마다 사업개시일부터 20일 이내에 사업자등록을 신청해야 한다.

② 사업자는 사업자등록의 신청을 사업장 관할 세무서장에게만 할 수 있다.

③ 신규로 사업을 시작하려는 자는 사업개시일 이전이라도 사업자등록을 신청할 수 있다.

④ 사업자는 등록사항이 변경되면 지체 없이 사업장 관할 세무서장에게 신고하여야 한다.

15. 다음 중 부가가치세법상 간이과세에 대한 설명으로 가장 옳지 않은 것은?

① 직전 1역년의 재화·용역의 공급대가의 합계액이 8천만원 미만인 개인사업자가 간이과세자에 해당한다.

② 해당 과세기간의 공급대가의 합계액이 4천800만원 미만인 경우에는 납부세액의 납부의무가 면제된다.

③ 직전연도의 공급대가의 합계액이 4천800만원 미만인 간이과세자는 세금계산서를 발급할 수 없다.

④ 매출세액보다 매입세액이 클 경우 환급을 받을 수 있다.

▌ 실 무 시 험 ▐

남다른패션㈜(회사코드:1063)은 스포츠의류 등의 제조업 및 도소매업을 영위하는 중소기업으로 당기(제 7기) 회계기간은 2024.1.1.~2024.12.31.이다. 전산세무회계 수험용 프로그램을 이용하여 다음 물음에 답하시오.

문제1 다음은 [기초정보관리] 및 [전기분재무제표]에 대한 자료이다. 각각의 요구사항에 대하여 답하시오. (10점)

[1] 아래의 자료를 바탕으로 다음 계정과목에 대한 적요를 추가 등록하시오. (3점)

• 코드 : 0511	• 계정과목 : 복리후생비
• 현금적요 : NO 9. 생산직원 독감 예방접종비 지급	• 대체적요 : NO 3. 직원 휴가비 보통예금 인출

[2] 다음 자료를 보고 [거래처등록] 메뉴에서 신규 거래처를 등록하시오. (3점)

- 거래처구분 : 일반거래처
- 거래처코드 : 00450
- 대표자명 : 박대박
- 업태 : 제조
- 사업장 주소 : 경상북도 칠곡군 지천면 달서원길 16
- (※ 주소 입력 시 우편번호 입력은 생략해도 무방함.)
- 유형 : 동시
- 거래처명 : ㈜대박
- 사업자등록번호 : 403-81-51065
- 종목 : 원단

[3] 전기분 손익계산서를 검토한 결과 다음과 같은 오류가 발견되었다. 전기분 손익계산서, 전기분 잉여금처분계산서, 전기분 재무상태표 중 관련된 부분을 수정하시오. (4점)

계정과목	틀린 금액	올바른 금액
광고선전비	3,800,000원	5,300,000원

문제2 다음의 거래 자료를 [일반전표입력] 메뉴를 이용하여 입력하시오(일반전표입력의 모든 거래는 부가가치세를 고려하지 말 것). (18점)

[1] 07월 18일 ㈜괴안공구에 지급할 외상매입금 33,000,000원 중 일부는 아래의 전자어음을 발행하고 나머지는 보통예금 계좌에서 지급하였다. (3점)

전 자 어 음

(주)괴안공구 귀하   00520240718123456789

금 이천삼백만원정   23,000,000원

위의 금액을 귀하 또는 귀하의 지시인에게 지급하겠습니다.

지급기일 2024년 8월 30일		**발행일** 2024년 7월 18일	
지 급 지 하나은행		**발행지**	
지급장소 신중동역지점		**주 소** 세종특별자치시 가름로 232	
		발행인 남다른패션(주)	

[2] 07월 30일 매출거래처인 ㈜지수포장의 파산으로 인해 외상매출금 1,800,000원이 회수 불가능할 것으로 판단하여 대손 처리하였다. 대손 발생일 직전 외상매출금에 대한 대손충당금 잔액은 320,000원이다. (3점)

[3] 08월 30일 사무실 이전을 위하여 형제상사와 체결한 건물 임대차계약의 잔금 지급일이 도래하여 임차보증금 5,000,000원 중 계약금 1,500,000원을 제외한 금액을 보통예금 계좌에서 지급하였다. (3점)

[4] 10월 18일 대표이사로부터 차입한 잔액 19,500,000원에 대하여 채무를 면제받았다(해당 차입금은 단기차입금으로 계상되어 있다). (3점)

[5] 10월 25일 시장조사를 위해 호주로 출장을 다녀온 영업부 사원 누리호에게 10월 4일에 지급하였던 출장비 3,000,000원(가지급금으로 처리함) 중 실제 여비교통비로 지출한 2,850,000원에 대한 영수증과 잔액 150,000원을 현금으로 수령하였다(단, 거래처를 입력할 것). (3점)

[6] 11월 04일 확정기여형(DC형) 퇴직연금 불입액 5,000,000원(영업부 2,000,000원, 생산부 3,000,000원)이 보통예금 계좌에서 이체되었다. (3점)

문제3 다음 거래 자료를 [매입매출전표입력] 메뉴에 입력하시오. (18점)

[1] 07월 14일 미국에 소재한 HK사에 제품(공급가액 50,000,000원)을 직수출하고, 6월 30일에 수령한 계약금 10,000,000원을 제외한 대금은 외상으로 하였다. (3점)

[2] 08월 05일 ㈜동도유통에 제품 10,000,000원(부가가치세 별도)을 판매하고 다음과 같이 전자세금계산서를 발급하였다. 대금 중 10,000,000원은 ㈜서도상사가 발행한 어음을 배서양도 받고, 나머지는 다음 달에 받기로 하였다. (3점)

[3] 08월 20일 일반과세자인 함안전자로부터 영업부 직원들에게 지급할 업무용 휴대전화(유형자산) 3대를 4,840,000원(부가가치세 포함)에 구입하고, 법인 명의의 국민카드로 결제하였다. (3점)

[4] 11월 11일 ㈜더람에 의뢰한 마케팅전략특강 교육을 본사 영업부 직원(10명)들을 대상으로 실시하고, 교육훈련비 5,000,000원에 대한 전자계산서를 발급받았다. 교육훈련비는 11월 1일 지급한 계약금을 제외한 나머지를 보통예금 계좌에서 지급하였다(단, 관련 계정을 조회하여 전표 입력할 것). (3점)

[5] 11월 26일 ㈜미래상사로부터 기술연구소의 연구개발에 사용하기 위한 연구용 재료를 10,000,000원(부가가치세 별도)에 구입하면서 전자세금계산서를 발급받고, 대금은 보통예금 계좌에서 지급하였다(단, 연구용 재료와 관련하여 직접 지출한 금액은 무형자산으로 처리할 것). (3점)

[6] 12월 04일 생산부가 사용하는 업무용승용차(2,000cc)의 엔진오일과 타이어를 차차카센터에서 교환하고 전자세금계산서를 발급받았다. 교환비용 825,000원(부가가치세 포함)은 전액 보통예금 계좌에서 이체하였다(단, 교환비용은 차량유지비(제조원가)로 처리할 것). (3점)

문제4 **[일반전표입력] 및 [매입매출전표입력] 메뉴에 입력된 내용 중 다음과 같은 오류가 발견되었다. 입력된 내용을 확인하여 정정하시오. (6점)**

[1] 08월 02일 보통예금 계좌에서 지급한 800,000원은 외상으로 매입하여 영업부에서 업무용으로 사용 중인 컴퓨터(거래처 : 온누리)에 대한 대금 지급액으로 확인되었다. 잘못된 항목을 올바르게 수정하시오. (3점)

[2] 11월 19일 차차운송에 현금으로 지급한 운송비 330,000원(부가가치세 포함)은 원재료를 매입하면서 지급한 것으로 회계팀 신입사원의 실수로 일반전표에 입력하였다. 운송 관련하여 별도의 전자세금계산서를 발급받았다. (3점)

문제5 결산정리사항은 다음과 같다. 해당 메뉴에 입력하시오. (9점)

[1] 결산일 현재 재고자산을 실사하던 중 도난, 파손의 사유로 수량 부족이 발생한 제품의 원가는 2,000,000원으로 확인되었다(단, 수량 부족의 원인은 비정상적으로 발생한 것이다). (3점)

[2] 홍보용 계산기를 구매하고 전액 광고선전비(판매비와관리비)로 비용처리 하였다. 결산 시 미사용한 2,500,000원에 대해 올바른 회계처리를 하시오(단, 소모품 계정을 사용하며 음수로 입력하지 말 것). (3점)

[3] 당기의 법인세등으로 계상할 금액은 10,750,000원이다(법인세 중간예납세액은 선납세금으로 계상되어 있으며, 이를 조회하여 회계처리할 것). (3점)

문제6 다음 사항을 조회하여 답안을 [이론문제 답안작성] 메뉴에 입력하시오. (9점)

[1] 6월 말 현재 외상매입금 잔액이 가장 큰 거래처명과 그 금액은 얼마인가? (3점)

[2] 부가가치세 제1기 확정신고 기간(4월~6월)의 차가감하여 납부할 부가가치세액은 얼마인가? (3점)

[3] 2분기(4월~6월) 중 판매비와관리비 항목의 광고선전비 지출액이 가장 많이 발생한 월과 그 금액은 얼마인가? (3점)

제107회 전산회계 1급 기출문제

세무사랑㈜ (코드번호:1073)

▌이 론 시 험 ▌

1. 다음 중 재무제표에 대한 설명으로 가장 올바른 것은?

① 자산은 현재 사건의 결과로 기업이 통제하고 있고 미래경제적효익이 기업에 유입될 것으로 기대되는 자원이다.

② 부채는 과거 사건에 의하여 발생하였으며, 경제적효익이 기업으로부터 유출됨으로써 이행될 것으로 기대되는 미래의무이다.

③ 수익은 자산의 유입 또는 부채의 감소에 따라 자본의 증가를 초래하는 특정 회계기간 동안에 발생한 경제적효익의 증가로서 지분참여자에 대한 출연과 관련된 것은 제외한다.

④ 비용은 자산의 유출 또는 부채의 증가에 따라 자본의 감소를 초래하는 특정 회계기간 동안에 발생한 경제적효익의 감소로서 지분참여자에 대한 분배를 제외하며, 정상영업활동의 일환이나 그 이외의 활동에서 발생할 수 있는 차손은 포함하지 않는다.

2. 다음 중 기말재고자산의 수량 결정 방법으로 옳은 것을 모두 고른 것은?

가. 총평균법 나. 계속기록법 다. 선입선출법 라. 후입선출법 마. 실지재고조사법

① 가, 다   ② 나, 마   ③ 가, 나, 다   ④ 다, 라, 마

3. 기업이 보유하고 있는 수표 중 현금및현금성자산으로 분류되지 아니하는 것은?

① 선일자수표   ② 당좌수표   ③ 타인발행수표   ④ 자기앞수표

4. 다음 중 유형자산에 대한 설명으로 옳은 것은?

① 기업이 보유하고 있는 토지는 기업의 보유목적에 상관없이 모두 유형자산으로 분류된다.

② 유형자산의 취득 시 발생한 부대비용은 취득원가로 처리한다.

③ 유형자산을 취득한 후에 발생하는 모든 지출은 발생 시 당기 비용으로 처리한다.

④ 모든 유형자산은 감가상각을 한다.

5. 다음은 ㈜한국의 단기매매증권 관련 자료이다. ㈜한국의 당기 손익계산서에 반영되는 영업외손익의 금액은 얼마인가?

> • A사 주식의 취득원가는 500,000원이고, 기말공정가액은 700,000원이다.
> • B사 주식의 취득원가는 300,000원이고, 기말공정가액은 200,000원이다.
> • 당기 중 A사로부터 현금배당금 50,000원을 받았다.
> • 당기 초 250,000원에 취득한 C사 주식을 당기 중 300,000원에 처분하였다.

① 200,000원　　　② 250,000원　　　③ 300,000원　　　④ 400,000원

6. 다음 중 사채의 발행과 관련한 내용으로 옳은 것은?

① 사채를 할인발행한 경우 매년 액면이자는 동일하다.
② 사채를 할증발행한 경우 매년 유효이자(시장이자)는 증가한다.
③ 사채발행 시 발행가액에서 사채발행비를 차감하지 않고 사채의 차감계정으로 처리한다.
④ 사채의 할인발행 또는 할증발행 시 발행차금의 상각액 또는 환입액은 매년 감소한다.

7. 다음 중 계정과목과 자본 항목의 분류가 올바르게 연결된 것은?

① 주식발행초과금 : 이익잉여금
② 자기주식처분손실 : 자본조정
③ 자기주식 : 자본잉여금
④ 매도가능증권평가손익 : 자본조정

8. 유형자산의 자본적지출을 수익적지출로 잘못 처리했을 경우, 당기의 당기순이익과 차기의 당기순이익에 미치는 영향으로 올바른 것은?

	당기 당기순이익	차기 당기순이익		당기 당기순이익	차기 당기순이익
①	과대	과소	②	과소	과소
③	과소	과대	④	과대	과대

9. 다음 중 매몰원가에 해당하지 않는 것은?

① 전기승용차 구입 결정을 함에 있어 사용하던 승용차 처분 시 기존 승용차의 취득원가
② 과거 의사결정으로 발생한 원가로 향후 의사결정을 통해 회수할 수 없는 취득원가
③ 사용하고 있던 기계장치의 폐기 여부를 결정할 때, 해당 기계장치의 취득원가
④ 공장의 원재료 운반용 화물차를 판매 제품의 배송용으로 전환하여 사용할지 여부를 결정할 때, 새로운 화물차의 취득가능금액

10. 다음 중 제조원가에 관한 설명으로 옳지 않은 것은?

① 간접원가는 제조과정에서 발생하는 원가이지만 특정 제품 또는 특정 부문에 직접 추적할 수 없는 원가를 의미한다.
② 조업도의 증감에 따라 총원가가 증감하는 원가를 변동원가라 하며, 직접재료원가와 직접노무원가가 여기에 속한다.
③ 고정원가는 관련범위 내에서 조업도가 증가할수록 단위당 고정원가가 감소한다.
④ 변동원가는 관련범위 내에서 조업도가 증가할수록 단위당 변동원가가 증가한다.

11. ㈜대한은 평균법에 의한 종합원가계산을 채택하고 있다. 재료원가는 공정 초기에 모두 투입되며, 가공원가는 공정 전반에 걸쳐 고르게 투입되는 경우 완성품환산량으로 맞는 것은?

| • 기초재공품 : 100개(완성도 50%) | • 당기착수수량 : 2,000개 |
| • 당기완성수량 : 1,800개 | • 기말재공품 : 300개(완성도 70%) |

	재료원가 완성품환산량	가공원가 완성품환산량		재료원가 완성품환산량	가공원가 완성품환산량
①	2,100개	2,010개	②	2,100개	2,100개
③	2,100개	1,960개	④	2,100개	1,950개

12. 다음은 제조기업의 원가 관련 자료이다. 매출원가 금액으로 옳은 것은?

• 당기총제조원가 1,500,000원	• 기초재공품재고액 500,000원
• 기초제품재고액 800,000원	• 기말재공품재고액 1,300,000원
• 기말제품재고액 300,000원	• 직접재료원가 700,000원

① 700,000원　　② 800,000원　　③ 1,200,000원　　④ 2,000,000원

13. 다음 중 부가가치세법상 면세에 해당하지 않는 것은?

① 도서대여 용역

② 여성용 생리 처리 위생용품

③ 주무관청에 신고 된 학원의 교육 용역

④ 개인택시운송사업의 여객운송 용역

14. 다음 중 부가가치세 신고와 납부에 대한 설명으로 옳지 않은 것은?

① 간이과세를 포기하는 경우 포기신고일이 속하는 달의 마지막 날로부터 25일 이내에 신고, 납부하여야 한다.

② 확정신고를 하는 경우 예정신고 시 신고한 과세표준은 제외하고 신고하여야 한다.

③ 신규로 사업을 시작하는 경우 사업개시일이 속하는 과세기간의 종료일로부터 25일 이내에 신고, 납부하여야 한다.

④ 폐업하는 경우 폐업일로부터 25일 이내에 신고, 납부하여야 한다.

15. 다음 중 부가가치세법상 법인사업자의 사업자등록 정정 사유가 아닌 것은?

① 사업의 종류에 변경이 있는 때   ② 상호를 변경하는 때

③ 주주가 변동되었을 때   ④ 사업장을 이전할 때

▌ 실 무 시 험 ▐

세무사랑㈜(회사코드:1073)은 부동산임대업 및 전자제품의 제조·도소매업을 영위하는 중소기업으로 당기 회계기간은 2024.1.1.~2024.12.31.이다. 전산세무회계 수험용 프로그램을 이용하여 다음 물음에 답하시오.

문제1 다음은 [기초정보관리] 및 [전기분재무제표]에 대한 자료이다. 각각의 요구사항에 대하여 답하시오. (10점)

[1] 다음 자료를 이용하여 [계정과목 및 적요등록] 메뉴에서 견본비(판매비및일반관리비) 계정과목의 현금적요를 추가로 등록하시오. (3점)

• 코드 : 842	• 계정과목 : 견본비
• 현금적요 : NO.2 전자제품 샘플 제작비 지급	

[2] 세무사랑㈜의 기초 채권 및 채무의 올바른 잔액은 다음과 같다. 주어진 자료를 검토하여 잘못된 부분은 오류를 정정하고, 누락된 부분은 추가하여 입력하시오. (3점)

계정과목	거래처	금 액
외상매출금	㈜홍금전기	30,000,000원
	㈜금강기업	10,000,000원
외상매입금	삼신산업	30,000,000원
	하나무역	26,000,000원
받을어음	㈜대호전자	25,000,000원

[3] 전기분 재무제표 중 아래의 계정과목에서 다음과 같은 오류를 발견하였다. 관련 재무제표를 적절하게 수정하시오. (4점)

계정과목	관련 부서	수정 전 잔액	수정 후 잔액
전력비	생산부	2,000,000원	4,200,000원
수도광열비	영업부	3,000,000원	1,100,000원

문제2 다음의 거래 자료를 [일반전표입력] 메뉴를 이용하여 입력하시오(일반전표입력의 모든 거래는 부가가치세를 고려하지 말 것). (18점)

[1] 07월 03일 영업부 사무실로 사용하기 위하여 세무빌딩과 사무실 임대차계약을 체결하고, 보증금 6,000,000원 중 계약금 600,000원을 보통예금(우리은행) 계좌에서 이체하여 지급하였다. 잔금은 다음 달에 지급하기로 하였다. (3점)

[2] 08월 01일 하나카드의 7월분 매출대금 3,500,000원에서 가맹점수수료 2%를 차감한 금액이 당사의 보통예금 계좌로 입금되었다(단, 신용카드 매출대금은 외상매출금으로 처리하고 있다). (3점)

[3] 08월 16일 영업부 직원의 퇴직으로 인해 발생한 퇴직금은 8,800,000원이다. 당사는 모든 직원에 대해 전액 확정급여형(DB형) 퇴직연금에 가입하고 있으며, 현재 퇴직연금운용자산의 잔액은 52,000,000원이다. 단, 퇴직급여충당부채와 퇴직연금충당부채는 설정하지 않았다. (3점)

[4] 08월 23일 나라은행으로부터 차입한 대출금 20,000,000원(대출기간 : 2023.01.01.~2024.12.31.)을 조기 상환하기로 하고, 이자 200,000원과 함께 보통예금 계좌에서 이체하여 지급하다. (3점)

[5] 11월 05일 ㈜다원의 제품매출 외상대금 4,000,000원 중 3,000,000원은 동점 발행 약속어음으로 받고, 1,000,000원은 금전소비대차계약(1년 대여)으로 전환하였다. (3점)

[6] 11월 20일 사업용 중고트럭 취득과 관련된 취득세 400,000원을 현금으로 납부하였다. (3점)

문제3 다음 거래 자료를 [매입매출전표입력] 메뉴에 입력하시오. (18점)

[1] 08월 17일 구매확인서에 의해 수출용 제품의 원재료를 ㈜직지상사로부터 매입하고 영세율전자세금계산서를 발급받았다. 매입대금 중 10,000,000원은 외상으로 하고, 나머지 금액은 당사가 발행한 3개월 만기 약속어음으로 지급하였다. (3점)

<table>
<tr><td colspan="5" style="text-align:center">영세율전자세금계산서</td><td>승인번호</td><td colspan="5" style="text-align:center">20240817-15454645-58811574</td></tr>
<tr><td rowspan="6">공급사</td><td>등록
번호</td><td colspan="2">136-81-29187</td><td>종사업장
번호</td><td></td><td rowspan="6">공급
받는
자</td><td>등록
번호</td><td colspan="2">123-81-95681</td><td>종사업장
번호</td><td></td></tr>
<tr><td>상호
(법인명)</td><td colspan="2">㈜직지상사</td><td>성명</td><td>나인세</td><td>상호
(법인명)</td><td colspan="2">세무사랑㈜</td><td>성명</td><td>이진우</td></tr>
<tr><td>사업장
주소</td><td colspan="4">서울특별시 동작구 여의대방로 35</td><td>사업장
주소</td><td colspan="4">울산광역시 중구 종가로 405-3</td></tr>
<tr><td>업태</td><td colspan="2">도소매</td><td>종목</td><td>전자제품</td><td>업태</td><td>제조 외</td><td>종목</td><td colspan="2">전자제품 외</td></tr>
<tr><td rowspan="2">이메일</td><td colspan="4" rowspan="2"></td><td>이메일</td><td colspan="4"></td></tr>
<tr><td>이메일</td><td colspan="4"></td></tr>
<tr><td>작성일자</td><td colspan="2">공급가액</td><td colspan="2">세액</td><td>수정사유</td><td colspan="5">비고</td></tr>
<tr><td>2024-08-17</td><td colspan="2">15,000,000원</td><td colspan="2">0원</td><td>해당 없음</td><td colspan="5"></td></tr>
<tr><td>월</td><td>일</td><td colspan="2">품목</td><td>규격</td><td>수량</td><td>단가</td><td>공급가액</td><td colspan="2">세액</td><td>비고</td></tr>
<tr><td>08</td><td>17</td><td colspan="2">원재료</td><td></td><td></td><td>15,000,000원</td><td>15,000,000원</td><td colspan="2"></td><td></td></tr>
<tr><td colspan="2">합계금액</td><td colspan="2">현금</td><td>수표</td><td colspan="2">어음</td><td colspan="2">외상미수금</td><td colspan="2" rowspan="2">위 금액을 (청구) 함</td></tr>
<tr><td colspan="2">15,000,000원</td><td colspan="2"></td><td></td><td colspan="2">5,000,000원</td><td colspan="2">10,000,000원</td></tr>
</table>

[2] 08월 28일 제조부 직원들에게 지급할 작업복을 이진컴퍼니로부터 공급가액 1,000,000원(부가가치세 별도)에 외상으로 구입하고 종이세금계산서를 발급받았다. (3점)

[3] 09월 15일 우리카센타에서 공장용 화물트럭을 수리하고 수리대금 242,000원(부가가치세 포함)은 현금으로 결제하면서 지출증빙용 현금영수증을 받았다(단, 수리대금은 차량유지비로 처리할 것). (3점)

[4] 09월 27일 인사부가 사용할 직무역량 강화용 책을 ㈜대한도서에서 구입하면서 전자계산서를 수취하고 대금은 외상으로 하다. (3점)

전자계산서					승인번호		20240927-15454645-58811886		
공급자	등록번호	120-81-32052	종사업장번호		공급받는자	등록번호	123-81-95681	종사업장번호	
	상호(법인명)	㈜대한도서	성명	박대한		상호(법인명)	세무사랑㈜	성명	이진우
	사업장주소	인천시 남동구 서해2길				사업장주소	울산광역시 중구 종가로 405-3		
	업태	도소매	종목	도서		업태	제조	종목	전자제품
	이메일					이메일			
						이메일			

작성일자	공급가액	수정사유	비고
2024-09-27	200,000원	해당 없음	

월	일	품목	규격	수량	단가	공급가액	비고
09	27	도서(직장생활 노하우 외)			200,000원	200,000원	

합계금액	현금	수표	어음	외상미수금	위 금액을 (청구) 함
200,000원				200,000원	

[5] 09월 30일 ㈜세무렌트로부터 영업부에서 거래처 방문용으로 사용하는 승용차(배기량 2,000cc, 5인승)의 당월분 임차료에 대한 전자세금계산서를 수취하였다. 당월분 임차료는 다음 달에 결제될 예정이다. (3점)

전자세금계산서					승인번호		20240930-15454645-58811886		
공급자	등록번호	105-81-23608	종사업장번호		공급받는자	등록번호	123-81-95681	종사업장번호	
	상호(법인명)	㈜세무렌트	성명	왕임차		상호(법인명)	세무사랑㈜	성명	이진우
	사업장주소	서울시 강남구 강남대로 8				사업장주소	울산광역시 중구 종가로 405-3		
	업태	서비스	종목	임대		업태	제조	종목	전자제품
	이메일					이메일			
						이메일			

작성일자	공급가액	세액	수정사유	비고
2024-09-30	700,000원	70,000원	해당 없음	

월	일	품목	규격	수량	단가	공급가액	세액	비고
09	30	차량렌트대금(5인승)	2,000cc	1	700,000원	700,000원	70,000원	

합계금액	현금	수표	어음	외상미수금	위 금액을 (청구) 함
770,000원				770,000원	

[6] 10월 15일 우리자동차㈜에 공급한 제품 중 일부가 불량으로 판정되어 반품 처리되었으며, 수정전자세금계산서를 발행하였다. 대금은 해당 매출 관련 외상매출금과 상계하여 처리하기로 하였다(단, 음수(-)로 회계처리할 것). (3점)

전자세금계산서					승인번호		20241015-58754645-58811367		
공급자	등록번호	123-81-95681	종사업장번호		공급받는자	등록번호	130-86-55834	종사업장번호	
	상호(법인명)	세무사랑㈜	성명	이진우		상호(법인명)	우리자동차㈜	성명	신방자
	사업장주소	울산광역시 중구 종가로 405-3				사업장주소	서울특별시 강남구 논현로 340		
	업태	제조	종목	전자제품		업태	제조	종목	자동차(완성차)
	이메일					이메일			
						이메일			

작성일자	공급가액	세액	수정사유	비고
2024-10-15	-10,000,000원	-1,000,000원	일부 반품	품질 불량으로 인한 반품

월	일	품목	규격	수량	단가	공급가액	세액	비고
10	15	제품				-10,000,000원	-1,000,000원	

합계금액	현금	수표	어음	외상미수금	위 금액을 (청구) 함
-11,000,000원				-11,000,000원	

문제4 **[일반전표입력]** 및 **[매입매출전표입력]** 메뉴에 입력된 내용 중 다음과 같은 오류가 발견되었다. 입력된 내용을 확인하여 정정하시오. (6점)

[1] 07월 06일 ㈜상문의 외상매입금 3,000,000원을 보통예금 계좌에서 이체한 것이 아니라 제품을 판매하고 받은 상명상사 발행 약속어음 3,000,000원을 배서하여 지급한 것으로 밝혀졌다. (3점)

[2] 12월 13일 영업부 사무실의 전기요금 121,000원(공급대가)을 현금 지급한 것으로 일반전표에 회계처리하였으나, 이는 제조공장에서 발생한 전기요금으로 한국전력공사로부터 전자세금계산서를 수취한 것으로 확인되었다. (3점)

문제5 결산정리사항은 다음과 같다. 해당 메뉴에 입력하시오. (9점)

[1] 결산일을 기준으로 대한은행의 장기차입금 50,000,000원에 대한 상환기일이 1년 이내에 도래할 것으로 확인되었다. (3점)

[2] 무형자산인 특허권(내용연수 5년, 정액법)의 전기 말 상각후 잔액은 24,000,000원이다. 특허권은 2023년 1월 10일에 취득하였으며, 매년 법정 상각범위액까지 무형자산상각비로 인식하고 있다. 특허권에 대한 당기분 무형자산상각비(판)를 계상하시오. (3점)

[3] 당기 법인세비용은 13,500,000원으로 산출되었다(단, 법인세 중간예납 세액은 선납세금을 조회하여 처리할 것). (3점)

문제6 다음 사항을 조회하여 답안을 이론문제 답안작성 메뉴에 입력하시오. (9점)

[1] 6월 30일 현재 현금및현금성자산의 전기말 현금및현금성자산 대비 증감액은 얼마인가? 단, 감소한 경우에도 음의 부호(-)를 제외하고 양수로만 입력하시오. (3점)

[2] 2024년 제1기 부가가치세 확정신고기간(2024.04.01.~2024.06.30.)의 매출액 중 세금계산서발급분 공급가액의 합계액은 얼마인가? (3점)

[3] 6월(6월 1일~6월 30일) 중 지예상사에 대한 외상매입금 결제액은 얼마인가? (3점)

제108회 전산회계 1급 기출문제

고성상사㈜ (코드번호:1083)

▌이 론 시 험 ▌

1. 자기주식을 취득가액보다 낮은 금액으로 처분한 경우, 다음 중 재무제표상 자기주식의 취득가액과 처분가액의 차액이 표기되는 항목으로 옳은 것은?

① 영업외비용　　　　　　　　　　　　② 자본잉여금

③ 기타포괄손익누계액　　　　　　　　④ 자본조정

2. ㈜전주는 ㈜천안에 제품을 판매하기로 약정하고, 계약금으로 제3자인 ㈜철원이 발행한 당좌수표 100,000원을 받았다. 다음 중 회계처리로 옳은 것은?

①	(차) 현금	100,000원	(대) 선수금	100,000원
②	(차) 당좌예금	100,000원	(대) 선수금	100,000원
③	(차) 현금	100,000원	(대) 제품매출	100,000원
④	(차) 당좌예금	100,000원	(대) 제품매출	100,000원

3. 다음 중 기말재고자산을 실제보다 과대계상한 경우 재무제표에 미치는 영향으로 잘못된 것은?

① 자산이 실제보다 과대계상 된다.

② 자본총계가 실제보다 과소계상 된다.

③ 매출총이익이 실제보다 과대계상 된다.

④ 매출원가가 실제보다 과소계상 된다.

4. 다음 중 일반기업회계기준상 무형자산의 상각에 관한 내용으로 옳지 않은 것은?

① 무형자산의 상각방법은 정액법, 체감잔액법 등 합리적인 방법을 적용할 수 있으며, 합리적인 방법을 정할 수 없는 경우에는 정액법을 적용한다.

② 내부적으로 창출한 영업권은 원가의 신뢰성 문제로 인하여 자산으로 인정되지 않는다.

③ 무형자산의 상각기간은 독점적ㆍ배타적인 권리를 부여하고 있는 관계 법령이나 계약에 정해진 경우에도 20년을 초과할 수 없다.

④ 무형자산의 잔존가치는 없는 것을 원칙으로 하나, 예외도 존재한다.

5. 다음 자료를 이용하여 단기투자자산의 합계액을 계산한 것으로 옳은 것은?

• 현금 5,000,000원	• 1년 만기 정기예금 3,000,000원	• 단기매매증권 4.000,000원
• 당좌예금 3,000,000원	• 우편환증서 50,000원	• 외상매출금 7,000,000원

① 7,000,000원　　② 8,000,000원　　③ 10,000,000원　　④ 11,050,000원

6. 다음 중 비유동부채에 해당하는 것은 모두 몇 개인가?

가. 사채	나. 퇴직급여충당부채
다. 유동성장기부채	라. 선수금

① 1개　　　　② 2개　　　　③ 3개　　　　④ 4개

7. 일반기업회계기준에 근거하여 다음의 재고자산을 평가하는 경우 재고자산평가손익은 얼마인가?

상품명	기말재고수량	취득원가	추정판매가격 (순실현가능가치)
비누	100개	75,000원	65,000원
세제	200개	50,000원	70,000원

① 재고자산평가이익 3,000,000원　　　② 재고자산평가이익 4,000,000원
③ 재고자산평가손실 3,000,000원　　　④ 재고자산평가손실 1,000,000원

8. 다음 중 수익의 인식에 대한 설명으로 가장 옳은 것은?

① 시용판매의 경우 수익의 인식은 구매자의 구매의사 표시일이다.

② 예약판매계약의 경우 수익의 인식은 자산의 건설이 완료되어 소비자에게 인도한 시점이다.

③ 할부판매의 경우 수익의 인식은 항상 소비자로부터 대금을 회수하는 시점이다.

④ 위탁판매의 경우 수익의 인식은 위탁자가 수탁자에게 제품을 인도한 시점이다.

9. 당기의 원재료 매입액은 20억원이고, 기말 원재료 재고액이 기초 원재료 재고액보다 3억원이 감소한 경우, 당기의 원재료원가는 얼마인가?

① 17억원　　　　② 20억원　　　　③ 23억원　　　　④ 25억원

10. 다음 중 제조원가명세서의 구성요소로 옳은 것을 모두 고른 것은?

가. 기초재공품재고액	나. 기말원재료재고액
다. 기말제품재고액	라. 당기제품제조원가
마. 당기총제조비용	

① 가, 나　　　② 가, 나, 라　　　③ 가, 나, 다, 라　　　④ 가, 나, 라, 마

11. 당사는 직접노무시간을 기준으로 제조간접원가를 배부하고 있다. 당기의 제조간접원가 실제 발생액은 500,000원이고, 예정배부율은 200원/직접노무시간이다. 당기의 실제 직접노무시간이 3,000시간일 경우, 다음 중 제조간접원가 배부차이로 옳은 것은?

① 100,000원 과대배부　　　　　　② 100,000원 과소배부

③ 200,000원 과대배부　　　　　　④ 200,000원 과소배부

12. 다음 중 종합원가계산에 대한 설명으로 옳지 않은 것은?

① 각 공정별로 원가가 집계되므로 원가에 대한 책임소재가 명확하다.

② 일반적으로 원가를 재료원가와 가공원가로 구분하여 원가계산을 한다.

③ 기말재공품이 존재하지 않는 경우 평균법과 선입선출법의 당기완성품원가는 일치한다.

④ 모든 제품 단위가 완성되는 시점을 별도로 파악하기가 어려우므로 인위적인 기간을 정하여 원가를 산정한다.

13. 다음 중 세금계산서 발급 의무가 면제되는 경우로 틀린 것은?

① 간주임대료

② 사업상 증여

③ 구매확인서에 의하여 공급하는 재화

④ 폐업시 잔존 재화

14. 다음 중 부가가치세법상 업종별 사업장의 범위로 맞지 않는 것은?

① 제조업은 최종제품을 완성하는 장소

② 사업장을 설치하지 않은 경우 사업자의 주소 또는 거소

③ 운수업은 개인인 경우 사업에 관한 업무를 총괄하는 장소

④ 부동산매매업은 법인의 경우 부동산의 등기부상 소재지

15. 다음 중 부가가치세에 대한 설명으로 옳지 않은 것은?

① 법률상 면세 대상으로 열거된 것을 제외한 모든 재화나 용역의 소비행위에 대하여 과세한다.

② 납세의무자는 개인사업자나 영리법인으로 한정되어 있다.

③ 매출세액에서 매입세액을 차감하여 납부(환급)세액을 계산한다.

④ 납세의무자는 재화 또는 용역을 공급하는 사업자이지만, 담세자는 최종소비자가 된다.

▌실 무 시 험 ▌

고성상사㈜(회사코드:1083)는 가방 등의 제조 · 도소매업 및 부동산임대업을 영위하는 중소기업으로 당기 회계기간은 2024.1.1.~2024.12.31.이다. 전산세무회계 수험용 프로그램을 이용하여 다음 물음에 답하시오.

문제1 다음은 기초정보관리와 전기분 재무제표에 대한 자료이다. 각각의 요구사항에 대하여 답하시오.(10점)

[1] [거래처등록] 메뉴를 이용하여 다음의 신규 거래처를 추가로 등록하시오.   (3점)

• 거래처코드 : 3000	• 거래처명 : ㈜나우전자	• 대표자 : 김나우
• 사업자등록번호 : 108-81-13579	• 업태 : 제조	• 종목 : 전자제품
• 유형 : 동시	• 사업장주소 : 서울특별시 서초구 명달로 104(서초동)	

※ 주소 입력 시 우편번호 입력은 생략해도 무방함.

[2] 다음 자료를 이용하여 [계정과목및적요등록]을 하시오. (3점)

• 계정과목 : 퇴직연금운용자산
• 대체적요 1. 제조 관련 임직원 확정급여형 퇴직연금부담금 납입

[3] 전기분 재무상태표 작성 시 기업은행의 단기차입금 20,000,000원을 신한은행의 장기차입금으로 잘못 분류하였다. [전기분재무상태표] 및 [거래처별초기이월]을 수정, 삭제 또는 추가입력하시오. (4점)

문제2 다음 거래 자료를 일반전표입력 메뉴에 추가 입력하시오.(일반전표입력의 모든 거래는 부가가치세를 고려하지 말 것)(18점)

[1] 08월 01일 미국은행으로부터 2023년 10월 31일에 차입한 외화장기차입금 중 $30,000를 상환하기 위하여 보통예금 계좌에서 39,000,000원을 이체하여 지급하였다. 일자별 적용환율은 아래와 같다. (3점)

2023.10.31. (차입일)	2023.12.31. (직전연도 종료일)	2024.08.01. (상환일)
1,210/$	1,250/$	1,300/$

[2] 08월 12일 금융기관으로부터 매출거래처인 ㈜모모가방이 발행한 어음 50,000,000원이 부도처리되었다는 통보를 받았다. (3점)

[3] 08월 23일 임시주주총회에서 6월 29일 결의하고 미지급한 중간배당금 10,000,000원에 대하여 원천징수세액 1,540,000원을 제외한 금액을 보통예금 계좌에서 지급하였다. (3점)

[4] 08월 31일 제품의 제조공장에서 사용할 기계장치(공정가치 5,500,000원)를 대주주로부터 무상으로 받았다. (3점)

[5] 09월 11일 단기매매차익을 목적으로 주권상장법인인 ㈜대호전자의 주식 2,000주를 1주당 2,000원(1주당 액면금액 1,000원)에 취득하고, 증권거래수수료 10,000원을 포함한 대금을 모두 보통예금 계좌에서 지급하였다. (3점)

[6] 09월 13일 ㈜다원의 외상매출금 4,000,000원 중 1,000,000원은 현금으로 받고, 나머지 잔액은 ㈜다원이 발행한 약속어음으로 받았다. (3점)

 다음 거래 자료를 매입매출전표입력 메뉴에 입력하시오.(18점)

[1] 07월 13일 ㈜남양가방에 제품을 판매하고, 대금은 신용카드(비씨카드)로 결제받았다(단, 신용카드 판매액은 매출채권으로 처리할 것). (3점)

신용카드 매출전표

결제정보

카드종류	비씨카드	카드번호	1234-5050-4646-8525
거래종류	신용구매	거래일시	2024-07-13
할부개월	0	승인번호	98465213

구매정보

주문번호	511-B	과세금액	5,000,000원
구매자명	㈜남양가방	비과세금액	0원
상품명	크로스백	부가세	500,000원
		합계금액	5,500,000원

이용상점정보

판매자상호	㈜남양가방
판매자 사업자등록번호	105-81-23608
판매자 주소	서울특별시 동작구 여의대방로 28

[2] 09월 05일 특별주문 제작하여 매입한 기계장치가 완성되어 특수운송전문업체인 쾌속운송을 통해 기계장치를 인도받았다. 운송비 550,000원(부가가치세 포함)을 보통예금 계좌에서 이체하여 지급하고 쾌속운송으로부터 전자세금계산서를 수취하였다. (3점)

[3] 09월 06일 정도정밀로부터 제품 임가공 계약에 따른 제품을 납품받고 전자세금계산서를 수취하였다. 제품 임가공비용은 10,000,000원(부가가치세 별도)이며, 전액 보통예금 계좌에서 이체하여 지급하였다(단, 제품 임가공비용은 외주가공비 계정으로 처리할 것). (3점)

[4] 09월 25일 제조공장 인근 육군부대에 3D프린터기를 외상으로 구입하여 기증하였고, 아래와 같은 전자세금계산서를 발급받았다. (3점)

전자세금계산서					승인번호		20240925 - 15454645 - 58811889		
공급자	등록번호	220-81-55976	종사업장번호		공급받는자	등록번호	128-81-32658	종사업장번호	
	상호(법인명)	㈜목포전자	성명	정찬호		상호(법인명)	고성상사㈜	성명	현정민
	사업장주소	서울특별시 서초구 명달로 101				사업장주소	서울시 중구 창경궁로5다길 13-4		
	업태	도소매	종목	전자제품		업태	제조,도소매	종목	가방 등
	이메일					이메일			
						이메일			

작성일자	공급가액	세액	수정사유	비고
2024-09-25	3,500,000원	350,000원	해당 없음	

월	일	품목	규격	수량	단가	공급가액	세액	비고
09	25	3D 프린터		1	3,500,000원	3,500,000원	350,000원	

합계금액	현금	수표	어음	외상미수금	위 금액을 (**청구**) 함
3,850,000원				3,850,000원	

[5] 10월 06일 본사 영업부에서 사용할 복합기를 구입하고, 대금은 하나카드로 결제하였다. (3점)

매출전표			
단말기번호 A - 1000		전표번호 56421454	
회원번호(CARD NO)			
3152-3155-****-****			
카드종류	유효기간		거래일자
하나카드	12/25		2024.10.06.
거래유형		취소시 원 거래일자	
신용구매			
결제방법	판 매 금 액		1,500,000원
일시불	부 가 가 치 세		150,000원
매입처	봉 사 료		
매입사제출	합 계 (TOTAL)		1,650,000원
전표매입사	승인번호(APPROVAL NO)		
하나카드	35745842		
가맹점명	가맹점번호		
㈜ok사무	5864112		
서명(SIGNATURE)			
고성상사(주)			

[6] 12월 01일 ㈜국민가죽으로부터 고급핸드백 가방 제품의 원재료인 양가죽을 매입하고, 아래의 전자
세금계산서를 수취하였다. 부가가치세는 현금으로 지급하였으며, 나머지는 외상거래이
다. (3점)

전자세금계산서						승인번호		20241201 - 15454645 - 58811886		
공급자	등록번호	204-81-35774	종사업장번호		공급받는자	등록번호	128-81-32658	종사업장번호		
	상호(법인명)	㈜국민가죽	성명	김국민		상호(법인명)	고성상사㈜	성명	현정민	
	사업장주소	경기도 안산시 단원구 석수로 555				사업장주소	서울시 중구 창경궁로5다길 13-4		
	업태	도소매	종목	가죽		업태	제조,도소매	종목	가방 등	
	이메일					이메일				
						이메일				

작성일자	공급가액	세액	수정사유	비고
2024-12-01	2,500,000원	250,000원	해당 없음	

월	일	품목	규격	수량	단가	공급가액	세액	비고
12	01	양가죽			2,500,000원	2,500,000원	250,000원	

합계금액	현금	수표	어음	외상미수금	위 금액을 (청구) 함
2,750,000원	250,000원			2,500,000원	

문제4 **[일반전표입력]** 및 **[매입매출전표입력]** 메뉴에 입력된 내용 중 다음과 같은 오류가 발견되었
다. 입력된 내용을 확인하여 수정 또는 삭제, 추가 입력하여 오류를 정정하시오. (6점)

[1] 07월 22일 제일자동차로부터 영업부의 업무용승용차(공급가액 15,000,000원, 부가가치세 별도)를
구입하여 대금은 전액 보통예금 계좌에서 지급하고 전자세금계산서를 받았다. 해당 업
무용승용차의 배기량은 1,990cc이나 회계담당자는 990cc로 판단하여 부가가치세를 공
제받는 것으로 회계처리 하였다. (3점)

[2] 09월 15일 매출거래처 ㈜댕댕오디오의 파산선고로 인하여 외상매출금 3,000,000원을 회수불능으로 판단하
고 전액 대손상각비로 대손처리하였으나, 9월 15일 파산선고 당시 외상매출금에 관한 대손충당금
잔액 1,500,000원이 남아있던 것으로 확인되었다. (3점)

문제5 **결산정리사항은 다음과 같다. 해당 메뉴에 입력하시오.(9점)**

[1] 2024년 9월 16일에 지급된 2,550,000원은 그 원인을 알 수 없어 가지급금으로 처리하였던바, 결산일인 12월 31일에 2,500,000원은 하나무역의 외상매입금을 상환한 것으로 확인되었으며 나머지 금액은 그 원인을 알 수 없어 당기 비용(영업외비용)으로 처리하기로 하였다. (3점)

[2] 결산일 현재 필립전자에 대한 외화 단기대여금($30,000)의 잔액은 60,000,000원이다. 결산일 현재 기준환율은 $1당 2,200원이다(단, 외화 단기대여금도 단기대여금 계정과목을 사용할 것). (3점)

[3] 대손충당금은 결산일 현재 미수금(기타 채권은 제외)에 대하여만 1%를 설정한다. 보충법에 의하여 대손충당금 설정 회계처리를 하시오(단, 대손충당금 설정에 필요한 정보는 관련 데이터를 조회하여 사용할 것). (3점)

문제6 **다음 사항을 조회하여 답안을** 이론문제 답안작성 **메뉴에 입력하시오.(9점)**

[1] 당해연도 제1기 부가가치세 예정신고기간(1월~3월) 중 카드과세 매출의 공급대가 합계액은 얼마인가? (3점)

[2] 2024년 6월의 영업외비용 총지출액은 얼마인가? (3점)

[3] 2024년 제1기 부가가치세 확정신고기간의 공제받지못할매입세액은 얼마인가? (3점)

제109회 전산회계 1급 기출문제

정민상사㈜ (코드번호:1093)

▌이 론 시 험 ▌

1. 회계분야 중 재무회계에 대한 설명으로 적절한 것은?

① 관리자에게 경영활동에 필요한 재무정보를 제공한다.

② 국세청 등의 과세관청을 대상으로 회계정보를 작성한다.

③ 법인세, 소득세, 부가가치세 등의 세무 보고서 작성을 목적으로 한다.

④ 일반적으로 인정된 회계원칙에 따라 작성하며 주주, 투자자 등이 주된 정보이용자이다.

2. 유가증권 중 단기매매증권에 대한 설명으로 옳지 않은 것은?

① 시장성이 있어야 하고, 단기시세차익을 목적으로 하여야 한다.

② 단기매매증권은 당좌자산으로 분류된다.

③ 기말평가방법은 공정가액법이다.

④ 단기매매증권은 투자자산으로 분류된다.

3. 다음 중 재고자산의 평가에 대한 설명으로 옳지 않은 것은?

① 성격이 상이한 재고자산을 일괄 구입하는 경우에는 공정가치 비율에 따라 안분하여 취득원가를 결정한다.

② 재고자산의 취득원가에는 취득과정에서 발생한 할인, 에누리는 반영하지 않는다.

③ 저가법을 적용할 경우 시가가 취득원가보다 낮아지면 시가를 장부금액으로 한다.

④ 저가법을 적용할 경우 발생한 차액은 전부 매출원가로 회계처리 한다.

4. 다음 중 유형자산의 자본적지출을 수익적지출로 잘못 처리했을 경우 당기의 자산과 자본에 미치는 영향으로 올바른 것은?

	자산	자본		자산	자본
①	과대	과소	②	과소	과소
③	과소	과대	④	과대	과대

5. ㈜재무는 자기주식 200주(1주당 액면가액 5,000원)를 1주당 7,000원에 매입하여 소각하였다. 소각일 현재 자본잉여금에 감차차익 200,000원을 계상하고 있는 경우 주식소각 후 재무상태표상에 계상되는 감자차손익은 얼마인가?

① 감자차손 200,000원

② 감자차손 400,000원

③ 감자차익 200,000원

④ 감자차익 400,000원

6. 다음 중 손익계산서에 대한 설명으로 옳지 않은 것은?

① 매출원가는 제품, 상품 등의 매출액에 대응되는 원가로서 판매된 제품이나 상품 등에 대한 제조원가 또는 매입원가이다.

② 영업외비용은 기업의 주된 영업활동이 아닌 활동으로부터 발생한 비용과 차손으로서 기부금, 잡손실 등이 이에 해당한다.

③ 손익계산서는 일정 기간의 기업의 경영성과에 대한 유용한 정보를 제공한다.

④ 수익과 비용은 각각 순액으로 보고하는 것을 원칙으로 한다.

7. ㈜서울은 ㈜제주와 제품 판매계약을 맺고 ㈜제주가 발행한 당좌수표 500,000원을 계약금으로 받아 아래와 같이 회계처리 하였다. 다음 중 ㈜서울의 재무제표에 나타난 영향으로 옳은 것은?

(차) 당좌예금	500,000원	(대) 제품매출	500,000원

① 당좌자산 과소계상

② 당좌자산 과대계상

③ 유동부채 과소계상

④ 당기순이익 과소계상

8. ㈜한국상사의 2024년 1월 1일 자본금은 50,000,000원(발행주식 수 10,000주, 1주당 액면금액 5,000원)이다. 2024년 10월 1일 1주당 6,000원에 2,000주를 유상증자하였을 경우, 2024년 기말 자본금은 얼마인가?

① 12,000,000원　② 50,000,000원　③ 60,000,000원　④ 62,000,000원

9. 원가 및 비용의 분류항목 중 제조원가에 해당하는 것은 무엇인가?

① 생산공장의 전기요금

② 영업용 사무실의 전기요금

③ 마케팅부의 교육연수비

④ 생산공장 기계장치의 처분손실

10. 다음 중 보조부문 상호간의 용역수수관계를 고려하여 보조부문원가를 제조부문과 보조부문에 배분함으로써 보조부문간의 상호 서비스 제공을 완전히 반영하는 방법으로 옳은 것은?

① 직접배분법　　　② 단계배분법　　　③ 상호배분법　　　④ 총배분법

11. 다음의 자료에 의한 당기직접재료원가는 얼마인가?

• 기초원재료	1,200,000원	• 기초재공품	200,000원
• 당기원재료매입액	900,000원	• 기말재공품	300,000원
• 기말원재료	850,000원	• 기초제품	400,000원
• 기말제품	500,000원	• 직접노무원가	500,000원

① 1,150,000원　　　② 1,250,000원　　　③ 1,350,000원　　　④ 1,650,000원

12. ㈜성진은 직접원가를 기준으로 제조간접원가를 배부한다. 다음 자료에 의하여 계산한 제조지시서 no.1의 제조간접원가 배부액은 얼마인가?

공장전체 발생원가	제조지시서 no.1
• 총생산수량 : 10,000개	• 총생산수량 : 5,200개
• 기계시간 : 24시간	• 기계시간 : 15시간
• 직접재료원가 : 800,000원	• 직접재료원가 : 400,000원
• 직접노무원가 : 200,000원	• 직접노무원가 : 150,000원
• 제조간접원가 : 500,000원	• 제조간접원가 : (?)원

① 250,000원　　　② 260,000원　　　③ 275,000원　　　④ 312,500원

13. 다음 중 부가가치세법상 과세기간에 대한 설명으로 옳지 않은 것은?

① 간이과세자의 과세기간은 1월 1일부터 12월 31일까지이다.

② 사업자가 폐업하는 경우의 과세기간은 폐업일이 속하는 과세기간의 개시일부터 폐업일까지로 한다.

③ 일반과세자가 간이과세자로 변경되는 경우에 그 변경되는 해의 간이과세자 과세기간은 7월 1일부터 12월 31일까지이다.

④ 간이과세자가 일반과세자로 변경되는 경우에 그 변경되는 해의 간이과세자 과세기간은 1월 1일부터 12월 31일까지이다.

14. 다음 중 세금계산서의 필요적 기재사항에 해당하지 않는 것은?

① 공급연월일

② 공급하는 사업자의 등록번호와 성명 또는 명칭

③ 공급받는자의 등록번호

④ 공급가액과 부가가치세액

15. 다음 중 부가가치세법에 따른 재화 또는 용역의 공급시기에 대한 설명으로 적절하지 않은 것은?

① 위탁판매의 경우 수탁자가 공급한 때이다.

② 상품권의 경우 상품권이 판매되는 때이다.

③ 장기할부판매의 경우 대가의 각 부분을 받기로 한 때이다.

④ 내국물품을 외국으로 반출하는 경우 수출재화를 선적하는 때이다.

▌ 실 무 시 험 ▌

정민상사㈜(회사코드:1093)는 전자제품의 제조 및 도·소매업을 영위하는 중소기업으로 당기 회계기간은 2024.1.1.~ 2024.12.31.이다. 전산세무회계 수험용 프로그램을 이용하여 다음 물음에 답하시오.

문제1 다음은 [기초정보관리] 및 [전기분재무제표]에 대한 자료이다. 각각의 요구사항에 대하여 답하시오. (10점)

[1] 다음 자료를 이용하여 [거래처등록] 메뉴에 등록하시오. (3점)

• 거래처코드 : 01230	• 거래처명 : 태형상사	• 유형 : 동시
• 사업자등록번호 : 107-36-25785	• 대표자 : 김상수	• 업태 : 도소매
• 종목 : 사무기기	• 사업장주소 : 서울시 동작구 여의대방로10가길 1(신대방동)	
	※ 주소 입력 시 우편번호 입력은 생략해도 무방함.	

[2] 정민상사㈜의 전기말 거래처별 채권 및 채무의 올바른 잔액은 다음과 같다. 주어진 자료를 검토하여 잘못된 부분은 오류를 정정하고, 누락된 부분은 추가하여 입력하시오. (3점)

채권 및 채무	거래처	금 액
받을어음	㈜원수	15,000,000원
	㈜케스터	2,000,000원
단기차입금	㈜이태백	10,000,000원
	㈜빛날통신	13,000,000원
	Champ사	12,000,000원

[3] 전기분 손익계산서를 검토한 결과 다음과 같은 오류가 발견되었다. 전기분재무제표 중 관련 재무제표를 모두 적절하게 수정 또는 삭제 및 추가입력하시오. (4점)

계정과목	오류 내용
보험료	제조원가 1,000,000원을 판매비와관리비로 회계처리

문제2 [일반전표입력] 메뉴를 이용하여 다음의 거래 자료를 입력하시오(일반전표입력의 모든 거래는 부가가치세를 고려하지 말 것). (18점)

[1] 08월 20일 인근 주민센터에 판매용 제품(원가 2,000,000원, 시가 3,500,000원)을 기부하였다. (3점)

[2] 09월 02일 대주주인 전마나 씨로부터 차입한 단기차입금 20,000,000원 중 15,000,000원은 보통예금 계좌에서 이체하여 상환하고, 나머지 금액은 면제받기로 하였다. (3점)

[3] 10월 19일 ㈜용인의 외상매입금 2,500,000원에 대해 타인이 발행한 당좌수표 1,500,000원과 ㈜수원에 제품을 판매하고 받은 ㈜수원 발행 약속어음 1,000,000원을 배서하여 지급하다. (3점)

[4] 11월 06일 전월분 고용보험료를 다음과 같이 현금으로 납부하다(단, 하나의 전표로 처리하고, 회사부담금은 보험료로 처리할 것). (3점)

<table>
<tr><td colspan="5" align="center">고용보험 납부내역</td></tr>
<tr><td>사원명</td><td>소 속</td><td>직원부담금</td><td>회사부담금</td><td>합 계</td></tr>
<tr><td>김정직</td><td>제조부</td><td>180,000원</td><td>221,000원</td><td>401,000원</td></tr>
<tr><td>이성실</td><td>마케팅부</td><td>90,000원</td><td>110,500원</td><td>200,500원</td></tr>
<tr><td colspan="2" align="center">합 계</td><td>270,000원</td><td>331,500원</td><td>601,500원</td></tr>
</table>

[5] 11월 11일 영업부 직원에 대한 확정기여형(DC) 퇴직연금 7,000,000원을 하나은행 보통예금 계좌에서 이체하여 납입하였다. 이 금액에는 연금운용에 대한 수수료 200,000원이 포함되어 있다. (3점)

[6] 12월 03일 일시보유목적으로 취득하였던 시장성 있는 ㈜세무의 주식 500주(1주당 장부금액 8,000원, 1주당 액면금액 5,000원, 1주당 처분금액 10,000원)를 처분하고 수수료 250,000원을 제외한 금액을 보통예금 계좌로 이체받았다. (3점)

문제3 **[매입매출전표입력]** 메뉴를 이용하여 다음의 거래 자료를 입력하시오. (18점)

[1] 07월 28일 총무부 직원들의 야식으로 저팔계산업(일반과세자)에서 도시락을 주문하고, 하나카드로 결제하였다. (3점)

신용카드매출전표

가 맹 점 명	:	저팔계산업
사 업 자 번 호	:	127-10-12343
대 표 자 명	:	김돈육
주 소	:	서울 마포구 상암동 332
롯 데 카 드	:	신용승인
거 래 일 시	:	2024-07-28 20:08:54
카 드 번 호	:	3256-6455-****-1324
유 효 기 간	:	12/24
가 맹 점 번 호	:	123412341
매 입 사	:	하나카드(전자서명전표)

상품명	금액
도시락세트	220,000

공 급 가 액	:	200,000
부 가 세 액	:	20,000
합 계	:	220,000

[2] 9월 03일 공장에서 사용하던 기계장치(취득가액 50,000,000원, 처분 시점까지의 감가상각누계액 38,000,000원)를 보람테크㈜에 13,500,000원(부가가치세 별도) 처분하고, 대금 중 4,850,000원은 현금으로 받고, 잔액은 월말에 받기로 하였으며, 전자세금계산서를 발급하였다(당기의 감가상각비는 고려하지 말고 하나의 전표로 입력할 것). (3점)

[3] 09월 22일 마산상사로부터 원재료 5,500,000원(부가가치세 포함)을 구입하고 전자세금계산서를 발급받았다. 대금은 ㈜서울에 제품을 판매하고 받은 ㈜서울 발행 약속어음 2,000,000원을 배서하여 지급하고, 잔액은 외상으로 하다. (3점)

[4] 10월 31일 NICE Co.,Ltd의 해외수출을 위한 구매확인서에 따라 전자제품 100개(@700,000원)를 납품하고 영세율전자세금계산서를 발행하였다. 대금 중 50%는 보통예금 계좌로 입금받고 잔액은 1개월 후에 받기로 하다. (3점)

[5] 11월 04일 영업부 거래처의 직원에게 선물할 목적으로 선물세트를 외상으로 구입하고 아래와 같은 전자세금계산서를 발급받았다. (3점)

<table>
<tr><td colspan="5" rowspan="2">전자세금계산서</td><td>승인번호</td><td colspan="4">20241104-15454645-58811889</td></tr>
<tr><td>등록
번호</td><td colspan="2">680-81-32549</td><td>종사업장
번호</td><td></td></tr>
<tr><td rowspan="5">공
급
자</td><td>등록
번호</td><td colspan="2">113-18-77299</td><td>종사업장
번호</td><td></td><td rowspan="5">공
급
받
는
자</td><td>상호
(법인명)</td><td colspan="2">정민상사㈜</td><td>성명</td><td>최정민</td></tr>
<tr><td>상호
(법인명)</td><td colspan="2">손오공상사</td><td>성명</td><td>황범식</td><td>사업장
주소</td><td colspan="3">경기도 수원시 권선구 평동로79번길 45</td></tr>
<tr><td>사업장
주소</td><td colspan="4">서울특별시 서초구 명달로 102</td><td>업태</td><td>제조,도소매</td><td>종목</td><td colspan="2">전자제품</td></tr>
<tr><td>업태</td><td>도매</td><td>종목</td><td colspan="2">잡화류</td><td>이메일</td><td colspan="3"></td></tr>
<tr><td>이메일</td><td colspan="4"></td><td>이메일</td><td colspan="3"></td></tr>
<tr><td>작성일자</td><td colspan="2">공급가액</td><td colspan="2">세액</td><td>수정사유</td><td colspan="4">비고</td></tr>
<tr><td>2024.11.04.</td><td colspan="2">1,500,000</td><td colspan="2">150,000</td><td>해당 없음</td><td colspan="4"></td></tr>
<tr><td>월</td><td>일</td><td colspan="2">품목</td><td>규격</td><td>수량</td><td>단가</td><td>공급가액</td><td>세액</td><td>비고</td></tr>
<tr><td>11</td><td>04</td><td colspan="2">선물세트</td><td></td><td>1</td><td>1,500,000</td><td>1,500,000</td><td>150,000</td><td></td></tr>
<tr><td colspan="10"></td></tr>
<tr><td colspan="10"></td></tr>
<tr><td colspan="2">합계금액</td><td colspan="2">현금</td><td colspan="2">수표</td><td>어음</td><td>외상미수금</td><td colspan="2" rowspan="2">위 금액을 (청구) 함</td></tr>
<tr><td colspan="2">1,650,000</td><td colspan="2"></td><td colspan="2"></td><td></td><td>1,650,000</td></tr>
</table>

[6] 12월 05일 공장 신축 목적으로 취득한 토지의 토지정지 등을 위한 토목공사를 50,000,000원(부가가치세 별도)에 하고 ㈜만듬건설로부터 전자세금계산서를 발급받았다. 대금 지급은 기지급한 계약금 5,500,000원을 제외하고 외상으로 하였다. (3점)

문제4 **[일반전표입력]** 및 **[매입매출전표입력]** 메뉴에 입력된 내용 중 다음과 같은 오류가 발견되었다. 입력된 내용을 확인하여 정정하시오. (6점)

[1] 11월 10일 공장 에어컨 수리비로 가나상사에 보통예금 계좌에서 송금한 880,000원을 수선비로 회계처리하였으나, 해당 수선비는 10월 10일 미지급금으로 회계처리한 것을 결제한 것이다. (3점)

[2] 12월 15일 당초 제품을 $10,000에 직수출하고 선적일 당시 환율 1,000원/$을 적용하여 제품매출 10,000,000원을 외상판매한 것으로 회계처리 하였으나, 수출 관련 서류 검토 결과 직수출이 아니라 내국신용장에 의한 공급으로 ㈜강서기술에 전자영세율세금계산서를 발급한 외상매출인 것으로 확인되었다. (3점)

문제5 결산정리사항은 다음과 같다. 관련 메뉴를 이용하여 결산을 완료하시오. (9점)

[1] 거래처 ㈜태명에 4월 1일 대여한 50,000,000원(상환회수일 2026년 3월 31일, 연 이자율 6%)에 대한 기간경과분 이자를 계상하다. 단, 이자는 월할 계산하고, 매년 3월 31일에 받기로 약정하였다. (3점)

[2] 제조공장의 창고 임차기간은 2024.04.01.~2025.03.31.으로 임차개시일에 임차료 3,600,000원을 전액 지급하고 즉시 당기 비용으로 처리하였다. 결산정리분개를 하시오. (3점)

[3] 당기 중 단기간 시세차익을 목적으로 시장성이 있는 유가증권을 75,000,000원에 취득하였다. 당기 말 해당 유가증권의 시가는 73,000,000원이다. (3점)

문제6 다음 사항을 조회하여 알맞은 답안을 [이론문제 답안작성] 메뉴에 입력하시오. (9점)

[1] 2024년 상반기(1월~6월) 중 판매비및관리비의 급여 발생액이 가장 많은 월(月)과 가장 적은 월(月)의 차액은 얼마인가? (단, 양수로만 기재할 것) (3점)

[2] 일천상사에 대한 제품매출액은 3월 대비 4월에 얼마나 감소하였는가? (단, 음수로 입력하지 말 것) (3점)

[3] 2024년 제1기 예정신고기간(1월~3월) 중 ㈜서산상사에 발행한 세금계산서의 총발행매수와 공급가액은 얼마인가? (3점)

제110회 전산회계 1급 기출문제

오영상사㈜ (코드번호:1103)

▌이 론 시 험 ▌

1. 다음 중 재무상태표에 관한 설명으로 가장 옳은 것은?

① 일정 시점의 현재 기업이 보유하고 있는 자산과 부채 및 자본에 대한 정보를 제공하는 재무보고서이다.

② 일정 기간 동안의 기업의 수익과 비용에 대해 보고하는 보고서이다.

③ 일정 기간 동안의 현금의 유입과 유출에 대한 정보를 제공하는 보고서이다.

④ 기업의 자본변동에 관한 정보를 제공하는 재무보고서이다.

2. 다음 중 유동부채에 포함되지 않는 것은 무엇인가?

① 매입채무　　　　② 단기차입금　　　　③ 유동성장기부채　　　④ 임대보증금

3. 다음 중 무형자산과 관련된 설명으로 옳지 않은 것은?

① 연구프로젝트에서 발생한 지출이 연구단계와 개발단계로 구분할 수 없는 경우에는 모두 연구단계에서 발생한 것으로 본다.

② 내부적으로 창출한 브랜드, 고객목록과 같은 항목은 무형자산으로 인식할 수 있다.

③ 무형자산은 회사가 사용할 목적으로 보유하는 물리적 실체가 없는 자산이다.

④ 무형자산의 소비되는 행태를 신뢰성 있게 결정할 수 없을 경우 정액법으로 상각한다.

4. 다음 중 일반기업회계기준에 의한 수익 인식 시점에 대한 설명으로 옳지 않은 것은?

① 위탁판매의 경우에는 수탁자가 위탁품을 소비자에게 판매한 시점에 수익을 인식한다.

② 시용판매의 경우에는 상품 인도 시점에 수익을 인식한다.

③ 광고 제작 수수료의 경우에는 광고 제작의 진행률에 따라 수익을 인식한다.

④ 수강료의 경우에는 강의 시간에 걸쳐 수익으로 인식한다.

5. 재고자산의 단가 결정 방법 중 매출 시점에서 해당 재고자산의 실제 취득원가를 기록하여 매출원가로 대응시킴으로써 가장 정확하게 원가 흐름을 파악할 수 있는 재고자산의 단가 결정 방법은 무엇인가?

① 개별법   ② 선입선출법   ③ 후입선출법   ④ 총평균법

6. 다음 중 영업이익에 영향을 주는 거래로 옳은 것은?

① 거래처에 대한 대여금의 전기분 이자를 받았다.

② 창고에 보관하고 있던 상품이 화재로 인해 소실되었다.

③ 차입금에 대한 전기분 이자를 지급하였다.

④ 일용직 직원에 대한 수당을 지급하였다.

7. 다음의 거래를 적절하게 회계처리 하였을 경우, 당기순이익의 증감액은 얼마인가? 단, 주어진 자료 외의 거래는 없다고 가정한다.

- 매도가능증권 : 장부금액 5,000,000원, 결산일 공정가치 4,500,000원
- 단기매매증권 : 장부금액 3,000,000원, 결산일 공정가치 3,300,000원
- 투자부동산 : 장부금액 9,000,000원, 처분금액 8,800,000원

① 100,000원 감소   ② 100,000원 증가   ③ 400,000원 감소   ④ 400,000원 증가

8. ㈜수암골의 재무상태가 다음과 같다고 가정할 때, 기말자본은 얼마인가?

기 초		기 말		당기 중 추가출자	이익 배당액	총수익	총비용
자산	부채	부채	자본				
900,000원	500,000원	750,000원	( )	100,000원	50,000원	1,100,000원	900,000원

① 500,000원   ② 550,000원   ③ 600,000원   ④ 650,000원

9. 다음 중 원가회계에 대한 설명이 아닌 것은?

① 외부의 정보이용자들에게 유용한 정보를 제공하기 위한 정보이다.

② 원가통제에 필요한 정보를 제공하기 위함이다.

③ 제품원가계산을 위한 원가정보를 제공한다.

④ 경영계획수립과 통제를 위한 원가정보를 제공한다.

10. 다음 중 원가행태에 따라 변동원가와 고정원가로 분류할 때 이에 대한 설명으로 올바른 것은?

① 변동원가는 조업도가 증가할수록 총원가도 증가한다.
② 변동원가는 조업도가 증가할수록 단위당 원가도 증가한다.
③ 고정원가는 조업도가 증가할수록 총원가도 증가한다.
④ 고정원가는 조업도가 증가할수록 단위당 원가도 증가한다.

11. 다음 중 보조부문의 원가 배분에 대한 설명으로 옳지 않은 것은?

① 보조부문의 원가 배분방법으로는 직접배분법, 단계배분법 및 상호배분법이 있으며, 어떤 방법을 사용하더라도 전체 보조부문의 원가는 차이가 없다.
② 상호배분법을 사용할 경우, 부문간 상호수수를 고려하여 계산하기 때문에 어떤 배분방법보다 정확성이 높다고 할 수 있다.
③ 단계배분법을 사용할 경우, 배분순서를 어떻게 하더라도 각 보조부문에 배분되는 금액은 차이가 없다.
④ 직접배분법을 사용할 경우, 보조부문 원가 배분액의 계산은 쉬우나 부문간 상호수수에 대해서는 전혀 고려하지 않는다.

12. 다음 중 개별원가계산과 종합원가계산에 대한 설명으로 옳지 않은 것은?

① 개별원가계산은 작업지시서에 의한 원가계산을 한다.
② 개별원가계산은 주문형 소량 생산 방식에 적합하다.
③ 종합원가계산은 공정별 대량 생산 방식에 적합하다.
④ 종합원가계산은 여러 공정에 걸쳐 생산하는 경우 적용할 수 없다.

13. 다음 중 부가가치세법상 사업자등록 정정 사유가 아닌 것은?

① 상호를 변경하는 경우
② 사업장을 이전하는 경우
③ 사업의 종류에 변동이 있는 경우
④ 증여로 인하여 사업자의 명의가 변경되는 경우

14. 다음 중 부가가치세법상 영세율에 대한 설명으로 가장 옳지 않은 것은?

① 수출하는 재화에 대해서는 영세율이 적용된다.

② 영세율은 수출산업을 지원하는 효과가 있다.

③ 영세율을 적용하더라도 완전면세를 기대할 수 없다.

④ 영세율은 소비지국과세원칙이 구현되는 제도이다.

15. 다음 중 영수증 발급 대상 사업자가 될 수 없는 업종에 해당하는 것은?

① 소매업   ② 도매업

③ 목욕, 이발, 미용업   ④ 입장권을 발행하여 영위하는 사업

▌ 실 무 시 험 ▐

오영상사㈜(회사코드:1103)는 가방 등의 제조·도소매업 및 부동산임대업을 영위하는 중소기업으로 당기 회계기간은 2024.1.1.~2024.12.31.이다. 전산세무회계 수험용 프로그램을 이용하여 다음 물음에 답하시오.

문제1 다음은 [기초정보관리] 및 [전기분재무제표]에 대한 자료이다. 각각의 요구사항에 대하여 답하시오. (10점)

[1] 다음 자료를 이용하여 거래처등록의 [신용카드] 탭에 추가로 입력하시오. (3점)

• 코드 : 99850	• 거래처명 : 하나카드	• 카드종류 : 사업용카드
• 유형 : 매입	• 카드번호 : 5531-8440-0622-2804	

[2] [계정과목및적요등록] 메뉴에서 여비교통비(판매비및일반관리비) 계정에 아래의 적요를 추가로 등록하시오. (3점)

• 현금적요 6번 : 야근 시 퇴근택시비 지급
• 대체적요 3번 : 야근 시 퇴근택시비 정산 인출

[3] 전기분 손익계산서를 검토한 결과 다음과 같은 오류가 발견되었다. 전기분재무제표 중 관련 재무제표를 모두 적절하게 수정 또는 삭제 및 추가입력하시오. (4점)

공장 생산직 사원들에게 지급한 명절 선물 세트 1,000,000원이 회계 담당 직원의 실수로 인하여 본사 사무직 사원들에게 지급한 것으로 회계처리되어 있음을 확인하다.

문제2 [일반전표입력] 메뉴를 이용하여 다음의 거래 자료를 입력하시오(일반전표입력의 모든 거래는 부가가치세를 고려하지 말 것). (18점)

[1] 07월 04일 나노컴퓨터에 지급하여야 할 외상매입금 5,000,000원과 나노컴퓨터로부터 수취하여야 할 외상매출금 3,000,000원을 상계하여 처리하고, 잔액은 당좌수표를 발행하여 지급하였다. (3점)

[2] 09월 15일 투자 목적으로 보유 중인 단기매매증권(보통주 1,000주, 1주당 액면가액 5,000원, 1주당 장부가액 9,000원)에 대하여 1주당 1,000원씩의 현금배당이 보통예금 계좌로 입금되었으며, 주식배당 20주를 수령하였다. (3점)

[3] 10월 05일 제품을 판매하고 ㈜영춘으로부터 받은 받을어음 5,000,000원을 만기 이전에 주거래은행인 토스뱅크에 할인하고, 할인료 55,000원을 차감한 나머지 금액을 보통예금 계좌로 입금 받았다. 단, 어음의 할인은 매각거래에 해당한다. (3점)

[4] 10월 30일 영업부에서 대한상공회의소 회비 500,000원을 보통예금 계좌에서 지급하고 납부영수증을 수취하였다. (3점)

[5] 12월 12일 자금 조달을 위하여 발행하였던 사채(액면금액 10,000,000원, 장부가액 10,000,000원)를 9,800,000원에 조기 상환하면서 보통예금 계좌에서 지급하였다. (3점)

[6] 12월 21일 보통예금 계좌를 확인한 결과, 결산이자 500,000원에서 원천징수세액 77,000원을 차감한 금액이 입금되었음을 확인하였다(단, 원천징수세액은 자산으로 처리할 것). (3점)

문제3 **[매입매출전표입력]** 메뉴를 이용하여 다음의 거래 자료를 입력하시오. (18점)

[1] 07월 11일 성심상사에 제품을 판매하고 아래의 전자세금계산서를 발급하였다. (3점)

전자세금계산서					승인번호		20240711-1000000-00009329		
공급자	등록번호	124-87-05224	종사업장번호		공급받는자	등록번호	134-86-81692	종사업장번호	
	상호(법인명)	오영상사㈜	성명	김하현		상호(법인명)	성심상사	성명	황성심
	사업장주소	경기도 성남시 분당구 서판교로6번길 24				사업장주소	경기도 화성시 송산면 마도북로 40		
	업태	제조,도소매	종목	가방		업태	제조	종목	자동차특장
	이메일					이메일			
						이메일			

작성일자	공급가액	세액	수정사유	비고
2024/07/11	3,000,000	300,000	해당 없음	

월	일	품목	규격	수량	단가	공급가액	세액	비고
07	11	제품				3,000,000	300,000	

합계금액	현금	수표	어음	외상미수금	위 금액을 (영수) (청구) 함
3,300,000	1,000,000			2,300,000	

[2] 08월 25일 본사 사무실로 사용하기 위하여 ㈜대관령으로부터 상가를 취득하고, 대금은 다음과 같이 지급하였다(단, 하나의 전표로 입력할 것). (3점)

- 총매매대금은 370,000,000원으로 토지분 매매가액 150,000,000원과 건물분 매매가액 220,000,000원(부가가치세 포함)이다.
- 총매매대금 중 계약금 37,000,000원은 계약일인 7월 25일에 미리 지급하였으며, 잔금은 8월 25일에 보통예금 계좌에서 이체하여 지급하였다.
- 건물분에 대하여 전자세금계산서를 잔금 지급일에 수취하였으며, 토지분에 대하여는 별도의 계산서를 발급받지 않았다.

[3] 09월 15일 총무부가 사용하기 위한 소모품을 골드팜㈜으로부터 총 385,000원에 구매하고 보통예금 계좌에서 이체하였으며, 지출증빙용 현금영수증을 발급받았다. 단, 소모품은 구입 즉시 비용으로 처리한다. (3점)

[4] 09월 30일 경하자동차㈜로부터 본사에서 업무용으로 사용할 승용차(5인승, 배기량 998cc, 개별소비세 과세대상 아님)를 구입하고 아래의 전자세금계산서를 발급받았다. (3점)

전자세금계산서				승인번호	20240930-145982301203467		
공급자	등록번호	610-81-51299	종사업장번호	**공급받는자**	등록번호	124-87-05224	종사업장번호	
	상호(법인명)	경하자동차㈜	성명	정선달		상호(법인명)	오영상사㈜	성명	김하현
	사업장주소	울산 중구 태화동 150				사업장주소	경기도 성남시 분당구 서판교로6번길 24		
	업태	제조,도소매	종목	자동차		업태	제조,도소매	종목	가방
	이메일					이메일		
						이메일		

작성일자	공급가액	세액	수정사유	비고
2024/09/30	15,000,000	1,500,000		

월	일	품목	규격	수량	단가	공급가액	세액	비고
09	30	승용차(배기량 998cc)		1		15,000,000	1,500,000	

합계금액	현금	수표	어음	외상미수금	위 금액을 (**청구**) 함
16,500,000				16,500,000	

[5] 10월 17일 미국에 소재한 MIRACLE사에서 원재료 8,000,000원(부가가치세 별도)을 수입하면서 인천세관으로부터 수입전자세금계산서를 발급받고 부가가치세는 보통예금 계좌에서 지급하였다(단, 재고자산에 대한 회계처리는 생략할 것). (3점))

[6] 10월 20일 개인 소비자에게 제품을 판매하고 현금 99,000원(부가가치세 포함)을 받았다. 단, 판매와 관련하여 어떠한 증빙도 발급하지 않았다. (3점)

문제4 [일반전표입력] 및 [매입매출전표입력] 메뉴에 입력된 내용 중 다음과 같은 오류가 발견되었다. 입력된 내용을 확인하여 정정하시오. (6점)

[1] 08월 31일 운영자금 조달을 위해 개인으로부터 차입한 부채에 대한 이자비용 362,500원을 보통예금 계좌에서 이체하고 회계처리 하였으나 해당 거래는 이자비용 500,000원에서 원천징수세액 137,500원을 차감하고 지급한 것으로 이에 대한 회계처리가 누락되었다(단, 원천징수세액은 부채로 처리하고, 하나의 전표로 입력할 것). (3점)

[2] 11월 30일 제품 생산 공장 출입문의 잠금장치를 수리하고 영포상회에 지급한 770,000원(부가가치세 포함)을 자본적지출로 회계처리 하였으나 수익적지출로 처리하는 것이 옳은 것으로 판명되었다. (3점)

문제5 결산정리사항은 다음과 같다. 관련 메뉴를 이용하여 결산을 완료하시오. (9점)

[1] 2월 11일에 소모품 3,000,000원을 구입하고 모두 자산으로 처리하였으며, 12월 31일 현재 창고에 남은 소모품은 500,000원으로 조사되었다. 부서별 소모품 사용 비율은 영업부 25%, 생산부 75%이며, 그 사용 비율에 따라 배부한다. (3점)

[2] 기중에 현금시재 잔액이 장부금액보다 부족한 것을 발견하고 현금과부족으로 계상하였던 235,000원 중 150,000원은 영업부 업무용 자동차의 유류대금을 지급한 것으로 확인되었으나 나머지는 결산일까지 그 원인이 파악되지 않아 당기의 비용으로 대체하다. (3점)

[3] 12월 31일 결산일 현재 재고자산의 기말재고액은 다음과 같다. (3점)

원재료	재공품	제 품
• 장부수량 10,000개(단가 1,000원) • 실제수량 9,500개(단가 1,000원) • 단, 수량차이는 모두 정상적으로 발생한 것이다.	8,500,000원	13,450,000원

문제6 다음 사항을 조회하여 알맞은 답안을 이론문제 답안작성 메뉴에 입력하시오. (9점)

[1] 2024년 5월 말 외상매출금과 외상매입금의 차액은 얼마인가? (단, 양수로 기재할 것) (3점)

[2] 제1기 부가가치세 확정신고기간(4월~6월)의 영세율 적용 대상 매출액은 모두 얼마인가? (3점)

[3] 6월에 발생한 판매비와일반관리비 중 발생액이 가장 적은 계정과목과 그 금액은 얼마인가? (3점)

제111회 전산회계 1급 기출문제

예은상사㈜ (코드번호:1113)

▌ 이 론 시 험 ▌

1. 다음 중 아래의 자료에서 설명하고 있는 재무정보의 질적특성에 해당하지 않는 것은?

> 재무정보가 정보이용자의 의사결정에 유용하게 활용되기 위해서는 그 정보가 의사결정의 목적과 관련이 있어야 한다.

① 예측가치   ② 피드백가치   ③ 적시성   ④ 중립성

2. 다음 중 일반기업회계기준에 따른 재무상태표의 표시에 관한 설명으로 가장 적절하지 않은 것은?

① 비유동자산은 당좌자산, 유형자산, 무형자산으로 구분된다.
② 단기차입금은 유동부채로 분류된다.
③ 자산과 부채는 유동성배열법에 따라 작성된다.
④ 재고자산은 유동자산에 포함된다.

3. 다음은 재고자산 단가 결정방법에 대한 설명이다. 어느 방법에 대한 설명인가?

> • 실제의 물량 흐름에 대한 원가흐름의 가정이 대체로 유사하다.
> • 현재의 수익과 과거의 원가가 대응하여 수익·비용 대응의 원칙에 부적합하다.
> • 물가 상승 시 이익이 과대 계상된다.

① 개별법   ② 선입선출법   ③ 후입선출법   ④ 총평균법

4. 다음 중 현금및현금성자산에 해당하는 항목의 총합계액은 얼마인가?

• 선일자수표	500,000원	• 배당금지급통지서	500,000원
• 타인발행수표	500,000원	• 만기 6개월 양도성예금증서	300,000원

① 1,000,000원   ② 1,300,000원   ③ 1,500,000원   ④ 1,800,000원

5. 다음 중 자본에 대한 설명으로 옳지 않은 것은?

① 자본금은 발행주식수에 액면가액을 곱한 금액이다.

② 주식발행초과금과 감자차익은 자본잉여금이다.

③ 자본조정에는 주식할인발행차금, 감자차손 등이 있다.

④ 주식배당과 무상증자는 순자산의 증가가 발생한다.

6. 다음 중 손익계산서에 나타나는 계정과목으로만 짝지어진 것은?

가. 대손상각비	나. 현금	다. 기부금
라. 퇴직급여	마. 이자수익	바. 외상매출금

① 가, 나　　　② 가, 다　　　③ 나, 바　　　④ 다, 바

7. 다음은 12월 말 결산법인인 ㈜한국의 기계장치 관련 자료이다. ㈜한국이 2024년 12월 31일에 계상할 감가상각비는 얼마인가? (단, 월할 상각할 것)

• 취득일 : 2023년 7월 1일	• 상각방법 : 정률법	• 내용연수 : 5년
• 상각률 : 45%	• 취득원가 : 10,000,000원	• 잔존가치 : 500,000원

① 4,500,000원　　　② 3,487,500원　　　③ 2,475,000원　　　④ 2,250,000원

8. 다음 중 손익계산서상 표시되는 매출원가를 증가시키는 영향을 주지 않는 것은?

① 판매 이외 목적으로 사용된 재고자산의 타계정대체액

② 재고자산의 시가가 장부금액 이하로 하락하여 발생한 재고자산평가손실

③ 정상적으로 발생한 재고자산감모손실

④ 원재료 구입 시 지급한 운반비

9. 다음 중 원가에 대한 설명으로 가장 옳지 않은 것은?

① 기초원가이면서 가공원가에 해당하는 원가는 직접노무원가이다.

② 직접원가란 특정 제품의 생산에 직접적으로 사용되어 명확하게 추적할 수 있는 원가이다.

③ 변동원가는 생산량이 증가할 때마다 단위당 원가도 증가하는 원가이다.

④ 매몰원가는 과거에 발생하여 현재 의사결정에 영향을 미치지 않는 원가를 말한다.

10. 다음 중 개별원가계산의 적용이 가능한 업종은 무엇인가?

① 제분업   ② 정유업   ③ 건설업   ④ 식품가공업

11. 다음 중 공손 등에 대한 설명으로 옳지 않은 것은?

① 공손은 생산과정에서 발생하는 원재료의 찌꺼기를 말한다.

② 정상공손은 효율적인 생산과정에서 발생하는 공손을 말한다.

③ 비정상공손원가는 영업외비용으로 처리한다.

④ 정상공손은 원가에 포함한다.

12. ㈜서울은 직접노무시간을 기준으로 제조간접원가를 배부하고 있다. 당해연도 초의 예상 직접노무시간은 50,000시간이고, 제조간접원가 예상액은 2,500,000원이었다. 6월의 제조간접원가 실제 발생액은 300,000원이고, 실제 직접노무시간이 5,000시간인 경우, 6월의 제조간접원가 배부차이는 얼마인가?

① 과대배부 40,000원   ② 과소배부 40,000원

③ 과대배부 50,000원   ④ 과소배부 50,000원

13. 다음 중 부가가치세법상 세부담의 역진성을 완화하기 위한 목적으로 도입한 제도는 무엇인가?

① 영세율제도   ② 사업자단위과세제도

③ 면세제도   ④ 대손세액공제제도

14. 다음 중 부가가치세법상 '<u>재화의 공급으로 보지 않는 특례</u>'에 해당하지 않는 것은?

① 담보의 제공   ② 제품의 외상판매   ③ 조세의 물납   ④ 법률에 따른 수용

15. 다음 중 부가가치세법상 과세표준에 포함하지 않는 것은?

① 할부판매 시의 이자상당액   ② 개별소비세

③ 매출할인액   ④ 대가의 일부로 받는 운송비

▌ 실 무 시 험 ▐

예은상사㈜(회사코드:1113)는 사무용가구의 제조 · 도소매업 및 부동산임대업을 영위하는 중소기업으로 당기 회계기간은 2024.1.1.~2024.12.31.이다. 전산세무회계 수험용 프로그램을 이용하여 다음 물음에 답하시오.

문제1 다음은 [기초정보관리] 및 [전기분재무제표]에 대한 자료이다. 각각의 요구사항에 대하여 답하시오. (10점)

[1] 다음 자료를 이용하여 아래의 계정과목에 대한 적요를 추가로 등록하시오. (3점)

• 계정과목 : 831. 수수료비용 • 현금적요 : (적요NO. 8) 결제 대행 수수료

[2] 당사는 여유자금 활용을 위하여 아래와 같이 신규 계좌를 개설하였다. [거래처등록] 메뉴를 이용하여 해당 사항을 추가로 입력하시오. (3점)

• 코드번호 : 98005 • 거래처명 : 수협은행 • 계좌번호 : 110-146-980558 • 유형 : 정기적금

[3] 다음의 자료를 토대로 각 계정과목의 거래처별 초기이월 금액을 올바르게 정정하시오. (4점)

계정과목	거래처명	수정 전 금액	수정 후 금액
지급어음	천일상사	9,300,000원	6,500,000원
	모닝상사	5,900,000원	8,700,000원
미지급금	대명㈜	8,000,000원	4,500,000원
	㈜한울	4,400,000원	7,900,000원

문제2 [일반전표입력] 메뉴를 이용하여 다음의 거래 자료를 입력하시오(일반전표입력의 모든 거래는 부가가치세를 고려하지 말 것). (18점)

[1] 07월 10일 회사는 6월에 관리부 직원의 급여를 지급하면서 원천징수한 근로소득세 20,000원과 지방소득세 2,000원을 보통예금 계좌에서 이체하여 납부하였다. (3점)

[2] 07월 16일 ㈜홍명으로부터 원재료를 구입하기로 계약하고, 계약금 1,000,000원은 당좌수표를 발행하여 지급하였다. (3점)

[3] 08월 10일 비씨카드 7월분 결제대금 2,000,000원이 보통예금 계좌에서 인출되었다. 단, 회사는 신용카드 사용대금을 미지급금으로 처리하고 있다. (3점)

[4] 08월 20일 영업부 김시성 과장이 대구세계가구박람회 참가를 위한 출장에서 복귀하여 아래의 지출결의서와 출장비 600,000원(출장비 인출 시 전도금으로 회계처리함) 중 잔액을 현금으로 반납하였다. (3점)

지출결의서

• 왕복항공권 350,000원   • 식대 30,000원

[5] 09월 12일 제조공장의 기계장치를 우리기계에 처분하고 매각대금으로 받은 약속어음 8,000,000원의 만기가 도래하여 우리기계가 발행한 당좌수표로 회수하였다. (3점)

[6] 10월 28일 중국의 'lailai co. ltd'에 대한 제품 수출 외상매출금 30,000달러(선적일 기준환율 : ₩1,300/$)를 회수하여 즉시 원화 보통예금 계좌로 입금하였다(단, 입금일의 기준환율은 ₩1,380/$이다). (3점)

문제3 **[매입매출전표입력]** 메뉴를 이용하여 다음의 거래 자료를 입력하시오. (18점)

[1] 07월 06일 ㈜아이닉스에 제품을 판매하고 다음과 같이 전자세금계산서를 발급하였으며, 대금은 한 달 뒤에 받기로 하였다. (3점)

전자세금계산서					승인번호		20240706-121221589148		
공급자	등록번호	142-81-05759	종사업장번호		공급받는자	등록번호	214-87-00556	종사업장번호	
	상호(법인명)	예은상사㈜	성명	한태양		상호(법인명)	㈜아이닉스	성명	이소방
	사업장주소	경기도 고양시 덕양구 통일로 101				사업장주소	서울시 용산구 한남대로 12		
	업태	제조·도소매	종목	사무용가구		업태	도매 외	종목	의약외품 외
	이메일					이메일			
						이메일			

작성일자	공급가액	세액	수정사유	비고
2024/07/06	23,000,000	2,300,000	해당 없음	

월	일	품목	규격	수량	단가	공급가액	세액	비고
7	6	사무용책상 등		1,000	23,000	23,000,000	2,300,000	

합계금액	현금	수표	어음	외상미수금	위 금액을 **(청구)** 함
25,300,000				25,300,000	

[2] 08월 10일 원재료 매입 거래처에 접대목적으로 당사의 제품(원가 300,000원)을 무상으로 제공하였다. 단, 해당 제품의 시가는 500,000원이다. (3점)

[3] 09월 16일 팔팔물산에 제품을 9,000,000원(부가가치세 별도)에 판매하고 전자세금계산서를 발급하였으며, 대금으로 팔팔물산이 발행한 당좌수표를 받았다. (3점)

[4] 09월 26일 회사 건물에 부착할 간판을 잘나가광고에서 주문 제작하였다. 대금 5,500,000원(부가가치세 포함)은 보통예금 계좌에서 송금하고 전자세금계산서를 발급받았다(단, 비품으로 처리할 것). (3점)

[5] 10월 15일 메타가구에서 원재료(50단위, @50,000원, 부가가치세 별도)를 매입하고 아래의 전자세금계산서를 발급받았다. 대금 중 1,000,000원은 ㈜은성가구로부터 제품 판매대금으로 받아 보관 중인 ㈜은성가구 발행 약속어음을 배서양도하고, 잔액은 1개월 뒤에 지급하기로 하였다.(3점)

전자세금계산서					승인번호		20241015-154215452154		
공급자	등록번호	305-81-13428	종사업장번호		공급받는자	등록번호	142-81-05759	종사업장번호	
	상호(법인명)	메타가구	성명	윤은영		상호(법인명)	예은상사㈜	성명	한태양
	사업장주소	전북 김제시 금산면 청도7길 9				사업장주소	경기도 고양시 덕양구 통일로 101		
	업태	제조	종목	가구		업태	제조·도소매	종목	사무용가구
	이메일					이메일			
						이메일			

작성일자	공급가액	세액	수정사유	비고
2024/10/15	2,500,000	250,000	해당 없음	

월	일	품목	규격	수량	단가	공급가액	세액	비고
10	15	원재료	PC-5	50	50,000	2,500,000	250,000	

합계금액	현금	수표	어음	외상미수금	위 금액을 (**청구**) 함
2,750,000			1,000,000	1,750,000	

[6] 12월 20일 대표이사 한태양은 본인 자녀의 대학교 입학 축하 선물로 니캉전자에서 디지털카메라를 3,800,000원(부가가치세 별도)에 구매하면서 당사 명의로 전자세금계산서를 발급받고, 대금은 보통예금 계좌에서 지급하였다(단, 대표이사 한태양의 가지급금으로 회계처리할 것). (3점)

문제4 [일반전표입력] 및 [매입매출전표입력] 메뉴에 입력된 내용 중 다음과 같은 오류가 발견되었다. 입력된 내용을 확인하여 정정하시오. (6점)

[1] 08월 17일 사거리주유소에서 영업부가 사용하는 비영업용 소형승용차(800cc, 매입세액공제 가능 차량)에 경유를 주유하고 유류대 44,000원을 비씨카드(법인카드)로 결제한 건에 대하여 회계담당자는 매입세액을 공제받지 못하는 것으로 판단하였으며, 이를 매입매출전표에 카드면세로 입력하였다. (3점)

[2] 11월 12일 매출거래처 직원의 결혼축하금으로 현금 500,000원을 지급한 것으로 회계처리하였으나 이는 당사의 공장 제조부 직원의 결혼축하금인 것으로 밝혀졌다. (3점)

문제5 결산정리사항은 다음과 같다. 관련 메뉴를 이용하여 결산을 완료하시오. (9점)

[1] 제2기 부가가치세 확정신고기간에 대한 부가세예수금은 49,387,500원, 부가세대급금은 34,046,000원이다. 부가가치세를 정리하는 회계처리를 하시오(단, 불러온 자료는 무시하고, 납부세액은 미지급세금, 환급세액은 미수금으로 회계처리할 것). (3점)

[2] 2024년 7월 1일 제조부 공장의 화재보험료 1년분(2024년 7월 1일~2025년 6월 30일) 7,200,000원을 전액 납부하고 즉시 비용으로 회계처리 하였다. 이에 대한 기간 미경과분 보험료를 월할계산하여 결산정리분개를 하시오. (3점)

[3] 다음은 2024년 4월 15일 제조부에서 사용하기 위하여 취득한 화물차에 대한 자료이다. 아래 주어진 자료에 대해서만 감가상각을 하시오. (3점)

취득일	취득원가	자산코드/명	잔존가치	내용연수	상각방법
2024.04.15.	30,000,000원	[101]/포터	0원	5	정액법

문제6 다음 사항을 조회하여 알맞은 답안을 이론문제 답안작성 메뉴에 입력하시오. (9점)

[1] 4월(4월 1일~4월 30일)의 외상매출금 회수액은 얼마인가? (3점)

[2] 상반기(1월~6월) 중 제품매출액이 가장 많은 월(月)과 가장 작은 월(月)의 차액은 얼마인가? 단, 양수로 표시할 것) (3점)

[3] 2024년 제1기 부가가치세 확정신고기간(4월~6월)에 세금계산서를 받은 고정자산매입세액은 얼마인가? (3점)

Part. 6
FAT 1급 기출문제

제63회 FAT 1급 기출문제

㈜돌체커피차 (코드번호:3263)

▌ 실무이론평가 ▌

1. 다음은 도매업을 영위하는 (주)한공의 손익에 대한 대화이다. (가)에 들어갈 수 있는 계정과목은?

> • 영업이익이 전기보다 증가하였는데 당기 순이익이 크게 감소한 원인이 무엇인가요?
> • 네, 당기순이익의 감소는 (가)의 증가가 원인입니다.

① 매출원가
② 임차료
③ 이자수익
④ 유형자산처분손실

2. 다음은 (주)한공의 단기매매증권(A주식) 관련 자료이다. 이에 대한 설명으로 옳은 것은?

> • 2023년 11월 22일 A주식 100주를 1주당 3,000원에 취득하고 취득수수료 20,000원을 지출하였다.
> • 2023년 12월 31일 A주식의 시가는 1주당 3,500원이다.
> • 2024년 3월 7일 A주식 전부를 1주당 3,700원에 처분하였다.

① 2023년 11월 22일 A주식의 취득원가는 320,000원이다.
② 2023년 12월 31일 재무상태표에 계상될 단기매매증권은 370,000원이다.
③ 2023년 12월 31일 손익계산서에 계상될 단기매매증권평가이익은 30,000원이다.
④ 2024년 3월 7일 A주식 처분으로 인식할 단기매매증권처분이익은 20,000원이다.

3. (주)한공은 전기에 대손 처리한 외상매출금 100,000원을 당기에 현금으로 회수하였다. 이에 대한 회계처리로 옳은 것은?

①	(차) 대 손 충 당 금	100,000원	(대) 현 금	100,000원
②	(차) 대 손 상 각 비	100,000원	(대) 현 금	100,000원
③	(차) 현 금	100,000원	(대) 대 손 충 당 금	100,000원
④	(차) 현 금	100,000원	(대) 대 손 상 각 비	100,000원

4. 다음은 (주)한공의 2024년 6월 상품 재고장이다. 재고자산평가시 총평균법을 적용할 경우 6월 매출원가는 얼마인가?

일 자	구 분	수 량	단 가
6월 1일	월초 재고	150개	1,200원
6월 11일	매입	300개	1,400원
6월 21일	매출	250개	
6월 29일	매입	200개	1,225원
6월 30일	월말 재고	400개	

① 215,000원　　　　　　　　② 320,000원
③ 325,000원　　　　　　　　④ 333,333원

5. 다음은 (주)한공의 기계장치 취득 관련 자료이다. 2024년 감가상각비는 얼마인가?

- 2023년 7월 1일에 기계장치를 5,000,000원에 취득하였다.
- 내용연수는 5년이고 잔존가치는 500,000원, 정액법(월할상각)으로 상각한다.

① 450,000원　　　　　　　　② 900,000원
③ 1,350,000원　　　　　　　④ 1,800,000원

6. 다음 자료를 토대로 (주)한공의 2024년 이자비용을 계산하면 얼마인가?

- 2024년 12월 1일 현금 10,000,000원을 2개월간 차입하였다.
- 2025년 1월 31일에 원금과 이자를 지급하기로 하였다.
- 이자율은 12%이고, 월할 계산하기로 한다.

① 0원　　　　　　　　　　② 100,000원
③ 200,000원　　　　　　　　④ 1,200,000원

7. (주)한공의 2024년 결산 정리사항 반영전 당기순이익은 1,000,000원이다. 다음 결산정리사항을 반영한 후 당기순이익은 얼마인가?

> • 당기발생 미지급 이자비용 100,000원을 인식하지 아니하였다.
> • 2025년 임대료 300,000원을 수령하고 전액 수익으로 인식하였다.

① 600,000원
② 800,000원
③ 1,200,000원
④ 1,400,000원

8. 다음 중 세금계산서를 발급할 수 있는 경우는?

① 미용업자가 미용용역을 공급하는 경우
② 항공기에 의한 외국항행용역을 공급하는 경우
③ 목욕탕을 운영하는 사업자가 목욕용역을 공급하는 경우
④ 컴퓨터 제조업자가 컴퓨터를 공급하는 경우

9. 다음 중 부가가치세가 면세되는 용역이 아닌 것은?

① 택시 운송 용역
② 주택 임대 용역
③ 허가를 받은 교육 용역
④ 도서 대여 용역

10. 다음은 (주)한공의 2024년 제1기 부가가치세 확정신고기간(2024.4.1.~2024.6.30.)의 자료이다. 이를 토대로 부가가치세 과세표준을 계산하면 얼마인가? 단, 주어진 자료의 금액은 부가가치세가 포함되어 있지 않은 금액이며, 세금계산서 등 필요한 증빙서류는 적법하게 발급하였다.

가. 외상판매액(수출액 3,000,000원 포함)	10,000,000원
나. 할부판매액	5,300,000원
다. 토지매각액	8,000,000원
라. 담보제공액	5,500,000원

① 10,800,000원
② 13,300,000원
③ 15,300,000원
④ 18,800,000원

▌ 실무수행평가 ▌

(주)돌체커피차(회사코드:3163)는 커피와 차를 도·소매하는 법인으로 회계기간은 제8기(2024.1.1. ~ 2024.12.31.)이다. 제시된 자료와 [자료설명]을 참고하여 [수행과제]를 완료하고 [평가문제]의 물음에 답하시오.

실무수행1 **기초정보관리의 이해 (10점)**

회계관련 기초정보는 입력되어 있다. [자료설명]을 참고하여 [수행과제]를 수행하시오.

① 사업자등록증에 의한 거래처등록

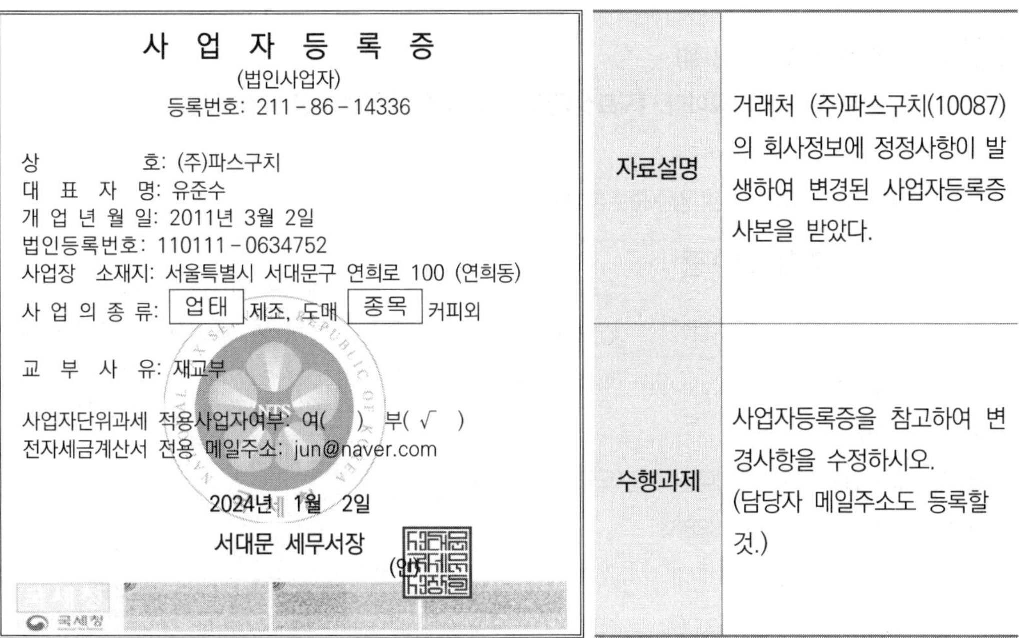

사 업 자 등 록 증	
(법인사업자) 등록번호: 211 - 86 - 14336	자료설명: 거래처 (주)파스구치(10087)의 회사정보에 정정사항이 발생하여 변경된 사업자등록증 사본을 받았다.
상 호: (주)파스구치 대 표 자 명: 유준수 개 업 년 월 일: 2011년 3월 2일 법인등록번호: 110111 - 0634752 사업장 소재지: 서울특별시 서대문구 연희로 100 (연희동) 사 업 의 종 류: 업태 제조, 도매 종목 커피외 교 부 사 유: 재교부 사업자단위과세 적용사업자여부: 여( ) 부(√) 전자세금계산서 전용 메일주소: jun@naver.com 2024년 1월 2일 서대문 세무서장 ⓒ 국세청	수행과제: 사업자등록증을 참고하여 변경사항을 수정하시오. (담당자 메일주소도 등록할 것.)

② 거래처별 초기이월 등록 및 수정

외상매입금 명세서

코 드	거래처명	내 용	금 액	비 고
00125	(주)세계커피	상품구입대금	8,000,000원	
00133	(주)우주커피	상품구입대금	12,000,000원	
00156	(주)순한차	상품구입대금	14,000,000원	
합 계			34,000,000원	

자료설명	(주)돌체커피차의 전기분 재무제표는 이월 받아 등록되어 있다.
수행과제	외상매입금에 대한 거래처별 초기이월사항을 등록하시오.

실무수행2 거래자료 입력 (20점)

실무프로세스 자료이다. [자료설명]을 참고하여 [수행과제]를 수행하시오.

① 3만원 초과 거래자료에 대한 영수증수취명세서 작성

주차 영수증

2024/03/29

상　호: 하늘주차장　　　　　(T.02 - 667 - 8795)

성　명: 이하늘

사업장: 서울특별시 강남구 강남대로 276 (도곡동)

사업자등록번호: 128 - 14 - 83868

차량번호	시간	단가	금 액
262오 1449	11	3,000	33,000

합계: 33,000원

감사합니다.

자료설명	관리부 업무용 차량의 주차비를 현금으로 지급하고 받은 영수증이다. 회사는 이 거래가 지출증명서류미수취가산세대상인지를 검토하려고 한다.
수행과제	1. 거래자료를 입력하시오. ('차량유지비'계정으로 회계처리할 것.) 2. 영수증수취명세서 (1)과 (2)서식을 작성하시오.

② 통장사본에 의한 거래입력

자료 1.

대출금(이자)계산서

2024년 4월 30일

IBK기업은행

(주)돌체커피차 귀하
(고객님 팩스 NO: 02 - 3660 - 7212)

대출과목: IBK기업은행 중소기업자금대출

계좌번호: 110 - 531133 - 64 - 6666

대 출 일: 2023 - 10 - 01

일 자	적 요	금 액	이자계산기간
2024.4.30.	원금상환	30,000,000원	
2024.4.30.	약정이자	533,000원	2024.1.1.~2024.4.30.
합 계		30,533,000원	

자료 2. 보통예금(우리은행) 거래내역

번호	거래일	내 용	찾으신금액	맡기신금액	잔 액	거래점
		계좌번호 254502 - 01 - 740928 (주)돌체커피차				
1	2024 - 4 - 30	IBK기업은행	30,533,000		***	***

자료설명	IBK기업은행의 중소기업자금대출 원금과 당기 귀속분 이자를 우리은행 보통예금 계좌에서 이체하여 상환하였다.
수행과제	거래자료를 입력하시오.

③ 증빙에 의한 전표입력

<table>
<tr><td colspan="6">

NO.　　　**영 수 증** (공급받는자용)

(주)돌체커피차 귀하

</td><td colspan="2">자료설명</td><td>업무용 컴퓨터를 수리하고 대금은 현금으로 지급하였다.</td></tr>
</table>

NO.	영 수 증 (공급받는자용)					자료설명	업무용 컴퓨터를 수리하고 대금은 현금으로 지급하였다.
	(주)돌체커피차				귀하		
공급자	사업자등록번호	105-91-21517					
	상호	만능수리	성명	이애라			
	사업장소재지	서울특별시 서대문구 간호대로 12-6					
	업태	서비스업	종목	가전수리			
작성일자	공급대가총액		비고			수행과제	거래자료를 입력하시오. (단, 수익적지출로 처리할 것.)
2024.5.4.	₩ 25,000						
공 급 내 역							
월/일	품명	수량	단가	금액			
5/4	수리비			25,000			
합 계	₩ 25,000						
위 금액을 (영수)(청구)함							

④ 증빙에 의한 전표입력

서울특별시	**차량 취득세 (전액)**	납부(납입) 서	납세자보관용 영수증
납 세 자	(주)돌체커피차		
주 소	서울특별시 서대문구 충정로7길 31 (충정로2가)		
납 세 번 호	기관번호 1100910　세목 10101502　납세년월기 2024051　과세번호 0002090		

과세내역	차번	26사5104	년식	2024
	목적	신규등록(일반등록)	특례	세율특례없음
	차명	제네시스		
	차종	승용자동차	세율	70/1000

과 세 표 준 액　45,320,000

세 목	납 부 세 액	납부할 세액 합계
취 득 세	3,172,400	
가 산 세	0	3,172,400 원
지 방 교 육 세	0	
농어촌특별세	0	신고납부기한
합 계 세 액	3,172,400	2024.5.15.까지

전용계좌로도 편리하게 납부!!

우리은행	620-441829-64-125
신한은행	563-04433-245814
하나은행	117-865254-74125
국민은행	4205-84-28179245
기업은행	528-774145-58-247

■ 전용계좌 납부안내 (뒷면참조)

지방세법 제6조~22조, 제30조의 규정에 의하여 위와 같이 신고하고 납부 합니다.

담당자		위의 금액을 영수합니다.	수납인
김민수	납부장소 : 전국은행(한국은행제외) 우체국 농협	2024 년 5 월 15 일	

자료설명	영업부에서 사용할 목적으로 구입한 승용차와 관련된 취득세를 신고납부기한일에 현금으로 납부하였다.
수행과제	거래자료를 입력하시오.

⑤ 증빙에 의한 전표입력

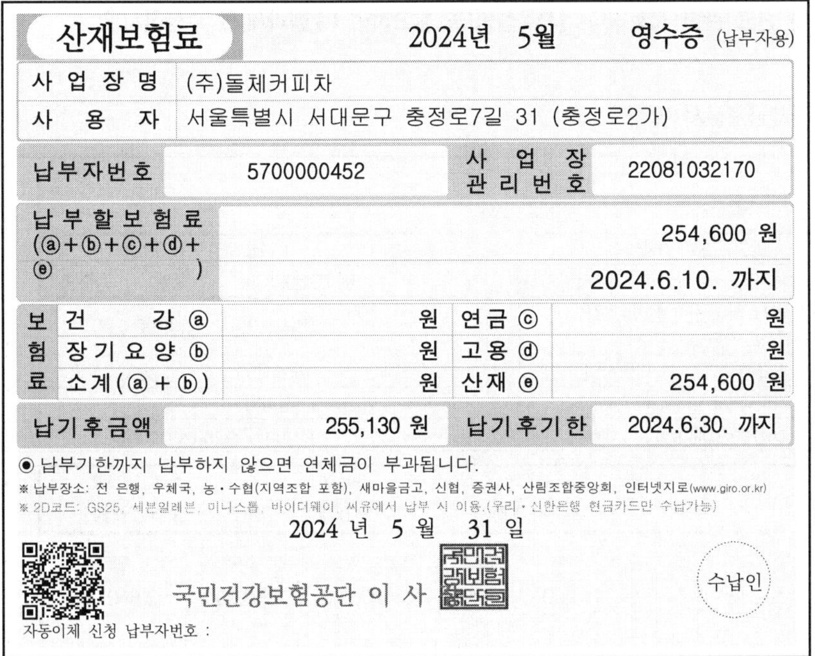

자료설명	영업사원에 대한 5월분 산재보험료를 납부기한일에 우리은행 보통예금 계좌에서 이체하여 납부하였다.
수행과제	거래자료를 입력하시오.(단, '보험료' 계정으로 처리할 것.)

실무수행3 부가가치세 (24점)

부가가치세 신고 관련 자료이다. [자료설명]을 참고하여 [수행과제]를 수행하시오.

① 과세매출자료의 전자세금계산서 발행

<table>
<tr><td colspan="11" style="text-align:center">거래명세서   (공급자 보관용)</td></tr>
<tr><td rowspan="7">공급자</td><td colspan="2">등록번호</td><td colspan="4">220-81-03217</td><td rowspan="7">공급받는자</td><td colspan="2">등록번호</td><td colspan="3">118-81-16082</td></tr>
<tr><td colspan="2">상호</td><td colspan="2">(주)돌체커피차</td><td>성명</td><td>서광언</td><td colspan="2">상호</td><td>(주)프랜드커피</td><td>성명</td><td>김준영</td></tr>
<tr><td colspan="2">사업장 주소</td><td colspan="4">서울특별시 서대문구 충정로7길 31 (충정로2가)</td><td colspan="2">사업장 주소</td><td colspan="3">서울특별시 강남구 강남대로 290</td></tr>
<tr><td colspan="2">업태</td><td colspan="2">도소매업</td><td colspan="2">종사업장번호</td><td colspan="2">업태</td><td>도소매업</td><td colspan="2">종사업장번호</td></tr>
<tr><td colspan="2">종목</td><td colspan="4">커피와 차</td><td colspan="2">종목</td><td colspan="3">커피외</td></tr>
<tr><td colspan="2">E-Mail</td><td colspan="4">coffee@bill36524.com</td><td colspan="2">E-Mail</td><td colspan="3">jun123@naver.com</td></tr>
</table>

거래일자	미수금액	공급가액	세액	총 합계금액
2024.7.10.		3,500,000	350,000	3,850,000

NO	월	일	품목명	규격	수량	단가	공급가액	세액	합계
1	7	10	에스프레소		1,000	3,500	3,500,000	350,000	3,850,000

비 고	전미수액	당일거래총액	입금액	미수액	인수자
		3,850,000	1,000,000	2,850,000	

자료설명	1. 상품을 공급하고 전자세금계산서를 발급 및 전송하였다. 2. 상품 매출 대금 중 1,000,000원은 현금으로 받고, 잔액은 다음달 말일에 받기로 하였다.
수행과제	1. 거래명세서에 의해 매입매출자료를 입력하시오. 2. 전자세금계산서 발행 및 내역관리 를 통하여 발급 및 전송하시오. (전자세금계산서 발급 시 결제내역 및 전송일자는 고려하지 말 것.)

2 매입거래

<table>
<tr><td>

신용카드매출전표

카드종류: 삼성카드
회원번호: 2222 - 4444 - **22 - 1**8
거래일시: 2024.7.18.　14:05:16
거래유형: 신용승인
매　　출: 300,000원
부 가 세: 　30,000원
합　　계: 330,000원
결제방법: 일시불
승인번호: 26785995

가맹점명: (주)일등커피

-이 하 생 략-

</td><td>

자료설명: (주)일등커피에서 상품 (더치커피)을 구입하고 발급받은 신용카드매출전표이다.

수행과제: 거래자료를 입력하시오.

</td></tr>
</table>

3 매입거래

<table>
<tr><td colspan="2">🌐 2024년 7월 청구분　**도시가스요금** 지로영수증(고객용)</td></tr>
<tr><td>

고객번호	3154892						
지로번호	1	3	4	0	5	2	8
고지금액	279,950 원						

</td><td>

납 부 마 감 일	2024.8.31.
미납 금액	0 원
	0 원

</td></tr>
</table>

주소/성명	서울특별시 서대문구 충정로 7 길 31 (충정로 2 가) / (주)돌체커피차		

사용기간	2024.7.1.~2024.7.31.	기 본 요 금	25,000	원
당 월 사용량	금월지침	8,416 m³	사 용 요 금	229,500	원
	전월지침	6,104 m³	계 량 기 교 체 비 용		원
	사용량	2,312 m³	**공 급 가 액**	**254,500**	**원**
사용량 비 교	전월	1,535 m³	**부 　 가 　 세**	**25,450**	**원**
	전년동월	2,931 m³	가 　 산 　 금		원
계량기번호	CD011	정 　 산 　 금 　 액		원
검 침 원 명		고 　 지 　 금 　 액	279,950	원
		공 급 받 는 자 등록번호	220 - 81 - 03217	
		공 급 자 　 등 록 번 호	126 - 81 - 17554	

작성일자　　2024 년 8 월 10 일

※ 본 영수증은 부가가치세법 시행령 53 조 3 항에 따라 발행하는 <u>전자세금계산서</u>입니다.

한국도시가스(주)

<table>
<tr><td>**자료설명**</td><td>1. 회사의 7월분 도시가스요금명세서이다.
2. 작성일자를 기준으로 입력하고 납부마감일에 보통예금통장에서 자동이체 되는 거래의 입력은 생략한다.</td></tr>
<tr><td>**수행과제**</td><td>매입매출자료를 입력하시오.
(전자세금계산서의 발급 및 전송업무는 생략하고 '전자입력'으로 입력할 것.)</td></tr>
</table>

④ 매출거래

<table>
<tr><td colspan="7" align="center">전자계산서</td><td colspan="2" align="center">(공급자 보관용)</td><td colspan="2" align="center">승인번호</td><td></td></tr>
<tr><td rowspan="7" align="center">공급자</td><td colspan="2" align="center">등록번호</td><td colspan="4" align="center">220-81-03217</td><td rowspan="7" align="center">공급받는자</td><td colspan="2" align="center">등록번호</td><td colspan="3" align="center">138-81-15466</td></tr>
<tr><td colspan="2" align="center">상호</td><td colspan="2" align="center">(주)돌체커피차</td><td align="center">성명
(대표자)</td><td align="center">서광언</td><td colspan="2" align="center">상호</td><td align="center">(주)순한차</td><td align="center">성명
(대표자)</td><td align="center">김태선</td></tr>
<tr><td colspan="2" align="center">사업장
주소</td><td colspan="4">서울특별시 서대문구 충정로7길 31 (충정로2가)</td><td colspan="2" align="center">사업장
주소</td><td colspan="3">서울특별시 구로구 구로동로 30</td></tr>
<tr><td colspan="2" align="center">업태</td><td colspan="2" align="center">도소매업</td><td colspan="2" align="center">종사업장번호</td><td colspan="2" align="center">업태</td><td align="center">도소매업</td><td colspan="2" align="center">종사업장번호</td></tr>
<tr><td colspan="2" align="center">종목</td><td colspan="4" align="center">커피와 차</td><td colspan="2" align="center">종목</td><td colspan="3" align="center">잎차</td></tr>
<tr><td colspan="2" align="center">E-Mail</td><td colspan="4" align="center">coffee@bill36524.com</td><td colspan="2" align="center">E-Mail</td><td colspan="3" align="center">soon@naver.com</td></tr>
<tr><td colspan="2" align="center">작성일자</td><td colspan="3" align="center">2024.8.22.</td><td colspan="2" align="center">공급가액</td><td colspan="3" align="center">800,000</td><td align="center">비 고</td><td></td></tr>
<tr><td align="center">월</td><td align="center">일</td><td colspan="3" align="center">품목명</td><td align="center">규격</td><td align="center">수량</td><td align="center">단가</td><td colspan="2" align="center">공급가액</td><td colspan="2" align="center">비고</td></tr>
<tr><td align="center">8</td><td align="center">22</td><td colspan="3" align="center">차잎</td><td></td><td align="center">40</td><td align="center">20,000</td><td colspan="2" align="center">800,000</td><td colspan="2"></td></tr>
<tr><td></td><td></td><td colspan="3"></td><td></td><td></td><td></td><td colspan="2"></td><td colspan="2"></td></tr>
<tr><td></td><td></td><td colspan="3"></td><td></td><td></td><td></td><td colspan="2"></td><td colspan="2"></td></tr>
<tr><td colspan="2" align="center">합계금액</td><td colspan="2" align="center">현금</td><td align="center">수표</td><td colspan="2" align="center">어음</td><td colspan="2" align="center">외상미수금</td><td rowspan="2" align="center">이 금액을</td><td align="center">○ 영수</td><td rowspan="2" align="center">함</td></tr>
<tr><td colspan="2" align="center">800,000</td><td colspan="2"></td><td></td><td colspan="2"></td><td colspan="2"></td><td align="center">○ 청구</td></tr>
</table>

자료설명	면세 상품(차잎)을 판매하고 대금은 하나은행 보통예금 계좌로 입금받았다.
수행과제	매입매출자료를 입력하시오. (전자계산서 거래는 '전자입력'으로 입력할 것.)

⑤ 매입거래

<table>
<tr><td colspan="8">전자세금계산서 (공급받는자 보관용)</td><td>승인번호</td><td></td></tr>
</table>

공급자	등록번호	119 - 81 - 14210			공급받는자	등록번호	220 - 81 - 03217		
	상호	(주)행복컴퓨터	성명(대표자)	이행복		상호	(주)돌체커피차	성명(대표자)	서광언
	사업장주소	서울특별시 관악구 관악로12길 104 (봉천동)				사업장주소	서울특별시 서대문구 충정로7길 31 (충정로2가)		
	업태	도소매업		종사업장번호		업태	도소매업		종사업장번호
	종목	전자제품				종목	커피와 차		
	E - Mail	happy@bill36524.com				E - Mail	coffee@bill36524.com		

작성일자	2024.9.13.	공급가액	1,700,000	세 액	170,000
비고					

월	일	품목명	규격	수량	단가	공급가액	세액	비고
9	13	노트북		1	1,700,000	1,700,000	170,000	

합계금액	현금	수표	어음	외상미수금	이 금액을	○ 영수 ● 청구	함
1,870,000				1,870,000			

자료설명	상품매출 거래처 확장이전 선물로 제공할 노트북을 외상으로 구입하였다.
수행과제	매입매출 자료를 입력하시오. (전자세금계산서 거래는 '전자입력'으로 입력할 것.)

⑥ 부가가치세신고서에 의한 회계처리

■ 보통예금(국민은행) 거래내역

번호	거래일	내 용	찾으신금액	맡기신금액	잔 액	거래점
		계좌번호 096 - 24 - 0094 - 123　(주)돌체커피차				
1	2024 - 8 - 23	서대문세무서		380,000	***	***

자료설명	제1기 부가가치세 확정신고와 관련된 부가가치세 환급세액이 국민은행 보통예금 계좌로 입금되었다.
수행과제	6월 30일에 입력된 일반전표를 참고하여 환급세액에 대한 회계처리를 하시오. (단, 거래처 코드를 입력할 것.)

실무수행4 **결산 (8점)**

[결산자료]를 참고하여 결산을 수행하시오.(단, 제시된 자료 이외의 자료는 없다고 가정함.)

1️⃣ 수동결산 및 자동결산

자료설명	1. 장기대여금에 대한 미수이자 400,000원을 계상하다. 2. 기말상품재고액은 50,000,000원이다. 3. 이익잉여금처분계산서 처분 확정(예정)일 　- 당기분: 2025년 2월 26일 　- 전기분: 2024년 2월 26일
수행과제	1. 수동결산 또는 자동결산 메뉴를 이용하여 결산을 완료하시오. 2. 12월 31일을 기준으로 '손익계산서 → 이익잉여금처분계산서 → 재무상태표'를 순서대로 조회 작성하시오. 　(단, 이익잉여금처분계산서 조회 작성 시 '저장된 데이터 불러오기' → '아니오' 선택 → 상단부의 '전표추가'를 이용하여 '손익대체분개'를 수행할 것.)

평가문제 실무수행평가 (62점)

입력자료 및 회계정보를 조회하여 [평가문제]의 답안을 입력하시오.

평가문제 답안입력 유의사항

❶ 답안은 지정된 단위의 숫자로만 입력해 주십시오.

 * 한글 등 문자 금지

	정답	오답(예)
(1) **금액은 원 단위로 숫자를 입력**하되, 천 단위 콤마(,)는 생략 가능합니다.	1,245,000 1245000	1.245.000 1,245,000원 1,245,0000 12,45,000 1,245천원
(1-1) 답이 0원인 경우 반드시 "0" 입력 (1-2) 답이 음수(-)인 경우 숫자 앞에 " - " 입력 (1-3) 답이 소수인 경우 반드시 " . " 입력		
(2) 질문에 대한 **답안은 숫자로만 입력**하세요.	4	04 4건/매/명 04건/매/명
(3) **거래처 코드번호는 5자리 숫자로 입력**하세요.	00101	101 00101번

❷ 답안에 천원단위(000) 입력시 더존 프로그램 숫자 입력 방법과 다르게 숫자키패드 '+' 기능은 지원되지 않습니다.

❸ 더존 프로그램에서 조회되는 자료를 복사하여 붙여넣기가 가능합니다.

❹ 수행과제를 올바르게 입력하지 않고 작성한 답과 모범답안이 다른 경우 오답처리 됩니다.

번호	평가 문제	배점
11	**평가문제 [거래처등록 조회]** 일반거래처 '10087.(주)파스구치'의 [거래처등록] 관련 내용으로 옳지 않은 것은? ① 사업자등록번호는 '211 – 86 – 14336'이다. ② 대표자성명은 '이은수'이다. ③ 업태는 '제조, 도매'이고, 종목은 '커피외'이다. ④ 담당자메일주소는 jun@naver.com이다.	4
12	**평가문제 [현금출납장 조회]** 5월 한달 동안 '현금'의 출금 금액은 얼마인가?	3
13	**평가문제 [일/월계표 조회]** 9월 한달 동안 발생한 '접대비' 금액은 얼마인가?	3
14	**평가문제 [거래처원장 조회]** 7월 말 '251.외상매입금'의 거래처별 잔액으로 옳지 않은 것은? ① 00125.(주)세계커피 11,300,000원 ② 00133.(주)우주커피 19,000,000원 ③ 00156.(주)순한차 19,000,000원 ④ 99600.삼성카드 10,000,000원	3
15	**평가문제 [거래처원장 조회]** 7월 말 (주)프랜드커피(코드: 00260)의 '108.외상매출금' 잔액은 얼마인가?	3
16	**평가문제 [거래처원장 조회]** 9월 말 '253.미지급금' 잔액이 가장 적은 거래처의 코드번호를 입력하시오.	4
17	**평가문제 [재무상태표 조회]** 12월 말 '당좌자산'의 계정별 잔액이 옳지 않은 것은? ① 미수수익 600,000원 ② 미수금 300,000원 ③ 선급금 3,700,000원 ④ 선급비용 1,440,000원	3
18	**평가문제 [재무상태표 조회]** 12월 말 '단기차입금' 잔액은 얼마인가?	3
19	**평가문제 [재무상태표 조회]** 12월 말 '유형자산'의 잔액은 얼마인가?	4
20	**평가문제 [재무상태표 조회]** 12월 말 '이월이익잉여금(미처분이익잉여금)' 잔액은 얼마인가? ① 219,658,260원 ② 320,658,260원 ③ 379,616,260원 ④ 479,616,260원	2

번호	평가 문제	배점
21	**평가문제 [손익계산서 조회]** 당기에 발생한 '상품매출' 금액은 얼마인가?	3
22	**평가문제 [손익계산서 조회]** 당기에 발생한 '상품매출원가' 금액은 얼마인가?	2
23	**평가문제 [손익계산서 조회]** 당기에 발생한 '판매비와관리비'의 계정별 금액으로 옳지 않은 것은? ① 수도광열비　6,139,020원　　② 세금과공과금　905,000원 ③ 수선비　7,391,000원　　④ 보험료　7,366,000원	3
24	**평가문제 [손익계산서 조회]** 당기에 발생한 '영업외비용' 금액은 얼마인가?	2
25	**평가문제 [영수증수취명세서 조회]** [영수증수취명세서(1)]에 작성된 '12.명세서제출 대상' 금액은 얼마인가?	3
26	**평가문제 [예적금현황 조회]** 8월 말 은행별 예금 잔액으로 옳은 것은? ① 국민은행(보통)　22,260,000원　　② 신한은행(보통)　20,000,000원 ③ 하나은행(보통)　19,560,000원　　④ 우리은행(보통)　2,067,000원	3
27	**평가문제 [부가가치세신고서 조회]** 제2기 예정 신고기간 부가가치세신고서의 '그밖의공제매입세액(14란)_신용매출전표수취/일반(41란)'의 세액은 얼마인가?	4
28	**평가문제 [부가가치세신고서 조회]** 제2기 예정 신고기간 부가가치세신고서의 '매입세액_공제받지못할매입세액(16란)의 세액은 얼마인가?	3
29	**평가문제 [세금계산서합계표 조회]** 제2기 예정 신고기간의 매출 전자세금계산서 매수는 몇 매인가?	3
30	**평가문제 [계산서합계표 조회]** 제2기 예정 신고기간의 매출 전자계산서 공급가액 합계는 얼마인가?	4
총 점		**62**

평가문제 회계정보분석 (8점)

회계정보를 조회하여 [회계정보분석] 답안을 입력하시오

31. 재무상태표 조회 (4점)

당좌비율이란, 유동부채에 대한 당좌자산의 비율로 재고자산을 제외시킴으로써 단기채무에 대한 기업의 지급능력을 파악하는데 유동비율 보다 더욱 정확한 지표로 사용되고 있다. 전기 당좌비율을 계산하면 얼마인가?(단, 소숫점 이하는 버림 할 것.)

$$당좌비율(\%) = \frac{당좌자산}{유동부채} \times 100$$

① 23% ② 83%

③ 422% ④ 462%

32. 손익계산서 조회 (4점)

매출총이익률은 매출로부터 얼마의 이익을 얻느냐를 나타내는 비율로 높을수록 판매, 매입활동이 양호한 편이다. 전기 매출총이익률은 얼마인가?(단, 소수점 이하는 버림할 것.)

$$매출총이익률(\%) = \frac{매출총이익}{매출액} \times 100$$

① 42% ② 48%

③ 233% ④ 248%

제64회 FAT 1급 기출문제

㈜국제우산 (코드번호:3264)

▌ 실무이론평가 ▌

1. 다음 중 회계추정의 변경으로 볼 수 없는 경우는?

① 재고자산의 진부화에 대한 판단의 변경

② 감가상각자산의 내용연수 변경

③ 재고자산평가방법의 변경

④ 대손추정율의 변경

2. 다음 중 재무제표의 작성에 대한 설명으로 옳지 않은 것은?

① 자산과 부채는 총액으로 표시하는 것이 원칙이다.

② 자산은 유동자산과 비유동자산으로 분류한다.

③ 기타포괄손익누계액은 손익계산서 항목이다.

④ 현금흐름표는 영업활동, 투자활동 및 재무활동으로 인한 현금흐름으로 구분하여 표시한다.

3. 다음 자료를 토대로 (주)한공의 2024년 12월 31일의 매출채권 금액을 계산하면 얼마인가?

• 기초 매출채권	500,000원
• 2024년 중 매출채권 회수액	1,100,000원
• 2024년 매출액	1,500,000원 (현금매출액 300,000원)

① 300,000원   ② 400,000원

③ 500,000원   ④ 600,000원

4. 다음은 유형자산에 대한 대화내용이다. 올바르게 말한 사람은?

> • 영희 : 기계장치를 설치하여 시운전한 비용은 기계장치의 원가에 포함해야 해.
> • 지소 : 기계장치 수선유지비는 기계장치 원가에 포함하는 것이 맞아.
> • 병국 : 창고용 건물 취득세와 취득관련 중개인 수수료는 비용으로 처리하는 것이 맞아.
> • 주영 : 주차장으로 사용할 토지의 토지 정리비용은 토지의 원가에 포함해야 해.

① 영희, 지소　　　　　　　　② 영희, 주영
③ 지소, 병국　　　　　　　　④ 병국, 주영

5. 다음 자료를 토대로 상품의 6월 매출총이익을 계산하면 얼마인가?

> • 6월 매출액: 300개 × 250원 = 75,000원
> • 재고자산평가방법: 선입선출법
> • 6월 상품재고장

날짜	적요	입 고			출고
		수량	단가(원)	금액(원)	수량
6/ 1	전월이월	200	150	30,000	
6/15	매입	300	200	60,000	
6/25	매출				300

① 15,000원　　　　　　　　② 25,000원
③ 35,000원　　　　　　　　④ 40,000원

6. 다음 중 자본에 대한 설명으로 옳지 않은 것은?

① 보통주자본금은 액면금액에 발행주식수를 곱한 금액이다.
② 매도가능증권평가손익은 기타포괄손익누계액으로 표시한다.
③ 자본은 기업의 자산에서 부채를 차감한 후의 잔여지분을 나타낸다.
④ 주식을 액면금액 이상으로 발행할 경우 액면금액을 초과하는 금액은 이익잉여금으로 표시한다.

7. (주)한공의 손익계산서 일부와 관련 추가 자료이다. 다음 자료를 토대로 계산한 (가)의 금액은 얼마인가?

손익계산서

(주)한공 2024년 1월 1일부터 2024년 12월 31일까지 (단위: 원)

과 목	제4(당)기	
매 출 액		6,000,000
매 출 원 가		×××
기 초 상 품 재 고 액	800,000	
당 기 상 품 매 입 액	3,000,000	
기 말 상 품 재 고 액	200,000	
매 출 총 이 익		×××
판 매 비 와 관 리 비		×××
⋮	⋮	
영 업 이 익		(가)

[당기 비용의 추가 자료]

• 급여	600,000원	• 기부금	20,000원
• 접대비	80,000원	• 세금과공과	50,000원

① 1,620,000원 ② 1,650,000원

③ 1,670,000원 ④ 1,720,000원

8. 다음 중 부가가치세 신고에 관한 설명으로 옳은 것은?

① 폐업한 경우 폐업일이 속하는 달의 다음 달 말일까지 신고하여야 한다.

② 확정신고를 하는 경우 예정신고 시 신고한 과세표준도 포함하여 신고하여야 한다.

③ 신고기한까지 과세표준 및 세액을 신고하지 않는 경우 과소신고 가산세가 부과된다.

④ 주사업장 총괄납부 사업자는 납부와 환급만 주된 사업장에서 하므로 신고는 각 사업장별로 하여야 한다.

9. 다음의 자료를 토대로 부가가치세 납부세액을 계산하면 얼마인가? 단, 제시된 금액에는 부가가치세가 포함되지 않았고 세금계산서를 적법하게 발급 또는 수취하였다.

• 현금매출	18,000,000원	• 외상매출	20,000,000원
• 상품 매입액	12,000,000원	• 접대비지출액	5,000,000원

① 800,000원
③ 2,100,000원
② 1,500,000원
④ 2,600,000원

10. 다음 중 부가가치세의 납부세액을 계산할 때 공제받을 수 있는 매입세액은?

① 업무와 관련이 없는 지출에 대한 매입세액
② 면세사업 관련 매입세액
③ 운수업의 영업용 차량 매입세액
④ 토지의 취득 관련 매입세액

▌ 실무수행평가 ▌

(주)국제우산(회사코드 3164)은 우산 등을 도 · 소매하는 법인으로 회계기간은 제7기(2024.1.1. ~ 2024.12.31.)이다. 제시된 자료와 [자료설명]을 참고하여 [수행과제]를 완료하고 [평가문제]의 물음에 답하시오.

실무수행 유의사항	1. 부가가치세 관련거래는 [매입매출전표입력]메뉴에 입력하고, 부가가치세 관련 없는 거래는 [일반전표입력]메뉴에 입력한다. 2. 타계정 대체액과 관련된 적요는 반드시 코드를 입력하여야 한다. 3. 채권 · 채무, 예금거래 등 관리대상 거래자료에 대하여는 반드시 거래처코드를 입력한다. 4. 자금관리 등 추가 작업이 필요한 경우 문제의 요구에 따라 추가 작업하여야 한다. 5. 판매비와관리비는 800번대 계정코드를 사용한다. 6. 등록된 계정과목 중 가장 적절한 계정과목을 선택한다.

실무수행1 **기초정보관리의 이해**

　　　회계관련 기초정보는 입력되어 있다. [자료설명]을 참고하여 [수행과제]를 수행하시오.

① 사업자등록증에 의한 회사등록 수정

<table>
<tr><td>

사 업 자 등 록 증
(법인사업자)
등록번호: 110 - 87 - 03213

상　　　　　　　호: (주)국제우산
대　표　자　명: 이준서
개 업 년 월 일: 2018년 10월 2일
법인등록번호: 110111 - 0634752
사업장　소재지: 서울특별시 서대문구 충정로7길 12
　　　　　　　　(충정로2가)
사 업 의 종 류: [업태] 도소매업　[종목] 우산 외
교 부 사 유: 정정
사업자단위과세 적용사업자여부: 여(　) 부(√)
전자세금계산서 전용 메일주소: korea@bill36524.com

2024년 1월 5일
서대문 세무서장 (인)

</td>
<td>

자료설명

(주)국제우산의 사업장주소와 담당자메일주소가 변경되어 사업자등록증을 재교부 받았다.

수행과제

사업자등록증의 변경내용을 확인하여 사업장주소와 담당자메일주소를 수정하시오.

</td></tr>
</table>

② 거래처별초기이월 등록 및 수정

주.임.종.단기채권 명세서

거래처명		적 요	금 액	비 고
00123	정선아	자녀 학자금 대출	5,000,000원	상환일: 2025.2.25.
00234	구재은	자녀 학자금 대출	3,000,000원	상환일: 2025.4.25.
07001	백장섭	일시 사용자금 대출	4,000,000원	상환일: 2025.5.25.
합계			12,000,000원	

자료설명	회사는 직원 대출금에 대한 주.임.종.단기채권을 종업원별로 관리하고 있다.
수행과제	거래처별 초기이월사항을 입력하시오.

실무수행2 거래자료 입력

실무프로세스 자료이다. [자료설명]을 참고하여 [수행과제]를 수행하시오.

① 3만원초과 거래자료 입력

<table>
<tr><td colspan="5" align="center">영 수 증 (공급받는자용)</td><td rowspan="2">자료설명</td><td>사무실 컴퓨터를 수리하고 대금은 현금으로 지급하였다. 회사는 이 거래가 지출증명서류 미수취가산세 대상인지를 검토하려고 한다.</td></tr>
</table>

NO		(주)국제우상		귀하

공급자	사업자등록번호	603-81-16391		
	상 호	(주)금화서비스	성명	이현진
	사업장소재지	서울특별시 강남구 역삼로 111		
	업 태	서비스업	종목	종합수리

작성일자	공급대가총액	비고
2024.3.3.	55,000	

공 급 내 역				
월/일	품명	수량	단가	금액
3/3	컴퓨터 수리			55,000
합 계	₩55,000			
위 금액을 (영수)(청구)함				

자료설명: 사무실 컴퓨터를 수리하고 대금은 현금으로 지급하였다. 회사는 이 거래가 지출증명서류 미수취가산세 대상인지를 검토하려고 한다.

수행과제:
1. 거래자료를 입력하시오.
   (단, '수익적지출'로 처리할 것.)
2. 영수증수취명세서 (2)와 (1)서식을 작성하시오.

2 기타 일반거래

■ 보통예금(국민은행) 거래내역

번호	거래일	내　용	찾으신금액	맡기신금액	잔　액	거래점
		764502 - 01 - 047720　(주)국제우산				
1	2024 - 03 - 07	계약금	2,000,000		***	***

자료설명	(주)무지개우산에서 상품을 구입하기로 하고, 계약금 2,000,000원을 국민은행 보통예금 계좌에서 이체하여 지급하였다.
수행과제	거래자료를 입력하시오.

3 증빙에 의한 전표입력

<table>
<tr><td colspan="2" align="center">신용카드매출전표</td></tr>
<tr><td colspan="2">가 맹 점 명　서영중식 (02)345 - 8766
사업자번호　130 - 42 - 35528
대 표 자 명　이서영
주　　　소　서울특별시 서대문구 간호대로 12 - 6</td></tr>
<tr><td colspan="2">우 리 카 드　　　　　　　　　　　신용승인
거 래 일 시　　　2024 - 04 - 10　20:08:04
카 드 번 호　　　8844 - 2211 - **** - 49**
유 효 기 간　　　　　　　　　　　　　**/**
가 맹 점 번 호　　　　　　　　　　87687393
매 입 사　　　　　신한카드(전자서명전표)</td></tr>
<tr><td colspan="2">공 급 가 액　　　　　　　　　300,000원
부 가 가 치 세　　　　　　　　30,000원
합　　　계　　　　　　　　　330,000원</td></tr>
<tr><td colspan="2" align="center">20240410/10062411/00046160</td></tr>
</table>

자료설명	매출거래처 직원과 식사를 하고 대금을 결제한 후 받은 신용카드 매출전표이다.
수행과제	거래자료를 입력하시오.

4 기타 일반거래

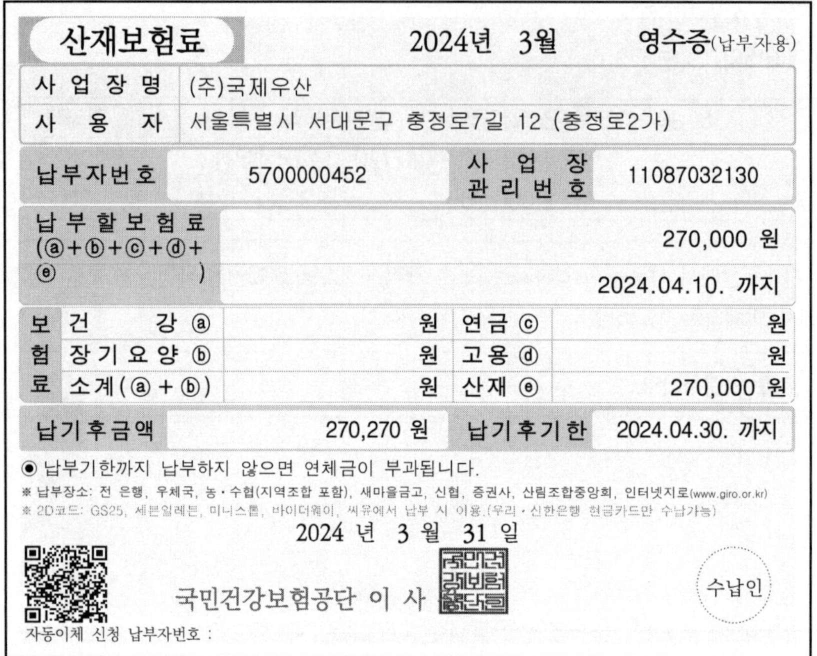

자료설명	[4월 28일] 3월분 산재보험료 270,000원과 연체금 270원을 기업은행 보통예금 계좌에서 이체하여 납부하였다.
수행과제	거래자료를 입력하시오. (단, 산재보험료는 '보험료', 연체금은 '세금과공과금'으로 처리할 것.)

⑤ 약속어음의 할인

자료 1.

전 자 어 음

(주)국제우산 귀하   00420240320987654321

금 일천육백오십만원정   <u>16,500,000원</u>

위의 금액을 귀하 또는 귀하의 지시인에게 지급하겠습니다.

지급기일 2024년 6월 20일   **발행일** 2024년 3월 20일
지 급 지 국민은행   **발행지**
지급장소 양천지점   **주 소** 서울특별시 양천구 공항대로 530
                          발행인 (주)순양유통

자료 2. 당좌예금(국민은행) 거래내역

		내 용	찾으신금액	맡기신금액	잔 액	거래점
번호	거래일	계좌번호 112 – 088 – 123123 (주)국제우산				
1	2024 – 05 – 18	어음할인		16,335,000	***	***

자료설명	[5월 18일] (주)순양유통에서 받아 보관 중인 전자어음을 국민은행 서대문지점에서 할인받고, 할인료 165,000원을 차감한 잔액을 국민은행 당좌예금 계좌로 입금받았다.
수행과제	1. 거래자료를 입력하시오.(매각거래로 처리할 것.) 2. 자금관련 정보를 입력하여 받을어음현황에 반영하시오. (할인기관은 '국민은행(당좌)'으로 할 것.)

실무수행3 부가가치세

부가가치세 신고 관련 자료이다. [자료설명]을 참고하여 [수행과제]를 수행하시오.

1 과세매출자료의 전자세금계산서 발행

<table>
<tr><td colspan="9" align="center">거래명세서 (공급자 보관용)</td></tr>
<tr><td rowspan="5">공
급
자</td><td>등록번호</td><td colspan="3">110-87-03213</td><td rowspan="5">공
급
받
는
자</td><td>등록번호</td><td colspan="3">119-81-02126</td></tr>
<tr><td>상호</td><td>(주)국제우산</td><td>성명</td><td>이준서</td><td>상호</td><td>(주)지성마트</td><td>성명</td><td>김지성</td></tr>
<tr><td>사업장
주소</td><td colspan="3">서울특별시 서대문구 충정로7길 12
(충정로2가)</td><td>사업장
주소</td><td colspan="3">서울특별시 강남구 강남대로 314
(역삼동, 서우빌딩)</td></tr>
<tr><td>업태</td><td colspan="2">도소매업</td><td>종사업장번호</td><td>업태</td><td colspan="2">도소매업</td><td>종사업장번호</td></tr>
<tr><td>종목</td><td colspan="2">우산 외</td><td></td><td>종목</td><td colspan="2">생활용품</td><td></td></tr>
</table>

거래일자	미수금액	공급가액	세액	총 합계금액
2024.7.7.		5,000,000	500,000	5,500,000

NO	월	일	품목명	규격	수량	단가	공급가액	세액	합계
1	7	7	3단우산		1,000	5,000	5,000,000	500,000	5,500,000

자료설명	1. 상품을 판매하면서 발급한 거래명세서이다. 2. 계약금을 제외한 대금 잔액은 하나은행 보통예금 계좌로 입금받았다.
수행과제	1. 7월 5일 거래를 참고하여 매입매출자료를 입력하시오. 2. 전자세금계산서 발행 및 내역관리 를 통하여 발급 및 전송하시오. (전자세금계산서 발급 시 결제내역 및 전송일자는 고려하지 말 것.)

2 매입거래

<table>
<tr><td colspan="6" align="center">전자계산서</td><td colspan="2">(공급받는자 보관용)</td><td>승인번호</td><td></td></tr>
<tr><td rowspan="6">공급자</td><td>등록번호</td><td colspan="3">142 - 36 - 15766</td><td rowspan="6">공급받는자</td><td>등록번호</td><td colspan="3">110 - 87 - 03213</td></tr>
<tr><td>상호</td><td>미래서점</td><td>성명
(대표자)</td><td>김주은</td><td>상호</td><td>(주)국제우산</td><td>성명
(대표자)</td><td>이준서</td></tr>
<tr><td>사업장
주소</td><td colspan="3">서울특별시 서대문구 독립문공원길99
(현저동)</td><td>사업장
주소</td><td colspan="3">서울특별시 서대문구 충정로7길 12
(충정로2가)</td></tr>
<tr><td>업태</td><td>도소매업</td><td colspan="2">종사업장번호</td><td>업태</td><td>도소매업</td><td colspan="2">종사업장번호</td></tr>
<tr><td>종목</td><td colspan="3">책, 잡화</td><td>종목</td><td colspan="3">우산 외</td></tr>
<tr><td>E - Mail</td><td colspan="3">jooeun@naver.com</td><td>E - Mail</td><td colspan="3">korea@bill36524.com</td></tr>
<tr><td>작성일자</td><td colspan="3">2024.8.4.</td><td>공급가액</td><td colspan="2">75,000</td><td>비 고</td><td></td></tr>
<tr><td>월</td><td>일</td><td colspan="2">품목명</td><td>규격</td><td>수량</td><td>단가</td><td>공급가액</td><td colspan="2">비고</td></tr>
<tr><td>8</td><td>4</td><td colspan="2">매출 텐션업</td><td></td><td>5</td><td>15,000</td><td>75,000</td><td colspan="2"></td></tr>
<tr><td></td><td></td><td colspan="2"></td><td></td><td></td><td></td><td></td><td colspan="2"></td></tr>
<tr><td></td><td></td><td colspan="2"></td><td></td><td></td><td></td><td></td><td colspan="2"></td></tr>
<tr><td></td><td></td><td colspan="2"></td><td></td><td></td><td></td><td></td><td colspan="2"></td></tr>
<tr><td colspan="2">합계금액</td><td>현금</td><td>수표</td><td colspan="2">어음</td><td>외상미수금</td><td rowspan="2">이 금액을</td><td>○ 영수</td><td rowspan="2">함</td></tr>
<tr><td colspan="2">75,000</td><td></td><td></td><td colspan="2"></td><td>75,000</td><td>● 청구</td></tr>
</table>

자료설명	영업부 업무관련 도서를 외상으로 구입하고 발급받은 전자계산서이다.
수행과제	매입매출자료를 입력하시오. (전자계산서 거래는 '전자입력'으로 입력할 것.)

3 매출거래

<table>
<tr><td>

신용카드매출전표

카 드 종 류: 국민카드
회 원 번 호: 1007 - 0321 - **11 - 9**0
거 래 일 시: 2024.09.12. 15:05:16
거 래 유 형: 신용승인
매   출: 2,000,000원
부 가 세: 200,000원
합   계: 2,200,000원
결 제 방 법: 일시불
가맹점번호: 03211007

가맹점명: (주)국제우산

- 이 하 생 략 -

</td><td>자료설명</td><td>(주)지영아트에 신상품(자전거용 우산)을 판매하고 발급한 신용카드매출전표이다.</td></tr>
<tr><td></td><td>수행과제</td><td>매입매출자료를 입력하시오.</td></tr>
</table>

④ 매입거래

<table>
<tr><td>

신용카드매출전표

카드종류: 기업카드
회원번호: 5123 - 1**4 - 0211 - 65**
거래일시: 2024.10.02. 11:11:54
거래유형: 신용승인
매　　출: 240,000원
부 가 세:　24,000원
합　　계: 264,000원
결제방법: 일시불
승인번호: 32232154
은행확인: 기업은행

가맹점명: (주)수아기프트(220 - 81 - 12375)

－ 이 하 생 략 －

</td><td>**자료설명**</td><td>본사 직원에게 배부할 창립기념일 선물(텀블러)을 구입하고 법인 신용카드로 결제하였다.</td></tr>
<tr><td></td><td>**수행과제**</td><td>매입매출자료를 입력하시오.</td></tr>
</table>

⑤ 매입거래

전자세금계산서 (공급받는자 보관용)　　승인번호

공급자					공급받는자				
등록번호	212 - 81 - 16327				등록번호	110 - 87 - 03213			
상호	(주)법무법인 바른	성명(대표자)	이나경		상호	(주)국제우산	성명(대표자)	이준서	
사업장주소	서울특별시 강남구 강남대로 255 (도곡동)				사업장주소	서울특별시 서대문구 충정로7길 12 (충정로2가)			
업태	서비스업	종사업장번호			업태	도소매업	종사업장번호		
종목	법률자문				종목	우산 외			
E - Mail	nakyung@bill36524.com				E - Mail	korea@bill36524.com			

작성일자	2024.11.7.	공급가액	900,000	세 액	90,000
비고					

월	일	품목명	규격	수량	단가	공급가액	세액	비고
11	7	등기대행 수수료				900,000	90,000	

합계금액	현금	수표	어음	외상미수금	이 금액을	● 영수 / ○ 청구	함
990,000	990,000						

자료설명	상품 보관창고를 건설하기 위해 취득한 토지의 등기대행 수수료에 대한 전자세금계산서를 수취하고 대금은 현금으로 지급하였다.
수행과제	매입매출자료를 입력하시오.('자본적지출'로 처리하고, 전자세금계산서 거래는 '전자입력'으로 입력할 것.)

⑥ 부가가치세신고서에 의한 회계처리

자료설명	제1기 예정 부가가치세 과세기간의 부가가치세 관련 거래자료는 입력되어 있다.
수행과제	제1기 예정 부가가치세신고서를 참고하여 3월 31일 부가가치세 납부세액(환급세액)에 대한 회계처리를 하시오.(단, 납부할 세액은 '미지급세금', 환급받을 세액은 '미수금'으로 회계처리하고, 거래처코드를 입력할 것.)

실무수행4 결산

[결산자료]를 참고하여 결산을 수행하시오.(단, 제시된 자료 이외의 자료는 없다고 가정함.)

① 수동결산 및 자동결산

자료설명	1. 장기차입금에 대한 기간경과분 이자 250,000원을 계상하였다. 2. 기말 상품재고액은 35,000,000원이다. 3. 이익잉여금처분계산서 처분 확정(예정)일 　- 당기분: 2025년 2월 27일 　- 전기분: 2024년 2월 27일
수행과제	1. 수동결산 또는 자동결산 메뉴를 이용하여 결산을 완료하시오. 2. 12월 31일을 기준으로 '손익계산서 → 이익잉여금처분계산서 → 재무상태표'를 순서대로 조회 작성하시오.(단, 이익잉여금처분계산서 조회 작성 시 '저장된 데이터 불러오기' → '아니오' 선택 → '전표추가'를 이용하여 '손익대체분개'를 수행할 것.)

평가문제 실무수행평가 (62점)

입력자료 및 회계정보를 조회하여 [평가문제]의 답안을 입력하시오.

번호	평가 문제	배점
11	**평가문제 [회사등록 조회]** [회사등록] 관련 내용으로 옳지 않은 것은? ① 사업장 세무서는 '서대문'이다. ② 대표자명은 '이준서'이다. ③ 국세환급금이 입금되는 계좌는 '국민은행 서대문지점'이다. ④ 담당자메일주소는 'korea@hanmail.net'이다.	4
12	**평가문제 [거래처원장 조회]** 1월 말 '137.주.임.종단기채권' 계정의 거래처별 잔액이 옳지 않은 것은? ① 00123.정선아 5,000,000원 ② 00234.구재은 3,000,000원 ③ 00775.이재원 2,000,000원 ④ 07001.백장섭 6,000,000원	4
13	**평가문제 [거래처원장 조회]** 12월 말 '253.미지급금' 계정의 거래처별 잔액이 옳은 것은? ① 04008.하늘유통 110,220원 ② 04010.미래서점 175,000원 ③ 99602.기업카드 2,237,180원 ④ 99610.신한카드 290,000원	4
14	**평가문제 [거래처원장 조회]** 9월 말 국민카드(코드: 99601)의 '108.외상매출금' 잔액은 얼마인가?	3
15	**평가문제 [총계정원장 조회]** 3/4분기(7월 ~ 9월) 중 '401.상품매출'이 가장 많이 발생한 달은 몇 월인가?	3
16	**평가문제 [재무상태표 조회]** 12월 말 '현금' 잔액은 얼마인가?	3
17	**평가문제 [재무상태표 조회]** 12월 말 '선급금' 잔액은 얼마인가?	3
18	**평가문제 [재무상태표 조회]** 12월 말 '유형자산'의 잔액은 얼마인가?	3
19	**평가문제 [재무상태표 조회]** 12월 말 '선수금' 잔액은 얼마인가?	2
20	**평가문제 [재무상태표 조회]** 12월 말 '이월이익잉여금(미처분이익잉여금)' 잔액은 얼마인가? ① 350,899,370원 ② 411,283,600원 ③ 491,616,070원 ④ 548,925,600원	2

번호	평가 문제	배점
21	**평가문제 [손익계산서 조회]** 당기에 발생한 '판매비와관리비'의 계정별 금액이 옳지 않은 것은? ① 복리후생비　　15,526,400원　　② 접대비　　　　7,680,500원 ③ 보험료　　　　7,761,000원　　④ 도서인쇄비　　508,000원	4
22	**평가문제 [손익계산서 조회]** 당기에 발생한 '영업외비용'의 계정별 금액이 가장 많은 계정과목의 코드번호를 기입하시오.	2
23	**평가문제 [영수증수취명세서 조회]** '영수증수취명세서(2)'의 3만원 초과 거래내역 중 거래금액이 가장 적은 계정과목의 코드번호를 기입하시오.	3
24	**평가문제 [부가가치세신고서 조회]** 제2기 예정신고기간 부가가치세신고서의 '과세 신용카드.현금영수증(3란)'의 금액은 얼마인가?	3
25	**평가문제 [부가가치세신고서 조회]** 제2기 확정신고기간 부가가치세신고서의 '그밖의공제매입세액(14란) 신용카드매출전표수취/일반(41란)' 금액은 얼마인가?	4
26	**평가문제 [부가가치세신고서 조회]** 제2기 확정신고기간 부가가치세신고서의 '공제받지못할매입세액(16란)'의 세액은 얼마인가?	3
27	**평가문제 [세금계산서합계표 조회]** 제2기 예정신고기간의 전자 매출세금계산서의 매수는 몇 매인가?	2
28	**평가문제 [계산서합계표 조회]** 제2기 예정신고기간의 전자 매입계산서의 공급가액은 얼마인가?	4
29	**평가문제 [예적금현황 조회]** 12월 말 은행별(계좌명) 예금 잔액으로 옳은 것은? ① 국민은행(당좌)　　40,600,000원　　② 국민은행(보통)　　225,156,400원 ③ 기업은행(보통)　　31,585,970원　　④ 하나은행(보통)　　27,000,000원	4
30	**평가문제 [받을어음현황 조회]** 만기일이 2024년에 도래하는 '받을어음' 보유금액은 얼마인가?	2
총 점		**62**

평가문제 회계정보분석 (8점)

회계정보를 조회하여 [회계정보분석] 답안을 입력하시오.

31. 재무상태표 조회 (4점)

유동비율이란 기업의 단기 지급능력을 평가하는 지표이다. 전기 유동비율은 얼마인가?(단, 소숫점 이하는 버림 할 것.)

$$\text{유동비율(\%)} \ = \ \frac{\text{유동자산}}{\text{유동부채}} \times 100$$

① 13% ② 15%
③ 613% ④ 659%

32. 손익계산서 조회 (4점)

이자보상비율은 기업의 채무상환능력을 나타내는 지표이다. 전기분 이자보상비율은 얼마인가?

$$\text{이자보상비율(\%)} \ = \ \frac{\text{영업이익}}{\text{이자비용}} \times 100$$

① 1,007% ② 1,584%
③ 2,210% ④ 3,110%

제65회 FAT 1급 기출문제

㈜샤방가방 (코드번호:3265)

▌ 실무이론평가 ▌

1. 다음 중 재무제표의 표시에 대한 내용을 잘못 설명하고 있는 사람은?

> • 희영 : 재무제표에는 기업명, 보고기간종료일 또는 회계기간, 보고통화 및 금액단위를 기재해야 합니다.
> • 상철 : 자산과 부채는 원칙적으로 상계하여 표시해야 하고 예외적으로 상계하지 않을 수 있습니다.
> • 동연 : 재무제표 이용자에게 오해를 줄 염려가 없는 경ㅇ에는 금액을 천원이나 백만원 단위 등으로 표시할 수 있습니다.
> • 윤우 : 재무제표의 기간별 비교가능성을 높이기 위하여 전기 재무제표의 정보를 당기와 비교하는 형식으로 표시해야 합니다.

① 희영   ② 상철

③ 동연   ④ 윤우

2. 다음 중 매도가능증권에 대한 평가이익이 재무제표에 미치는 영향으로 옳은 것은?

가. 자본의 증가	나. 영업이익의 증가
다. 영업외수익의 증가	라. 기타포괄손익누계액의 증가

① 가, 다   ② 나, 다   ③ 가, 라   ④ 다, 라

3. (주)한공은 연령분석법을 적용하여 매출채권에 대한 대손예상액을 산출하고 있다. 매출채권 연령별 금액이 다음과 같을 때, 결산 후 재무상태표에 표시될 대손충당금은 얼마인가? (결산 전 대손충당금 잔액은 120,000원이다.)

매출채권 연령	금 액	추정대손율
3개월 이내	600,000원	5%
3개월~6개월	300,000원	10%
6개월 초과	200,000원	40%
계	1,100,000원	-

① 20,000원　　　　　　　　　　② 100,000원
③ 120,000원　　　　　　　　　　④ 140,000원

4. 다음은 직원이 제출한 출장완료 보고서의 일부이다. 해당 보고서상 사용내역을 회계처리 할 때 나타나는 계정과목이 아닌 것은?

출장완료 보고서

1. 출장목적 : 대구지사와 매출거래처 방문
2. 출장기간 : 2024년 7월 6일부터 2024년 7월 8일까지
3. 사용내역

(단위: 원)

구 분	운 임	숙박비	직원 회식대	매출거래처 선물대	계
금 액	100,000	150,000	300,000	50,000	600,000

① 여비교통비　　　　　　　　　　② 기부금
③ 복리후생비　　　　　　　　　　④ 접대비

5. 다음 자료를 토대로 기말상품재고액을 계산하면 얼마인가?

• 순매출액	5,000,000원	• 기초상품재고액	500,000원
• 순매입액	4,000,000원	• 매출총이익	800,000원

① 200,000원　　　　　　　　　　② 300,000원
③ 500,000원　　　　　　　　　　④ 700,000원

6. 다음은 (주)한공의 기계장치 관련 자료이다. 2023년과 2024년의 감가상각비는 얼마인가?

• 2023년 1월 1일 기계장치를 10,000,000원에 취득하였다.

• 내용연수는 5년이고, 감가상각은 정률법(상각률 45%)을 적용한다.

	2023년	2024년
①	2,000,000원	2,000,000원
②	3,000,000원	3,500,000원
③	4,500,000원	4,500,000원
④	4,500,000원	2,475,000원

7. 다음 중 당기순이익을 증가시키는 결산정리사항이 아닌 것은?

① 전액 비용으로 처리한 보험료 중 선급분 계상

② 전액 수익으로 인식한 이자수익 중 선수분 계상

③ 기간 경과한 임대료 미수분 계상

④ 전액 비용으로 처리한 소모품비 중 소모품 미사용액 계상

8. 다음 중 부가가치세법상 사업자등록에 대한 설명으로 옳지 않은 것은?

① 사업자는 사업장마다 사업개시일부터 20일 이내에 사업자등록을 신청하는 것이 원칙이다.

② 신규로 사업을 시작하는 경우 사업개시일 이전에는 사업자등록을 신청할 수 없다.

③ 사업자등록은 전국 모든 세무서에서 신청 가능하다.

④ 상호를 변경하는 경우 사업자는 변경사항을 적은 사업자등록 정정신고서를 세무서장에게 제출하여야 한다.

9. 다음 중 부가가치세법상 재화의 공급에 대하여 바르게 설명하고 있는 사람은?

• 영환 : 상품권의 양도는 재화의 공급에 해당해.

• 정민 : 상속세의 물납은 재화의 공급에 해당해.

• 규헌 : 주식의 양도는 재화의 공급에 해당해.

• 정원 : 건물의 현물출자는 재화의 공급에 해당해.
---

① 영환

② 정민

③ 규헌

④ 정원

10. 다음은 제조업을 영위하는 일반과세자 (주)한공의 2024년 제2기 예정신고기간의 매입세액 내역이다. 공제 가능한 매입세액은 얼마인가? 단, 세금계산서는 적법하게 수취하였고, 매입세액을 공제받기 위한 절차를 모두 이행하였다.

가. 원재료 구입 관련 매입세액	5,000,000원
나. 공장부지 조성을 위한 지출 관련 매입세액	500,000원
다. 거래처 접대용품 구입 관련 매입세액	300,000원
라. 종업원 명절선물(과세재화) 구입 관련 매입세액	200,000원

① 5,200,000원　　　　　　② 5,300,000원

③ 5,500,000원　　　　　　④ 6,000,000원

▌ 실무수행평가 ▌

(주)샤방가방(회사코드 3265)은 가방 등을 도·소매하는 법인으로 회계기간은 제6기(2024.1.1. ~ 2024.12.31.)이다. 제시된 자료와 [자료설명]을 참고하여 [수행과제]를 완료하고 [평가문제]의 물음에 답하시오.

실무수행 유의사항	1. 부가가치세 관련거래는 [매입매출전표입력]메뉴에 입력하고, 부가가치세 관련 없는 거래는 [일반전표입력]메뉴에 입력한다. 2. 타계정 대체액과 관련된 적요는 반드시 코드를 입력하여야 한다. 3. 채권·채무, 예금거래 등 관리대상 거래자료에 대하여는 반드시 거래처코드를 입력한다. 4. 자금관리 등 추가 작업이 필요한 경우 문제의 요구에 따라 추가 작업하여야 한다. 5. 판매비와관리비는 800번대 계정코드를 사용한다. 6. 등록된 계정과목 중 가장 적절한 계정과목을 선택한다.

실무수행1 **기초정보관리의 이해**

회계관련 기초정보는 입력되어 있다. [자료설명]을 참고하여 [수행과제]를 수행하시오.

① 사업자등록증에 의한 거래처등록 수정

사 업 자 등 록 증 (법인사업자) 등록번호: 113 – 86 – 35018 상　　　　　호: (주)하늘가방 대 표 자 명: 이승현 개 업 년 월 일: 2010년 5월 3일 법 인 등 록 번 호: 110111 – 0717839 사업장　소재지: 서울특별시 서대문구 충정로7길12 　　　　　　　　(충정로2가) 사 업 의 종 류: 업태 도소매업　종목 가방 교 부 사 유: 정정교부 사업자단위과세 적용사업자여부: 여( )　부(√) 전자세금계산서 전용 메일주소: sky@bill36524.com 2024년 2월 3일 서대문 세무서장 (인) 🏛 국세청	**자료설명** 매출거래처　(주)하늘가방(코드번호: 01007)의 담당자메일주소가 변경되어 사업자등록증을 영업사원으로부터 전달 받았다. **수행과제** 사업자등록증을 참고하여 변경사항을 수정하시오.

② 계정과목추가 및 적요등록 수정

자료설명	회사는 '294.임대보증금' 계정과목을 '294.장기임대보증금'으로 사용하고자 한다.
수행과제	계정과목을 수정하고, 표준재무제표 항목의 표준코드를 등록하시오. (표준코드: 326.장기임대보증금)

실무수행2 거래자료 입력
실무프로세스 자료이다. [자료설명]을 참고하여 [수행과제]를 수행하시오.

① 3만원초과 거래자료 입력

<table>
<tr><td colspan="4" align="center">영 수 증
2024/01/09</td></tr>
<tr><td colspan="4">스마트광고   Tel. (02)222-6110
서울특별시 구로구 디지털로 217 (구로동)
214-12-45123   성명: 심기재</td></tr>
<tr><td>품목</td><td>수량</td><td>단가</td><td>금액</td></tr>
<tr><td>마우스패드</td><td>100</td><td>800</td><td>80,000</td></tr>
<tr><td colspan="4" align="right">합계 : 80,000원</td></tr>
<tr><td colspan="4" align="center">감사합니다.</td></tr>
</table>

자료설명	홍보목적으로 불특정 다수에게 나누어 줄 마우스패드를 구입하고, 대금은 현금으로 지급하였다. 회사는 이 거래가 지출증명서류미수취가산세 대상인지를 검토하려고 한다.
수행과제	1. 거래자료를 입력하시오. 2. 영수증수취명세서(2)와 (1)서식을 작성하시오.

② 증빙에 의한 전표입력

신용카드매출전표

```
가 맹 점 명  (주)도자기천국 (02)512-4451
사업자번호  118-81-12975
대 표 자 명  박 새 벽
주      소  서울특별시 서대문구 간호대로 12-6

삼 성 카 드                        신용승인
거 래 일 시       2024-02-01  19:08:04
카 드 번 호       8449-2210-****-32**
가맹점번호                      45451124
매  입  사           삼성카드(전자서명전표)
품      명                  머그잔 세트(4P)
공 급 가 액                      40,000원
부가가치세                        4,000원
합      계                      44,000원
```

자료설명	매출거래처에 선물할 머그잔 세트를 구입하고 받은 신용카드 매출전표이다.
수행과제	거래자료를 입력하시오.

3 기타 일반거래

자료 1.

<table>
<tr><td colspan="2">고용 보험료</td><td colspan="2">2024년 2월 영수증 (납부자용)</td></tr>
<tr><td>사 업 장 명</td><td colspan="3">(주)샤방가방</td></tr>
<tr><td>사 용 자</td><td colspan="3">서울특별시 강남구 강남대로 252 (도곡동)</td></tr>
<tr><td>납 부 자 번 호</td><td>5700000123</td><td>사 업 장
관리번호</td><td>22081032170</td></tr>
<tr><td>납 부 할 보 험 료
(ⓐ+ⓑ+ⓒ+ⓓ+ⓔ)</td><td colspan="3">270,000 원</td></tr>
<tr><td>납 부 기 한</td><td colspan="3">2024.3.10. 까지</td></tr>
<tr><td rowspan="3">보
험
료</td><td>건 강 ⓐ</td><td>원</td><td>연금 ⓒ</td><td>원</td></tr>
</table>

<table>
<tr><td rowspan="3">보
험
료</td><td>건 강 ⓐ</td><td>원</td><td>연금 ⓒ</td><td>원</td></tr>
<tr><td>장 기 요 양 ⓑ</td><td></td><td>고용 ⓓ</td><td>270,000원</td></tr>
<tr><td>소계(ⓐ+ⓑ)</td><td>270,000 원</td><td>산재 ⓔ</td><td>원</td></tr>
<tr><td>납기후금액</td><td>273,500원</td><td>납기후기한</td><td>2024.3.31.까지</td></tr>
</table>

⦿ 납부기한까지 납부하지 않으면 연체금이 부과됩니다.
※ 납부장소 : 전 은행, 우체국, 농·수협(지역조합 포함), 새마을금고, 신협, 증권사, 산림조합중앙회, 인터넷지로(www.giro.or.kr)
※ 2D코드 : GS25, 세븐일레븐, 미니스톱, 바이더웨이, 씨유에서 납부 시 이용.(우리·신한은행 현금카드만 수납가능)

2024년 2월 20일

자료 2. 보통예금(신한은행) 거래내역

번호	거래일	내 용	찾으신금액	맡기신금액	잔 액	거래점
		계좌번호 112-088-654321 (주)샤방가방				
1	2024-03-10	고용보험료	270,000		***	***

자료설명	[3월 10일] 1. 2월 급여 지급분에 대한 고용보험료를 납부기한일에 신한은행 보통예금 계좌에서 이체하여 납부하였다. 2. 고용보험료 중 135,000원은 급여 지급 시 원천징수한 금액이며, 135,000원은 회사부담분이다. 3. 당사는 회사부담분을 '복리후생비'로 처리하고 있다.
수행과제	거래자료를 입력하시오.

④ 약속어음의 수취거래

자료 1.

전 자 어 음

(주)샤방가방 귀하　　　　　　　　　　00420240410123456789

금　삼천만원정　　　　　　　　　　　　　　　30,000,000원

위의 금액을 귀하 또는 귀하의 지시인에게 지급하겠습니다.

지급기일　2024년 7월 10일　　　**발행일**　2024년 4월 10일
지 급 지　국민은행　　　　　　　**발행지**
지급장소　강남지점　　　　　　　**주　소**　서울특별시 강남구 강남대로 552
　　　　　　　　　　　　　　　　발행인　(주)제일가방

자료 2. 보통예금(국민은행) 거래내역

번호	거래일	내　용	찾으신금액	맡기신금액	잔　액	거래점
		계좌번호 096 – 25 – 0096 – 751　(주)샤방가방				
1	2024 – 04 – 10	외상대금		3,000,000	***	***

자료설명	[4월 10일] (주)제일가방의 외상매출대금 중 3,000,000원은 국민은행 보통예금 통장으로 입금받고, 나머지 금액은 어음으로 수취하였다.
수행과제	1. 거래자료를 입력하시오. 2. 자금관련정보를 입력하여 받을어음현황에 반영하시오.

⑤ 약속어음의 만기결제

자료 1.

<table>
<tr><td colspan="3" style="text-align:center">전 자 어 음</td></tr>
<tr><td>(주)수연유통 귀하</td><td></td><td>00420240315123456789</td></tr>
<tr><td rowspan="2">금</td><td>일천삼백이십만원</td><td></td></tr>
<tr><td></td><td><u>13,200,000원</u></td></tr>
</table>

위의 금액을 귀하 또는 귀하의 지시인에게 지급하겠습니다.

지급기일	2024년 5월 15일	발행일	2024년 3월 15일
지 급 지	국민은행	발행지	서울특별시 강남구 강남대로
지급장소	강남지점	주 소	252 (도곡동)
		발행인	(주)샤방가방

자료 2. 당좌예금(국민은행) 거래내역

번호	거래일	내 용	찾으신금액	맡기신금액	잔 액	거래점
		계좌번호 096 – 24 – 0094 – 789　(주)샤방가방				
1	2024 – 05 – 15	어음만기	13,200,000		***	***

자료설명	상품 구입대금으로 발행한 어음의 만기일이 도래하여 국민은행 당좌예금 계좌에서 출금되었다.
수행과제	1. 거래자료를 입력하시오. 2. 자금관련정보를 입력하여 지급어음현황에 반영하시오.

실무수행3 부가가치세

부가가치세 신고 관련 자료이다. [자료설명]을 참고하여 [수행과제]를 수행하시오.

① 과세매출자료의 전자세금계산서 발행

<table>
<tr><td colspan="5" rowspan="2">거래명세서</td><td colspan="2">(공급자 보관용)</td><td colspan="4"></td></tr>
<tr><td colspan="6"></td></tr>
<tr><td rowspan="6">공급자</td><td colspan="2">등록번호</td><td colspan="3">220 - 81 - 03217</td><td rowspan="6">공급받는자</td><td colspan="2">등록번호</td><td colspan="3">130 - 81 - 17456</td></tr>
<tr><td colspan="2">상호</td><td>(주)샤방가방</td><td>성명</td><td>이한진</td><td colspan="2">상호</td><td>(주)소라유통</td><td>성명</td><td>이용빈</td></tr>
<tr><td colspan="2">사업장주소</td><td colspan="3">서울특별시 강남구 강남대로 252 (도곡동)</td><td colspan="2">사업장주소</td><td colspan="3">서울특별시 영등포구 63로 36 - 2</td></tr>
<tr><td colspan="2">업태</td><td>도소매업</td><td colspan="2">종사업장번호</td><td colspan="2">업태</td><td>도소매업</td><td colspan="2">종사업장번호</td></tr>
<tr><td colspan="2">종목</td><td>가방외</td><td colspan="2"></td><td colspan="2">종목</td><td>잡화</td><td colspan="2"></td></tr>
</table>

거래일자	미수금액	공급가액	세액	총 합계금액
2024.4.7.		1,296,000	129,600	1,425,600

NO	월	일	품목명	규격	수량	단가	공급가액	세액	합계
1	4	7	남성 백팩		20	64,800	1,296,000	129,600	1,425,600

자료설명	(주)소라유통에 상품을 외상으로 공급하고 발급한 거래명세서이다.
수행과제	1. 매입매출자료를 입력하시오. 2. 전자세금계산서 발행 및 내역관리 를 통하여 발급 및 전송하시오. (전자세금계산서 발급시 결제내역 및 전송일자는 고려하지 말 것.)

2 매출거래

<table>
<tr><td colspan="7" style="text-align:center">전자계산서　(공급자 보관용)</td><td>승인번호</td><td></td></tr>
<tr><td rowspan="7">공
급
자</td><td>등록번호</td><td colspan="4" style="text-align:center">220-81-03217</td><td rowspan="7">공
급
받
는
자</td><td>등록번호</td><td colspan="2" style="text-align:center">214-81-09142</td></tr>
<tr><td>상호</td><td colspan="2">(주)샤방가방</td><td>성명
(대표자)</td><td>이한진</td><td>상호</td><td>(주)슬금비서적</td><td>성명
(대표자)</td><td>박민규</td></tr>
</table>

<table>
<tr><td rowspan="4" style="text-align:center">공
급
자</td><td>등록번호</td><td colspan="3" style="text-align:center">220-81-03217</td><td rowspan="4" style="text-align:center">공
급
받
는
자</td><td>등록번호</td><td colspan="3" style="text-align:center">214-81-09142</td></tr>
<tr><td>상호</td><td>(주)샤방가방</td><td>성명
(대표자)</td><td>이한진</td><td>상호</td><td>(주)슬금비서적</td><td>성명
(대표자)</td><td>박민규</td></tr>
<tr><td>사업장
주소</td><td colspan="3">서울특별시 강남구 강남대로 252
(도곡동)</td><td>사업장
주소</td><td colspan="3">서울특별시 서초구 효령로12길 5</td></tr>
<tr><td>업태</td><td>도소매업</td><td colspan="2">종사업장번호</td><td>업태</td><td>도소매업</td><td colspan="2">종사업장번호</td></tr>
</table>

공급자					공급받는자			
등록번호	220-81-03217				등록번호	214-81-09142		
상호	(주)샤방가방	성명(대표자)	이한진		상호	(주)슬금비서적	성명(대표자)	박민규
사업장주소	서울특별시 강남구 강남대로 252 (도곡동)				사업장주소	서울특별시 서초구 효령로12길 5		
업태	도소매업	종사업장번호			업태	도소매업	종사업장번호	
종목	가방외				종목	책		
E-Mail	gabang@hanmail.net				E-Mail	soorin@naver.com		

작성일자	2024.5.12.	공급가액	1,200,000	비 고	

월	일	품목명	규격	수량	단가	공급가액	비고
5	12	월간 패션		100	12,000	1,200,000	

합계금액	현금	수표	어음	외상미수금	이 금액을	● 영수 / ○ 청구	함
1,200,000		1,200,000					

자료설명	면세상품(잡지)을 판매하고 발급한 전자계산서이며, 대금은 전액 자기앞수표로 받았다.(본 문제에 한하여 과세사업과 면세사업을 겸영한다고 가정할 것.)
수행과제	매입매출자료를 입력하시오. (전자계산서 거래는 '전자입력'으로 입력할 것.)

3 매출거래

```
          신용카드매출전표
------------------------------------
카드종류: 기업카드
회원번호: 5585-3737-****-5**2
거래일시: 2024.05.31. 14:05:16
거래유형: 신용승인
과세금액: 320,000원
부가세  :  32,000원
합    계: 352,000원
결제방법: 일시불
승인번호: 26765397
은행확인: 기업은행
------------------------------------
가맹점명: (주)샤방가방
가맹점번호: 55721112
          - 이 하 생 략 -
```

자료설명	개인소비자(신지희)에게 상품(핸드백)을 판매하고 발급한 신용카드 매출전표이다.
수행과제	매입매출자료를 입력하시오.

4 매입거래

<table>
<tr><td colspan="7" rowspan="2">전자세금계산서</td><td colspan="2">(공급받는자 보관용)</td><td>승인번호</td><td></td></tr>
<tr><td rowspan="6">공급자</td><td>등록번호</td><td colspan="3">602 - 86 - 00004</td><td rowspan="6">공급받는자</td><td>등록번호</td><td colspan="3">220 - 81 - 03217</td></tr>
</table>

공급자	등록번호	602 - 86 - 00004		공급받는자	등록번호	220 - 81 - 03217	
	상호	형제스포츠(주)	성명 (대표자) 박진형		상호	(주)샤방가방	성명 (대표자) 이한진
	사업장 주소	부산광역시 연제구 중앙대로 1028 (연산동)			사업장 주소	서울특별시 강남구 강남대로 252 (도곡동)	
	업태	도소매업	종사업장번호		업태	도소매업	종사업장번호
	종목	스포츠용품			종목	가방외	
	E - Mail	park@naver.com			E - Mail	gabang@hanmail.net	

작성일자	2024.6.8.	공급가액	2,500,000	세 액	250,000
비고					

월	일	품목명	규격	수량	단가	공급가액	세액	비고
6	8	산악자전거		1	2,500,000	2,500,000	250,000	

합계금액	현금	수표	어음	외상미수금	이 금액을	○ 영수 ◉ 청구	함
2,750,000				2,750,000			

자료설명	대표이사(이한진)가 개인 레저용으로 사용할 산악자전거를 외상으로 구입하고 받은 세금계산서이다.(단, '가지급금'으로 처리할 것.)
수행과제	매입매출자료를 입력하시오. (전자세금계산서 거래는 '전자입력'으로 입력할 것.)

5 매출거래

<table>
<tr><td colspan="9" align="center">전자세금계산서 (공급자 보관용)</td><td>승인번호</td><td></td></tr>
<tr><td rowspan="7">공급자</td><td>등록번호</td><td colspan="4">220-81-03217</td><td rowspan="7">공급받는자</td><td>등록번호</td><td colspan="3">211-81-75191</td></tr>
<tr><td>상호</td><td colspan="2">(주)샤방가방</td><td>성명</td><td>이한진</td><td>상호</td><td>(주)남도자동차</td><td>성명
(대표자)</td><td>양승일</td></tr>
<tr><td>사업장
주소</td><td colspan="4">서울특별시 강남구 강남대로 252
(도곡동)</td><td>사업장
주소</td><td colspan="3">서울특별시 강남구 강남대로 246
(도곡동, 다림빌딩)</td></tr>
<tr><td>업태</td><td colspan="2">도소매업</td><td colspan="2">종사업장번호</td><td>업태</td><td>도소매업</td><td colspan="2">종사업장번호</td></tr>
<tr><td>종목</td><td colspan="2">가방외</td><td colspan="2"></td><td>종목</td><td colspan="3">중고차매매</td></tr>
<tr><td>E-Mail</td><td colspan="4">gabang@hanmail.net</td><td>E-Mail</td><td colspan="3">namdo@bill36524.com</td></tr>
</table>

<table>
<tr><td>작성일자</td><td>2024.6.23.</td><td>공급가액</td><td>15,000,000</td><td>세액</td><td>1,500,000</td></tr>
<tr><td>비고</td><td colspan="5"></td></tr>
</table>

월	일	품목명	규격	수량	단가	공급가액	세액	비고
6	23	승용차				15,000,000	1,500,000	

합계금액	현금	수표	어음	외상미수금	이 금액을	○ 영수 ● 청구	함
16,500,000				16,500,000			

<table>
<tr><td rowspan="6">자료설명</td><td>1. 업무에 사용하는 승용차를 매각하고 발급한 전자세금계산서이다.</td></tr>
<tr><td>2. 매각전의 자산내역</td></tr>
<tr><td>

계정과목	자산명	기초가액	감가상각누계액
차량운반구	승용차	20,000,000원	5,000,000원

</td></tr>
<tr><td>3. 매각대금은 말일에 받기로 하였다.(단, 주어진 자료를 이용하고, 매각일까지의 감가상각
비는 고려하지 말 것.)</td></tr>
<tr><td>수행과제</td><td>매입매출자료를 입력하시오.
(전자세금계산서 거래는 '전자입력'으로 입력할 것.)</td></tr>
</table>

⑥ 부가가치세신고서에 의한 회계처리

■ 보통예금(신한은행) 거래내역

번호	거래일	내 용	찾으신금액	맡기신금액	잔 액	거래점
		계좌번호 112 – 088 – 654321 (주)샤방가방				
1	2024 – 04 – 25	역삼세무서	4,918,000		***	***

자료설명	제1기 예정 부가가치세를 신한은행 보통예금 계좌에서 이체하여 납부하였다.
수행과제	3월 31일에 입력된 일반전표를 참고하여 납부세액에 대한 회계처리를 하시오.(단, 거래처 코드를 입력할 것.)

실무수행4 결산

[결산자료]를 참고하여 결산을 수행하시오.(단, 제시된 자료 이외의 자료는 없다고 가정함.)

① 수동결산 및 자동결산

자료설명	1. 기말 현재 장기차입금의 유동성대체를 위한 내역은 다음과 같다. | 항 목	금 액	발생일	만기일	비 고
---	---	---	---	---

장기차입금(국민은행(차입금))	50,000,000원	2023.09.01.	2025.08.31.	만기 일시상환	
					
					2. 기말 상품재고액은 45,000,000원이다.
					3. 이익잉여금처분계산서 처분 확정(예정)일
					  – 당기분: 2025년 2월 27일
					  – 전기분: 2024년 2월 27일

수행과제	1. 수동결산 또는 자동결산 메뉴를 이용하여 결산을 완료하시오. 2. 12월 31일을 기준으로 '손익계산서 → 이익잉여금처분계산서 → 재무상태표'를 순서대로 조회 작성하시오.(단, 이익잉여금처분계산서 조회 작성 시 '저장된 데이터 불러오기' → '아니오' 선택 → '전표추가'를 이용하여 '손익대체분개'를 수행할 것.)

평가문제 실무수행평가 (62점)

입력자료 및 회계정보를 조회하여 [평가문제]의 답안을 입력하시오.

번호	평가 문제	배점
11	**평가문제 [거래처등록 조회]** [거래처등록] 관련 내용으로 옳지 않은 것은? ① (주)하늘가방(코드: 01007)의 대표자명은 '이승현'이다. ② '카드거래처'는 모두 6곳이다. ③ 금융거래처 중 '차입금'과 관련된 거래처는 1곳이다. ④ (주)하늘가방(코드: 01007)의 담당자메일주소는 'star@bill36524.com'이다.	4
12	**평가문제 [계정과목및적요등록 조회]** '294.장기임대보증금'의 표준코드 번호를 기입하시오.	4
13	**평가문제 [일/월계표 조회]** 2/4분기(4월~6월) '외상매출금' 증가액(차변 합계)은 얼마인가?	2
14	**평가문제 [합계잔액시산표 조회]** 6월 말 '미수금' 잔액은 얼마인가?	3
15	**평가문제 [합계잔액시산표 조회]** 12월 말 '가지급금' 잔액은 얼마인가?	3
16	**평가문제 [합계잔액시산표 조회]** 12월 말 '유동성장기부채' 잔액은 얼마인가?	3
17	**평가문제 [지급어음현황 조회]** 만기일이 2024년에 도래하는 '지급어음'의 미결제 금액은 얼마인가?	3
18	**평가문제 [받을어음현황 조회]** 만기일이 2024년에 도래하는 '받을어음'의 보유 금액은 얼마인가?	3
19	**평가문제 [재무상태표 조회]** 12월 말 '차량운반구'의 장부금액(취득원가 – 감가상각누계액)은 얼마인가?	3
20	**평가문제 [재무상태표 조회]** 12월 말 '부채'에 속하는 계정별 잔액으로 옳은 것은? ① 미지급금　154,753,140원　　② 예수금　1,379,130원 ③ 미지급세금　4,918,000원　　④ 장기차입금　50,000,000원	4

번호	평가 문제	배점
21	**평가문제 [재무상태표 조회]** 12월 말 '이월이익잉여금(미처분이익잉여금)' 잔액은 얼마인가? ① 550,127,500원　　　　　　② 553,127,249원 ③ 611,616,070원　　　　　　④ 719,011,029원	2
22	**평가문제 [손익계산서 조회]** 당기에 발생한 '상품매출원가' 금액은 얼마인가?	3
23	**평가문제 [손익계산서 조회]** 당기에 발생한 '판매비와관리비' 중 계정별 금액이 옳지 않은 것은? ① 급여　　137,433,000원　　② 복리후생비　17,547,200원 ③ 접대비　26,207,900원　　　④ 광고선전비　18,156,200원	4
24	**평가문제 [영수증수취명세서 조회]** '영수증수취명세서(2)의 3만원 초과 거래 중 금액이 가장 적은 계정과목의 계정코드를 기입하시오.	3
25	**평가문제 [부가가치세신고서 조회]** 제1기 확정신고기간 부가가치세신고서의 '과세_신용카드.현금영수증(3란)'의 금액은 얼마인가?	3
26	**평가문제 [부가가치세신고서 조회]** 제1기 확정신고기간 부가가치세신고서의 '공제받지못할매입세액(16란)'의 세액은 얼마인가?	2
27	**평가문제 [부가가치세신고서 조회]** 제1기 확정신고기간 부가가치세신고서의 '그밖의공제매입세액(14란)_신용매출전표수취/일반(41란)'의 금액은 얼마인가?	3
28	**평가문제 [세금계산서합계표 조회]** 제1기 확정신고기간의 전자매출세금계산서 부가세(세액)는 얼마인가?	3
29	**평가문제 [계산서합계표 조회]** 제1기 확정신고기간 전자매출계산서 중 사업자에게 발급한 매수는 몇 매인	3
30	**평가문제 [예적금현황 조회]** 12월 말 은행별(계좌명) 예금 잔액으로 옳은 것은? ① 국민은행(당좌)　42,250,000원　　② 신한은행(보통)　480,076,560원 ③ 하나은행(보통)　20,000,000원　　④ 국민은행(보통)　44,905,000원	4
총 점		62

평가문제 회계정보분석 (8점)

회계정보를 조회하여 [회계정보분석] 답안을 입력하시오.

31. 재무상태표 조회 (4점)

부채비율이란, 기업의 부채와 자본 간의 관계를 나타내는 대표적인 안정성 지표이다. 전기 부채비율을 계산하면 얼마인가?(단, 소숫점 이하는 버림 할 것.)

$$\text{부채비율(\%)} = \frac{\text{부채총계}}{\text{자본총계}} \times 100$$

① 38% ② 48%
③ 62% ④ 159%

32. 손익계산서 조회 (4점)

영업이익률은 기업경영활동 성과를 총괄적으로 보여주는 대표적인 지표이다. 전기 영업이익률을 계산하면 얼마인가?(단, 소숫점 이하는 버림 할 것.)

$$\text{영업이익률(\%)} = \frac{\text{영업이익}}{\text{매출액}} \times 100$$

① 17% ② 20%
③ 27% ④ 29%

제66회 FAT 1급 기출문제

㈜케이푸드 (코드번호:3266)

▌ 실무이론평가 ▌

1. 다음 중 이 과장의 답변에서 알 수 있는 거래 분석으로 옳은 것은?

> • 김부장 : ㈜한공에 대한 외상매입금을 언제 지급했습니까?
>
> • 이과장 : 방금 전 보통예금계좌에서 이체했습니다.

① (차) 부채의 감소   (대) 자산의 증가
② (차) 부채의 감소   (대) 자산의 감소
③ (차) 자산의 감소   (대) 부채의 증가
④ (차) 자산의 감소   (대) 부채의 감소

2. 다음 중 재무상태표 구성항목에 대한 설명으로 옳지 않은 것은?

① 자산과 부채는 총액으로 표시하는 것이 원칙이다.
② 자산과 부채는 유동성이 큰 항목부터 배열한다.
③ 자산은 유동자산과 비유동자산으로 구분한다.
④ 잉여금은 주주와의 거래에서 발생한 이익잉여금과 영업활동에서 발생한 자본잉여금으로 구분한다.

3. 다음 자료를 토대로 (주)한공의 2024년 12월 31일 매출채권금액을 계산하면 얼마인가?

> • 기초 매출채권   600,000원
> • 2024년도 매출액   1,400,000원
> • 2024년 중 현금매출액   300,000원
> • 2024년 중 매출채권 회수액   1,300,000원

① 300,000원   ② 400,000원
③ 500,000원   ④ 600,000원

4. 다음 중 유동자산으로 분류할 수 없는 것은?

① 선급비용 ② 매출채권

③ 상품 ④ 장기대여금

5. 다음 자료를 토대로 도소매업을 영위하는 (주)한공의 판매비와관리비를 계산하면 얼마인가?

급 여	2,000,000원	퇴직급여	500,000원
복리후생비	600,000원	대손상각비	300,000원
임차료	100,000원	이자비용	250,000원
기부금	200,000원	접대비	270,000원

① 3,770,000원 ② 3,970,000원

③ 4,020,000원 ④ 4,220,000원

6. 다음 중 손익계산서의 당기손익으로 보고되지 않는 것은?

① 단기매매증권평가손익 ② 단기매매증권처분손익

③ 매도가능증권평가손익 ④ 매도가능증권처분손익

7. (주)한공의 2024년 결산 정리사항 반영 전 당기순이익은 200,000원이다. 다음 결산정리사항을 반영한 후 당기순이익은 얼마인가?

- 당기발생분 이자수익 20,000원에 대한 미수수익을 인식하지 아니함.
- 12월 급여 미지급분 30,000원을 인식하지 아니함.

① 170,000원 ② 180,000원

③ 190,000원 ④ 210,000원

8. 다음 중 세금계산서를 발급할 수 있는 경우는?

① 컴퓨터 제조업자가 컴퓨터를 공급하는 경우

② 미용업자가 미용용역을 공급하는 경우

③ 택시운송사업자가 택시운송용역을 공급하는 경우

④ 목욕탕을 운영하는 사업자가 목욕용역을 공급하는 경우

9. 다음 중 부가가치세 과세거래에 해당하는 것을 모두 고르면?

> 가. 세금을 사업용 자산으로 물납하는 경우
> 나. 업무용 소형승용차를 중고차 매매상에게 유상으로 처분하는 경우
> 다. 양도담보의 목적으로 부동산을 제공하는 경우
> 라. 상표권을 유상으로 양도하는 경우

① 가, 다   ② 나, 다

③ 나, 라   ④ 가, 라

10. 다음은 (주)한공의 2024년 제2기 부가가치세 확정신고기간의 자료이다. 이를 토대로 부가가치세 과세표준을 계산하면 얼마인가? 단, 주어진 자료의 금액은 부가가치세가 포함되어 있지 않은 금액이며, 세금계산서 등 필요한 증빙서류는 적법하게 발급하였다.

가. 외상판매액(수출액 2,000,000원 포함)	12,000,000원
나. 할부판매액	5,200,000원
다. 토지매각액	10,500,000원
라. 담보제공액	6,000,000원

① 15,200,000원   ② 17,200,000원

③ 27,700,000원   ④ 33,700,000원

▌ 실무수행평가 ▌

(주)케이푸드(회사코드 3266)는 전통식품을 도·소매하는 법인으로 회계기간은 제5기(2024.1.1. ~ 2024.12.31.)이다. 제시된 자료와 [자료설명]을 참고하여 [수행과제]를 완료하고 [평가문제]의 물음에 답하시오.

실무수행 유의사항	1. 부가가치세 관련거래는 [매입매출전표입력]메뉴에 입력하고, 부가가치세 관련 없는 거래는 [일반전표입력]메뉴에 입력한다. 2. 타계정 대체액과 관련된 적요는 반드시 코드를 입력하여야 한다. 3. 채권·채무, 예금거래 등 관리대상 거래자료에 대하여는 반드시 거래처코드를 입력한다. 4. 자금관리 등 추가 작업이 필요한 경우 문제의 요구에 따라 추가 작업하여야 한다. 5. 판매비와관리비는 800번대 계정코드를 사용한다. 6. 등록된 계정과목 중 가장 적절한 계정과목을 선택한다.

실무수행1 기초정보관리의 이해

회계관련 기초정보는 입력되어 있다. [자료설명]을 참고하여 [수행과제]를 수행하시오.

1️⃣ 사업자등록증에 의한 거래처등록 수정

사 업 자 등 록 증 (법인사업자) 등록번호: 127 - 81 - 15151 상 호: (주)해피식품 대 표 자 명: 홍수빈 개 업 년 월 일: 2014년 1월 2일 법인등록번호: 110111 - 0634752 사업장 소재지: 경기도 의정부시 녹양로 87 사 업 의 종 류: 업태 도소매업 　　　　　　　　 종목 건강식품 교 부 사 유: 정정 사업자단위과세 적용사업자여부: 여( ) 부(√) 전자세금계산서 전용 메일주소: happy@naver.com 2024년 1월 5일 의정부 세무서장 🏛 국세청	**자료설명** (주)해피식품의 변경된 사업자등록증 사본을 받았다. **수행과제** 사업자등록증의 변경내용을 확인하여 대표자명과 담당자 메일주소를 수정하시오.

2 전기분 손익계산서의 입력수정

손 익 계 산 서

제4(당)기 2023년 1월 1일부터 2023년 12월 31일까지
제3(전)기 2022년 1월 1일부터 2022년 12월 31일까지

(주)케이푸드   (단위: 원)

과 목	제4(당)기		제3(전)기	
	금 액		금 액	
Ⅰ. 매 출 액		600,000,000		280,000,000
상 품 매 출	600,000,000		280,000,000	
Ⅱ. 매 출 원 가		320,000,000		165,000,000
상 품 매 출 원 가		320,000,000		165,000,000
기 초 상 품 재 고 액	25,000,000		5,000,000	
당 기 상 품 매 입 액	385,000,000		185,000,000	
기 말 상 품 재 고 액	90,000,000		25,000,000	
Ⅲ. 매 출 총 이 익		280,000,000		115,000,000
Ⅳ. 판 매 비 와 관 리 비		132,980,000		58,230,000
급 여	82,300,000		30,800,000	
복 리 후 생 비	10,100,000		2,100,000	
여 비 교 통 비	3,500,000		1,500,000	
접 대 비	5,200,000		2,400,000	
통 신 비	2,800,000		3,200,000	
세 금 과 공 과 금	2,300,000		2,800,000	
감 가 상 각 비	5,900,000		4,000,000	
보 험 료	1,840,000		700,000	
차 량 유 지 비	8,540,000		2,530,000	
교 육 훈 련 비	4,900,000		5,400,000	
광 고 선 전 비	800,000		2,300,000	
건 물 관 리 비	4,800,000		500,000	
Ⅴ. 영 업 이 익		147,020,000		56,770,000
Ⅵ. 영 업 외 수 익		3,200,000		2,100,000
이 자 수 익	3,200,000		2,100,000	
Ⅶ. 영 업 외 비 용		4,800,000		2,400,000
이 자 비 용	4,800,000		2,400,000	
Ⅷ. 법 인 세 차 감 전 순 이 익		145,420,000		56,470,000
Ⅸ. 법 인 세 등		5,000,000		2,000,000
법 인 세 등	5,000,000		2,000,000	
Ⅹ. 당 기 순 이 익		140,420,000		54,470,000

자료설명	(주)케이푸드의 전기(제4기)분 재무제표는 입력되어 있다.
수행과제	1. [전기분 손익계산서]의 입력이 누락되었거나 잘못된 부분을 찾아 수정하시오. 2. [전기분 이익잉여금처분계산서]의 처분 확정일(2024년 2월 23일)을 수정하시오.

실무수행2 거래자료 입력

실무프로세스 자료이다. [자료설명]을 참고하여 [수행과제]를 수행하시오.

① 기타 일반거래

2024년 1월분 급여대장

(주)케이푸드 영업부			[귀속: 2024년 1월]			[지급일: 2024년 1월 25일]
기본급 및 제수당			공제 및 차인지급액			
기본급	직책수당	지급합계	소득세	지방소득세	국민연금	건강보험
			105,540원	10,550원	153,000원	120,530원
3,000,000원	200,000원	3,200,000원	고용보험	장기요양보험	공제합계	차인지급액
			28,800원	14,780원	433,200원	2,766,800원

자료설명	[1월 25일] 영업부의 1월분 급여를 신한은행 보통예금 계좌에서 이체하여 지급하였다.
수행과제	거래자료를 입력하시오.

② 약속어음 수취거래

전 자 어 음

(주)케이푸드 귀하　　　　　　　　　　　　　00420240213123456789

금　일천일백만원정　　　　　　　　　　　　　__11,000,000원__

위의 금액을 귀하 또는 귀하의 지시인에게 지급하겠습니다.

지급기일	2024년 5월 13일	발행일	2024년 2월 13일
지 급 지	국민은행	발행지	서울특별시 구로구 구로동로 24
지급장소	강남지점	주 소	(가리봉동)
		발행인	(주)지우식품

자료설명	[2월 13일] (주)지우식품에 대한 상품 외상대금 중 일부를 전자어음으로 수취하였다.
수행과제	1. 거래자료를 입력하시오. 2. 자금관련정보를 입력하여 받을어음 현황에 반영하시오.

③ 단기매매증권 구입 및 매각

자료 1. 주식매매 내역서

자료 2. 보통예금(수협은행) 거래내역

번호	거래일	내 용	찾으신금액	맡기신금액	잔 액	거래점
		계좌번호 524 - 55 - 215457 (주)케이푸드				
1	2024 - 3 - 21	주식매각대금 입금		9,200,000	***	***

자료설명	[3월 21일] 단기매매목적으로 보유하고 있는 신성델타(주) 주식(장부금액: 8,000,000원)을 9,200,000원에 매각하고 매각대금이 수협은행 보통예금 계좌에 입금된 거래내역이다.
수행과제	주식 매각과 관련된 거래자료를 입력 하시오.

4 통장사본에 의한 거래입력

자료 1. 카드 이용대금 명세서(카드번호: 7447 - 1221 - 8448 - 2514)

3월 이용대금 명세서	작성기준일: 2024.3.28. 결제일: 2024.4.10. / 실제출금일: 2024.4.10. 결제계좌: 기업은행

입금하실 금액	이달의 할인혜택	포인트 및 마일리지
1,650,000원	0 원	포인트리 16,500원

할인 서비스　　　0 원
무이자 혜택금액　0 원

모두카드

자료 2. 보통예금(기업은행) 거래내역

		내 용	찾으신금액	맡기신금액	잔　액	거래점
번호	거래일	계좌번호 204 - 24 - 0648 - 1007　(주)케이푸드				
1	2024 - 4 - 10	모두카드	1,650,000		***	***

자료설명	모두카드의 3월분 이용대금을 기업은행 보통예금 계좌에서 이체하여 지급하였다.
수행과제	거래자료를 입력하시오.

5 증빙에 의한 전표입력

<table>
<tr><td colspan="2">

**** 현금영수증 ****
(지출증빙용)

사업자등록번호　: 120 - 34 - 11112 김민희
사업자명　　　　: 홍보세상
단말기ID　　　　: 73453259(tel:02 - 345 - 4546)
가맹점주소　　　: 서울특별시 구로구 디지털로 217 (구로동)

현금영수증 회원번호
110 - 87 - 01194　(주)케이푸드
승인번호　　　　: 83746302　　(PK)
거래일시　　　　: **2024년 4월 24일**

- -
공급금액　　　　　　　　　　　240,000원
부가세금액　　　　　　　　　　 24,000원
총합계　　　　　　　　　　　　264,000원
- -
휴대전화, 카드번호 등록
http://현금영수증.kr
국세청문의(126)
38036925 - GCA10106 - 3870 - U490
　　<<<<<이용해 주셔서 감사합니다.>>>>>

</td>
<td>자료설명</td>
<td>매출거래처에 제공할 기념품을 현금으로 구입하고 수취한 현금영수증이다.</td>
</tr>
<tr>
<td>수행과제</td>
<td>거래자료를 입력하시오.</td>
</tr>
</table>

실무수행3 부가가치세

부가가치세 신고 관련 자료이다. [자료설명]을 참고하여 [수행과제]를 수행하시오.

1 과세매출자료의 전자세금계산서 발행

거래명세서 (공급자 보관용)

공급자	등록번호	110-87-01194			공급받는자	등록번호	215-81-24753		
	상호	(주)케이푸드	성명	김주은		상호	(주)청정식품	성명	고예원
	사업장 주소	서울특별시 서대문구 충정로7길 12 (충정로2가)				사업장 주소	서울특별시 강남구 강남대로 556 (논현동, 논현빌딩)		
	업태	도소매업	종사업장번호			업태	도소매업	종사업장번호	
	종목	전통식품				종목	건강식품		

거래일자	미수금액	공급가액	세액	총 합계금액
2024.7.10.		5,500,000	550,000	6,050,000

NO	월	일	품목명	규격	수량	단가	공급가액	세액	합계
1	7	10	한과세트		100	55,000	5,500,000	550,000	6,050,000

자료설명	1. 상품을 판매하면서 발급한 거래명세서이다. 2. 7월 5일에 계약금(공급대가의 10%)을 받았으며, 계약금을 제외한 잔액은 농협은행 보통예금 계좌로 입금받았다.
수행과제	1. 7월 5일 거래를 참고하여 매입매출자료를 입력하시오. 2. 전자세금계산서 발행 및 내역관리 를 통하여 발급 및 전송하시오. (전자세금계산서 발급 시 결제내역 및 전송일자는 고려하지 말 것.)

2 매출거래

<table>
<tr><td colspan="8" align="center">수정전자세금계산서</td><td>(공급자 보관용)</td><td colspan="2">승인번호</td></tr>
<tr><td rowspan="6">공급자</td><td colspan="2">등록번호</td><td colspan="4">110-87-01194</td><td rowspan="6">공급받는자</td><td colspan="2">등록번호</td><td colspan="2">121-81-36236</td></tr>
<tr><td colspan="2">상호</td><td colspan="2">(주)케이푸드</td><td>성명</td><td>김주은</td><td colspan="2">상호</td><td>(주)예림유통 (대표자)</td><td>성명</td><td>최예림</td></tr>
<tr><td colspan="2">사업장 주소</td><td colspan="4">서울특별시 서대문구 충정로7길 12 (충정로2가)</td><td colspan="2">사업장 주소</td><td colspan="2">서울특별시 서대문구 가좌로 19</td></tr>
<tr><td colspan="2">업태</td><td colspan="2">도소매업</td><td colspan="2">종사업장번호</td><td colspan="2">업태</td><td>도소매업</td><td>종사업장번호</td></tr>
<tr><td colspan="2">종목</td><td colspan="4">전통식품</td><td colspan="2">종목</td><td colspan="2">전통과자</td></tr>
<tr><td colspan="2">E-Mail</td><td colspan="4">kfood@bill36524.com</td><td colspan="2">E-Mail</td><td colspan="2">yerim@bill36524.com</td></tr>
<tr><td colspan="2">작성일자</td><td colspan="3">2024.7.17.</td><td colspan="2">공급가액</td><td colspan="2">-350,000</td><td>세 액</td><td>-35,000</td></tr>
<tr><td colspan="2">비고</td><td colspan="9"></td></tr>
<tr><td>월</td><td>일</td><td colspan="2">품목명</td><td>규격</td><td>수량</td><td>단가</td><td colspan="2">공급가액</td><td>세액</td><td>비고</td></tr>
<tr><td>7</td><td>17</td><td colspan="2">다과세트</td><td></td><td>-7</td><td>50,000</td><td colspan="2">-350,000</td><td>-35,000</td><td></td></tr>
<tr><td></td><td></td><td colspan="2"></td><td></td><td></td><td></td><td colspan="2"></td><td></td><td></td></tr>
<tr><td colspan="2">합계금액</td><td>현금</td><td>수표</td><td colspan="2">어음</td><td colspan="2">외상미수금</td><td colspan="2" rowspan="2">이 금액을 ○ 영수 ● 청구</td><td rowspan="2">함</td></tr>
<tr><td colspan="2">-385,000</td><td></td><td></td><td colspan="2"></td><td colspan="2">-385,000</td></tr>
</table>

자료설명	[7월 17일] 1. 7월 13일에 판매한 상품 중 일부가 불량으로 반품되어 수정전자세금계산서를 발급하였다. 2. 거래대금은 전액 외상매출금과 상계처리하기로 하였다.
수행과제	매입매출자료를 입력하시오. (전자세금계산서의 발급 및 전송업무는 생략하고 '전자입력'으로 입력할 것.)

3 매입거래

카드매출전표

```
카드종류: 삼성카드
회원번호: 2112-3535-****-67*7
거래일시: 2024.8.8. 19:42:36
거래유형: 신용승인
매    출: 90,000원
부 가 세:  9,000원
합    계: 99,000원
결제방법: 일시불
승인번호: 4522555
```

가맹점명: ㈜다도해호텔(310-81-12004)

- 이 하 생 략 -

자료설명	영업부 과장이 신상품 홍보를 위해 출장지에서 숙박비를 결제하고 받은 신용카드매출전표이다.
수행과제	매입매출자료를 입력하시오.

④ 매출거래

<table>
<tr><td colspan="2" rowspan="2"></td><td colspan="3">전자계산서</td><td colspan="2">(공급자 보관용)</td><td colspan="2">승인번호</td></tr>
<tr></tr>
<tr><td rowspan="7">공급자</td><td>등록번호</td><td colspan="4">110 - 87 - 01194</td><td rowspan="7">공급받는자</td><td>등록번호</td><td colspan="3">211 - 86 - 08979</td></tr>
<tr><td>상호</td><td colspan="2">(주)케이푸드</td><td>성명</td><td>김주은</td><td>상호</td><td>(주)독도식품</td><td>성명
(대표자)</td><td>김채원</td></tr>
<tr><td>사업장
주소</td><td colspan="4">서울특별시 서대문구 충정로7길 12
(충정로2가)</td><td>사업장
주소</td><td colspan="3">서울특별시 강남구 강남대로 262</td></tr>
<tr><td>업태</td><td colspan="2">도소매업</td><td colspan="2">종사업장번호</td><td>업태</td><td>도소매업</td><td colspan="2">종사업장번호</td></tr>
<tr><td>종목</td><td colspan="4">전통식품</td><td>종목</td><td colspan="3">건강식품 외</td></tr>
<tr><td>E - Mail</td><td colspan="4">kfood@bill36524.com</td><td>E - Mail</td><td colspan="3">korea@bill36524.com</td></tr>
<tr><td>작성일자</td><td colspan="3">2024.8.15.</td><td>공급가액</td><td colspan="2">1,000,000</td><td colspan="2">비 고</td><td></td></tr>
<tr><td>월</td><td>일</td><td colspan="2">품목명</td><td>규격</td><td>수량</td><td>단가</td><td>공급가액</td><td colspan="2">비고</td></tr>
<tr><td>8</td><td>15</td><td colspan="2">된장</td><td></td><td>200</td><td>5,000</td><td>1,000,000</td><td colspan="2"></td></tr>
<tr><td></td><td></td><td colspan="2"></td><td></td><td></td><td></td><td></td><td colspan="2"></td></tr>
<tr><td></td><td></td><td colspan="2"></td><td></td><td></td><td></td><td></td><td colspan="2"></td></tr>
<tr><td></td><td></td><td colspan="2"></td><td></td><td></td><td></td><td></td><td colspan="2"></td></tr>
<tr><td colspan="2">합계금액</td><td>현금</td><td>수표</td><td colspan="2">어음</td><td colspan="2">외상미수금</td><td rowspan="2">이 금액을</td><td>○ 영수
○ 청구 함</td></tr>
<tr><td colspan="2">1,000,000</td><td></td><td></td><td colspan="2"></td><td colspan="2"></td><td></td></tr>
</table>

<table>
<tr><td>자료설명</td><td>면세상품을 판매하면서 전자계산서를 발급하고, 대금은 기업은행 보통예금 계좌로 입금받았다.
(단, 본 거래에 한하여 과세사업과 면세사업을 겸영한다고 가정할 것.)</td></tr>
<tr><td>수행과제</td><td>매입매출자료를 입력하시오.(전자계산서 거래는 '전자입력'으로 입력할 것.)</td></tr>
</table>

⑤ 매입거래

<table>
<tr><td colspan="7" style="text-align:center">전자세금계산서   (공급받는자 보관용)</td><td>승인번호</td><td></td></tr>
<tr><td rowspan="7">공급자</td><td>등록번호</td><td colspan="4">110-85-13250</td><td rowspan="7">공급받는자</td><td>등록번호</td><td colspan="2">110-87-01194</td></tr>
</table>

	등록번호	110-85-13250					등록번호	110-87-01194	
공급자	상호	국제클린(주)	성명(대표자)	최희량	공급받는자	상호	(주)케이푸드	성명(대표자)	김주은
	사업장주소	서울특별시 서대문구 독립문로8길 120				사업장주소	서울특별시 서대문구 충정로7길 12 (충정로2가)		
	업태	서비스업		종사업장번호		업태	도소매업		종사업장번호
	종목	건물청소				종목	전통식품		
	E-Mail	choi@bill36524.com				E-Mail	kfood@bill36524.com		

작성일자	2024.9.1.	공급가액	600,000	세 액	60,000
비고					

월	일	품목명	규격	수량	단가	공급가액	세액	비고
9	1	건물청소비				600,000	60,000	

합계금액	현금	수표	어음	외상미수금	이 금액을	○ 영수 ◉ 청구	함
660,000				660,000			

자료설명	국제클린(주)에 본사건물 청소를 의뢰하여 실시하고 전자세금계산서를 수취하였으며, 대금은 전액 9월 말까지 지급하기로 하였다.
수행과제	매입매출자료를 입력하시오. (단, 전자세금계산서 거래는 '전자입력'으로 입력하고, '건물관리비'로 처리할 것.)

⑥ 부가가치세신고서에 의한 회계처리

■ 보통예금(수협은행) 거래내역

번호	거래일	내 용	찾으신금액	맡기신금액	잔 액	거래점
		계좌번호 524-55-215457 (주)케이푸드				
1	2024-8-11	서대문세무서		539,000	***	***

자료설명	제1기 부가가치세 확정신고 환급세액이 수협은행 보통예금 계좌에 입금되었다.
수행과제	6월 30일에 입력된 일반전표를 참고하여 환급세액에 대한 회계처리를 하시오.

실무수행4 결산

[결산자료]를 참고하여 결산을 수행하시오.(단, 제시된 자료 이외의 자료는 없다고 가정함.)

1 수동결산 및 자동결산

자료설명	1. 구입 시 자산으로 처리한 소모품의 기말 현재 미사용 내역은 다음과 같다.

품목명	단위	수량	단가	총액
용지	Box	10	12,000원	120,000원
문구류	Set	30	15,000원	450,000원
계				570,000원

2. 기말상품재고액은 26,000,000원이다.
3. 이익잉여금처분계산서 처분 예정(확정)일
   - 당기분: 2025년 2월 23일
   - 전기분: 2024년 2월 23일

수행과제	1. 수동결산 또는 자동결산 메뉴를 이용하여 결산을 완료하시오. 2. 12월 31일을 기준으로 '손익계산서 ➡ 이익잉여금처분계산서 ➡ 재무상태표'를 순서대로 조회 작성하시오. (단, 이익잉여금처분계산서 조회 작성 시 '저장된 데이터 불러오기' ➡ '아니오' 선택 ➡ 상단부의 '전표추가'를 이용하여 '손익대체분개'를 수행할 것.)

평가문제 실무수행평가 (62점)

입력자료 및 회계정보를 조회하여 [평가문제]의 답안을 입력하시오.

번호	평가 문제	배점
11	**평가문제 [거래처등록 조회]** (주)케이푸드의 [거래처등록] 관련 내용으로 옳지 않은 것은? ① 카드거래처의 매출 관련 거래처는 1개이다. ② 금융거래처 중 '3.예금종류'가 '차입금'인 거래처는 2개이다. ③ 일반거래처 '(주)해피식품'의 대표자명은 이영채이다. ④ 일반거래처 '(주)해피식품'의 담당자메일주소는 happy@naver.com이다.	4
12	**평가문제 [일/월계표 조회]** 8월 한달 동안 발생한 '상품매출' 금액은 얼마인가?	3
13	**평가문제 [일/월계표 조회]** 상반기(1월~6월)에 발생한 '접대비' 금액은 얼마인가?	3
14	**평가문제 [일/월계표 조회]** 하반기(7월~12월)에 발생한 '판매관리비' 중 계정별 금액이 옳지 않은 것은? ① 급여　　60,349,000원　　　② 여비교통비　349,500원 ③ 접대비　　4,535,000원　　　④ 소모품비　1,430,000원	3
15	**평가문제 [합계잔액시산표 조회]** 2월 말 '외상매출금'의 차변 잔액은 얼마인가?	4
16	**평가문제 [합계잔액시산표 조회]** 4월 말 '미지급금' 잔액은 얼마인가?	3
17	**평가문제 [거래처원장 조회]** 9월 말 '120.미수금' 잔액이 있는 거래처코드를 입력하시오.	4
18	**평가문제 [현금출납장 조회]** 4월 말 '현금' 잔액은 얼마인가? ① 48,290,740원　　　　② 48,554,740원 ③ 77,117,260원　　　　④ 125,408,000원	3
19	**평가문제 [매입매출장 조회]** 제2기 예정 신고기간 '매입' 유형 '카드과세(57.카과)' 공급가액의 합계금액은 얼마인가?	2
20	**평가문제 [재무상태표 조회]** 12월 말 계정과목별 금액으로 옳지 않은 것은? ① 미수금　27,940,000원　　② 선급금　　200,000원 ③ 예수금　4,255,130원　　　④ 선수금　6,565,000원	4

번호	평가 문제	배점
21	**평가문제 [재무상태표 조회]** 12월 말 '단기매매증권' 잔액은 얼마인가?	3
22	**평가문제 [재무상태표 조회]** 12월 말 '이월이익잉여금(미처분이익잉여금)' 잔액은 얼마인가? ① 294,593,756원 ② 314,593,756원 ③ 319,841,756원 ④ 334,765,756원	2
23	**평가문제 [손익계산서 조회]** 당기에 발생한 '상품매출원가' 금액은 얼마인가?	2
24	**평가문제 [손익계산서 조회]** 전기대비 '비용'의 증가 또는 감소 내용이 옳지 않은 것은? ① 여비교통비 2,081,400원 감소 ② 광고선전비 7,255,560원 증가 ③ 건물관리비 4,200,000원 감소 ④ 이자비용 6,461,000원 증가	4
25	**평가문제 [손익계산서 조회]** 당기에 발생한 '영업외수익' 중 금액이 가장 큰 계정과목의 코드번호를 입력하시오.	2
26	**평가문제 [부가가치세신고서 조회]** 제2기 예정 신고기간 부가가치세신고서의 '세금계산서수취부분_일반매입(10번란)'의 세액은 얼마인가?	4
27	**평가문제 [세금계산서합계표 조회]** 제2기 예정 신고기간 전자매출세금계산서의 매수는 몇 매인가?	3
28	**평가문제 [계산서합계표 조회]** 제2기 예정 신고기간의 전자매출계산서의 공급가액은 얼마인가?	3
29	**평가문제 [예적금현황 조회]** 6월 말 은행별 보통예금 잔액으로 옳지 않은 것은? ① 농협은행(보통) 46,274,000원 ② 신한은행(보통) 156,767,200원 ③ 수협은행(보통) 140,996,800원 ④ 기업은행(보통) 50,405,000원	3
30	**평가문제 [받을어음현황 조회]** '받을어음(조회구분: 1.일별, 1.만기일 2024.1.1. ~ 2024.12.31.)'의 보유금액 합계는 얼마인가?	3
총 점		**62**

평가문제 회계정보분석 (8점)

회계정보를 조회하여 [회계정보분석] 답안을 입력하시오.

31. 재무상태표 조회 (4점)

자기자본비율이란, 자산 중에서 자본이 차지하는 비중을 나타내는 대표적인 자본구조 분석 지표이다. 전기 자기자본비율을 계산하면 얼마인가?(단, 소숫점 이하는 버림 할 것.)

$$\text{자기자본비율(\%)} = \frac{\text{자기자본(자본)총계}}{\text{자산총계}} \times 100$$

① 69%   ② 78%

③ 114%   ④ 128%

32. 재무상태표 조회 (4점)

당좌비율이란, 유동부채에 대한 당좌자산의 비율로 재고자산을 제외시킴으로써 단기채무에 대한 기업의 지급능력을 파악하는데 유동비율 보다 더욱 정확한 지표로 사용되고 있다. 전기 당좌비율을 계산하면 얼마인가?(단, 소숫점 이하는 버림 할 것.)

$$\text{당좌비율(\%)} = \frac{\text{당좌자산}}{\text{유동부채}} \times 100$$

① 13%   ② 63%

③ 768%   ④ 868%

제67회 FAT 1급 기출문제

㈜슬림하자 (코드번호:3267)

▌ 실무이론평가 ▌

1. 다음에서 설명하는 재무제표의 기본가정은 무엇인가?

> 기업을 소유주와 독립적으로 존재하는 회계단위로 간주하고, 이 단위의 관점에서 그 경제활동에 대한 재무정보를 측정, 보고한다고 가정한다.

① 기간별 보고의 가정
② 발생주의의 가정
③ 기업실체의 가정
④ 계속기업의 가정

2. 다음 중 선생님의 질문에 옳지 않은 답변을 한 사람은 누구인가?

> • 선생님 : 재무상태표의 계정과목에는 어떤 것들이 있을까요?
> • 희연 : 매출채권이 있습니다,
> • 민혁 : 매도가능증권평가손실이 있습니다.
> • 은수 : 기부금이 있습니다.
> • 우진 : 개발비가 있습니다.

① 희연
② 민혁
③ 은수
④ 우진

3. 다음은 정수기제조판매업을 영위하고 있는 (주)한공의 2024년 자료이다. 2024년말 재무상태표상 미수금 금액은 얼마인가?(단, 기중 외상판매대금의 회수는 없는 것으로 가정한다.)

> • 2024. 1. 1. 기초미수금 100,000원
> • 2024. 3. 1. 정수기 외상판매액 500,000원
> • 2024. 5.10. 사무실중고비품 외상판매액 300,000원

① 300,000원
② 400,000원
③ 800,000원
④ 900,000원

4. 다음은 (주)한공의 2024년 11월 상품수불부이다. 재고자산을 선입선출법으로 평가할 경우 11월말 재고자산은 얼마인가?

일 자	구 분	수 량	단위당 원가
11월 1일	월초재고	200개	1,000원
11월 10일	매입	300개	1,200원
11월 20일	매출	400개	

① 100,000원   ② 120,000원
③ 150,000원   ④ 160,000원

5. 다음 중 손익계산서에 나타나지 않는 계정과목은?

① 상품매출원가   ② 단기매매증권평가이익
③ 매도가능증권처분이익   ④ 자기주식처분이익

6. 다음 자료를 토대로 (주)한공의 판매비와관리비를 계산하면 얼마인가?

• 급 여 600,000원	• 수도광열비 50,000원	• 이자비용 30,000원
• 접대비 300,000원	• 세금과공과 80,000원	• 잡 손 실 20,000원

① 1,020,000원   ② 1,030,000원
③ 1,060,000원   ④ 1,080,000원

7. 다음 결산정리사항 중 수익의 이연에 해당하는 거래는?

① 보험료 선급분을 계상하다.
② 임대료수익 미수분을 계상하다.
③ 이자수익 선수분을 계상하다.
④ 이자비용 미지급분을 계상하다.

8. 다음 중 사업자등록에 대하여 잘못 설명하고 있는 사람은 누구인가?

> • 동준 : 사업자는 사업개시일부터 20일 이내에 사업자등록을 해야 해.
> • 규헌 : 신규사업자는 사업 개시일 이전이라도 사업자등록을 신청할 수 있어.
> • 정민 : 상호변경은 사업자등록 정정사유에 해당된다.
> • 정원 : 둘 이상의 사업장이 있는 경우 주된 사업장에서만 등록하는 것이 원칙이야.

① 동준　　　　　② 규헌　　　　　③ 정민　　　　　정원

9. 다음 중 부가가치세법상 과세표준에 포함되지 않는 것은?

① 반환조건부 용기 포장비용
② 할부매출액의 이자상당액
③ 화물용 트럭의 매각대금
④ 대가의 일부로 받는 포장비

10. 다음은 일반과세자인 (주)한공의 2024년 2기 확정신고기간의 매입세액 내역이다. 공제 가능한 매입세액은 얼마인가? 단, 세금계산서는 적법하게 수취하였으며, 매입세액을 공제받기 위한 절차를 모두 이행하였다고 가정한다.

• 사무실 비품 관련 매입세액	1,500,000원
• 거래처 명절 선물용 선물세트 구입 관련 매입세액	3,000,000원
• 제품 운반용 트럭 구입 관련 매입세액	5,000,000원
• 원재료 매입 관련 매입세액(세금계산서 상 공급하는 자의 주소 누락)	10,000,000원

① 1,500,000원　　　　　　　② 6,500,000원
③ 16,500,000원　　　　　　 ④ 19,500,000원

▌ 실무수행평가 ▐

(주)슬림하자(회사코드 3267)는 운동용품 등을 도·소매하는 법인으로 회계기간은 제6기(2024.1.1. ~ 2024.12.31.)이다. 제시된 자료와 [자료설명]을 참고하여 [평가문제]의 물음에 답하시오.

실무수행 유의사항	1. 부가가치세 관련거래는 [매입매출전표입력]메뉴에 입력하고, 부가가치세 관련 없는 거래는 [일반전표입력]메뉴에 입력한다. 2. 타계정 대체액과 관련된 적요는 반드시 코드를 입력하여야 한다. 3. 채권·채무, 예금거래 등 관리대상 거래자료에 대하여는 반드시 거래처코드를 입력한다. 4. 자금관리 등 추가 작업이 필요한 경우 문제의 요구에 따라 추가 작업하여야 한다. 5. 판매비와관리비는 800번대 계정코드를 사용한다. 6. 등록된 계정과목 중 가장 적절한 계정과목을 선택한다.

실무수행1 기초정보관리의 이해

회계관련 기초정보는 입력되어 있다. [자료설명]을 참고하여 [수행과제]를 수행하시오.

① 사업자등록증에 의한 회사등록 수정

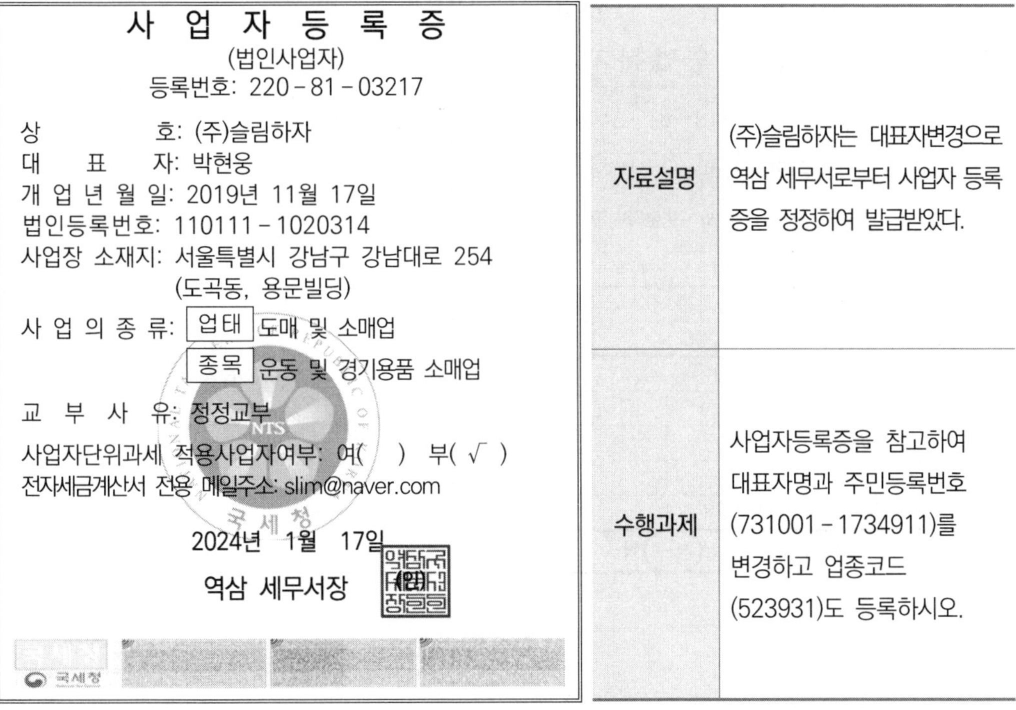

사 업 자 등 록 증 (법인사업자) 등록번호: 220 - 81 - 03217 상 호: (주)슬림하자 대 표 자: 박현웅 개 업 년 월 일: 2019년 11월 17일 법인등록번호: 110111 - 1020314 사업장 소재지: 서울특별시 강남구 강남대로 254 (도곡동, 용문빌딩) 사 업 의 종 류: 업태 도매 및 소매업 종목 운동 및 경기용품 소매업 교 부 사 유: 정정교부 사업자단위과세 적용사업자여부: 여( ) 부(√) 전자세금계산서 전용 메일주소: slim@naver.com 2024년 1월 17일 역삼 세무서장	**자료설명** (주)슬림하자는 대표자변경으로 역삼 세무서로부터 사업자 등록증을 정정하여 발급받았다. **수행과제** 사업자등록증을 참고하여 대표자명과 주민등록번호 (731001 - 1734911)를 변경하고 업종코드 (523931)도 등록하시오.

② 거래처별초기이월 등록 및 수정

미지급금 명세서

거래처명	적 요	금 액
(주)스마트광고	신제품 광고	2,800,000원
회계법인 최고	회계세무 자문	3,000,000원
우리카드	카드이용대금	6,200,000원
합 계		12,000,000원

자료설명	(주)슬림하자의 전기분 재무제표는 이월 받아 등록되어 있다.
수행과제	거래처별 초기이월사항을 입력하시오.

실무수행2 거래자료 입력

실무프로세스 자료이다. [자료설명]을 참고하여 [수행과제]를 수행하시오.

① 증빙에 의한 거래자료 입력

<table>
<tr><td colspan="5" style="text-align:center">영 수 증 (공급받는자용)</td></tr>
<tr><td colspan="5">NO　　(주)슬림하자　귀하</td></tr>
<tr><td rowspan="5">공급자</td><td>사업자등록번호</td><td colspan="3">113-81-54719</td></tr>
<tr><td>상 호</td><td>(주)만능서비스</td><td>성명</td><td>이최강</td></tr>
<tr><td>사업장소재지</td><td colspan="3">서울특별시 구로구 구로동로 22</td></tr>
<tr><td>업 태</td><td>서비스업</td><td>종목</td><td>종합수리</td></tr>
<tr><td colspan="4"></td></tr>
<tr><td>작성일자</td><td colspan="2">공급대가총액</td><td colspan="2">비고</td></tr>
<tr><td>2024.10.7.</td><td colspan="2">25,000</td><td colspan="2"></td></tr>
<tr><td colspan="5" style="text-align:center">공 급 내 역</td></tr>
<tr><td>월/일</td><td>품명</td><td>수량</td><td>단가</td><td>금액</td></tr>
<tr><td>10/7</td><td>에어컨수리</td><td></td><td></td><td>25,000</td></tr>
<tr><td></td><td></td><td></td><td></td><td></td></tr>
<tr><td colspan="2">합 계</td><td colspan="3">₩25,000</td></tr>
<tr><td colspan="5" style="text-align:center">위 금액을 영수(청구)함</td></tr>
</table>

자료설명	사무실 에어컨을 수리하고 대금은 현금으로 지급하였다.
수행과제	거래자료를 입력하시오. (단, '수익적지출'로 처리 할 것.)

2 약속어음 발행거래

전 자 어 음

(주)바디케어 귀하   00320241017123456789

금   오백칠십만원정   5,700,000원

위의 금액을 귀하 또는 귀하의 지시인에게 지급하겠습니다.

지급기일 2024년 12월 17일   발행일   2024년 10월 17일
지 급 지 기업은행   발행지   서울특별시 강남구 강남대로
지급장소 강남지점   주 소   254(도곡동, 용문빌딩)
                                   발행인   (주)슬림하자

자료설명	[10월 17일] (주)바디케어의 외상대금 17,700,000원 중 일부는 전자어음으로 발행하여 지급하고, 나머지는 자기앞수표로 지급하였다.
수행과제	1. 거래자료를 입력하시오. 2. 자금관련 정보를 입력하여 지급어음현황에 반영하시오. 　(단, 등록된 어음을 사용할 것.)

3 계약금 지급

■ 보통예금(국민은행) 거래내역

번호	거래일	내 용	찾으신금액	맡기신금액	잔 액	거래점
		계좌번호 096 – 25 – 0096 – 751 (주)슬림하자				
1	2024 – 10 – 21	계약금	1,500,000		***	***

자료설명	(주)대한무역에서 상품 5,000,000원을 구입하기로 하고, 계약금을 국민은행 보통예금 계좌에서 이체하여 지급하였다.
수행과제	거래자료를 입력하시오.

④ 기타 일반거래

여비 정산서

소 속	영업부	직 위	사원	성 명	박용찬
출장내역	일 시	2024년 10월 24일 ~ 2024년 10월 26일			
	출 장 지	세종			
	출장목적	신규 거래처 상담			
출장비	지급받은 금액	500,000원	실제지출액	550,000원	출장비차액	50,000원
지출내역	숙박비	270,000원	식 비	150,000원	교 통 비	130,000원

2024년 10월 28일

신청인   성명   박 용 찬 

자료설명	[10월 28일] 출장을 마친 영업부 직원의 여비를 정산하고 차액은 현금으로 지급하였다.
수행과제	10월 24일의 거래를 참고하여 거래자료를 입력하시오.

⑤ 증빙에 의한 전표입력

신용카드매출전표	
가 맹 점 명 한국자동차 (02)345 - 8766 사업자번호 110 - 37 - 12342 대 표 자 명 나한국 주 소 서울특별시 서대문구 통일로 131 (충정로2가, 공화당빌딩) 우 리 카 드 신용승인 거 래 일 시 2024 - 10 - 31 오후 08:08:04 카 드 번 호 1234 - 4567 - **** - 35** 유 효 기 간 **/** 가 맹 점 번 호 87687393 매 입 사 우리카드(전자서명전표) 공 급 가 액 90,000원 부 가 가 치 세 9,000원 합 계 99,000원 20241031/10062411/00046160	자료설명: 영업부 업무용 승용차의 엔진오일을 교체하고 대금을 카드로 결제한 후 받은 신용카드매출전표이다. 수행과제: 거래자료를 입력하시오. (단, '수익적지출'로 처리 할 것.)

실무수행3 부가가치세

부가가치세 신고 관련 자료이다. [자료설명]을 참고하여 [수행과제]를 수행하시오.

① 과세매출자료의 전자세금계산서 발행

<table>
<tr><td colspan="9" align="center">거래명세서</td><td colspan="2">(공급자 보관용)</td></tr>
<tr><td rowspan="5">공급자</td><td colspan="2">등록번호</td><td colspan="4">220-81-03217</td><td rowspan="5">공급받는자</td><td colspan="2">등록번호</td><td colspan="2">211-81-44121</td></tr>
<tr><td colspan="2">상호</td><td colspan="2">(주)슬림하자</td><td>성명</td><td>박현웅</td><td colspan="2">상호</td><td>(주)운동사랑</td><td>성명</td><td>이사랑</td></tr>
<tr><td colspan="2">사업장
주소</td><td colspan="4">서울특별시 강남구 강남대로 254
(도곡동, 용문빌딩)</td><td colspan="2">사업장
주소</td><td colspan="2">서울특별시 강남구 논현로145길 18
(논현동)</td></tr>
<tr><td colspan="2">업태</td><td colspan="2">도매 및 소매업</td><td colspan="2">종사업장번호</td><td colspan="2">업태</td><td>도소매업</td><td>종사업장번호</td></tr>
<tr><td colspan="2">종목</td><td colspan="2">운동 및 경기용품</td><td colspan="2"></td><td colspan="2">종목</td><td colspan="2">스포츠용품</td></tr>
</table>

거래일자	미수금액	공급가액	세액	총 합계금액
2024.7.12.		5,000,000	500,000	5,500,000

NO	월	일	품목명	규격	수량	단가	공급가액	세액	합계
1	7	12	스피닝바이크		2	1,500,000	3,000,000	300,000	3,300,000
2	7	12	고무덤벨세트		2	1,000,000	2,000,000	200,000	2,200,000

자료설명	1. 상품을 판매하고 발급한 거래명세서이다. 2. 미리 받은 계약금(선수금) 300,000원을 제외한 잔액은 이번 달 말일에 받기로 하였다.
수행과제	1. 거래명세서에 의해 매입매출자료를 입력하시오. (복수거래 키를 이용하여 입력할 것.) 2. 전자세금계산서 발행 및 내역관리 를 통하여 발급 및 전송하시오. (전자세금계산서 발급 시 결제내역 및 전송일자는 고려하지 말 것.)

2 매입거래

<table>
<tr><td colspan="5" style="text-align:center">전자세금계산서 (공급받는자 보관용)</td><td>승인번호</td><td colspan="3">2024010320</td></tr>
</table>

공급자	등록번호	119-81-02126			공급받는자	등록번호	220-81-03217		
	상호	(주)폼생폼	성명(대표자)	나한수		상호	(주)슬림하자	성명(대표자)	박현웅
	사업장주소	서울특별시 금천구 가산로 153				사업장주소	서울특별시 강남구 강남대로 254 (도곡동, 용문빌딩)		
	업태	도소매업	종사업장번호			업태	도매 및 소매업	종사업장번호	
	종목	스포츠용품				종목	운동 및 경기용품		
	E-Mail	market@naver.com				E-Mail	slim@naver.com		

작성일자	2024.7.20.	공급가액	6,000,000	세액	600,000
비고					

월	일	품목명	규격	수량	단가	공급가액	세액	비고
7	20	천국의 계단		10	600,000	6,000,000	600,000	

합계금액	현금	수표	어음	외상미수금	이 금액을	○ 영수 ● 청구	함
6,600,000				6,600,000			

자료설명	판매용 상품을 외상으로 구입하고 받은 전자세금계산서이다.
수행과제	매입매출자료를 입력하시오. (전자세금계산서 거래는 '전자입력'으로 입력할 것.)

3 매출거래

신용카드매출전표 카 드 종 류: 삼성카드 회 원 번 호: 8449-2210-**10-3**6 거 래 일 시: 2024.08.13. 15:05:16 거 래 유 형: 신용승인 매 출: 700,000원 부 가 세: 70,000원 합 계: 770,000원 결 제 방 법: 일시불 가맹점번호: 55721112 가맹점명: (주)슬림하자 -이 하 생 략-	**자료설명** (주)요가야에 요가매트를 판매하고 발급한 신용카드매출전표이다. **수행과제** 매입매출자료를 입력하시오.

④ 매입거래

<table>
<tr><td colspan="6">전자계산서</td><td>(공급받는자 보관용)</td><td>승인번호</td><td></td></tr>
<tr><td rowspan="7">공급자</td><td>등록번호</td><td colspan="4">214-81-09142</td><td rowspan="7">공급받는자</td><td>등록번호</td><td colspan="3">220-81-03217</td></tr>
<tr><td>상호</td><td colspan="2">(주)에이티</td><td>성명
(대표자)</td><td>김아이</td><td>상호</td><td>(주)슬림하자</td><td>성명
(대표자)</td><td>박현웅</td></tr>
<tr><td>사업장
주소</td><td colspan="4">서울특별시 서초구 효령로12길 5</td><td>사업장
주소</td><td colspan="3">서울특별시 강남구 강남대로 254
(도곡동, 용문빌딩)</td></tr>
<tr><td>업태</td><td colspan="2">제조 및 도소매업</td><td colspan="2">종사업장번호</td><td>업태</td><td>도매 및 소매업</td><td colspan="2">종사업장번호</td></tr>
<tr><td>종목</td><td colspan="2">출판</td><td colspan="2"></td><td>종목</td><td>운동 및 경기용품</td><td colspan="2"></td></tr>
<tr><td>E-Mail</td><td colspan="4">at@bill36524.com</td><td>E-Mail</td><td colspan="3">slim@naver.com</td></tr>
</table>

작성일자	2024.8.30.	공급가액	230,000	비 고	

월	일	품목명	규격	수량	단가	공급가액	비고
8	30	비대면 세무실무		10	23,000	230,000	

합계금액	현금	수표	어음	외상미수금	이 금액을	○ 영수 ● 청구	함
230,000				230,000			

자료설명	재경팀 업무용 참고도서를 외상으로 구입하고 발급받은 전자계산서이다.
수행과제	매입매출자료를 입력하시오.(전자계산서 거래는 '전자입력'으로 입력할 것.)

⑤ 매입거래

<table>
<tr><td colspan="9" align="center">전자세금계산서 (공급받는자 보관용)</td><td colspan="3">승인번호</td></tr>
<tr><td rowspan="6">공급자</td><td colspan="2">등록번호</td><td colspan="4">314-81-11803</td><td rowspan="6">공급받는자</td><td colspan="2">등록번호</td><td colspan="3">220-81-03217</td></tr>
<tr><td colspan="2">상호</td><td colspan="2">(주)미래전자</td><td>성명
(대표자)</td><td>이미래</td><td colspan="2">상호</td><td>(주)슬림하자</td><td>성명
(대표자)</td><td>박현웅</td></tr>
<tr><td colspan="2">사업장
주소</td><td colspan="4">서울특별시 서대문구 경기대로 62</td><td colspan="2">사업장
주소</td><td colspan="3">서울특별시 강남구 강남대로 254
(도곡동, 용문빌딩)</td></tr>
<tr><td colspan="2">업태</td><td colspan="2">도소매업</td><td colspan="2">종사업장번호</td><td colspan="2">업태</td><td>도매 및 소매업</td><td colspan="2">종사업장번호</td></tr>
<tr><td colspan="2">종목</td><td colspan="4">전자제품</td><td colspan="2">종목</td><td colspan="3">운동 및 경기용품</td></tr>
<tr><td colspan="2">E-Mail</td><td colspan="4">dream@hanmail.net</td><td colspan="2">E-Mail</td><td colspan="3">slim@naver.com</td></tr>
<tr><td colspan="2">작성일자</td><td colspan="3">2024.9.21.</td><td colspan="2">공급가액</td><td colspan="3">3,000,000</td><td>세 액</td><td colspan="2">300,000</td></tr>
<tr><td colspan="2">비고</td><td colspan="11"></td></tr>
<tr><td>월</td><td>일</td><td colspan="3">품목명</td><td>규격</td><td>수량</td><td>단가</td><td colspan="2">공급가액</td><td colspan="2">세액</td><td>비고</td></tr>
<tr><td>9</td><td>21</td><td colspan="3">스마트 냉장고</td><td></td><td>1</td><td>3,000,000</td><td colspan="2">3,000,000</td><td colspan="2">300,000</td><td></td></tr>
<tr><td colspan="3">합계금액</td><td colspan="2">현금</td><td colspan="2">수표</td><td>어음</td><td colspan="2">외상미수금</td><td rowspan="2">이 금액을</td><td>○ 영수</td><td rowspan="2">함</td></tr>
<tr><td colspan="3">3,300,000</td><td colspan="2"></td><td colspan="2"></td><td></td><td colspan="2">3,300,000</td><td>◉ 청구</td></tr>
</table>

<table>
<tr><td>자료설명</td><td>면세사업에 사용할 스마트 냉장고를 구입하고 대금은 다음달 말일에 지급하기로 하였다.
(단, 본거래에 한하여 과세사업과 면세사업을 겸영한다고 가정할 것.)</td></tr>
<tr><td>수행과제</td><td>1. 매입매출자료를 입력하시오.
　(전자세금계산서 거래는 '전자입력'으로 입력할 것.)
2. [고정자산등록]에 고정자산을 등록(코드: 1001, 방법: 정액법, 내용연수 5년, 경비구분:
　800번대)하시오.</td></tr>
</table>

⑥ 부가가치세신고서에 의한 회계처리

■ 보통예금(신한은행) 거래내역

<table>
<tr><td rowspan="2">번호</td><td rowspan="2">거래일</td><td>내 용</td><td>찾으신금액</td><td>맡기신금액</td><td>잔 액</td><td>거래점</td></tr>
<tr><td colspan="5" align="center">계좌번호 112-088-654321　(주)슬림하자</td></tr>
<tr><td>1</td><td>2024-7-25</td><td>역삼세무서</td><td>2,026,050</td><td></td><td>***</td><td>***</td></tr>
</table>

<table>
<tr><td>자료설명</td><td>제1기 부가가치세 확정신고 납부세액을 신한은행 보통예금 계좌에서 이체하였다.</td></tr>
<tr><td>수행과제</td><td>6월 30일에 입력된 일반전표를 참고하여 납부세액에 대한 회계처리를 하시오.
(거래처코드를 입력할 것.)</td></tr>
</table>

실무수행4 결산

[결산자료]를 참고하여 결산을 수행하시오.(단, 제시된 자료 이외의 자료는 없다고 가정함.)

① 수동결산 및 자동결산

자료설명	1. 장기차입금에 대한 기간경과분 이자 1,320,000원을 계상하다.
	2. [고정자산등록]에 등록된 비품의 감가상각비를 계상하다.
	3. 기말 상품재고액은 54,000,000원이다.
	4. 이익잉여금처분계산서 처분 예정(확정)일
	  – 당기분: 2025년 2월 26일
	  – 전기분: 2024년 2월 26일

수행과제	1. 수동결산 또는 자동결산 메뉴를 이용하여 결산을 완료하시오. 2. 12월 31일을 기준으로 '손익계산서 ➡ 이익잉여금처분계산서 ➡ 재무상태표'를 순서대로 조회 작성하시오.(단, 이익잉여금처분계산서 조회 작성 시 '저장된 데이터 불러오기' ➡ '아니오' 선택 ➡ '전표추가'를 이용하여 '손익대체분개'를 수행할 것.)

평가문제 실무수행평가 (62점)

입력자료 및 회계정보를 조회하여 [평가문제]의 답안을 입력하시오.

번호	평가 문제	배점
11	**평가문제 [회사등록 조회]** [회사등록] 관련 내용으로 옳지 않은 것은? ① 대표자명은 '박현웅'이다. ② 사업장 세무서는 '역삼'이다. ③ 표준산업코드는 'G40'이다. ④ 국세환급금계좌 은행은 '기업은행'이다.	4
12	**평가문제 [거래처원장 조회]** 6월 말 '253.미지급금' 계정의 거래처별 잔액으로 옳지 않은 것은? ① 00109.(주)스마트광고 15,120,640원 ② 00131.(주)월드건강 17,600,000원 ③ 33000.회계법인 최고 3,000,000원 ④ 99602.우리카드 2,800,000원	4
13	**평가문제 [거래처원장 조회]** 12월 말 '251.외상매입금' 계정의 거래처별 잔액이 옳은 것은? ① 02180.(주)폼생폼 12,100,000원 ② 04007.(주)필라테스 3,000,000원 ③ 07002.(주)바디케어 17,700,000원 ④ 30011.(주)행복건강 5,000,000원	4
14	**평가문제 [거래처원장 조회]** 12월 말 '108.외상매출금' 잔액이 있는 거래처 중 금액이 가장 적은 거래처코드를 입력하시오.	3
15	**평가문제 [총계정원장 조회]** '253.미지급금'의 월별 증가 금액(대변)으로 옳은 것은? ① 8월 12,870,000원 ② 9월 3,300,000원 ③ 10월 7,099,000원 ④ 11월 4,000,000원	3
16	**평가문제 [총계정원장 조회]** 7월에 발생한 '401.상품매출' 금액은 얼마인가?	3
17	**평가문제 [현금출납장 조회]** 10월 중 '현금' 출금 금액이 가장 큰 전표일자는 몇 일인가?	3
18	**평가문제 [고정자산관리대장 조회]** 당기말 상각누계액은 얼마인가?	2
19	**평가문제 [재무상태표 조회]** 12월 말 '당좌자산'계정 중 잔액이 가장 적은 계정과목 코드번호를 입력하시오.	3
20	**평가문제 [재무상태표 조회]** 12월 말 '선수금' 잔액은 얼마인가?	2

번호	평가 문제	배점
21	**평가문제 [재무상태표 조회]** 12월 말 '미지급비용' 잔액은 얼마인가?	3
22	**평가문제 [재무상태표 조회]** 12월 말 '이월이익잉여금(미처분이익잉여금)' 잔액은 얼마인가? ① 810,948,259원 ② 811,748,259원 ③ 812,248,259원 ④ 813,748,259원	1
23	**평가문제 [손익계산서 조회]** 당기에 발생한 '판매비와관리비'의 계정별 금액으로 옳지 않은 것은? ① 여비교통비 1,884,600원 ② 수선비 7,391,000원 ③ 차량유지비 6,350,100원 ④ 도서인쇄비 340,000원	4
24	**평가문제 [부가가치세신고서 조회]** 제2기 예정 신고기간 부가가치세신고서의 '과세_신용카드.현금영수증(3란)'의 금액은 얼마인가?	3
25	**평가문제 [부가가치세신고서 조회]** 제2기 예정 신고기간 부가가치세신고서의 '세금계산서수취부분_일반매입(10란)'의 금액은 얼마인가?	3
26	**평가문제 [부가가치세신고서 조회]** 제2기 예정 신고기간 부가가치세신고서의 '공제받지못할매입세액(16란)'의 세액은 얼마인가?	3
27	**평가문제 [세금계산서합계표 조회]** 제2기 예정 신고기간의 전자매출세금계산서의 매수는 몇 매인가?	3
28	**평가문제 [계산서합계표 조회]** 제2기 예정 신고기간의 전자매입계산서의 공급가액은 얼마인가?	4
29	**평가문제 [예적금현황 조회]** 12월 말 은행별(계좌명) 예금 잔액으로 옳지 않은 것은? ① 기업은행(당좌) 30,980,000원 ② 신한은행(보통) 527,053,000원 ③ 우리은행(보통) 20,000,000원 ④ 국민은행(보통) 40,405,000원	4
30	**평가문제 [지급어음현황 조회]** 만기일이 2024년에 도래하는 '지급어음' 금액이 가장 큰 거래처 코드번호를 입력하시오.	3
총 점		62

평가문제 회계정보분석 (8점)

회계정보를 조회하여 [회계정보분석] 답안을 입력하시오.

31. 재무상태표 조회 (4점)

부채비율은 타인자본의 의존도를 표시하며, 기업의 건전성 정도를 나타내는 지표이다. 전기분 부채비율은 얼마인가?(단, 소숫점 이하는 버림 할 것.)

$$\text{부채비율}(\%) = \frac{\text{부채총계}}{\text{자본총계}} \times 100$$

① 21% ② 43%
③ 57% ④ 66%

32. 손익계산서 조회 (4점)

영업이익률은 기업의 주된 영업활동에 의한 성과를 판단하는 비율이다. 전기분 영업이익률을 계산하면 얼마인가?(단, 소숫점 이하는 버림 할 것.)

$$\text{영업이익률}(\%) = \frac{\text{영업이익}}{\text{매출액}} \times 100$$

① 12% ② 17%
③ 20% ④ 33%

제68회 FAT 1급 기출문제

㈜강우문구 (코드번호:3268)

▌ 실무이론평가 ▌

1. 다음은 도매업을 영위하는 (주)한공의 손익 분석에 대한 내용이다. (가)에 들어갈 수 있는 계정과목은?

> • 영업이익이 전기 l 보다 증가하였는데 당기 순이익이 크게 감소한 원인이 무엇인가요?
> • 네, 당기순이익의 감소는 (가)의 증가가 원인입니다.

① 매출원가　　　　　　　　　　② 임차료
③ 이자수익　　　　　　　　　　④ 유형자산처분손실

2. 다음 중 비유동부채에 해당되는 것을 모두 고른 것은?

> 가. 유동성장기부채　　　　　　나. 부가세예수금
> 다. 퇴직급여충당부채　　　　　라. 사채

① 가, 나　　　　　　　　　　② 나, 다
③ 다, 라　　　　　　　　　　④ 가, 라

3. 다음 자료를 토대로 (주)한공의 12월말 상품재고액을 계산하면 얼마인가?

(총평균법 적용)

상 품 재 고 장

(단위: 개, 원)

날 짜		적 요	인 수			인 도		
			수량	단가	금액	수량	단가	금액
12	1	전월이월	300	100	30,000			
	10	매 입	500	200	100,000			
	12	매 출				200	XXX	XXX
	20	매 입	200	400	80,000			
	25	매 출				200	XXX	XXX

① 50,000원   ② 84,000원

③ 126,000원   ④ 160,000원

4. 다음은 도매업을 영위하고 있는 (주)한공의 대손 관련 자료이다. 손익계산서에 계상해야 하는 계정과목과 그 금액은 얼마인가?

- 2024년 12월 10일 (주)서울의 파산으로 단기대여금 2,000,000원의 회수가 불가능하게 되었다.
- 12월 10일 이전에 설정된 단기대여금에 대한 대손충당금 잔액은 800,000원이다.

① 대손상각비 1,200,000원   ② 기타의대손상각비 1,200,000원

③ 대손상각비 2,000,000원   ④ 기타의대손상각비 2,000,000원

5. 다음 중 무형자산에 관한 설명으로 옳지 않은 것은?

① 무형자산으로 인식되기 위해서는 식별가능성, 자원에 대한 통제, 미래 경제적효익의 존재라는 조건을 모두 충족해야 한다.

② 신제품을 개발하기 위한 프로젝트의 연구단계에서 발생한 지출은 발생한 기간의 비용으로 처리한다.

③ 무형자산의 상각방법은 정액법만 인정된다.

④ 무형자산의 잔존가치는 없는 것을 원칙으로 한다.

6. 다음은 (주)한공의 단기매매증권(A주식) 관련 자료이다. 이에 대한 설명으로 옳은 것은?

> - 2023년 11월 22일 A주식 100주를 1주당 3,000원에 취득하고 취득수수료 2,000원을 지출하였다.
> - 2023년 12월 31일 A주식의 시가는 1주당 3,500원이다.
> - 2024년 12월 7일 A주식 전부를 1주당 3,700원에 처분하였다.

① 2023년 11월 22일 A주식의 취득원가는 302,000원이다.
② 2023년 12월 31일 재무상태표에 기록될 단기매매증권은 370,000원이다.
③ 2023년 12월 31일 손익계산서에 기록될 단기매매증권평가이익은 30,000원이다.
④ 2024년 12월 7일 A주식 처분으로 인식할 단기매매증권처분이익은 20,000원이다.

7. 다음 회계처리에 대한 설명 중 옳지 않은 것은?

① 직원의 가족동반 야유회비는 복리후생비로 회계처리 한다.
② 직원 업무역량 강화를 위한 영어학원 지원비는 교육훈련비로 회계처리 한다.
③ 거래처 직원의 결혼축의금은 접대비로 회계처리 한다.
④ 회사부담분 건강보험료는 예수금으로 회계처리 한다.

8. 다음 중 부가가치세법상 신고 · 납부에 대한 설명으로 옳은 것은?

① 폐업의 경우 폐업일부터 25일 이내에 신고 · 납부하여야 한다.
② 법인사업자 확정신고의 경우 예정신고 시 이미 신고한 내용을 포함한다.
③ 간이과세자는 해당 과세기간의 공급대가의 합계액이 5,000만원 미만인 경우 납부의무가 면제된다.
④ 개인사업자의 경우 예정 신고기간마다 사업장 관할세무서장이 예정고지세액을 결정하는 것이 원칙이다.

9. 다음 중 부가가치세법상 재화의 공급시기로 옳지 않은 것은?

① 반환조건부 판매: 조건이 성취되거나 기한이 지나 판매가 확정되는 때
② 재화의 공급으로 보는 가공의 경우: 가공을 완성하는 때
③ 장기할부판매: 대가의 각 부분을 받기로 한 때
④ 외상판매의 경우: 재화가 인도되거나 이용가능하게 되는 때

10. 다음은 제조업을 영위하는 일반과세자 (주)한공의 2024년 제2기 부가가치세 확정신고 자료이다. 확정신고 시 납부할 세액을 계산하면 얼마인가?

> 가. 국내매출액(공급가액) : 100,000,000원
> 나. 하치장 반출액 : 10,000,000원
> 다. 매입세액 : 7,000,000원(접대비 관련 매입세액 2,000,000원 포함)

① 3,000,000원   ② 4,000,000원

③ 5,000,000원   ④ 6,000,000원

▍ 실무수행평가 ▍

(주)강우문구(회사코드 3268)는 문구용품 등을 도·소매하는 법인으로 회계기간은 제6기(2024.1.1. ~ 2024.12.31.)이다. 제시된 자료와 [자료설명]을 참고하여 [수행과제]를 완료하고 [평가문제]의 물음에 답하시오.

실무수행 유의사항	1. 부가가치세 관련거래는 [매입매출전표입력]메뉴에 입력하고, 부가가치세 관련 없는 거래는 [일반전표입력]메뉴에 입력한다. 2. 타계정 대체액과 관련된 적요는 반드시 코드를 입력하여야 한다. 3. 채권·채무, 예금거래 등 관리대상 거래자료에 대하여는 반드시 거래처코드를 입력한다. 4. 자금관리 등 추가 작업이 필요한 경우 문제의 요구에 따라 추가 작업하여야 한다. 5. 판매비와관리비는 800번대 계정코드를 사용한다. 6. 등록된 계정과목 중 가장 적절한 계정과목을 선택한다.

실무수행1 기초정보관리의 이해

회계관련 기초정보는 입력되어 있다. [자료설명]을 참고하여 [수행과제]를 수행하시오.

1 사업자등록증에 의한 거래처등록 수정

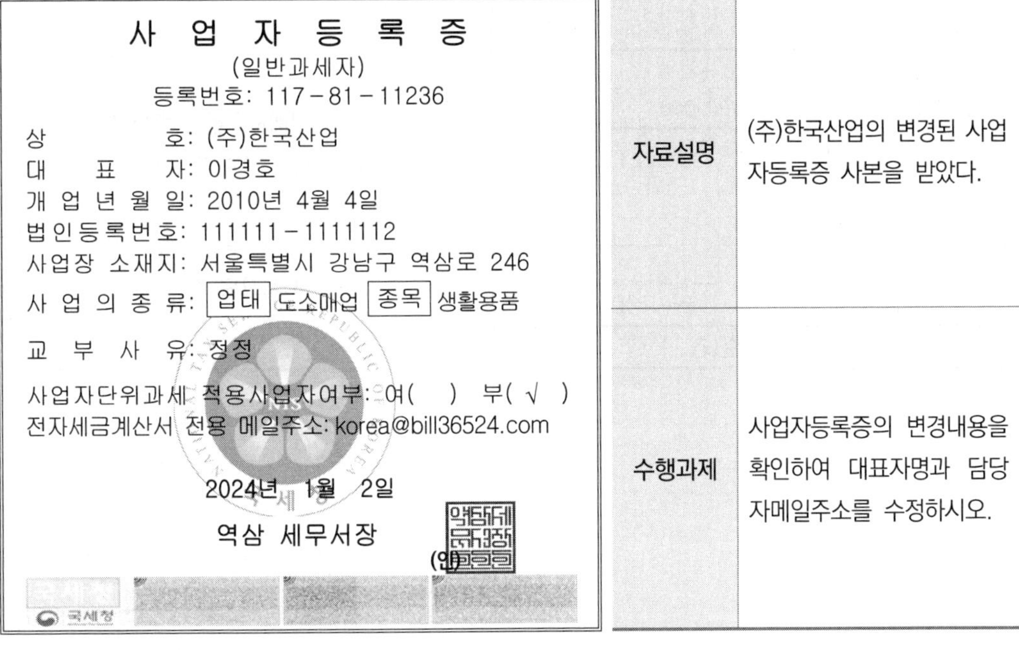

<table>
<tr><td rowspan="2">

사 업 자 등 록 증
(일반과세자)
등록번호: 117 - 81 - 11236

상   호: (주)한국산업
대   표   자: 이경호
개 업 년 월 일: 2010년 4월 4일
법인등록번호: 111111 - 1111112
사업장 소재지: 서울특별시 강남구 역삼로 246
사 업 의 종 류: 업태 도소매업 종목 생활용품
교 부 사 유: 정정
사업자단위과세 적용사업자여부: 여( ) 부(√)
전자세금계산서 전용 메일주소: korea@bill36524.com

2024년 1월 2일

역삼 세무서장

국세청

</td><td>자료설명</td><td>(주)한국산업의 변경된 사업자등록증 사본을 받았다.</td></tr>
<tr><td>수행과제</td><td>사업자등록증의 변경내용을 확인하여 대표자명과 담당자메일주소를 수정하시오.</td></tr>
</table>

2 계정과목및적요등록 수정

자료설명	(주)강우문구는 판매촉진목적 지출의 '판매촉진비'를 별도로 구분하여 관리하려고 한다.
수행과제	'850.회사설정계정과목'을 '판매촉진비'로 등록하고, 구분과 표준코드를 입력하시오. - 구분: 4.경비 - 표준코드: 091.광고선전비 (판매촉진비 포함)

실무수행2 **거래자료 입력**

실무프로세스 자료이다. [자료설명]을 참고하여 [수행과제]를 수행하시오.

1 증빙에 의한 전표입력

<table>
<tr><td colspan="6">NO.　　　　　영 수 증 (공급받는자용)</td></tr>
<tr><td colspan="6" align="center">(주)강우문구　　귀하</td></tr>
<tr><td rowspan="4">공급자</td><td>사 업 자
등 록 번 호</td><td colspan="4">133 - 01 - 42888</td></tr>
<tr><td>상　　　호</td><td colspan="2">나리한정식</td><td>성 명</td><td>정득남</td></tr>
<tr><td>사 업 장
소 재 지</td><td colspan="4">광주광역시 동구 필문대로 104 (계림동)</td></tr>
<tr><td>업　　　태</td><td colspan="2">음식업</td><td>종목</td><td>한식</td></tr>
<tr><td>작성일자</td><td colspan="3">공급대가총액</td><td colspan="2">비고</td></tr>
<tr><td>2024.1.9.</td><td colspan="3">₩　220,000</td><td colspan="2"></td></tr>
<tr><td colspan="6" align="center">공 급 내 역</td></tr>
<tr><td>월/일</td><td>품명</td><td colspan="2">수량</td><td>단가</td><td>금액</td></tr>
<tr><td>1/9</td><td>한정식세트</td><td colspan="2"></td><td></td><td>220,000</td></tr>
<tr><td colspan="4" align="center">합　　계</td><td colspan="2">₩ 220,000</td></tr>
<tr><td colspan="6" align="center">위 금액을 영수(청구)함</td></tr>
</table>

자료설명	지방 출장중인 회사 영업팀 직원의 식사대금을 현금으로 지급하고 받은 영수증이다. 회사는 이 거래가 지출증명서류미수취가산세 대상인지를 검토하려고 한다.
수행과제	1. 거래자료를 입력하시오. 　(단, 출장경비는 '여비교통비'로 처리할 것.) 2. 영수증수취명세서 (2)와 (1)서식을 작성하시오

② 증빙에 의한 전표입력

<table>
<tr><td colspan="2">
** 현금영수증 **
(지출증빙용)

사업자등록번호 : 117-18-12323
사업자명 : 강남주차장
단말기ID : 12123232(tel: 02-313-0009)
가맹점주소 : 서울특별시 강남구 강남대로 250
　　　　　　　(도곡동, 심현빌딩)
현금영수증 회원번호
220-81-03217　　　　(주)강우문구
승인번호 : 92380001　(PK)
거래일시 : 2024년 2월 13일 16시28분21초

공급금액　　　　　　　　　360,000원
부가가치세　　　　　　　　 36,000원
총합계　　　　　　　　　　396,000원

휴대전화, 카드번호 등록
http://현금영수증.kr
국세청문의(126)
38036925-GCA10106-3870-U490
　　<<<<<이용해 주셔서 감사합니다.>>>>>>
</td></tr>
</table>

자료설명	영업부 업무용 승용차(1,998cc)의 주차를 위하여 강남주차장에 당월분 주차비를 현금으로 지급하고 수취한 현금영수증이다.
수행과제	거래자료를 입력하시오. (단, '차량유지비'로 처리할 것.)

③ 기타 일반거래

■ 보통예금(국민은행) 거래내역

번호	거래일	내 용	찾으신금액	맡기신금액	잔 액	거래점
		계좌번호 096-25-0096-751　(주)강우문구				
1	2024-3-25	보증금		30,000,000	***	***

자료설명	물품 보관장소로 사용중인 (주)금비빌딩 창고의 계약기간이 만료되어 보증금 30,000,000원을 국민은행 보통예금 통장으로 입금받았다.
수행과제	거래자료를 입력하시오.(단, 거래처코드 입력할 것.)

4 약속어음의 배서양도

<table>
<tr><td colspan="3" align="center">전 자 어 음</td></tr>
<tr><td>(주)강우문구 귀하</td><td></td><td>00420240206123456789</td></tr>
<tr><td>금</td><td>일천일백만원정</td><td><u>11,000,000원</u></td></tr>
</table>

위의 금액을 귀하 또는 귀하의 지시인에게 지급하겠습니다.

지급기일	2024년 5월 10일	발행일	2024년 2월 6일
지 급 지	국민은행	발행지	서울특별시 구로구 구로동로 30
지급장소	구로지점	주 소	(가리봉동)
		발행인	(주)초록마트

자료설명	[4월 7일] (주)미소용품의 외상매입금 일부를 결제하기 위해 (주)초록마트에 상품을 매출하고 받은 전자어음을 배서양도 하였다.
수행과제	1. 거래자료를 입력하시오. 2. 자금관련정보를 입력하여 받을어음현황에 반영하시오.

5 기타 일반거래

자료 1. 건강보험료 영수증

건강보험료		2024 년 4 월		영수증(납부자용)
사 업 장 명	(주)강우문구			
사 용 자	서울특별시 강남구 강남대로 252 (도곡동)			
납부자번호	5700000123	사 업 장 관 리 번 호	22081032170	
납 부 할 보 험 료 (ⓐ+ⓑ+ⓒ+ⓓ+ ⓔ)			225,620 원	
			2024.5.10. 까지	
보 험 료	건 강 ⓐ	200,000 원	연금 ⓒ	원
	장기요양 ⓑ	25,620 원	고용 ⓓ	원
	소계(ⓐ+ⓑ)	225,620 원	산재 ⓔ	원
납기후금액		230,130원	납기후기한	2024.5.31.까지

◉ 납부기한까지 납부하지 않으면 연체금이 부과됩니다.
※ 납부장소: 전 은행, 우체국, 농·수협(지역조합 포함), 새마을금고, 신협, 증권사, 산림조합중앙회, 인터넷지로(www.giro.or.kr)
※ 2D코드: GS25, 세븐일레븐, 미니스톱, 바이더웨이, 씨유에서 납부 시 이용.(우리·신한은행 현금카드만 수납가능)

2024년 4월 20일

국민건강보험공단 이 사

수납인

자동이체 신청 납부자번호 :

자료 2. 보통예금(신한은행) 거래내역

번호	거래일	내 용	찾으신금액	맡기신금액	잔 액	거래점
		계좌번호 112 – 088 – 654321 (주)강우문구				
1	2024 – 5 – 10	건강보험료	225,620		***	***

자료설명	4월 급여 지급분에 대한 건강보험료(장기요양보험료 포함)를 납부기한일에 신한은행 보통예금 계좌에서 이체하여 납부하였다. 보험료의 50%는 급여 지급 시 원천징수한 금액이며, 나머지 50%는 회사부담분이다. 당사는 회사부담분을 '복리후생비'로 처리하고 있다.
수행과제	거래자료를 입력하시오.

실무수행3 **부가가치세**

부가가치세 신고 관련 자료이다. [자료설명]을 참고하여 [수행과제]를 수행하시오.

① 과세매출자료의 전자세금계산서 발행

<table>
<tr><td colspan="10" align="center">거래명세서 (공급자 보관용)</td></tr>
<tr><td rowspan="6">공급자</td><td>등록번호</td><td colspan="4">220 – 81 – 03217</td><td rowspan="6">공급받는자</td><td>등록번호</td><td colspan="3">106 – 86 – 08702</td></tr>
<tr><td>상호</td><td colspan="2">(주)강우문구</td><td>성명
(대표자)</td><td>김강우</td><td>상호</td><td>(주)제일유통</td><td>성명</td><td>장인수</td></tr>
<tr><td>사업장
주소</td><td colspan="4">서울특별시 강남구 강남대로 252
(도곡동)</td><td>사업장
주소</td><td colspan="3">서울특별시 서대문구 충정로 30</td></tr>
<tr><td>업태</td><td colspan="2">도소매업</td><td colspan="2">종사업장번호</td><td>업태</td><td>도소매업</td><td colspan="2">종사업장번호</td></tr>
<tr><td>종목</td><td colspan="4">문구용품 외</td><td>종목</td><td colspan="3">문구, 잡화</td></tr>
</table>

거래일자	미수금액	공급가액	세액	총 합계금액
2024.7.12.		12,500,000	1,250,000	13,750,000

NO	월	일	품목명	규격	수량	단가	공급가액	세액	합계
1	7	12	다목적 문구함		500	25,000	12,500,000	1,250,000	13,750,000

자료설명	상품을 판매하고 발급한 거래명세서이며, 판매대금은 7월 말까지 받기로 하였다.
수행과제	1. 거래명세서에 의해 매입매출자료를 입력하시오. 2. 전자세금계산서 발행 및 내역관리 를 통하여 발급 및 전송하시오. (전자세금계산서 발급 시 결제내역 및 전송일자는 고려하지 말 것.)

② 매출거래

<table>
<tr><td colspan="2" align="center">**카드매출전표**</td></tr>
<tr><td>카 드 종 류 : 삼성카드
회 원 번 호 : 5083 - 2117 - **** - 8**8
거 래 일 시 : 2024.7.20. 10:25:26
거 래 유 형 : 신용승인
매   출 : 170,000원
부 가 세 :   17,000원
합   계 : 187,000원
결 제 방 법 : 일시불
승 인 번 호 : 2837379

가 맹 점 명 : (주)강우문구
가맹점번호 : 55721112
- 이 하 생 략 -</td></tr>
</table>

자료설명	상품(멀티펜)을 비사업자인 신지희에게 판매하고 발행한 신용카드매출전표이다.
수행과제	매입매출자료를 입력하시오. (매출채권에 대하여 '외상매출금'계정으로 처리할 것.)

③ 매입거래

2024년 8월 청구서	
작성일자: 2024.09.03.	
납부기한: 2024.09.15.	
금 액	**308,000원**
고객명	(주)강우문구
이용번호	02 - 355 - 1919
명세서번호	**25328**
이용기간	8월 1일 ~ 8월 31일
8월 이용요금	308,000원
공급자등록번호	135 - 81 - 92483
공급받는자 등록번호	220 - 81 - 03217
공급가액	280,000원
부가가치세(VAT)	28,000원
10원미만 할인요금	0원
입금전용계좌	기업은행

이 청구서는 부가가치세법 시행령 53조 제4항에 따라 발행하는 전자세금계산서입니다.

(주)미래통신

자료설명	영업부의 8월분 전화요금청구서이다. 회사는 작성일자로 미지급금을 계상하고, 납부기한일에 자동이체하여 지급 처리하고 있다.
수행과제	작성일자를 기준으로 매입매출자료를 입력하시오. ('51.과세매입'으로 처리하고, '전자입력'으로 입력할 것.)

④ 매입거래

	등록번호	211-75-24158				등록번호	220-81-03217	
공급자	상호	시대교육	성명(대표자)	이수빈	**공급받는자**	상호	(주)강우문구	성명(대표자) 김강우
	사업장주소	서울특별시 강남구 역삼로 541				사업장주소	서울특별시 강남구 강남대로 252 (도곡동)	
	업태	서비스업	종사업장번호			업태	도소매업	종사업장번호
	종목	교육				종목	문구용품 외	
	E-Mail	soo@hanmail.net				E-Mail	gangwoo@bill36524.com	

전자계산서 (공급받는자 보관용) · 승인번호

작성일자	2024.11.1.	공급가액	600,000	비고	

월	일	품목명	규격	수량	단가	공급가액	비고
11	1	B2B 마케팅				600,000	

합계금액	현금	수표	어음	외상	이 금액을	○ 영수 ● 청구	함
600,000				600,000			

자료설명	당사 영업팀의 B2B 마케팅 교육을 실시하고 전자계산서를 발급받았다.
수행과제	매입매출자료를 입력하시오. (전자계산서 거래는 '전자입력'으로 입력할 것.)

5 **매출거래**

전자세금계산서				(공급자 보관용)			승인번호		
공급자	등록번호	220-81-03217			공급받는자	등록번호	120-86-50832		
	상호	(주)강우문구	성명(대표자)	김강우		상호	(주)중고나라	성명(대표자)	김유민
	사업장주소	서울특별시 강남구 강남대로 252 (도곡동)				사업장주소	서울특별시 강남구 봉은사로 409 (삼성동)		
	업태	도소매업	종사업장번호			업태	도소매업	종사업장번호	
	종목	문구용품 외				종목	가전제품		
	E-Mail	gangwoo@bill36524.com				E-Mail	yumin@naver.com		

작성일자	2024.12.1.	공급가액	1,600,000	세 액	160,000
비고					

월	일	품목명	규격	수량	단가	공급가액	세액	비고
12	1	제습기				1,600,000	160,000	

합계금액	현금	수표	어음	외상미수금	이 금액을	○ 영수 ○ 청구	함
1,760,000							

자료설명	1. 사무실에서 사용하던 비품(제습기)을 (주)중고나라에 매각하고 발급한 전자세금계산서이며 대금은 전액 하나은행 보통예금 계좌로 입금받았다. 2. 매각 직전 제습기의 장부금액은 1,500,000원(취득금액 2,000,000원, 감가상각누계액 500,000원)이다.
수행과제	매입매출자료를 입력하시오. (단, 전자세금계산서의 발급 및 전송업무는 생략하고 '전자입력'으로 입력할 것.)

6 **부가가치세신고서에 의한 회계처리**

수행과제	제1기 확정 신고기간의 부가가치세신고서를 조회하여, 6월 30일 부가가치세 납부세액 또는 환급세액에 대한 회계처리를 하시오.(단, 납부할 세액은 '미지급세금', 환급받을 세액은 '미수금'으로 회계처리 하고, 거래처코드 입력할 것.)

실무수행4 결산

[결산자료]를 참고하여 결산을 수행하시오.(단, 제시된 자료 이외의 자료는 없다고 가정함.)

1 수동결산 및 자동결산

자료설명	1. 단기매매증권의 기말 내역은 다음과 같다.
	
		회사명	주식수	단위당 장부금액	단위당 평가금액 |
					    |---|---|---|---|
					
						(주)더존비즈온	300주	@55,000원	@70,000원 |
									
									2. 기말 상품재고액은 31,000,000원이다.
									3. 이익잉여금처분계산서 처분 예정(확정)일
									  - 당기분: 2025년 2월 23일
									  - 전기분: 2024년 2월 23일

수행과제	1. 수동결산 또는 자동결산 메뉴를 이용하여 결산을 완료하시오. 2. 12월 31일을 기준으로 '손익계산서 → 이익잉여금처분계산서 → 재무상태표'를 순서대로 조회 작성하시오.(단, 이익잉여금처분계산서 조회 작성 시 '저장된 데이터 불러오기' → '아니오' 선택 → '전표추가'를 이용하여 '손익대체분개'를 수행할 것.)

평가문제 실무수행평가 (62점)

입력자료 및 회계정보를 조회하여 [평가문제]의 답안을 입력하시오.

<table>
<tr><td colspan="3" align="center">평가문제 답안입력 유의사항</td></tr>
<tr><td colspan="3">❶ 답안은 지정된 단위의 숫자로만 입력해 주십시오.
 * 한글 등 문자 금지</td></tr>
<tr><td></td><td align="center">정답</td><td align="center">오답(예)</td></tr>
<tr><td>(1) 금액은 원 단위로 숫자를 입력하되, 천 단위 콤마(,)는 생략 가능합니다.

(1-1) 답이 0원인 경우 반드시 "0" 입력
(1-2) 답이 음수(-)인 경우 숫자 앞에 " - " 입력
(1-3) 답이 소수인 경우 반드시 " . " 입력</td><td align="center">1,245,000
1245000</td><td align="center">1.245.000
1,245,000원
1,245,0000
12,45,000
1,245천원</td></tr>
<tr><td>(2) 질문에 대한 답안은 숫자로만 입력하세요.</td><td align="center">4</td><td align="center">04
4건/매/명
04건/매/명</td></tr>
<tr><td>(3) 거래처 코드번호는 5자리 숫자로 입력하세요.</td><td align="center">00101</td><td align="center">101
00101번</td></tr>
<tr><td colspan="3">❷ 답안에 천원단위(000) 입력시 더존 프로그램 숫자 입력 방법과 다르게 숫자키패드 ' + ' 기능은 지원되지 않습니다.</td></tr>
<tr><td colspan="3">❸ 더존 프로그램에서 조회되는 자료를 복사하여 붙여넣기가 가능합니다.</td></tr>
<tr><td colspan="3">❹ 수행과제를 올바르게 입력하지 않고 작성한 답과 모범답안이 다른 경우 오답처리 됩니다.</td></tr>
</table>

번호	평가 문제	배점
11	**평가문제 [거래처등록 조회]** 다음 중 [거래처등록] 관련 내용으로 옳은 것은? ① 카드거래처의 매입 관련 거래처는 1곳이다. ② 금융거래처 중 '3.예금종류'가 '당좌예금'인 거래처는 5곳이다. ③ 일반거래처 '00189.(주)한국산업'의 대표자명은 최윤나이다. ④ 일반거래처 '00189.(주)한국산업'의 담당자메일주소는 'korea@bill36524.com'이다.	4
12	**평가문제 [계정과목및적요등록 조회]** '850.판매촉진비'의 표준코드 3자리를 입력하시오.	4
13	**평가문제 [거래처원장 조회]** 7월(7/1~7/31) 한달 동안 '108.외상매출금'이 가장 많이 증가한 거래처코드를 입력하시오.	4
14	**평가문제 [거래처원장 조회]** 12월 말 현재 각 계정과목의 거래처별 잔액이 옳지 않은 것은? ① 251.외상매입금　(00105.(주)미소용품)　21,800,00원 ② 253.미지급금　　(00130.시대교육)　　600,000원 ③ 261.미지급세금　(05900.역삼세무서)　9,301,000원 ④ 962.임차보증금　(00107.(주)금비빌딩)　35,000,00원	3
15	**평가문제 [합계잔액시산표 조회]** 5월 말 '예수금' 잔액은 얼마인가?	3
16	**평가문제 [합계잔액시산표 조회]** 9월 말 '미지급금' 잔액은 얼마인가?	3
17	**평가문제 [현금출납장 조회]** 12월 말 '현금' 잔액은 얼마인가?	3
18	**평가문제 [재무상태표 조회]** 12월 말 '단기매매증권' 잔액은 얼마인가?	3
19	**평가문제 [재무상태표 조회]** 12월 말 '비품'의 장부금액(취득원가 – 감가상각누계액)은 얼마인가?	2
20	**평가문제 [재무상태표 조회]** 12월 말 '이월이익잉여금(미처분이익잉여금)' 잔액은 얼마인가? ① 241,481,433원　　　② 258,481,433원 ③ 271,481,433원　　　④ 276,541,433원	2

번호	평가 문제	배점
21	**평가문제 [일/월계표 조회]** 9월에 발생한 '판매관리비' 중 금액이 옳지 않은 것은? ① 복리후생비　618,000원　　② 여비교통비　88,000원 ③ 통신비　58,020원　　④ 차량유지비　830,800원	3
22	**평가문제 [손익계산서 조회]** 당기에 발생한 '교육훈련비' 금액은 얼마인가?	4
23	**평가문제 [손익계산서 조회]** 당기에 발생한 '영업외수익' 중 전년대비 거래금액이 가장 많이 증가한 계정과목의 코드번호를 입력하시오.	3
24	**평가문제 [영수증수취명세서 조회]** '영수증수취명세서(1),(2)'의 명세서제출 대상 거래 중 금액이 가장 큰 계정과목의 코드번호를 입력하시오.	2
25	**평가문제 [부가가치세신고서 조회]** 제2기 예정 신고기간 부가가치세신고서의 '과세_신용카드.현금영수증(3란)'의 금액은 얼마인가?	4
26	**평가문제 [부가가치세신고서 조회]** 제2기 예정 신고기간 부가가치세신고서의 '세금계산서수취분_일반매입(10란)'의 세액은 얼마인가?	2
27	**평가문제 [세금계산서합계표 조회]** 제2기 확정 신고기간의 전자매출세금계산서 매수는?	3
28	**평가문제 [계산서합계표 조회]** 제2기 확정 신고기간의 전자매입계산서 공급가액 합계액은 얼마인가?	4
29	**평가문제 [예적금현황 조회]** 12월 말 은행별(계좌명) 예금 잔액으로 옳지 않은 것은? ① 신한은행(보통)　86,277,380원　　② 국민은행(보통)　53,137,000원 ③ 농협은행(보통)　49,500,000원　　④ 하나은행(보통)　28,515,000원	3
30	**평가문제 [받을어음현황 조회]** 만기일이 2024년에 도래하는 받을어음 중 '구분: 보관'에 해당하는 금액은 얼마인가?	3
총 점		**62**

평가문제 회계정보분석 (8점)

회계정보를 조회하여 [회계정보분석] 답안을 입력하시오.

31. 재무상태표 조회 (4점)

유동비율이란, 기업이 단기채무를 충당할 수 있는 유동자산이 얼마나 되는가를 평가하여 기업의 단기지급능력을 판단하는 지표이다. 전기 유동비율을 계산하면 얼마인가?(단, 소숫점 이하는 버림 할 것.)

$$\text{유동비율(\%)} = \frac{\text{유동자산}}{\text{유동부채}} \times 100$$

① 24%   ② 124%
③ 354%   ④ 411%

32. 손익계산서 조회 (4점)

매출액순이익률이란, 매출액에 대한 당기순이익의 비율을 보여주는 지표이다.
전기 매출액순이익률을 계산하면 얼마인가?(단, 소숫점 이하는 버림 할 것.)

$$\text{매출액순이익률(\%)} = \frac{\text{당기순이익}}{\text{매출액}} \times 100$$

① 20%   ② 27%
③ 34%   ④ 489%

Part. 7

기출문제 해답

제100회 전산회계 1급 기출문제 해답

세무사랑㈜ (코드번호:1003)

▌ 이 론 시 험 ▐

1	2	3	4	5	6	7	8	9	10	11	12	13	14	15
①	②	④	④	④	④	②	③	③	④	③	④	①	①	①

1. [일반기업회계기준 재무회계개념체계 문단 138] 어떤 항목이 신뢰성 있게 측정되기 위해서 그 측정속성의 금액이 반드시 확정되어 있다는 것을 의미하지는 않으며, 추정에 의한 측정치도 합리적인 근거가 있을 경우 당해 항목의 인식에 이용될 수 있다. 예를 들어, 제품의 보증수리에 소요될 비용을 과거의 보증수리 실적을 토대로 추정하는 것은 합리적 추정치가 될 수 있다.

2. 자산을 비용으로 처리하면 자산 과소계상, 비용 과대계상, 순이익 과소계상을 초래하지만 수익에는 영향을 미치지 않는다.

3. 950,000원 = (500개 × 300원) + (2,000개 × 400원)

4. 영업활동에서 사용되는 자산은 유형자산이며, 판매 목적의 자산은 재고자산으로 분류하여야 한다.

5. [일반기업회계기준 6.30] 단기매매증권과 매도가능증권은 공정가치로 평가한다. 다만, 매도가능증권 중 시장성이 없는 지분증권의 공정가치를 신뢰성 있게 측정할 수 없는 경우에는 취득원가로 평가한다.

6. 27,000,000원 = (취득원가 60,000,000원 − 잔존가치 6,000,000원) × 3/6

7. 판매를 목적으로 취득하는 자산은 재고자산이다.

8. 5,100,000원 = 기초상품 5,000,000원 + (당기매입 2,000,000원 − 매입할인 100,000원)
　　　　　　　　+ 매입운임 200,000원 − 기말상품 2,000,000원

9. 보조부문원가의 배분방법 중 어떤 방법을 선택해도 순이익은 동일하다.

10. 700,000원 = 전월 선급액 500,000원 + 당월 지급액 200,000원

11. 개별원가계산은 다품종 소량생산하는 기업에 적합하며, 특정제조지시서를 사용하고, 종합원가에 비해 각 제품별 정확한 원가계산이 가능하다. 종합원가계산은 동일한 종류의 제품을 연속적으로 대량생산하는 기업에 적합하며, 계속제조지시서를 사용한다.

12. 배부기준의 실제조업도 × 예정배부율

13. 영세율은 완전면세제도이다.

14. 부가가치세법 제12조, 고용관계에 따라 근로를 제공하는 것은 용역의 공급으로 보지 아니한다. 사업자가 대가를 받지 아니하고 타인에게 용역을 공급하는 것은 용역의 공급으로 보지 아니한다. 다만, 사업자가 특수관계인에게 사업용 부동산의 임대용역 등을 공급하는 것은 용역의 공급으로 본다.

15. 부가가치세법 제32조 제2항, 법인사업자와 직전 연도의 사업장별 재화 및 용역의 공급가액(면세공급가액을 포함)의 합계액이 8천만원 이상인 개인사업자(2024년 7/1 ~ 2025년 6/30)는 세금계산서를 발급하려면 전자적 방법으로 세금계산서를 발급하여야 한다.

▌ 실 무 시 험 ▌

문제 1.

[1] [계정과목및적요등록]>274.사용자설정계정과목> · 계정과목 : 선수임대료

· 성격 : 2.일반

· 대체적요 : 1, 기간미경과 임대료 계상

[2] [거래처등록]>[금융기관] 탭> · 코드 : 98004

· 거래처명 : 신한은행(지점을 포함하여 등록한 경우 일부 인정)

· 유형 : 3.정기적금

· 계좌번호 : 413 - 920 - 769077

· 계좌개설은행/지점 : 088.신한은행/마곡점

· 계좌개설일 : 2024년 11월 10일

[3] [거래처별초기이월]>받을어음> · ㈜하늘정밀 : 14,300,000원 → 13,300,000원

· ㈜일렉코리아 : 10,700,000원 → 11,700,000원

지급어음> · ㈜프로테크 : 15,400,000원 → 14,500,000원

· ㈜부흥기업 : 13,500,000원 추가 입력

문제 2.

[1] 07.04. 일반전표 입력

(차) 교육훈련비(제)	500,000원	(대) 예수금	16,500원
		보통예금	483,500원

[2] 07.11. 일반전표 입력

(차) 보험료(제)	3,000,000원	(대) 보통예금	3,000,000원

[3] 07.25. 일반전표입력

(차) 보통예금	1,500,000원	(대) 배당금수익	1,500,000원

[4] 08.16. 일반전표입력

(차) 기업업무추진비(판)	330,000원	(대) 미지급금(신한카드)	330,000원
		또는 미지급비용	

[5] 08.25. 일반전표입력

(차) 임금(제)	1,900,000원	(대) 예수금	174,250원
		보통예금	1,725,750원

[6] 09.17. 일반전표입력

(차) 기부금	2,500,000원	(대) 보통예금	2,500,000원

문제 3.

[1] 매입매출전표입력

유형:11.과세 공급가액:6,000,000원 부가세:600,000원 거래처:해피상사 전자:여 분개:혼합

(차) 현금	3,300,000원	(대) 제품매출	6,000,000원
외상매출금	3,300,000원	부가세예수금	600,000원

[2] 매입매출전표 입력

유형:17.카과 공급가액:5,000,000원 부가세:500,000원 거래처:조아무역 분개:카드 또는 혼합

신용카드사:비씨카드

(차) 외상매출금(비씨카드)	5,500,000원	(대) 제품매출	5,000,000원
		부가세예수금	500,000원

[3] 매입매출전표입력

유형:51.과세 공급가액:5,000,000원 부가세:500,000원 거래처:㈜에스콤 전자:여 분개:혼합

(차) 설비장치	5,000,000원	(대) 미지급금(㈜에스콤)	5,000,000원
부가세대급금	500,000원	현금	500,000원

[4] 매입매출전표입력

유형:55.수입 공급가액:10,000,000원 부가세:1,000,000원 거래처:인천세관 전자:여

분개:현금 또는 혼합

(차) 부가세대급금	1,000,000원	(대) 현금	1,000,000원
또는 출금전표		부가세대급금	1,000,000원

[5] 매입매출전표입력

유형:53.면세 공급가액:800,000원 부가세:0원 거래처:㈜리스 전자:여 분개:혼합

(차) 임차료(판)	800,000원	(대) 미지급금(㈜리스)	800,000원
		또는 미지급비용	

[6] 매입매출전표 입력

유형:16.수출 공급가액:260,000,000원 부가세:0원 거래처:베스트인터내셔날 분개:외상 또는 혼합

영세율구분:1.직접수출(대행수출 포함)

(차) 외상매출금	260,000,000원	(대) 제품매출	260,000,000원

문제 4.

[1] 매입매출입력전표 수정

• 수정 전

유형:57.카과 공급가액:500,000원 부가세:50,000원 거래처:㈜마트 분개:카드 또는 혼합

신용카드사:삼성카드

(차) 소모품비(제)	500,000원	(대) 미지급금(삼성카드)	550,000원
부가세대급금	50,000원		

• 수정 후
유형:57.카과 공급가액:500,000원 부가세:50,000원 거래처:㈜마트 분개:카드 또는 혼합
신용카드사:삼성카드

(차) 소모품비(판)	500,000원	(대) 미지급금(삼성카드)		550,000원
부가세대급금	50,000원	또는 미지급비용		

[2] 일반전표 수정

• 수정 전

(차) 현금	25,000,000원	(대) 외상매출금(한성공업)	25,000,000원

• 수정 후

(차) 받을어음(한성공업)	15,000,000원	(대) 외상매출금(한성공업)	25,000,000원
현금	10,000,000원		

문제 5.

[1] 일반전표입력

(차) 선급비용	3,000,000원	(대) 보험료(판)	3,000,000원

[2] 일반전표입력

(차) 현금과부족	30,000원	(대) 잡이익	30,000원

[3] 일반전표입력

(차) 외화환산손실	300,000원	(대) 외상매입금(Rose)	300,000원

• 외화환산손실 : $3,000 × 1,200원 − 3,300,000원 = 300,000원

문제 6.

[1] 65,500,000원

[현금출납장]>기간 : 1월 1일~6월 30일>출금 누계액 확인

[2] 기린전자

[세금계산서합계표]>조회기간 : 4월~6월>[매입] 탭>[과세기간 종료일 다음달 11일까지(전자분)] 탭
확인

[3] 360,000원

• [매입매출장]>조회기간 : 1월 1일~3월 31일>구분 : 3.매입>유형 : 57.카과

• 또는 [부가가치세신고서]>조회기간 : 1월 1일~3월 31일>41.신용카드매출수령금액합계표

제101회 전산회계 1급 기출문제 해답

㈜동진상사 (코드번호:1013)

▌이 론 시 험 ▌

1	2	3	4	5	6	7	8	9	10	11	12	13	14	15
④	④	②	①	④	③	④	④	④	④	③	④	③	③	③

1. 유형자산처분손실은 영업외비용으로 영업이익에서 차감하므로 법인세비용차감전순손익 금액이 감소한다.

2. [일반기업회계기준 문단 2.35] 현금및현금성자산은 통화 및 타인발행수표 등 통화대용증권과 당좌예금, 보통예금 및 큰 거래비용 없이 현금으로 전환이 용이하고 이자율 변동에 따른 가치변동의 위험이 경미한 금융상품으로서 취득 당시 만기일(또는 상환일)이 3개월 이내인 것을 말한다.

3. 재고자산을 제외한 다른 자산을 취득하면서 대금은 약속어음을 발행하여 지급한 경우에는 지급어음이 아니라 미지급금 계정으로 처리한다.

4. ① 5,000,000원 = (생산부 포터2 더블캡 취득원가 30,000,000원 - 잔존가치 5,000,000원) × 상각률 0.2
　• 감가상각비(판) : (영업부 BMW520d 취득원가 65,000,000원 - 잔존가치 15,000,000원) × 상각률 0.2 × 10/12 = 8,333,333원

5. [일반기업회계기준 문단 11.10] 무형자산을 최초로 인식할 때에는 원가로 측정한다.

6. 600,000원 = 단기매매증권 취득가액 500,000원 + 단기매매증권처분이익 100,000원
　• 회계처리

8월 1일 : (차) 단기매매증권	500,000원	(대) 현금	500,000원
9월 1일 : (차) 현금	600,000원	(대) 단기매매증권	500,000원
		단기매매증권처분이익	100,000원

7. • 회계처리 : (차) 급여 (비용 발생)　2,000,000원　(대) 미지급금 (부채 증가)　1,950,000원
　　　　　　　　　　　　　　　　　　　　　　　예수금 (부채 증가)　　　50,000원

　• 계정별원장 전기

미지급금(부채)		예수금(부채)	
(감소)	(증가)	(감소)	(증가)
	12/1 급여 1,950,000원		12/1 급여 50,000원

8. 자기주식처분이익은 자본잉여금이고, 나머지 항목은 영업외수익이다.

9. 제품매출원가는 손익계산서 항목에 해당한다.

10. 상대적으로 정확한 제품원가계산이 가능한 방법은 개별원가계산 방법이다.

11. 820개 = 당기완성품 수량 800개 + 기말재공품 완성품환산량 20개
- 기말재공품 완성품환산량 : 기말재공품 수량 50개 × 완성도 40% = 20개

12. 기회원가는 여러 대안에 대한 의사결정을 하였을 때, 선택하지 않은 대안 중 차선의 대안에 대한 기대치이다.

13. 부가가치세법 제34조 제1항, 세금계산서는 사업자가 제15조 및 제16조에 따른 재화 또는 용역의 공급시기에 재화 또는 용역을 공급받는 자에게 발급하여야 한다.

14. 부가가치세법 제26조 제1항, 도서 및 도서대여 용역의 공급에 대하여는 부가가치세를 면제한다.
- 나머지 ①,②,④는 부가가치세가 과세된다.

15. 954,000원 = 총매출액 1,000,000원 - 매출에누리 16,000원 - 매출할인 30,000원
- 부가가치세 제29조 제5항 및 제6항, 매출할인, 매출에누리, 대가 지급의 지연으로 받는 연체이자는 공급가액에 포함하지 않는다. 판매장려금(금전) 지급액과 대손금액은 과세표준에서 공제하지 않는다.

▌ 실 무 시 험 ▌

문제 1.

[1] [거래처등록]>[신용카드] 탭> · 코드 : 99605
  · 거래처명 : 소망카드
  · 유형 : 1.매출
  · 가맹점번호 : 654800341

[2] [계정과목및적요등록]>코드 : 0855> · 계정과목 : 인적용역비
  · 성격 : 3.경비
  · 대체적요 : 적요NO 1, 사업소득자 용역비 지급

[3] [거래처별초기이월]> · 외상매출금> · ㈜부산무역 23,000,000원 → 49,000,000원으로 수정
  · ㈜영월상사 13,000,000원 → 33,000,000원으로 수정
  · 외상매입금> · ㈜여주기업 50,000,000원 → 51,000,000원으로 수정
  · ㈜부여산업 24,800,000원 추가입력

문제 2.

[1] 일반전표입력

(차) 외상매입금(㈜강남)	2,500,000원	(대) 지급어음(㈜강남)	1,300,000원
		채무면제이익	1,200,000원

[2] 일반전표입력

(차) 현금	600,000원	(대) 선수금(일만상사)	600,000원
또는 입금전표		선수금(일만상사)	600,000원

[3] 일반전표입력

(차) 상여금(판)	500,000원	(대) 예수금	154,000원
상여금(제)	900,000원	보통예금	1,246,000원

[4] 일반전표입력

(차) 미지급배당금	2,000,000원	(대) 보통예금	2,000,000원

[5] 일반전표입력

(차) 비품	3,000,000원	(대) 미지급금(씨티카드)	3,000,000원

[6] 일반전표입력

(차) 퇴직연금운용자산	5,390,000원	(대) 보통예금	5,500,000원
수수료비용(판)	110,000원		

문제 3.

[1] 매입매출전표입력

유형:12.영세 공급가액:10,000,000원 부가세:0원 거래처:㈜정남 전자:여 분개:혼합

영세율구분 : 3.내국신용장·구매확인서에 의하여 공급하는 재화

(차) 외상매출금(㈜정남)	8,000,000원	(대) 제품매출	10,000,000원
선수금(㈜정남)	2,000,000원		

[2] 매입매출전표입력

유형:51.과세 공급가액:1,300,000원 부가세:130,000원 거래처:주경상사 전자:여 분개:혼합

(차) 원재료	1,300,000원	(대) 현금	1,000,000원
부가세대급금	130,000원	지급어음(주경상사)	430,000원

[3] 매입매출전표입력

유형:53.면세 공급가액:1,650,000원 거래처:㈜예인 전자:여 분개:혼합

(차) 교육훈련비(판)	1,650,000원	(대) 보통예금	1,650,000원

[4] 매입매출전표입력

유형:54.불공 공급가액:88,000,000원 부가세:8,800,000원 거래처:인천세관 전자:여 분개:혼합

불공제사유 : 3.비영업용 소형승용자동차 구입·유지 및 임차

(차) 차량운반구	8,800,000원	(대) 당좌예금	8,800,000원

[5] 매입매출전표입력

유형:57.카과 공급가액:400,000원 부가세:40,000원 거래처:명랑 분개:혼합 또는 카드

신용카드사 : 하나카드

(차) 복리후생비(판)	400,000원	(대) 보통예금	440,000원
부가세대급금	40,000원		

[6] 12월 30일 매입매출전표입력

유형:22.현과 공급가액:6,000,000원 부가세:600,000원 거래처:미래회계학원 분개:혼합 또는 현금

(차) 현금	6,600,000원	(대) 제품매출	6,000,000원
		부가세예수금	600,000원

문제 4.

[1] 매입매출전표입력

- 수정 전 : 유형:51.과세 공급가액:800,000원 부가세:80,000원 거래처:㈜글라스 전자:여 분개:혼합

(현금)

(차) 건물	800,000원	(대) 현금	880,000원
부가세대급금	80,000원		

- 수정 후 : 유형:51.과세 공급가액:800,000원 부가세:80,000원 거래처:㈜글라스 전자:여 분개:혼합

(현금)

(차) 수선비(제)	800,000원	(대) 현금	880,000원
부가세대급금	80,000원		

[2] 일반전표입력

- 수정 전

출금전표	수도광열비(판)	74,500원

- 수정 후

(차) 전력비(제)	74,500원	(대) 현금	74,500원
또는 출금전표		전력비(제)	74,500원

문제 5.

[1] 일반전표입력

(차) 여비교통비(판)	230,000원	(대) 현금과부족	230,000원
또는 (차) 여비교통비(판)	140,000원	(대) 현금과부족	230,000원
여비교통비(판)	90,000원		
또는 (차) 여비교통비(판)	140,000원	(대) 현금과부족	140,000원
(차) 여비교통비(판)	90,000원	(대) 현금과부족	90,000원

또는 (차) 여비교통비(판)   230,000원   (대) 현금과부족   140,000원
                                                         현금과부족   90,000원

[2] 일반전표입력

   (차) 외화장기차입금(미국 K사)   1,500,000원   (대) 외화환산이익   1,500,000원

 • 외화장기차입금 평가금액 : $30,000 × 1,150원 = 34,500,000원
 • 외화환산이익 : 외화장기차입금 장부금액 36,000,000원 − 외화장기차입금 평가금액 34,500,000원
   = 1,500,000원

[3] [결산자료입력]>제품매출원가> · 원재료비 : 기말원재료재고액 4,400,000원 입력>F3 전표추가
                          · 당기총제조비용 : 기말재공품재고액 5,000,000원 입력
                          · 당기완성품제조원가 : 기말제품재고액 5,600,000원 입력

문제 6.

[1] 700,000원

   [매입매출장]>조회기간 : 3월 1일~3월 31일>구분 : 2.매출 >유형 : 22.현과

[2] 삼선상회, 20,800,000원

   [거래처원장]>기간 : 1월 1일~6월 30일>계정과목 : 외상매출금>대변 금액 비교

[3] 25,000원

   [일계표(월계표)]>조회기간 : 4월 1일~4월 30일>5.판매비및일반관리비>도서인쇄비>차변 현금

제102회 전산회계 1급 기출문제 해답

㈜금왕전자 (코드번호:1023)

▌ 이 론 시 험 ▌

1	2	3	4	5	6	7	8	9	10	11	12	13	14	15
③	③	③	④	③	④	④	①	②	④	③	①	③	④	③

1. (차) 대여금(자산증가)   ×××원   (대) 보통예금(자산감소)   ×××원

2. 기말재고수량 = 매입(300개) − 매출(150개) = 150개

기말재고금액(선입선출법) = [100개(12.12)×300원] + [50개(5.06)×200원] = 40,000원

3. 무형자산손상차손은 영업외비용에 해당한다.

4. ① **유형자산 중 토지와 건설중인자산은 감가상각을 하지 않는다.**

② **유형, 무형자산 모두 비화폐성 자산**이다.

③ 자산은 미래 경제적 효익이 있어야 한다.

5. 단기매매증권을 취득할 때 발생한 수수료는 비용(20,000원)으로 처리한다.

처분손익 = [처분가액(4,300) − 장부가액(4,200)]×100주 = 10,000원(처분이익)

당기비용(△20,000) + 처분이익(10,000) = △10,000원(당기순이익 감소).

6. 우발부채는 부채로 인식하지 않지만, 의무를 이행하기 위하여 자원이 유출될 가능성이 아주 낮지 않은 한, 우발부채를 주석(재무제표)에 기재한다. 즉 **자원유출가능성이 높은 경우에는 주석에 기재한다.**

7. 재무상태표상의 **자본의 총액(장부상 자본총액)은 주식의 시가총액(시장거래가격)과는 일치하지 않는 것이 일반적**이다.

8. 판관비(가) = 영업부 종업원의 급여(50,000) + 상거래채권의 대손상각비(20,000) = 70,000원

9. ① 당기총제조원가 = 직접재료비 + 직접노무비 + 제조간접비

③ 당기제품제조원가 = 기초재공품재고액 + 당기총제조원가 − 기말재공품재고액

④ 매출원가 = 기초제품재고액 + 당기제품제조원가 − 기말제품재고액

10. 정유업, 화학업, 제지업은 종합원가계산이 사용되는 대표적인 산업이다.

11.

〈1단계〉 물량흐름파악(평균법)		〈2단계〉 완성품환산량 계산	
평균법		재료비	가공비
완성품	300(100%)	300	300
기말재공품	200(50%)	200	100
계	500	*500*	*400*

12. 보조부문의 원가를 배부하는 것은 사전에 결정하는 것은 예정배부율법에 해당한다.

13. 판매목적 타사업장 반출로서 공급의제되는 재화는 세금계산서를 발급해야 한다.

15. 철도건설법에 따른 **고속철도(KTX 등)에 의한 여객운송용역**은 항공기에 의한 여객운송용역과 경쟁 관계에 있다는 점을 고려하여 과세대상으로 정하고 있다.

▌ 실 무 시 험 ▌

문제 1.

[1] [거래처등록]

　　[일반거래처] 탭>・거래처코드 : 7171　・거래처명 : ㈜천천상사　・유형 : 1.매출
　　　　　　　　　・사업자등록번호 : 129 - 86 - 78690　・대표자 : 이부천　・업태 : 도매
　　　　　　　　　・종목 : 전자제품　・주소 : 인천광역시 계양구 경명대로 1077 로얄프라자 201호(계산동)

[2] 거래처별 초기이월

- 외상매출금 : ㈜목포전자 2,000,000원 추가입력
- 외상매입금 : 저팔계산업 1,200,000원 삭제
- 받을어음 : ㈜대구전자 600,000원 → 300,000원으로 수정

[3] 전기분 재무제표 수정

원가명세서 ⇒ 손익계산서 ⇒ 잉여금처분계산서 ⇒ 재무상태표

1. [전기분원가명세서]
   - 소모품비(530) 3,000,000원 → 5,000,000원으로 수정
   - 당기제품제조원가 305,180,000원 → 307,180,000원으로 변경 확인
2. [전기분손익계산서]
   - 소모품비(830) 10,000,000원 → 8,000,000원으로 수정
   - 당기제품제조원가 305,180,000원 → 307,180,000원으로 수정입력
   - 매출원가 332,530,000원 → 334,530,000원으로 변경 확인
   - 당기순이익 144,970,000원 확인
3. [전기분이익잉여금처분계산서] : 미처분이익잉여금 및 이월이익잉여금 변동 없으므로 수정 불필요
4. [전기분재무상태표] : 당기순이익은 변동이 없으므로 수정 불필요

문제 2.

[1] (차) 보통예금   29,000,000   (대) 매도가능증권(178)   28,000,000
       매도가능증권평가이익   4,000,000   매도가능증권처분이익   5,000,000

☞매도가능증권처분손익 = 처분가액(29,000,000) − 취득가액(24,000,000) = 5,000,000원(이익)

[2] (차) 수선비(제)   550,000   (대) 원재료(8.타계정대체)   550,000

[3] (차) 복리후생비(제)   20,000   (대) 현금   20,000

[4] (차) 보통예금   500,000   (대) 대손충당금(109.외상매출금)   500,000

[5] (차) 보통예금   10,300,000   (대) 미수금   10,300,000

[6] (차) 보통예금   2,300,000   (대) 외상매출금(ACE)   2,200,000
       외환차익   100,000

☞외환차손익(자산) = [회수가액(1,150/$) − 장부가액(1,100/$)] × $2,000 = 100,000원(이익)

문제 3.

문항	일자	유형	공급가액	부가세	거래처	전자
[1]	10/16	54.불공(②)	2,500,000	250,000	㈜한국마트	여
분개유형		(차) 가지급금	2,750,000	(대) 미지급금		2,750,000
혼합		(대표이사 신윤철)		(㈜한국마트)		
문항	일자	유형	공급가액	부가세	거래처	전자
[2]	10/21	11.과세	40,000,000	4,000,000	㈜송송유통	여
분개유형		(차) 받을어음	10,000,000	(대) 제품매출		40,000,000
		(지주상사)		부가세예수금		4,000,000
혼합		외상매출금	34,000,000			
문항	일자	유형	공급가액	부가세	거래처	전자
[3]	11/02	51.과세	3,000,000	300,000	㈜이에스텍	여
분개유형		(차) 시설장치	3,000,000	(대) 미지급금		3,000,000
혼합		부가세대급금	300,000	현금		300,000
문항	일자	유형	공급가액	부가세	거래처	전자
[4]	11/27	54.불공(⑥)	30,000,000	3,000,000	㈜철거	여
분개유형		(차) 토지	33,000,000	(대) 보통예금		15,000,000
혼합				미지급금(㈜철거)		18,000,000

문항	일자	유형	공급가액	부가세	거래처	신용
[5]	12/01	17.카과	2,400,000	240,000	권지우	국민카드
분개유형		(차) 외상매출금	2,640,000	(대) 제품매출		2,400,000
카드(혼합)		**(국민카드)**		부가세예수금		240,000

문항	일자	유형	공급가액	부가세	거래처	전자
[6]	12/20	16.수출(①)	5,925,000	0	dongho	–
분개유형		(차) 외상매출금	5,925,000	(대) 제품매출		5,925,000
외상(혼합)		(dongho)				

☞제품매출 = $5,000×1,185원/$(선적일 환율) = 5,925,000원

문제 4.

[1] 〈수정전〉(8월 25일 일반전표)

(차) 세금과공과(판)	22,759,840	(대) 보통예금	22,759,840

〈수정후〉

(차) 미지급세금	22,597,090	(대) 보통예금	22,759,840
세금과공과(판)	162,750		

[2] 〈수정전〉 10월 17일 일반전표 삭제

(차) 상품	2,200,000	(대) 보통예금	2,200,000

수정후		유형	공급가액	부가세	거래처	전자
		61.현과	2,000,000	200,000	㈜이플러스	–
분개유형		(차) 비품	2,000,000	(대) 보통예금		2,200,000
혼합		부가세대급금	200,000			

문제 5.

[1] 〈수동결산〉

(차) 외화환산손실	40,000	(대) 외상매입금(상하이)	40,000

☞환산손익(부채) = 공정가액($2,000×1,120원/$) – 장부가액(2,200,000) = 40,000원(손실)

[2] 〈수동결산〉

(차) 선급비용	1,950,000	(대) 보험료(제)	1,200,000
		보험료(판)	750,000

☞ 제조부문 : 2,400,000원×6/12 = 1,200,000원, · 영업부문 : 1,500,000원×6/12 = 750,000원

[3] 〈수동결산〉

(차) 가수금	2,550,000	(대) 외상매출금(㈜인천)	2,530,000
		잡이익	20,000

문제 6.

[1] 61,858,180원

　= 3월 120,480,000원 - 2월 58,621,820원

　• [총계정원장]>조회기간 : 1월 1일~3월 31일>계정과목 : 제품매출(404) 조회

[2] 3,500,000원

　[부가가치세신고서]>조회기간 : 1월 1일~3월 31일 조회 : >14. 그밖의 공제매입세액

　　　　　>42. 신용카드매출수령금액 합계표 : 고정매입 금액

[3] 10,000,000원

　[거래처원장]>조회기간 : 6월 1일~6월 30일>계정과목 : 외상매출금(108)>거래처 : 한일상회 조회

제103회 전산회계 1급 기출문제 해답

㈜일진자동차 (코드번호:1033)

▌ 이 론 시 험 ▐

1	2	3	4	5	6	7	8	9	10	11	12	13	14	15
①	①	③	②	④	④	②	④	③	②	①	④	③	④	④

1. 재무상태표, 손익계산서, 현금흐름표, 자본변동표, 주석까지 재무제표에 포함한다.
수입금액조정명세서, 제조원가명세서, 합계잔액시산표, 주주명부는 재무제표에 포함하지 않는다.

2. 자산총계 = 보통예금(300,000) + 외상매출금(700,000) = 1,000,000원
부채총계 = 자산총계(1,000,000) − 자본금(300,000) − 이익잉여금(100,000) = 600,000원
부채총계(600,000) = 외상매입금(??) + 미지급금(150,000원) ∴외상매입금 = 450,000원

3. 비용누락과 자산차감계정(감가상누계액)이 누락되었으므로 손익계산서상에 **영업이익이 과대표시**되고,
재무상태표상 **비유동자산이 과대표시** 된다.

4. 재무상태표 계정인 선수금(부채), 개발비(자산), 저장품(자산)은 잔액을 차기이월하는 방법을 통하여
장부 마감을 하여야 하지만, 손익계산서 계정인 ②기부금은 집합손익 원장에 대체하는 방식으로 장부
마감을 하여야 한다. 즉 **재무상태표계정만 차기로 이월**된다.

5. 재무정보의 **비교가능성은 목적적합성과 신뢰성만큼 중요한 질적특성은 아니나**, 목적적합성과 신뢰성
을 갖춘 정보가 기업실체간에 비교가능하거나 또는 기간별 비교가 가능할 경우 재무정보의 유용성이
제고될 수 있다.

6. (차) 현금(자산의 증가)　　　　　51,000원　　(대) 단기대여금(자산의 감소)　　50,000원
　　　　　　　　　　　　　　　　　　　　　　　이자수익(수익의 발생)　　　　1,000원

7. 잉여금은 **자본거래에 따라 자본잉여금**, **손익거래에 따라 이익잉여금으로 구분**한다.

8. 주문개발하는 소프트웨어의 대가로 수취하는 수수료는 진행률에 따라 수익을 인식한다. 이때 진행률은
소프트웨어의 개발과 소프트웨어 인도 후 제공하는 지원용역을 모두 포함하여 결정한다.

9. 자산의 처분으로 인한 손익은 영업외손익으로 처리한다. 영업부 사무실의 소모품비는 판매관리비 항목
이다.

10. 보조부문원가 배분방법은 직접배분법, 단계배분법, 상호배분법이다.

11.

제품			
기초제품	90,000	매출원가	1,300,000
당기제품제조원가	**1,280,000**	기말제품	70,000

12. 정상공손품의 원가는 제품 원가의 일부를 구성한다.

13. 공급가액은 금전 외의 대가를 받는 경우 **자기가 공급한 재화 또는 용역의 시가**로 한다.

14. 폐업 시 잔존재화의 경우 공급시기는 **폐업하는 때**이다.

15. 무인자동판매기를 통하여 재화를 공급하는 사업의 납세지는 **사업에 관한 업무를 총괄하는 장소**로 한다.

▌실 무 시 험 ▐

문제 1.

[1] [회사등록]

1. 사업자등록번호 : 134 - 68 - 81692 → 134 - 86 - 81692

2. 사업장주소 : 경기도 화성시 송산면 봉가리 473 - 1 → 경기도 화성시 송산면 마도북로 40

3. 업태 : 도소매 → 제조업

4. 종목 : 자동차 → 자동차특장

5. 개업연월일 : 2016년 5월 4일 → 2018년 5월 6일

[2] [계정과목및적요등록]

831. 수수료비용>현금적요No.8, 오픈마켓 결제대행 수수료

[3] [전기분 재무제표]

원가명세서 ⇒ 손익계산서 ⇒ 잉여금처분계산서 ⇒ 재무상태표

1. [전기분원가명세서]

① 가스수도료 7,900,000원 → 8,450,000원으로 수정

② 당기제품제조원가 553,935,000원 → 554,485,000원 변경 확인

2. [전기분손익계산서]

① 제품매출원가>당기제품제조원가 553,935,000원 → 554,485,000원으로 수정

② 815.수도광열비 3,300,000원 → 2,750,000원으로 수정

③ 당기순이익 83,765,000원 → 83,765,000원 금액 확인

3. [전기분잉여금처분계산서]

① 당기순이익 83,765,000원 확인

② 미처분이익잉여금 합계액 121,665,000원 확인

4. [전기분재무상태표]

이월이익잉여금 121,665,000원 확인, 대차 일치 여부 확인

문제 2.

[1] (차) 보통예금   4,970,000   (대) 받을어음(㈜초코)   5,000,000
       매출채권처분손실   30,000

[2] (차) 예수금   270,000   (대) 현금   540,000
       세금과공과(제)   180,000
       세금과공과(판)   90,000

[3] (차) 보통예금   50,423,000   (대) 정기예금   50,000,000
       선납세금   77,000   이자수익   500,000

[4] (차) 보통예금   60,000,000   (대) 자본금   50,000,000
                           주식할인발행차금   1,000,000
                           주식발행초과금   9,000,000

☞ 주식발행 = 발행가액(10,000주 × 6,000) − 액면가액(10,000 × 5,000) = 10,000,000원(할증발행)
   주식할인발행차금 잔액(1,000,000) 우선 상계 후 주식발행초과금 계상

[5] (차) 원재료   50,000   (대) 현금   50,000

[6] (차) 건물   15,000,000   (대) 보통예금   15,000,000
☞ 증축공사란 기존 건물의 면적을 늘리는 것을 의미하므로 자본적 지출에 해당하며 건물로 회계처리합니다.

문제 3.

문항	일자	유형	공급가액	부가세	거래처	신용
[1]	9/30	57.카과	300,000	30,000	㈜다고쳐	하나카드
분개유형		(차) 수선비(제)	300,000	(대) 미지급금		330,000
카드(혼합)		부가세대급금	30,000	(하나카드)		

문항	일자	유형	공급가액	부가세	거래처	전자
[2]	10/11	51.과세	6,000,000	600,000	아재자동차	여
분개유형		(차) 차량운반구	6,000,000	(대) 받을어음((주)삼진)		3,300,000
혼합		부가세대급금	600,000	미지급금		3,300,000

문항	일자	유형	공급가액	부가세	거래처	전자
[3]	10/15	55.수입	5,000,000	500,000	인천세관	여
분개유형		(차) 부가세대급금	500,000	(대) 보통예금		500,000
혼합						

문항	일자	유형	공급가액	부가세	거래처	전자
[4]	11/04	51.과세	1,600,000	160,000	㈜삼양안전	여
분개유형		(차) 소모품	1,600,000	(대) 미지급금		1,460,000
혼합		부가세대급금	160,000	현금		300,000

문항	일자	유형	공급가액	부가세	거래처	전자
[5]	11/14	11.과세	5,000,000	500,000	인천상사	여
분개유형		(차) 미수금	5,000,000	(대) 기계장치		50,000,000
		현금	500,000	부가세예수금		500,000
혼합		감가상각누계액	43,000,000			
		유형자산처분손실	2,000,000			

☞ 처분손익 = 처분가액(5,000,000) − 장부가액(50,000,000 − 43,000,000) = △2,000,000원(손실)

문항	일자	유형	공급가액	부가세	거래처	전자
[6]	11/22	54.불공	500,000	50,000	미래마트	여
		불공제사유:④기업업무추진비 및 이와 유사한 비용 관련				
분개유형		(차) 기업업무추진비(판)	550,000	(대) 보통예금		550,000
혼합						

문제 4.

[1] 7월 3일 일반전표 수정

〈수정전〉 (차) 기타의대손상각비 10,000,000 (대) 미수금((주)한성전자) 10,000,000

〈수정후〉 (차) 대손충당금(121) 1,000,000 (대) 미수금((주)성한전기) 10,000,000
　　　　　　기타의대손상각비 9,000,000

[2] 11월 29일 일반전표 수정

〈수정전〉 (차) 단기매매증권 1,010,000 (대) 현금 1,010,000

〈수정후〉 (차) 단기매매증권 1,000,000 (대) 현금 1,010,000
　　　　　　수수료비용(영업외비용) 10,000

문제 5.

[1] 〈수동결산〉

(차) 미수수익　　　　　　　　　　300,000　(대) 이자수익　　　　　　　300,000

☞ 미수수익 = 60,000,000원 × 2%(연이자율) × 3/12 = 300,000원

[2] 〈수동결산〉

(차) 소모품비(판)　　　　　　　　350,000　(대) 소모품　　　　　　　　350,000

[3] 〈수동/자동결산〉

(차) 대손상각비(판)　　　　1,251,560　(대) 대손충당금(109)　　1,251,560

☞ 대손충당금(외상매출금) : 137,506,000원 × 1% - 123,500원 = 1,251,560원
　또는 [결산자료입력] > F8 대손상각 > 대손율(%) 1% 입력 > 결산반영 > F3 전표 추가

문제 6.

[1] 300,000원

- [매입매출장] > 조회기간 : 4월 1일~6월 30일 > 구분 : 3.매입 > 유형 : 54.불공, ⓪전체
- [부가가치세신고서] > 조회기간 : 4월 1일~6월 30일 > 공제받지못할매입세액

[2] 3매

= 36매(4월~6월) - 33매(1월~3월)

- [세금계산서합계표] > • 조회기간 : 1월~3월　• 조회기간 : 4월~6월

[3] 40,000,000원

- [계정별원장] > 기간 : 4월 1일~4월 30일 > 계정과목 : 108. 외상매출금 조회
　　　　　　　　　　　　　> 대변 합계금액 확인

제104회 전산회계 1급 기출문제 해답

㈜광주기계 (코드번호:1043)

▌이 론 시 험 ▌

1	2	3	4	5	6	7	8	9	10	11	12	13	14	15
③	②	①	②	②	④	②	①	④	②	③	②	②	③	④

1. 연수합계법은 유형자산의 감가상각방법 중 하나이다.

2. 1,950,000원＝현금 1,000,000원＋우편환증서 50,000원＋보통예금 500,000원＋당좌예금 400,000원

3. 자본적 지출에 해당하며, 나머지는 수익적 지출에 해당한다.

4. [일반기업회계기준 문단 실2.35] 무형자산은 산업재산권, 저작권, 개발비 등과 사업결합에서 발생한 영업권을 포함한다.

5. 매도가능증권 평가손익은 자본항목(기타포괄손익누계액)이다.

6. 자기주식처분이익과 감자차익은 자본잉여금으로, 자기주식처분손실은 자본조정으로 계상한다.

7. • 상품매출원가 : 기초상품재고액 10,000,000원＋당기순매입액 4,300,000원－기말상품재고액 4,000,000
　　　　　＝10,300,000원

　　• 당기순매입액 : 당기상품매입액 5,000,000원－매입에누리 및 매입환출 700,000원＝4,300,000원

8. (차) 수수료비용　　　　　　　×××　(비용발생)　　(대) 미지급비용 또는 미지급금　×××　(부채증가)

9. 기말제품재고액은 재무상태표와 손익계산서에서 확인할 수 있다.

10. 통제가능성과 관련된 원가는 통제가능원가와 통제불능원가로 구분된다. 역사적원가와 예정원가는 시점에 따른 분류이다.

11. • 기초원가 : 직접재료비 100,000원＋직접노무비 200,000원＝300,000원

　　• 가공원가 : 직접노무비 200,000원＋간접재료비 50,000원＋간접노무비 100,000원＋제조경비 50,000원＝400,000원

12. 3,870,000원＝제조간접비 예정배부액 4,000,000원－과대배부차이 130,000원

　　• 제조간접비 예정배부액 : 50,000시간×80원＝4,000,000원

13. 사업장별로 사업에 관한 모든 권리와 의무를 포괄적으로 승계하는 경우 재화의 공급으로 보지 않는다.

14. • 부가가치세법 제29조(과세표준) 제2항, 재화의 수입에 대한 부가가치세의 과세표준은 그 재화에 대한 관세의 과세가격과 관세, 개별소비세, 주세, 교육세, 농어촌특별세 및 교통·에너지·환경세 를 합한 금액으로 한다.

　　• 부가가치세법 제29조 제5항, 다음 각 호의 금액은 공급가액에 포함하지 아니한다.

　　　1. 재화나 용역을 공급할 때 그 품질이나 수량, 인도조건 또는 공급대가의 결제방법이나 그 밖의 공급조건에 따라 통상의 대가에서 일정액을 직접 깎아 주는 금액

2. 환입된 재화의 가액

3. 공급받는 자에게 도달하기 전에 파손되거나 훼손되거나 멸실한 재화의 가액

4. 재화 또는 용역의 공급과 직접 관련되지 아니하는 국고보조금과 공공보조금

5. 공급에 대한 대가의 지급이 지체되었음을 이유로 받는 연체이자

6. 공급에 대한 대가를 약정기일 전에 받았다는 이유로 사업자가 당초의 공급가액에서 할인해 준 금액

15. 부가가치세법 시행령 제29조 제2항 제2호, 사업자가 부동산 임대용역을 공급하는 경우로서 예정신고기간 또는 과세기간의 종료일

▌실 무 시 험 ▌

문제 1.

[1] [일반거래처] 탭> · 거래처코드 : 1001

· 거래처명 : ㈜보석상사

· 유형 : 3.동시

· 사업자등록번호 : 108 - 81 - 13579

· 대표자 : 송달인

· 업태 : 제조

· 종목 : 금속가공

· 사업장주소 : 경기도 여주시 세종로 14(홍문동)

[2] [계정과목및적요등록]>811.복리후생비>대체적요 NO.3, 임직원피복비 미지급

[3] · [전기분원가명세서]> · 외주가공비 5,500,000원 추가입력

· 당기제품제조원가 74,650,000원 → 80,150,000원 변경 확인

· [전기분손익계산서]> · 제품매출원가>당기제품제조원가 74,650,000원 → 80,150,000원으로 수정

· 당기순이익 24,030,000원 → 18,530,000원 변경 확인

· [전기분잉여금처분계산서]>F6불러오기> · 당기순이익 24,030,000원 → 18,530,000원 변경 확인

· 미처분이익잉여금 42,260,000원 → 36,760,000원 변경 확인

· [전기분재무상태표]> · 이월이익잉여금 42,260,000원 → 36,760,000원으로 수정

· 대차차액 0원 확인

508

문제 2.

[1] 일반전표입력

07월 10일　(차) 받을어음(㈜신흥기전) 10,000,000원　(대) 외상매출금(㈜서창상사) 10,000,000원

[2] 일반전표입력

08월 08일　(차) 예수금　　　　　　220,000원　(대) 보통예금　　　　　　200,000원
　　　　　　　　　　　　　　　　　　　　　현금　　　　　　　　20,000원

[3] 일반전표입력

09월 30일　(차) 재해손실　　　　7,200,000원　(대) 제품　　　　　　7,200,000원
　　　　　　　　　　　　　　　　　　　　　(8. 타계정으로 대체)

[4] 일반전표입력

10월 20일　(차) 운반비(판)　　　250,000원　(대) 현금　　　　　　250,000원
　　　　　또는 출금전표 운반비(판)　250,000원

[5] 일반전표입력

11월 08일　(차) 현금　　　　　　390,000원　(대) 자기주식　　　　450,000원
　　　　　　　자기주식처분손실　60,000원

[6] 일반전표입력

12월 26일　(차) 기부금　　　　3,000,000원　(대) 현금　　　　　3,000,000원
　　　　　또는 출금전표 기부금　3,000,000원

문제 3.

[1] 매입매출전표입력

유형:53.면세 공급가액:200,000원 부가세:0원 거래처:남동꽃도매시장 전자:여 분개:현금 또는 혼합

08월 25일　(차) 기업업무추진비(판)　200,000원　(대) 현금　　　　　　200,000원

[2] 매입매출전표입력

유형:54.불공 공급가액:5,000,000원 부가세:500,000원 거래처:㈜한화공인중개법인 전자:여 분개:혼합
불공제사유:⑥토지의 자본적 지출 관련

09월 05일　(차) 토지　　　　　5,500,000원　(대) 보통예금　　　　5,500,000원

[3] 매입매출전표입력

유형:22.현과 공급가액:880,000원 부가세:88,000원 거래처:이영수 분개:현금 또는 혼합

11월 15일　(차) 현금　　　　　　968,000원　(대) 부가세예수금　　　88,000원
　　　　　　　　　　　　　　　　　　　　　제품매출　　　　　880,000원

[4] 매입매출전표입력

유형:11.과세 공급가액:12,500,000원 부가세:1,250,000원 거래처:㈜연기실업 전자:여 분개:혼합

11월 19일	(차) 감가상각누계액	35,000,000원	(대) 부가세예수금	1,250,000원
	보통예금	13,750,000원	차량운반구	50,000,000원
	유형자산처분손실	2,500,000원		

[5] 매입매출전표입력

유형:51.과세 공급가액:2,500,000원 부가세:250,000원 거래처:하우스랜드 전자:여 분개:혼합

12월 06일	(차) 부가세대급금	250,000원	(대) 미지급금	2,750,000원
	임차료(제)	2,500,000원	(또는 미지급비용)	

[6] 매입매출전표입력

유형:12.영세 공급가액:11,000,000원 부가세:0원 거래처:㈜아카디상사 전자:여 분개:혼합

영세율구분:③내국신용장·구매확인서에 의하여 공급하는 재화

12월 11일	(차) 외상매출금	7,000,000원	(대) 제품매출	11,000,000원
	받을어음	4,000,000원		

문제 4.

[1] 일반전표입력 수정

• 수정 전 :

08월 31일	(차) 이자비용	362,500원	(대) 보통예금	362,500원

• 수정 후

08월 31일	(차) 이자비용	500,000원	(대) 보통예금	362,500원
			예수금	137,500원

[2] 매입매출전표입력 수정

• 수정 전 : 유형:16.수출 공급가액:3,600,000원 부가세:0원 거래처:TOMS사 분개:혼합

10월 02일	(차) 외상매출금	3,600,000원	(대) 제품매출	3,600,000원

• 수정 후 : 유형:16.수출 공급가액:3,750,000원 부가세:0원 거래처:TOMS사 분개:혼합

10월 02일	(차) 외상매출금	3,750,000원	(대) 제품매출	3,750,000원

문제 5.

[1] 일반전표입력

12월 31일	(차) 소모품비(판)	1,500,000원	(대) 소모품	1,500,000원

• [합계잔액시산표]>기간 : 2024년 12월 31일 조회>1.유동자산>재고자산>소모품 잔액 2,500,000원

[2] 일반전표입력

12월 31일 　　(차) 현금과부족 　　　　　570,000원 　　(대) 선수금(㈜건영상사) 　　340,000원
　　　　　　　　　　　　　　　　　　　　　　　　　　　　잡이익 　　　　　　　　　230,000원

[3]

1. [결산자료입력]>·1.제조원가>퇴직급여전입액 15,000,000원 입력>F3전표추가
　　　　　　　　·2.판매관리비>퇴직급여전입액 13,000,000원 입력

2. 또는 일반전표입력

12월 31일 　　(차) 퇴직급여(판) 　　　13,000,000원 　　(대) 퇴직급여충당부채 　　28,000,000원
　　　　　　　　　퇴직급여(제) 　　　15,000,000원

문제 6.

[1] 200,000원

- [거래처원장]>기간 : 2024년 04월 01일~2024년 04월 30일>대변 금액
　　　　　　>계정과목 : 253.미지급금
　　　　　　>거래처 : 99602.롯데카드

[2] 7,957,200원

- 일계표]>[일계표] 탭>기간 : 2024년 05월 01일~2024년 05월 31일>5.판매비및일반관리비
　　차변 합계 또는 [월계표] 탭>기간 : 2024년 05월~2024년 05월

[3] 5,000,000원

- [세금계산서합계표]>기간 : 2024년 04월~2024년 06월>[매출] 탭 조회

제105회 전산회계1급 기출문제 해답

㈜천안테크 (코드번호:1053)

▌ 이 론 시 험 ▌

1	2	3	4	5	6	7	8	9	10	11	12	13	14	15
③	①	④	③	②	②	①	②	③	④	③	②	①	④	④

1. 추가 주문하기로 한 것은 순자산 변동이 없으므로 회계상 거래가 아니다.

3. 재고자산은 **판매용으로 보유하는 자산을 의미**한다.

　① 업무용비품 – 유형자산, ② 임대용주택(임대업) – 유형자산, ③시세차익목적 – 투자자산

4. 새로운 건물을 신축하기 위하여 기존건물을 철거하는 경우 기존건물의 장부가액은 제거하여 **유형자산처분손실**로 하고, 철거비용은 당기 비용처리 한다.

5. 특별한 경우를 제외하고는 **무형자산의 상각기간은 20년을 초과할 수 없다.**

6. 주요장부에는 **총계정원장과 분개장**이 있다.

7. 감자차손, 자기주식, 주식할인발행차금은 자본조정항목에 해당한다.

8. 순매입 = 총매입(200,000) – 매입할인(5,000) – 매입환출(5,000) = 190,000원

상　품

기초상품	100,000	*매출원가*	*180,000*
순매입액	190,000	기말상품	110,000
계	290,000	계	290,000

매출총이익 = 순매출액(475,000) – 매출원가(180,000) = 295,000원

9. 총제조간접원가 = 변동제조간접원가(600,000) ÷ 0.3 = 2,000,000원

가공원가 = 직접노무원가(1,600,000) + 총제조간접원가(2,000,000) = 3,600,000원

10. 고정원가에 대한 그래프이다.

　① 변동원가, ② 준변동원가, ③ 변동원가에 해당한다.

11.

<1단계> 물량흐름파악(평균법)		<2단계> 완성품환산량 계산	
평균법		재료비	가공비
완성품	8,000(100%)		8,000
기말재공품	3,000(60%)		1,800
계	11,000		**9,800**

12. 종합원가계산은 각 공정별로 원가보고서를 작성한다.

13. 부가가치세의 **납세의무는 사업목적이 영리인지 비영리인지 관계없이** 발생한다.

14. 면세제도는 부가가치세의 역진성완화를 위한 제도로 부분면세제도이며, 면세포기 시 지체없이 등록 신청하여야 한다. 나대지의 토지 임대와 일반의약품은 과세대상이다.

15. 주사업장총괄납부에 관한 내용이다.

▌ 실 무 시 험 ▌

문제 1.

[1] [전기분재무상태표]

   1.토지 : 20,000,000원 → 31,000,000원 수정입력

   2.건물 : 150,000,000원 → 139,000,000원 수정입력

[2] [계정과목및적요등록]

   824. 운반비>현금적요란>적요NO : 4, 택배운송비 지급

[3] [거래처별초기이월]

   1.외상매출금> · ㈜보령전자 : 12,000,000원 → 10,200,000원으로 수정

           · 평택전자㈜ : 3,680,000원 → 36,800,000원으로 수정

   2.지급어음> · 대덕전자부품㈜ : 1,000,000원 → 10,000,000원으로 수정

           · 명성전자㈜ : 20,000,000원 → 27,000,000원으로 수정

문제 2.

[1] (차) 수선비(판) 2,800,000 (대) 당좌예금 2,800,000

[2] (차) 보통예금 9,700,000 (대) 외상매출금(㈜창창기계산업) 10,000,000
      매출할인(406) 300,000

[3] (차) 보통예금 25,600,000 (대) 자본금 20,000,000
                                             주식발행초과금 5,600,000

   ☞신주발행 = 발행가액(2,000주×13,000 − 400,000) − 자본금(2,000주×10,000) = 5,600,000원(할증)

[4] (차) 원재료 2,000,000 (대) 보통예금 2,000,000
   ☞원재료 수입시 관세와 통관수수료는 원재료의 취득 부대비용이다.

[5] (차) 광고선전비(판) 510,000 (대) 미지급금(국민카드) 510,000

[6]	(차) 대손충당금(115)	660,000	(대) 단기대여금(㈜동행기업)	3,000,000
	기타의대손상각비	2,340,000		

문제 3.

문항	일자	유형	공급가액	부가세	거래처	전자
[1]	7/20	61.현과	30,000	3,000	상록택배	-
분개유형		(차) 부가세대급금	3,000	(대) 보통예금		33,000
혼합		원재료	30,000			

문항	일자	유형	공급가액	부가세	거래처	전자
[2]	9/30	11.과세	25,000,000	2,500,000	㈜청주자동차	여
분개유형		(차) 외상매출금	2,500,000	(대) 부가세예수금		2,500,000
혼합		받을어음	25,000,000	제품매출		25,000,000

문항	일자	유형	공급가액	부가세	거래처	전자
[3]	11/07	16.수출(①)	50,400,000	0	글로벌인더스트리	-
분개유형		☞과세표준 = $42,000 × 선적일 기준환율(1,200/$)				
혼합		(차) 외상매출금	50,400,000	(대) 제품매출		50,400,000

문항	일자	유형	공급가액	부가세	거래처	전자
[4]	12/07	14.건별	100,000	10,000	강태오	-
분개유형		(차) 현금	110,000	(대) 부가세예수금		10,000
현금(혼합)				제품매출		100,000

문항	일자	유형	공급가액	부가세	거래처	카드사
[5]	12/20	57.카과	600,000	60,000	커피프린스	신한카드
분개유형		(차) 부가세대급금	60,000	(대) 미지급금(신한카드)		660,000
카드(혼합)		복리후생비(제)	600,000			

문항	일자	유형	공급가액	부가세	거래처	전자세금
[6]	12/30	54.불공(④)	2,000,000	200,000	두리상사	여
분개유형		(차) 기업업무추진비(판)	2,200,000	(대) 보통예금		2,200,000
혼합						

문제 4.

[1] 〈수정전〉 12월 1일 일반전표

(차) 임대보증금(나자비)	20,000,000	(대) 보통예금	20,000,000

〈수정후〉

(차) 임차보증금(나자비)	20,000,000	(대) 보통예금	20,000,000

[2] 〈수정전〉 12월 1일 일반전표입력 삭제

(차) 차량유지비(판)	990,000	(대) 보통예금	990,000

수정후	유형	공급가액	부가세	거래처	전자
	51.과세	900,000	90,000	전의카센터	여
분개유형	(차) 부가세대급금	90,000 (대) 보통예금			990,000
혼합	차량유지비(제)	900,000			

문제 5.

[1] 〈수동결산〉

(차) 부가세예수금	62,346,500	(대) 부가세대급금	52,749,000
		미지급세금	9,597,500

[2] 〈수동결산〉

(차) 외화환산손실	3,000,000	(대) 단기차입금(아메리칸테크㈜)	3,000,000

☞환산손익(부채) = 공정가액($30,000×1,100) – 장부가액(30,000,000) = 3,000,000원(손실)

[3] 〈수동결산〉

(차) 단기매매증권평가손실	15,000,000	(대) 단기매매증권	15,000,000

☞평가손익 = 공정가액(49,000,000)) – 장부가액(64,000,000) = △15,000,000원(손실)

문제 6.

[1] 2,500,000원

- [부가가치세신고서]＞조회기간 : 4월 1일~6월 30일＞고정자산매입(11)란의 세액 확인

[2] 1,200,000원

- [총계정원장(월별)]＞조회기간 : 4월 1일~6월 30일＞계정과목 : 831.수수료비용 조회

[3] 송도무역, 108,817,500원

- [거래처원장]＞조회기간 : 1월 1일~6월 30일＞계정과목 : 108.외상매출금 조회

제106회 전산회계 1급 기출문제 해답

남다른패션㈜ (코드번호:1063)

▌ 이 론 시 험 ▌

1	2	3	4	5	6	7	8	9	10	11	12	13	14	15
①	④	②	③	①	④	④	①	①	①	③	④	④	②	④

1. [일반기업회계기준 재무회계개념체계 문단 52] 유형자산을 역사적 원가로 평가하면 일반적으로 검증 가능성이 높으므로 측정의 신뢰성은 제고되나 목적적합성은 저하될 수 있다.

2. [일반기업회계기준 문단 2.44] 손익계산서는 일정 기간 동안 기업의 경영성과에 대한 정보를 제공하는 보고서이다. 손익계산서는 당해 회계기간의 경영성과를 나타낼 뿐만 아니라 기업의 미래현금흐름과 수익창출능력 등의 예측에 유용한 정보를 제공한다.

3. 새로운 상품과 서비스를 제공하는데 소요되는 원가는 취득원가에 포함하지 않는다.

4. 만기보유증권은 채권에만 적용되며, 매도가능증권은 주식, 채권에 적용 가능하다.

5. 감자차익은 자본잉여금에 속한다.
   - 주식할인발행차금, 자기주식, 자기주식처분손실은 자본조정에 속한다.

6. [일반기업회계기준서 문단 16.17] 재화의 판매, 용역의 제공, 이자, 배당금, 로열티로 분류할 수 없는 기타의 수익은 다음 조건을 모두 충족할 때 발생기준에 따라 합리적인 방법으로 인식한다.
   (1) 수익가득과정이 완료되었거나 실질적으로 거의 완료되었다.
   (2) 수익금액을 신뢰성 있게 측정할 수 있다.
   (3) 경제적 효익의 유입 가능성이 매우 높다.

7. 5,950,000원 = 기초상품재고액 500,000원 + 당기순매입액 7,250,000원 - 타계정대체금액 300,000원 - 기말상품재고액 1,500,000원
   - 순매입액 : 총매입액 8,000,000원 - 매입에누리금액 750,000원 = 7,250,000원

상품(자산)

(단위 : 원)

기초상품재고액	500,000	매출원가	5,950,000
총매입액	8,000,000	타계정대체금액	300,000
매입에누리금액	(750,000)	기말상품재고액	1,500,000
(증가)		(감소)	
	7,750,000		7,750,000

8. 자산 과소계상 및 수익 과소계상

- 아래의 올바른 회계처리가 누락되어 자산(외상매출금)과 수익(상품매출)이 과소계상된다.

  2024.12.26.　(차)　외상매출금　　　　　(대)　상품매출

9. 자료에서 설명하는 원가는 준변동원가로, 기본요금 및 사용량에 따른 요금이 부과되는 전화요금이 이에 해당한다.

- 변동원가 : 직접재료원가, 직접노무원가
- 고정원가 : 감가상각비, 화재보험료 등
- 준변동원가 : 전력비, 전화요금, 가스요금 등
- 준고정원가 : 생산관리자의 급여, 생산량에 따른 설비자산의 임차료 등

10. 단일 종류의 제품을 연속생산, 대량생산하는 업종에 적합한 원가계산 방법은 종합원가계산이다. 개별 원가계산은 다품종 소량생산, 주문생산하는 업종에 적합하다.

11. 150개 = 공손수량 200개 - 정상공손수량 50개

- 당기 완성품 수량 : 기초재공품 400개 + 당기착수량 1,000개 - 기말재공품 200개 - 공손수량 200개
  = 1,000개
- 정상공손수량 : 당기 완성품 수량 1,000개 × 5% = 50개
- 영업외비용으로 처리할 공손은 비정상공손을 말한다.

12. 750,000원 = 직접재료원가 180,000원 + 직접노무원가 320,000원 + 제조간접원가 250,000원

- 제조간접원가 : 공장 전력비 50,000원 + 공장 임차료 200,000원 = 250,000원

13. 부가가치세법 제4조, 부가가치세는 다음 각 호의 거래에 대하여 과세한다.

  1. 사업자가 행하는 재화 또는 용역의 공급

  2. 재화의 수입

14. 부가가치세법 제8조 제2항, 사업자는 제1항에 따른 사업자등록의 신청을 사업장 관할 세무서장이 아닌 다른 세무서장에게도 할 수 있다. 이 경우 사업장 관할 세무서장에게 사업자등록을 신청한 것으로 본다.

15. 부가가치세법 제63조 제5항, 간이과세자의 경우 제3항(매입세금계산서 등 수취세액공제) 및 제46조 제1항(신용카드매출전표 등 발행세액공제)에 따른 금액의 합계액이 각 과세기간의 납부세액을 초과하는 경우에는 그 초과하는 부분은 없는 것으로 본다.

▌실 무 시 험 ▌

문제 1.

[1] [계정과목및적요등록]>511.복리후생비>・현금적요>적요NO : 9, 생산직원 독감 예방접종비 지급

・대체적요>적요NO : 3, 직원 휴가비 보통예금 인출

[2] [기초정보관리]>거래처등록>일반거래처>・거래처코드 : 00450

・거래처명 : ㈜대박

・유형 : 3.동시

・사업자등록번호 : 403 - 81 - 51065

・대표자 : 박대박

・업태 : 제조

・종목 : 원단

・사업장주소 : 경상북도 칠곡군 지천면 달서원길 16

[3] 1. [전기분손익계산서]>・광고선전비(판) 3,800,000원 → 5,300,000원으로 수정

・당기순이익 88,020,000원 → 86,520,000원으로 변경 확인

2. [전기분잉여금처분계산서]>・6.당기순이익 88,020,000원 → 86,520,000원으로 수정(또는 F6불러오기)

・Ⅰ.미처분이익잉여금 164,900,000원 → 163,400,000원으로 변경 확인

3. [전기분재무상태표]>・이월이익잉여금 164,900,000원 → 163,400,000원으로 수정

・대차차액이 없음을 확인

또는

1. [전기분손익계산서]>・매출원가>당기제품제조원가 550,900,000원 → 538,900,000원으로 수정

・광고선전비(판) 3,800,000원 → 5,300,000원으로 수정

・당기순이익 88,020,000원 → 98,520,000원으로 변경 확인

2. [전기분잉여금처분계산서]>・6.당기순이익 88,020,000원 → 98,520,000원으로 수정(또는 F6불러오기)

・Ⅰ.미처분이익잉여금 164,900,000원 → 175,400,000원으로 변경 확인

3. [전기분재무상태표]>・이월이익잉여금 164,900,000원 → 175,400,000원으로 수정

・대차차액 (-)12,000,000원 발생 확인

문제 2.

[1] 일반전표입력

07.18.	(차) 외상매입금(㈜괴안공구) 33,000,000원	(대) 지급어음(㈜괴안공구) 23,000,000원
		보통예금 10,000,000원

[2] 일반전표입력

07.30.	(차) 대손충당금(109) 320,000원	(대) 외상매출금(㈜지수포장) 1,800,000원
	대손상각비(판) 1,480,000원	

[3] 일반전표입력

08.30.	(차) 임차보증금(형제상사) 5,000,000원	(대) 선급금(형제상사) 1,500,000원
		보통예금 3,500,000원

[4] 일반전표입력

10.18.	(차) 단기차입금(대표이사) 19,500,000원	(대) 채무면제이익 19,500,000원

[5] 일반전표입력

10.25.	(차) 여비교통비(판) 2,850,000원	(대) 가지급금(누리호) 3,000,000원
	현금 150,000원	

[6] 일반전표입력

11.04.	(차) 퇴직급여(판) 2,000,000원	(대) 보통예금 5,000,000원
	퇴직급여(제) 3,000,000원	

문제 3.

[1] 매입매출전표입력

유형:16.수출 공급가액:50,000,000원 부가세:0원 거래처:HK사 분개:혼합

영세율구분:①직접수출(대행수출 포함)

07.14.	(차) 선수금 10,000,000원	(대) 제품매출 50,000,000원
	외상매출금 40,000,000원	

[2] 매입매출전표입력

유형:11.과세 공급가액:10,000,000원 부가세:1,000,000원 거래처:㈜동도유통 전자:여 분개:혼합

08.05.	(차) 받을어음(㈜서도상사) 10,000,000원	(대) 부가세예수금 1,000,000원
	외상매출금 1,000,000원	제품매출 10,000,000원

[3] 매입매출전표입력

유형:57.카과 공급가액:4,400,000원 부가세:440,000원 거래처:함안전자 분개:혼합 또는 카드

신용카드사:국민카드

08.20.	(차) 부가세대급금 440,000원	(대) 미지급금(국민카드) 4,840,000원
	비품 4,400,000원	

[4] 매입매출전표입력

유형:53.면세 공급가액:5,000,000원 부가세:0원 거래처:㈜더람 전자:여 분개:혼합

11.11.	(차) 교육훈련비(판)	5,000,000원	(대) 선급금	1,000,000원
			보통예금	4,000,000원

[5] 매입매출전표입력

유형:51.과세 공급가액:10,000,000원 부가세:1,000,000원 거래처:㈜미래상사 전자:여 분개:혼합

11.26.	(차) 부가세대급금	1,000,000원	(대) 보통예금	11,000,000원
	개발비	10,000,000원		

[6] 매입매출전표입력

유형:54.불공 공급가액:750,000원 부가세:75,000원 거래처:차차카센터 전자:여 분개:혼합

불공제사유:③비영업용 소형승용자동차차 구입·유지 및 임차

12.04.	(차) 차량유지비(제)	825,000원	(대) 보통예금	825,000원

문제 4.

[1] 일반전표입력

• 수정 전 :

08.02.	(차) 외상매입금(온누리)	800,000원	(대) 보통예금	800,000원

• 수정 전 :

08.02.	(차) 미지급금(온누리)	800,000원	(대) 보통예금	800,000원

[2] • 수정 전 : 일반전표입력

11.19.	(차) 운반비(판)	330,000원	(대) 현금	330,000원

• 수정 후 : 일반전표 삭제 후 매입매출전표입력

유형:51.과세 공급가액:300,000원 부가세:30,000원 거래처:차차운송 전자:여 분개:현금 또는 혼합

11.19.	(차) 부가세대급금	30,000원	(대) 현금	330,000원
	원재료	300,000원		

문제 5.

[1] 일반전표입력

12.31.	(차) 재고자산감모손실	2,000,000원	(대) 제품	2,000,000원
			(적요 8. 타계정으로 대체액)	

[2] 일반전표입력

12.31.	(차) 소모품	2,500,000원	(대) 광고선전비(판)	2,500,000원

[3] 1. [결산자료입력]>기간 : 1월~12월

>9. 법인세등>1). 선납세금 결산반영금액 6,500,000원 입력>F3전표추가

2). 추가계상액 결산반영금액 4,250,000원 입력

2. 일반전표입력

12.31.	(차) 법인세등	10,750,000원	(대) 선납세금	6,500,000원
			미지급세금	4,250,000원

문제 6.

[1] 다솜상사, 63,000,000원

- [거래처원장]>기간 : 1월 1일~6월 30일>계정과목 : 외상매입금(251) 조회

[2] 11,250,700원

- [부가가치세신고서]>기간 : 4월 1일~6월 30일>차가감하여 납부할세액(환급받을세액) 확인

[3] 6월, 5,000,000원

- [총계정원장]>기간 : 4월 1일~6월 30일>계정과목 : 광고선전비(833) 조회

제107회 전산회계 1급 기출문제 해답

세무사랑㈜ (코드번호:1073)

▌이 론 시 험 ▌

1	2	3	4	5	6	7	8	9	10	11	12	13	14	15
③	②	①	②	①	①	②	③	④	④	①	③	④	④	③

1. ① 자산 : 자산은 **과거의 거래나 사건의 결과**로서 현재 기업실체에 의해 지배되고 미래에 경제적 효익을 창출할 것으로 기대되는 자원이다.

② 부채 : 부채는 과거의 거래나 사건의 결과로 현재 기업실체가 부담하고 있고 미래에 자원의 유출 또는 사용이 예상되는 의무이며, 기업실체가 **현재 시점에서 부담하는 경제적 의무**이다.

④ 비용은 차손을 포함한다.

2. 계속기록법과 실지재고조사법을 통해 기말재고자산의 수량을 결정한다.

3. **선일자수표는 받을어음 등으로 처리**한다.

4. ① 기업이 보유하고 있는 토지는 **보유목적에 따라 재고자산, 투자자산, 유형자산**으로 분류될 수 있다.

③ 유형자산을 취득한 후에 발생하는 비용은 성격에 따라 당기 비용 또는 자산의 취득가에 포함한다.

④ **토지와 건설중인자산은 감가상각을 하지 않는다.**

5. 단기매매증권(A)평가 = 기말공정가액(700,000) − 취득원가(500,000) = 200,000원(이익)

단기매매증권(B)평가 = 기말공정가액(200,000) − 취득원가(300,000) = △100,000원(손실)

단기매매증권(C)처분 = 처분가액(300,000) − 취득원가(250,000) = 50,000원(이익)

배당금(A) 수익 = 50,000원(이익)

영업외손익 = 단기매매증권평가이익(200,000) − 단기매매증권평가손실(100,000)

　　　　　　　+ 배당금수익(50,000) + 단기매매증권처분이익(50,000) = 200,000원(수익)

6. 사채의 **액면발행, 할인발행, 할증발행 여부와 관계없이 액면이자는 매년 동일**하다.

② **할증발행 시 사채상환할증금 제거로 유효이자는 매년 감소**한다.

③ **사채발행비는 사채발행가액에서 차감**한다.

④ **할인발행 또는 할증발행 시 발행차금의 상각액 및 환입액은 매년 증가**한다.

7. ① 주식발행초과금 : 자본잉여금

③ 자기주식 : 자본조정

④ 매도가능증권평가손익 : 기타포괄손익누계액

8. 자본적지출을 수익적지출로 잘못 처리했을 경우 당기 **비용은 과대계상되어** 당기의 당기순이익은 과소계상되고, 차기의 감가상각비는 과소계상되어 **차기의 당기순이익은 과대계상**된다.

9. 자산을 다른 용도로 사용하는 것은 기회원가에 해당한다. 대체 자산 취득 시 **기존 자산의 취득원가는 의사결정에 영향을 주지 않는 경우 매몰원가에 해당**한다.

10. 변동원가는 관련범위 내에서 조업도가 증가하면 변동원가 총액이 증가하고, **단위당 변동원가는 일정**하다.

11.

	<1단계> 물량흐름파악(평균법)		<2단계> 완성품환산량 계산	
	평균법		재료비	가공비
	완성품	1,800 (100%)	1,800	1,800
	기말재공품	300 (70%)	300	210
	계	2,100	**2,100**	**2,010**

12. 재공품과 제품 T계정을 합쳐서 풀면 쉽게 풀 수 있다.

재공품+제품				
기초	500,000+800,000	매출원가		1,200,000
당기총제조원가	1,500,000	기말		1,300,000+300,000
계	2,800,000	계		2,800,000

13. 여객운송 용역 중 **택시 여객운송용역은 과세**된다.

14. 폐업하는 경우 **폐업일이 속한 달의 다음 달 25일 이내**에 납세지 관할 세무서장에게 신고하여야 한다.

☞ 간이과세자가 간이과세를 포기하는 경우 포기일이 속하는 달의 말일까지 간이과세를 포기하고 다음달 25일까지 간이과세기간에 대한 부가가치세를 신고·납부하여야 한다.

15. **법인사업자의 주주가 변동된 것은 사업자등록 정정 사유**가 아니다.

▌ 실 무 시 험 ▌

문제 1.

[1] [계정과목 및 적요등록]

842. 견본비>현금적요>적요NO : 2, 전자제품 샘플 제작비 지급

[2] [거래처별초기이월]

- 외상매출금 : ㈜홍금전기 3,000,000원 → 30,000,000원으로 수정
- 외상매입금 : 하나무역 12,000,000원 → 26,000,000원으로 수정
- 받을어음 : ㈜대호전자 25,000,000원 추가 입력

[3] [전기분 재무제표]

> 원가명세서 ⇒ 손익계산서 ⇒ 잉여금처분계산서 ⇒ 재무상태표

1. [전기분원가명세서]
   - 전력비 수정 : 2,000,000원 → 4,200,000원
   - 당기제품제조원가 변경 확인 : 94,300,000원 → 96,500,000원
2. [전기분손익계산서]
   - 당기제품제조원가 수정 : 94,300,000원 → 96,500,000원
   - 제품매출원가 변경 확인 : 121,650,000원 → 123,850,000원
   - 수도광열비(판) 수정 : 3,000,000원 → 1,100,000원
   - 당기순이익 변경 확인 : 88,200,000원> → 87,900,000원
3. [전기분잉여금처분계산서]> · F6 불러오기
   - 당기순이익 변경 확인 88,200,000원 → 87,900,000원
   - 미처분이익잉여금 및 차기이월미처분이익잉여금 변경 확인 : 134,800,000원 → 134,500,000원
4. [전기분재무상태표]
   - 이월이익잉여금 수정 : 134,800,000원 → 134,500,000원
   - 대차 금액 일치 확인

문제 2.

[1] (차) 선급금(세무빌딩)   600,000   (대) 보통예금   600,000

[2] (차) 보통예금   3,430,000   (대) 외상매출금(하나카드)   3,500,000
       수수료비용(판)   70,000
☞ 카드 가맹점수수료는 영업거래에 해당하므로 판매비와 관리비로 처리해야 한다.

[3] (차) 퇴직급여(판)   8,800,000   (대) 퇴직연금운용자산   8,800,000
☞ 퇴직급여충당부채를 설정하지 않았으므로, 비용 처리하여야 한다.

[4] (차) 장기차입금(나라은행)   20,000,000   (대) 보통예금   20,200,000
       이자비용   200,000
☞ 장기차입금을 조기 상환시 해당 계정과목을 사용합니다.

[5] (차) 받을어음(㈜다원)   3,000,000   (대) 외상매출금(㈜다원)   4,000,000
       단기대여금(㈜다원)   1,000,000

[6] (차) 차량운반구   400,000   (대) 현금   400,000

문제 3.

문항	일자	유형	공급가액	부가세	거래처	전자
[1]	8/17	52.영세	15,000,000	–	㈜직지상사	여
분개유형		(차) 원재료	15,000,000 (대)	지급어음		5,000,000
혼합				외상매입금		10,000,000

문항	일자	유형	공급가액	부가세	거래처	전자
[2]	8/28	51.과세	1,000,000	100,000	이진컴퍼니	부
분개유형		(차) 부가세대급금	100,000 (대)	미지급금		1,100,000
혼합		복리후생비(제)	1,000,000			

문항	일자	유형	공급가액	부가세	거래처	전자
[3]	9/15	61.현과	220,000	22,000	우리카센타	–
분개유형		(차) 부가세대급금	22,000 (대)	현금		242,000
현금(혼합)		차량유지비(제)	220,000			

문항	일자	유형	공급가액	부가세	거래처	전자
[4]	9/27	53.면세	200,000	–	㈜대한도서	여
분개유형		(차) 도서인쇄비(판)	200,000 (대)	미지급금		200,000
혼합		(또는 교육훈련비(판))				

문항	일자	유형	공급가액	부가세	거래처	전자
[5]	9/30	54.불공(③)	700,000	70,000	㈜세무렌트	여
분개유형		(차) 임차료(판)	770,000 (대)	미지급금		770,000
혼합						

문항	일자	유형	공급가액	부가세	거래처	전자
[6]	10/15	11.과세	– 10,000,000	– 1,000,000	우리자동차㈜	여
분개유형		(차) 외상매출금	– 11,000,000 (대)	부가세예수금		– 1,000,000
				제품매출		– 10,000,000
외상(혼합)				(또는 매출환입및에누리(405))		

문제 4.

[1] 7월 6일 일반전표 수정

〈수정전〉

(차) 외상매입금(㈜상문)　　3,000,000　　(대) 보통예금　　3,000,000

〈수정후〉

(차) 외상매입금(㈜상문)　　3,000,000　　(대) 받을어음(상명상사)　　3,000,000

[2] 12월 13일 일반전표 삭제 후 매입매출전표 입력

〈수정전〉 일반전표입력 삭제

(차) 수도광열비(판)　　　　　　121,000　　(대) 현금　　　　　　　　　　121,000

〈수정후〉	유형	공급가액	부가세	거래처	전자
	51.과세	110,000	11,000	한국전력공사	여
분개유형	(차) 부가세대급금	11,000	(대) 현금		121,000
현금(혼합)	전력비(제)	110,000			

문제 5.

[1] 〈수동결산〉

(차) 장기차입금(대한은행)　　50,000,000　　(대) 유동성장기부채(대한은행)　50,000,000

[2] 〈수동/자동결산〉

(차) 무형자산상각비(판)　　　6,000,000　　(대) 특허권　　　　　　　　6,000,000

- 무형자산상각비 = 장부가액(24,000,000) ÷ 잔여내용연수(5년 -1년) = 6,000,000원
- [결산자료입력]

　기간 : 2024년 01월~2024년 12월 > 4. 판매비와 일반관리비 > 6). 무형자산상각비

　　> 특허권 결산반영금액란 > 6,000,000원 입력 > F3전표추가

[3] 〈수동/자동결산〉

(차) 법인세등　　　　　　　13,500,000　　(대) 법인세등　　　　　　　6,800,000

　　　　　　　　　　　　　　　　　　　　　　　　　미지급세금　　　　　　　6,700,000

[결산자료입력]

기간 : 2024년 01월~2024년 12월 > 9. 법인세등 > • 1). 선납세금 6,800,000원 입력

　　　　　　　　　　　　　　　　　　• 2). 추가계상액 6,700,000원 입력 > F3전표

　　　　　　　　　　　　　　　　　　　추가

문제 6.

[1] 191,786,000원

　= 6월 30일(284,609,000) - 전기말(92,823,000)

- [재무상태표] > 기간 : 6월 > [제출용] 탭

[2] [390,180,000원

　= 과세 세금계산서 발급분 공급가액(351,730,000) + 영세 세금계산서발급분 공급가액(38,450,000)

- [부가가치세신고서] > 기간 : 4월 1일~6월 30일 조회

[3] 40,000,000원

- [거래처원장] > 기간 : 6월 1일~6월 30일 > 계정과목 : 251.외상매입금 > 지예상사 차변금액

제108회 전산회계 1급 기출문제 해답

고성상사㈜ (코드번호:1083)

▌이 론 시 험 ▌

1	2	3	4	5	6	7	8	9	10	11	12	13	14	15
④	①	②	③	①	②	④	①	③	④	①	③	③	④	②

1. 자기주식처분손실은 자본조정 항목이다.

2. 계약금은 선수금으로 회계처리하고, 타인이 발행한 당좌수표를 수취한 경우에는 현금으로 회계처리한다.

3. 기말재고자산을 실제보다 과대계상한 경우, 매출원가가 실제보다 과소계상되고, 매출총이익 및 당기순이익은 과대계상되어 자본총계도 과대계상된다.

4. 무형자산의 상각기간은 독점적 · 배타적인 권리를 부여하고 있는 관계 법령이나 계약에 정해진 경우를 제외하고는 20년을 초과할 수 없다.

5. 단기투자자산 = 1년 만기 정기예금(3,000,000) + 단기매매증권(4,000,000) = 7,000,000원
- 현금및현금성자산 : 현금, 당좌예금, 우편환증서
- 매출채권 : 외상매출금

6. • 비유동부채 : 사채, 퇴직급여충당부채
- 유동부채 : 유동성장기부채, 선수금

7. 재고자산은 저가법으로 평가한다. 따라서 세제의 평가이익은 인식하지 않는다.
재고자산평가손실(비누) = [취득원가(75,000) − 순실현가능가치(65,000)] × 100개 = 1,000,000원

8. ② 예약판매계약 : 공사결과를 신뢰성 있게 추정할 수 있을 때에 진행기준을 적용하여 공사수익을 인식한다.
③ 할부판매 : 이자부분을 제외한 판매가격에 해당하는 수익을 판매시점에 인식한다.
④ 위탁판매 : 수탁자가 해당 재화를 제3자에게 판매한 시점에 수익을 인식한다.

9. 기말원재료 재고액(0)이 기초원재료(3억)보다 3억원이 감소하였다.

원재료

기초재고	3억	직접재료비	23억
구입	20억	기말재고	0
계	23억	계	23억

10. 원재료와 재공품 T계정이 제조원가명세서를 구성한다.
따라서 기초재공품재고액, 기말원재료재고액, 당기제품제조원가, 당기총제조비용은 제조원가명세서에서 확인할 수 있다.

11. 예정배부액 = 실제조업도(3,000시간) × 예정배부율(200) = 600,000원

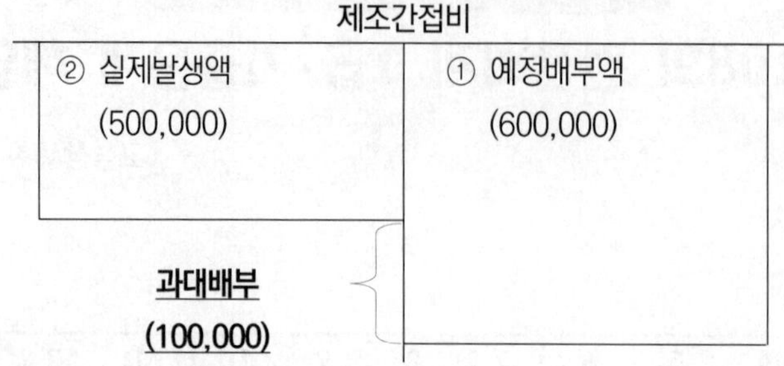

12. <u>기초재공품이 존재하지 않는 경우에 평균법과 선입선출법의 당기완성품원가와 기말재공품원가가 일치</u>한다.

13. 구매확인서에 의하여 공급하는 재화는 영세율 적용 대상 거래로서 세금계산서 발급의무가 있다.

14. <u>부동산매매업은 법인의 경우 법인의 등기부상 소재지</u>

15. 사업자 또는 재화를 수입하는 자 중 어느 하나에 해당하는 자로서 개인, 법인(국가 · 지방자치단체와 지방자치단체조합을 포함한다), 법인격이 없는 사단 · 재단 또는 그 밖의 단체는 이 법에 따라 부가가치세를 납부할 의무가 있다.

▌ 실 무 시 험 ▌

문제 1.

[1] [거래처등록]

- 코드 : 3000
- 거래처명 : ㈜나우전자
- 유형 : 3.동시
- 사업자등록번호 : 108 - 81 - 13579
- 대표자성명 : 김나우
- 업종 : 업태 - 제조, 종목 - 전자제품
- 주소 : 서울특별시 서초구 명달로 104(서초동)

[2] [계정과목 및 적요 등록]

186. 퇴직연금운용자산〉 · 적요NO : 1 · 대체적요 : 제조 관련 임직원 확정급여형 퇴직연금부담금 납입

[3] [전기분재무상태표] 및 [거래처별초기이월]

1. [전기분재무상태표]
- 260.단기차입금 20,000,000원 추가입력
- 장기차입금 20,000,000원 → 0원으로 수정 또는 삭제

2. [거래처별초기이월]
   - 260.단기차입금 : 기업은행 20,000,000원 추가입력
   - 장기차입금 : 신한은행 20,000,000원 → 0원으로 수정 또는 삭제

문제 2.

[1] (차) 외화장기차입금(미국은행) 37,500,000 (대) 보통예금 39,000,000
   　　 외환차손 1,500,000

   ☞ 외환차손익 = 상환가액(39,000,000) − 장부가액($30,000×1,250) = 1,500,000(차손)

[2] (차) 부도어음과수표(㈜모모가방) 50,000,000 (대) 받을어음(㈜모모가방) 50,000,000

   ☞ 부도가 났다고 대손처리하면 안된다. 부도났다고 모든 매출채권이 회수가 불가능하지 않으므로 우선적으로 비유동자산으로 분류하고 추후 대손시 대손처리하면 된다.

[3] (차) 미지급배당금 10,000,000 (대) 보통예금 8,460,000
   　　　　　　　　　　　　　　　　　　　　　예수금 1,540,000

   ☞ 결의시점 : (차) 중간배당금 10,000,000 (대) 미지급배당금 10,000,000

[4] (차) 기계장치 5,500,000 (대) 자산수증이익 5,500,000

[5] (차) 단기매매증권 4,000,000 (대) 보통예금 4,010,000
   　　 수수료비용(984) 10.000

   ☞단기매매증권의 취득과 직접 관련된 거래원가는 영업외비용으로 처리한다.

[6] (차) 현금 1,000,000 (대) 외상매출금(㈜다원) 4,000,000
   　　 받을어음(㈜다원) 3,000,000

문제 3.

문항	일자	유형	공급가액	부가세	거래처	신용
[1]	7/13	17.카과	5,000,000	500,000	㈜남양가방	비씨카드
분개유형		(차) 외상매출금	5,500,000 (대) 부가세예수금			500,000
카드(혼합)		(비씨카드)		제품매출		5,000,000

문항	일자	유형	공급가액	부가세	거래처	전자
[2]	9/05	51.과세	500,000	50,000	쾌속운송	여
분개유형		(차) 부가세대급금	50,000 (대) 보통예금			550,000
혼합		기계장치	500,000			

문항	일자	유형	공급가액	부가세	거래처	전자
[3]	9/06	51.과세	10,000,000	1,000,000	정도정밀	여
분개유형		(차) 부가세대급금	1,000,000 (대) 보통예금			11,000,000
혼합		외주가공비(제)	10,000,000			

문항	일자	유형	공급가액	부가세	거래처	전자
[4]	9/25	54.불공(②)	3,500,000	350,000	㈜목포전자	여
분개유형		(차) 기부금	3,850,000 (대) 미지급금			3,850,000
혼합						

· 국가 및 지방자치단체에 무상으로 공급하는 재화의 경우, 사업과 무관(기부금)하게 취득한 재화이면 매입세액을 공제하지 아니한다.

문항	일자	유형	공급가액	부가세	거래처	신용
[5]	10/06	57.카과	1,500,000	150,000	㈜ok사무	하나카드
분개유형		(차) 부가세대급금	150,000 (대) 미지급금(하나카드)			1,650,000
카드(혼합)		비품	1,500,000			

문항	일자	유형	공급가액	부가세	거래처	전자
[6]	12/01	51.과세	2,500,000	250,000	㈜국민가죽	여
분개유형		(차) 부가세대급금	250,000 (대) 현금			250,000
혼합		원재료	2,500,000	외상매입금		2,500,000

문제 4.

[1] 7월 22일 매입매출전표 수정

〈수정전〉	유형	공급가액	부가세	거래처	전자
	51.과세	15,000,000	1,500,000	제일자동차	여
분개유형	(차) 부가세대급금	1,500,000 (대) 보통예금			16,500,000
혼합	차량운반구	15,000,000			
〈수정후〉	유형	공급가액	부가세	거래처	전자
	54.불공(③)	15,000,000	1,500,000	제일자동차	여
분개유형	(차) 차량운반구	16,500,000 (대) 보통예금			16,500,000
혼합					

[2] 9월 15일 일반전표 수정

〈수정전〉

(차) 대손상각비 3,000,000 (대) 외상매출금((주)댕댕오디오) 3,000,000

〈수정후〉

(차) 대손충당금(109) 1,500,000 (대) 외상매출금((주)댕댕오디오) 3,000,000
  대손상각비(판) 1,500,000

문제 5.

[1] 〈수동결산〉

(차) 외상매입금(하나무역)	2,500,000	(대) 가지급금	2,550,000
잡손실	50,000		

[2] 〈수동결산〉

(차) 단기대여금(필립전자)	6,000,000	(대) 외화환산이익	6,000,000

☞환산손익 = 공정가액($30,000×2,200) – 장부가액(60,000,000) = 6,000,000원(이익)

[3] 〈수동/자동결산〉

(차) 기타의대손상각비	300,000	(대) 대손충당금(121)	300,000

☞ 대손충당금(미수금) : 미수금 잔액(40,000,000) ×1% – 대손충당금(121) 잔액(100,000) = 300,000원

[결산자료입력]>기간 : 1월~12월 >F8 대손상각>• 대손율(%) : 1.00 입력

　　　　　• 미수금 외 채권 : 추가설정액 0원 입력>결산반영>F3 전표추가

문제 6.

[1] 1,330,000원

• [매입매출장]>기간 : 01월 01일~03월 31일>구분 : 2.매출>유형 : 17.카과
　　　　　>분기계 합계 금액 확인

[2] 131,000원

• [일계표/월계표]>[월계표]>조회기간 : 6월~6월>8.영업외비용 차변 계 확인

[3] 3,060,000원

• [부가가치세신고서]>기간 : 4월 1일~6월 30일>16.세액(공제받지못할매입세액) 금액 확인

제109회 전산회계1급 기출문제 해답

정민상사㈜ (코드번호:1093)

▌ 이 론 시 험 ▐

1	2	3	4	5	6	7	8	9	10	11	12	13	14	15
④	④	②	②	①	④	③	③	①	③	②	③	④	①	②

1. ① 원가관리회계의 목적이다.

② 세무회계의 정보이용자에 해당한다.

③ 세무회계의 목적이다.

2. **단기매매증권은 유동자산 중 당좌자산**으로 분류된다.

3. 재고자산의 매입원가는 매입금액에 매입운임, 하역료 및 보험료 등 취득과정에서 정상적으로 발생한 부대비용을 가산한 금액이다. **매입과 관련된 할인, 에누리 및 기타 유사한 항목은 매입원가에서 차감**한다.

4. 자본적지출을 수익적지출로 잘못 처리하게 되면, **자산은 과소계상, 비용은 과대계상되므로 자본은 과소계상**하게 된다.

5. 감자차손 = [취득가액(7,000) – 액면가액(5,000)] × 200주 – 감자차익(200,000) = 200,000원

기인식된 감자차익 200,000원을 상계하고 감자차손은 200,000원만 인식한다.

6. **수익과 비용은 각각 총액**으로 보고하는 것을 원칙으로 한다.

7. 선수금을 제품매출로 인식함에 따라 **유동부채가 과소계상**된다.

당좌자산의 금액은 차이가 없으나, **영업수익(제품매출)은 과대계상**하였으므로 당기순이익도 과대계상된다.

8. 기말자본금 = 주식수(10,000 + 2,000) × 액면가액(5,000) = 60,000,000원

9. • 판매비와관리비 : 영업용 사무실의 전기요금, 마케팅부의 교육연수비

• 영업외손익 : 유형자산의 처분으로 인한 손익

11.

원재료

기초재고	1,200,000	**직접재료비**	**1,250,000**
구입	900,000	기말재고	850,000
계	2,100,000	계	2,100,000

12. 제조간접원가 배부율 = 제조간접원가(500,000) ÷ [직접재료원가(800,000) + 직접노무원가(200,000)]
= 0.5원/직접원가

no1. 제조간접원가배부액 = [직접재료원가(400,000) + 직접노무원가(150,000)] × 배부율(0.5)
= 275,000원

13. 간이과세자가 일반과세자로 변경(7.1.부터 일반과세자)되는 경우 : 그 변경되는 해의 1월 1일부터 6월 30일까지가 1기 과세기간(간이과세자)이 된다.

14. 공급연월일은 임의적 기재사항이며, **작성연월일이 필요적 기재사항**이다.

15. 상품권이 현물과 교환되어 **재화가 실제로 인도되는 때를 공급시기**로 본다.

▌ 실 무 시 험 ▌

문제 1.

[1] [거래처등록]

　　[일반거래처]> ·코드 : 01230　　　·거래처명 : 태형상사　　·유형 : 3.동시

　　·사업자등록번호 : 107 - 36 - 25785 · 대표자성명 : 김상수　　·업태 : 도소매

　　·종목 : 사무기기 · 사업장주소 : 서울시 동작구 여의대방로10가길 1(신대방동)

[2] [거래처별 초기이월]

- 받을어음>㈜원수 10,000,000원 → 15,000,000원으로 수정
- 단기차입금>㈜이태백 10,000,000원 추가입력
- 단기차입금>㈜빛날통신 3,000,000원 → 13,000,000원으로 수정

[3] [전기분 재무제표]

1. [전기분원가명세서]
   - 보험료(제) 1,000,000원 추가입력
   - 당기제품제조원가 93,000,000원 → 94,000,000원 금액 변경 확인
2. [전기분손익계산서]
   - 제품매출원가>당기제품제조원가 93,000,000원 → 94,000,000원으로 수정
   - 매출원가 금액 120,350,000원 → 121,350,000원 변경 확
   - 보험료(판) 3,000,000원 → 2,000,000원으로 수정
   - 당기순이익 356,150,000원 변동 없음.
3. 재무상태표, 잉여금처분계산서는 변동사항 없음.

문제 2.

[1] (차) 기부금   2,000,000   (대) 제품(타계정대체   2,000,000
☞제품을 기부하였을 경우 해당 비용은 원가의 금액으로 한다.

[2] (차) 단기차입금(전마나)   20,000,000   (대) 보통예금   15,000,000
                                                                       채무면제이익   5,000,000

[3] (차) 외상매입금(㈜용인)   2,500,000   (대) 현금   1,500,000
                                                       받을어음(㈜수원)   1,000,000

[4] (차) 예수금   270,000   (대) 현금   601,500
         보험료(제)   221,000
         보험료(판)   110,500

[5] (차) 퇴직급여(판)   6,800,000   (대) 보통예금   7,000,000
         수수료비용(판)   200,000
☞ 확정기여형 퇴직연금 납입액은 당기 비용(퇴직급여) 처리한다.

[6] (차) 보통예금   4,750,000   (대) 단기매매증권   4,000,000
                                                       단기매매증권처분이익   750,000

- 처분금액 = 처분가액(10,000×500주) – 처분수수료(250,000) = 4,750,000원
- 장부금액 = 장부금액(8,000) × 500주 = 4,000,000원
- 처분손익 = 처분금액(4,750,000) – 장부금액(4,000,000) = 750,000원(이익)

문제 3.

문항	일자	유형	공급가액	부가세	거래처	신용
[1]	7/28	57.카과	200,000	20,000	저팔계산업	하나카드
분개유형		(차) 부가세대급금	20,000	(대) 미지급금(하나카드)		220,000
카드(혼합)		복리후생비(판)	200,000			

문항	일자	유형	공급가액	부가세	거래처	전자
[2]	9/03	11.과세	13,500,000	1,350,000	보람테크㈜	여
분개유형		(차) 감가상각누계액(209)	38,000,000	(대) 부가세예수금		1,350,000
혼합		현금	4,850,000	기계장치		50,000,000
		미수금	10,000,000	유형자산처분이익		1,500,000

· 처분손익 = 처분가액(13,500,000) – 장부가액(50,000,000 – 38,000,000) = 1,500,000원(이익)

문항	일자	유형	공급가액	부가세	거래처	전자
[3]	9/22	51.과세	5,000,000	500,000	마산상사	여
분개유형		(차) 부가세대급금	500,000	(대) 받을어음(㈜서울)		2,000,000
혼합		원재료	5,000,000	외상매입금		3,500,000

문항	일자	유형	공급가액	부가세	거래처	전자
[4]	10/31	12.영세	70,000,000	–	NICE Co.,Ltd	여
		영세율구분:③내국신용장 · 구매확인서에 의하여 공급하는 재화				
분개유형		(차) 외상매출금	35,000,000	(대) 제품매출		70,000,000
혼합		보통예금	35,000,000			

문항	일자	유형	공급가액	부가세	거래처	전자
[5]	11/04	54.불공	1,500,000	150,000	손오공상사	여
		불공제사유:④접대비 및 이와 유사한 비용 관련				
분개유형		(차) 기업업무추진비	1,650,000	(대) 미지급금		1,650,000
혼합		(판)				

문항	일자	유형	공급가액	부가세	거래처	전자
[6]	12/05	54.불공	50,000,000	5,000,000	㈜만듬건설	여
		불공제사유:⑥ 토지의 자본적 지출 관련				
분개유형		(차) 토지	55,000,000	(대) 선급금		5,500,000
혼합				미지급금		49,500,000

문제 4.

[1] 11월 10일 일반전표수정

〈수정전〉

(차) 수선비(제)   880,000   (대) 보통예금   880,000

〈수정후〉

(차) 미지급금(가나상사)   880,000   (대) 보통예금   880,000

[2] 12월 15일 매입매출전표 수정

	유형	공급가액	부가세	거래처	전자
〈수정전〉	16.수출	10,000,000	–	㈜강서기술	부
	영세율구분:①직수출(대행수출 포함)				
분개유형	(차) 외상매출금	10,000,000	(대) 제품매출		10,000,000
혼합					

〈수정후〉	유형	공급가액	부가세	거래처	전자
	12.영세	10,000,000	-	㈜강서기술	여
	영세율구분:③내국신용장 · 구매확인서에 의하여 공급하는 재화포함)				
분개유형	(차) 외상매출금	10,000,000	(대) 제품매출		10,000,000
혼합					

문제 5.

[1] 〈수동결산〉

(차) 미수수익　　　　　　　　2,250,000　　(대) 이자수익　　　　　　2,250,000

☞미수수익 = 대여금(50,000,000) × 연이자율(6%) ÷ 12개월 × 9개월(4.1~12.31) = 2,250,000원

[2] 〈수동결산〉

(차) 선급비용　　　　　　　　900,000　　(대) 임차료(제)　　　　　　900,000

☞선급비용 = 임차료(3,600,000) ÷ 12개월 × 3개월(1.1~3.31) = 900,000원

[3] 〈수동결산〉

(차) 단기매매증권평가손실　　2,000,000　　(대) 단기매매증권　　　　2,000,000

☞평가손익 = 공정가액(73,000,000) − 장부가액(75,000,000) = △2,000,000원(손실)

문제 6.

[1] 3,000,000원 : 3월(8,400,000) − 1월(5,400,000)

　• [총계정원장] > 기간 : 1월 1일~6월 30일 > 계정과목 : 801.급여 조회

[2] 8,140,000원 : 3월(13,000,000) − 4월(4,860,000)

　[거래처원장]

　• 기간 : 3월 1일~3월 31일 > 계정과목 : 404.제품매출 > 거래처 : 일천상사 조회 > 대변합계
　• 기간 : 4월 1일~4월 30일 > 계정과목 : 404.제품매출 > 거래처 : 일천상사 조회 > 대변합계

[3] 6매, 10,320,000원

　• [세금계산서합계표] > 매출 > 기간 : 1월~3월 조회

제110회 전산회계 1급 기출문제 해답

오영상사㈜ (코드번호:1103)

▌ 이 론 시 험 ▌

1	2	3	4	5	6	7	8	9	10	11	12	13	14	15
①	④	②	②	①	④	②	④	①	①	③	④	④	③	②

1. ② 일정 기간 동안의 기업의 수익과 비용에 대해 보고하는 보고서는 손익계산서이다.

   ③ 일정 기간 동안의 현금의 유입과 유출의 정보를 제공하는 보고서는 현금흐름표이다.

   ④ 기업의 자본변동에 관한 정보를 제공하는 재무보고서는 자본변동표이다.

2. 임대보증금은 비유동부채에 해당한다.

3. 내부적으로 창출한 브랜드, 고객목록과 같은 항목은 무형자산으로 인식할 수 없다.

4. 시용판매의 경우에는 소비자가 매입의사를 표시하는 시점에 수익을 인식한다.

5. 매출 시점에 실제 취득원가를 기록하여 매출원가로 대응시켜 원가 흐름을 가장 정확하게 파악할 수 있는 재고자산의 단가 결정 방법은 개별법이다.

6. 일용직 직원에 대한 수당은 잡급(판)으로 처리한다. 이자수익은 영업외수익으로, 재해손실과 이자비용은 영업외비용으로 처리한다.

7. 매도가능증권의 평가손익 → 기타포괄손익누계액(자본)으로 회계처리

   단기매매증권평가손익 = 공정가치(3,300,000) - 장부금액(3,000,000) = 300,000원(이익)

   투자자산처분손익 = 처분금액(8,800,000) - 장부금액(9,000,000) = △200,000원(손실)

   단기매매증권평가이익(300,000) - 투자자산처분손실(200,000) = 100,000원 이익증가

8. 당기순손익 = 총수익(1,100,000) - 총비용(900,000) = 200,000원(이익)

   기초자본 = 기초자산(900,000) - 기초부채(500,000) = 400,000원

   기말자본 = 기초자본(400,000) + 추가출자(100,0000 - 이익배당액(50,000)

           + 당기순이익(200,000) = 650,000원

9. 외부의 정보이용자들에게 유용한 정보를 제공하는 것은 재무회계의 목적이다.

10. ② 변동원가는 조업도가 증가할수록 총원가는 증가하지만 단위당 원가는 일정하다.

   ③ 고정원가는 조업도가 증가할 때 총원가는 일정하다.

   ④ 고정원가는 조업도가 증가할 단위당 원가는 감소한다.

11. 단계배분법을 사용할 경우, 배부순서에 따라 각 보조부문에 배분되는 금액은 차이가 발생한다.

12. 공정별 원가계산에 적합한 것이 종합원가계산이다.

13. 증여로 인하여 사업자의 명의가 변경되는 경우는 폐업 사유에 해당한다.

   증여자는 폐업, 수증자는 신규 사업자등록 사유이다.

14. <u>**영세율은 완전면세제도**</u>이다.

15. 도매업은 영수증을 발급할 수 있으나, <u>**영수증 발급대상 사업자는 아니다.**</u>

▌실 무 시 험 ▌

문제 1.

[1] [거래처등록]>[신용카드] 탭

- 코드 : 99850
- 거래처명 : 하나카드
- 유형 : 2.매입
- 카드번호 : 5531 - 8440 - 0622 - 2804
- 카드종류 : 3.사업용카드

[2] [계정과목및적요등록]

812.여비교통비>· 현금적요 NO.6, 야근 시 퇴근택시비 지급

· 대체적요 NO.3, 야근 시 퇴근택시비 정산 인출

[3] [전기분 재무제표]

1. [전기분원가명세서]>· 511.복리후생비 9,000,000원>10,000,000원

· 당기제품제조원가 94,200,000원>95,200,000원

2. [전기분손익계산서]>· 당기제품제조원가 94,200,000원>95,200,000원

· 455.제품매출원가 131,550,000원>132,550,000원

· 811.복리후생비 30,000,000원>29,000,000원

· 당기순이익 61,390,000원 확인

[전기분이익잉여금처분계산서]>미처분이익잉여금이나 이월이익잉여금에 변동이 없으므로 정정 불필요

[전기분재무상태표]>당기순이익에 변동이 없으므로 정정 불필요

문제 2.

[1] (차) 외상매입금(나노컴퓨터) 5,000,000 (대) 외상매출금(나노컴퓨터) 3,000,000
당좌예금 2,000,000

[2] (차) 보통예금 1,000,000 (대) 배당금수익 1,000,000
☞ 주식배당(투자자)의 경우 별도의 회계처리가 없습니다.

[3] (차) 보통예금 4,945,000 (대) 받을어음(㈜영춘) 5,000,000
매출채권처분손실 55,000

[4] (차) 세금과공과(판) 500,000 (대) 보통예금 500,000

[5] (차) 사채 10,000,000 (대) 보통예금 9,800,000
사채상환이익 200,000
☞ 상환손익(사채) = 상환가액(9,800,000) − 장부가액(10,000,000) = △200,000(이익)

[6] (차) 보통예금 423,000 (대) 이자수익 500,000
선납세금 77,000

문제 3.

문항	일자	유형	공급가액	부가세	거래처	전자
[1]	7/11	11.과세	3,000,000	300,000	성심상사	여
분개유형		(차) 외상매출금	2,300,000	(대) 부가세예수금		300,000
혼합		현금	1,000,000	제품매출		3,000,000
문항	일자	유형	공급가액	부가세	거래처	전자
[2]	8/25	51.과세	200,000,000	20,000,000	㈜대관령	여
분개유형		(차) 부가세대급금	20,000,000	(대) 선급금		37,000,000
혼합		토지	150,000,000	보통예금		333,000,000
		건물	200,000,000			
문항	일자	유형	공급가액	부가세	거래처	전자
[3]	9/15	61.현과	350,000	35,000	골드팜㈜	–
분개유형		(차) 부가세대급금	35,000	(대) 보통예금		385,000
혼합		소모품비(판)	350,000			

☞ 소모품비가 과세 또는 면세 여부가 불명확하므로 유형을 62.현면으로 처리한 것도 정답 처리하였습니다.

문항	일자	유형	공급가액	부가세	거래처	전자
[4]	9/30	51.과세	15,000,000	1,500,000	경하자동차㈜	여
분개유형	(차) 부가세대급금		1,500,000	(대) 미지급금		16,500,000
혼합	차량운반구		15,000,000			

☞ 개별소비세 과세대상 차량이 아닌 승용차(1,000CC 이하)는 매입세액 공제대상이다

문항	일자	유형	공급가액	부가세	거래처	전자
[5]	10/17	55.수입	8,000,000	800,000	인천세관	여
분개유형	(차) 부가세대급금		800,000	(대) 보통예금		800,000
혼합						

문항	일자	유형	공급가액	부가세	거래처	전자
[6]	10/20	14.건별	90,000	9,000	–	–
분개유형	(차) 현금		99,000	(대) 부가세예수금		9,000
혼합(현금)				제품매출		90,000

문제 4.

[1] 8월 31일 일반전표수정

〈수정전〉

(차) 이자비용 362,500 (대) 보통예금 362,500

〈수정후〉

(차) 이자비용 500,000 (대) 보통예금 362,500

예수금 137,500

[2] 11월 30일 매입매출전표 수정

	유형	공급가액	부가세	거래처	전자
〈수정전〉	51.과세	700,000	70,000	영포상회	여
분개유형	(차) 부가세대급금	70,000	(대) 보통예금		770,000
혼합	건물	700,000			
	유형	공급가액	부가세	거래처	전자
〈수정후〉	51.과세	700,000	70,000	영포상회	여
분개유형	(차) 부가세대급금	70,000	(대) 보통예금		770,000
혼합	수선비(제)	700,000			

문제 5.

[1] 〈수동결산〉

(차) 소모품비(제)	1,875,000	(대) 소모품	2,500,000
소모품비(판)	625,000		

• 소모품비(판) = (3,000,000원 − 500,000원)×25% = 625,000원

• 소모품비(제) = (3,000,000원 − 500,000원)×75% = 1,875,000원

[2] 〈수동결산〉

(차) 차량유지비(판)	150,000	(대) 현금과부족	235,000
잡손실	85,000		

[3] 〈자동결산〉

[결산자료입력]>기간 : 1월~12월>① 원재료 9,500,000원 입력

② 재공품 8,500,000원 입력

③ 제품 13,450,000원 입력>F3전표추가

• 원재료 : 9,500개×1,000원 = 9,500,000원(정상감모는 매출원가이다.)

문제 6.

[1] 40,465,000원 = 외상매출금(107,700,000) − 외상매입금(67,235,000)

• [재무상태표]>기간 : 2024년 05월 조회

[2] 48,450,000원 = 12.영세(38,450,000) + 16.수출(10,000,000)

1. [부가가치세신고서]>조회기간 : 2024년 4월 1일~2024년 6월 30일

>과세표준 및 매출세액

>영세>·세금계산서발급분 금액

·기타 금액

또는 2. [매입매출장]>조회기간 : 2024년 04월 01일~2024년 06월 30일

>구분 : 2.매출

>·유형 : 12.영세>⓪ 전체>분기계 합계 금액 확인

·유형 : 16.수출>분기계 합계 금액 확인

[3] 도서인쇄비, 10,000원

• [일계표(월계표)]>[월계표] 탭>조회기간 : 2024년 06월~20년 06월

제111회 전산회계1급 기출문제 해답

예은상사㈜ (코드번호:1113)

▌이 론 시 험 ▌

1	2	3	4	5	6	7	8	9	10	11	12	13	14	15
④	①	②	①	④	②	②	①	③	③	①	④	③	②	③

1. 회계정보의 질적 특성 중 목적 적합성에 관련된 설명이며, **예측가치, 피드백가치, 적시성이 이에 해당**한다. 중립성은 표현의 충실성, 검증가능성과 함께 신뢰성에 해당하는 질적 특성이다.

2. 당좌자산은 유동자산으로 구분된다.

3. 원가흐름 가정 중 선입선출법은 먼저 입고된 자산이 먼저 출고된 것으로 가정하여 입고 일자가 빠른 원가를 출고 수량에 먼저 적용한다. **선입선출법은 실제 물량 흐름에 대한 원가흐름의 가정이 유사하다는 장점**이 있으나, **수익·비용 대응의 원칙에 부적합**하고, 물가 상승 시 이익이 과대 계상되는 단점이 있다.

4. 현금및현금성자산 = 배당금지급통지서(500,000) + 타인발행수표(500,000) = 1,000,000원

5. 주식배당 회계처리 : (차) 이익잉여금　　　　　　　XX　(대) 자본금　　　　　　　XX

무상증자회계처리 : (차) 자본잉여금 또는 이익잉여금　XX　(대) 자본금　　　　　　　XX

주식배당과 무상증자는 순자산의 증가가 발생하지 않는다.

6. 대손상각비, 기부금, 퇴직급여, 이자수익이 손익계산서에 나타나는 계정과목이다. 현금, 외상매출금은 재무상태표에 나타나는 자산 계정과목이다.

7. 2023년 12월 31일 감가상각비 = 취득원가(10,000,000) × 상각률(45%) × 6/12 = 2,250,000원

2024년 12월 31일 감가상각비 = [취득원가(10,000,000) - 감가상각누계액(2,250,000)]
　　　　　　　　　　　　　　× 상각률(45%) = 3,487,500원

8. 기업의 정상적인 영업활동의 결과로써 재고자산은 제조와 판매를 통해 매출원가로 대체된다. 그러나 **재고자산이 외부 판매 이외의 용도로 사용될 경우 '타계정대체'라 하며 이때는 매출원가가 변동하지** 않는다.

9. 변동원가는 생산량이 증가할 경우 총원가는 증가하지만, **단위당 변동원가는 일정**하다.

10. 정유업, 제분업, 식품가공업은 종합원가계산의 적용이 가능한 업종으로 개별원가계산은 적합하지 않다.

11. 생산과정에서 나오는 원재료의 찌꺼기는 작업폐물이다.

12. 예정배부율 = 제조간접원가 예상액(2,500,000)/예상 직접노무시간(50,000) = 50원/시간

예정배부액 = 실제 직접노무시간(5,000시간) × 예정배부율(50원) = 250,000원

배부차이 = 예정배부액(250,000) - 실제발생액(300,000) = △50,000원(과소배부)

14. 제품의 외상판매는 재화의 공급에 해당한다.

〈재화의 공급으로 보지 않는 특례〉

- 사업의 양도(사업양수 시 양수자 대리납부의 경우 재화의 공급으로 인정)

- 담보의 제공 · 조세의 물납 · 법률에 따른 공매 · 경매

- 법률에 따른 수용 · 신탁재산의 이전

15. <u>**매출할인액은 과세표준에서 제외**</u>한다.

▌ 실 무 시 험 ▌

문제 1.

[1] [계정과목및적요등록]

- 831.수수료비용>현금적요 NO.8, 결제 대행 수수료

[2] [거래처등록]>[금융기관] 탭>

- 거래처코드 : 98005
- 거래처명 : 수협은행
- 유형 : 3.정기적금
- 계좌번호 : 110 - 146 - 980558

[3] [거래처별초기이월]

- 지급어음> · 천일상사 9,300,000원→6,500,000원으로 수정
  · 모닝상사 5,900,000원→8,700,000원으로 수정
- 미지급금> · 대명㈜ 8,000,000원→4,500,000원으로 수정
  · ㈜한올 4,400,000원→7,900,000원으로 수정

문제 2.

[1]	(차)	예수금	22,000	(대)	보통예금	22,000
[2]	(차)	선급금(㈜홍명)	1,000,000	(대)	당좌예금	1,000,000
[3]	(차)	미지급금(비씨카드)	2,000,000	(대)	보통예금	2,000,000
[4]	(차)	여비교통비(판)	380,000	(대)	전도금	600,000
		현금	220,000			

| [5] | (차) 현금 | 8,000,000 | (대) 미수금(우리기계) | 8,000,000 |

〈기계장치 처분시 – 어음수령(7/01)〉

| | (차) 미수금 | 8,000,000 | (대) 기계장치 | 8,000,000 |

| [6] | (차) 보통예금 | 41,400,000 | (대) 외상매출금(lailai co. ltd.) | 39,000,000 |
| | | | 외환차익 | 2,400,000 |

☞ 외환차손익(자산) = [회수가액(1,380) – 장부가액(1,300)] × $30,000 = 2,400,000원(차익)

문제 3.

문항	일자	유형	공급가액	부가세	거래처	전자
[1]	7/06	11.과세	23,000,000	2,300,000	㈜아이닉스	여
분개유형	(차) 외상매출금		25,300,000	(대) 부가세예수금		2,300,000
외상(혼합)				제품매출		23,000,000

문항	일자	유형	공급가액	부가세	거래처	전자
[2]	8/10	14.건별	500,000	50,000	없음	부
분개유형	(차) 기업업무추진비(제)		350,000	(대) 부가세예수금		50,000
혼합				제품(8.타계정대체)		300,000

문항	일자	유형	공급가액	부가세	거래처	전자
[3]	9/16	11.과세	9,000,000	900,000	팔팔물산	여
분개유형	(차) 현금		9,900,000	(대) 부가세예수금		900,000
현금(혼합)				제품매출		9,000,000

문항	일자	유형	공급가액	부가세	거래처	전자
[4]	9/26	51.과세	5,000,000	500,000	잘나가광고	여
분개유형	(차) 부가세대급금		500,000	(대) 보통예금		5,500,000
현금	비품		5,000,000			

문항	일자	유형	공급가액	부가세	거래처	전자
[5]	10/15	51.과세	2,500,000	250,000	메타가구	여
분개유형	(차) 부가세대급금		250,000	(대) 받을어음(㈜은성가구)		1,000,000
혼합	원재료		2,500,000	외상매입금		1,750,000

문항	일자	유형	공급가액	부가세	거래처	전자
[6]	12/20	54.불공	3,800,000	380,000	니캉전자	여
		불공제사유:② 사업과 직접 관련 없는 지출				
분개유형	(차) 가지급금(한태양)		4,180,000	(대) 보통예금		4,180,000
혼합						

문제 4.

[1] 매입매출전표 수정(8월 17일)

	유형	공급가액	부가세	거래처	신용
〈수정전〉	58.카면	44,000	-	사거리주유소	비씨카드
분개유형	(차) 차량유지비(판)		44,000 (대) 미지급금(비씨카드)		44,000
카드(혼합)					

	유형	공급가액	부가세	거래처	신용
〈수정후〉	57.카과	40,000	4,000	사거리주유소	비씨카드
분개유형	(차) 부가세대급금		4,000 (대) 미지급금(비씨카드)		44,000
카드(혼합)	차량유지비(판)		40,000		

[2] 일반전표입력 수정(11월 12일)

〈수정전〉

(차) 기업업무추진비(판) 500,000 (대) 현금 500,000

〈수정후〉

(차) 복리후생비(제) 500,000 (대) 현금 500,000

문제 5.

[1] 〈수동결산〉

(차) 부가세예수금 49,387,500 (대) 부가세대급금 34,046,000
미지급세금 15,341,500

[2] 〈수동결산〉

(차) 선급비용 3,600,000 (대) 보험료(제) 3,600,000

[3] 〈수동/자동결산〉

감가상각비 = 취득가액(30,000,000)÷5년÷12개월×9개월 = 4,500,000원

(차) 감가상각비(제) 4,500,000 (대) 감가상각누계액 4,500,000

또는 [결산자료입력]>2. 매출원가 >2). 일반감가상각비>차량운반구 결산반영금액 입력>F3전표 추가

문제 6.

[1] 40,000,000원

- [계정별원장]>기간 : 4월 1일~4월 30일>계정과목 : 108.외상매출금 조회>대변 월계금액 확인

[2] 117,630,000원 = 6월 매출액(147,150,000) − 2월 매출액(29,520,000)

- [총계정원장]>[월별] 탭>기간 : 01월 01일~06월 30일>계정과목 : 404.제품매출 조회>대변 금액 확인

[3] 6,372,000원

- [부가가치세신고서]>기간 : 4월 1일~6월 30일>11.고정자산매입(세금계산서수취분) 세액란 금액 확인

제63회 FAT 1급 기출문제 해답

㈜돌체커피차 (코드번호:3263)

▌실무이론평가 ▌

1	2	3	4	5	6	7	8	9	10
④	④	③	③	②	②	①	④	①	③

1. 영업이익이 증가하였음에도 당기순이익이 감소하기 위해서는 영업외수익이 감소하거나 영업외비용이 증가하여야 한다.

2. ① 취득원가: 300,000원(100주×3,000원, 취득수수료는 비용처리)

② 2023년 말 단기매매증권 장부금액은 350,000원(100주×3,500원)

③ 2023년 단기매매증권평가이익 = (3,500원 − 3,000원)×100주 = 50,000원

④ 2024년 단기매매증권처분이익 = (3,700원 − 3,500원)×100주 = 20,000원

3. 전기에 대손 처리한 외상매출금을 당기에 현금으로 회수하는 경우 차변은 현금, 대변은 대손충당금으로 회계처리한다.

4. 총평균법에 의한 재고자산 단가 = 판매가능재고÷총재고수량

$$= (150개 \times 1,200원 + 300개 \times 1,400원 + 200개 \times 1,225원)$$
$$\div 650개 = 1,300원$$

매출원가 = 250개×1,300원 = 325,000원

5. 2024년 감가상각비 = (5,000,000원 − 500,000원)÷5년 = 900,000원

6.
$$2024년\ 이자비용 = 10,000,000원 \times 12\% \times \frac{1개월}{12개월} = 100,000원$$

7. 수정 후 당기순이익 = 수정 전 당기순이익(1,000,000원) − 미지급 이자비용(100,000원)
− 임대료 선수분(300,000원) = 600,000원

8. 컴퓨터 제조업자가 컴퓨터를 공급하는 경우에는 세금계산서를 발급할 수 있다.

9. 택시 운송 용역은 과세대상 용역임.

10. 외상판매액(수출액 3,000,000원 포함) 10,000,000원 + 할부판매액 5,300,000원
= 15,300,000원

토지매각은 면세에 해당되고, 담보제공은 재화의 공급이 아니다.

▌ 실무수행평가 ▌

실무수행 1. 기초정보관리의 이해

① 사업자등록증에 의한 거래처등록

[거래처등록]

- 기본사항: 대표자 성명을 '이은수'에서 '유준수'로 수정

  업태를 '제조'에서 '제조, 도매'로 수정

- 추가사항: 담당자 메일주소 'jun@naver.com' 등록

② 거래처별 초기이월 등록 및 수정

[거래처별초기이월]

- 251.외상매입금 계정: 거래처별 금액 입력

	코드	계정과목	전기분재무상태표	차 액	거래처합계금액		코드	거래처	금액
15	213	감가상각누계액	6,600,000	6,600,000			00125	(주)세계커피	8,000,000
16	240	소프트웨어	15,000,000	15,000,000			00133	(주)우주커피	12,000,000
17	251	외상매입금	34,000,000		34,000,000		00156	(주)순한차	14,000,000

실무수행 2. 거래자료 입력

① 증빙에 의한 전표입력

[일반전표입력] 3월 29일

- (차) 822.차량유지비   33,000원   (대) 101.현금   33,000원

  또는 (출) 822.차량유지비   33,000원

[영수증수취명세서 작성]

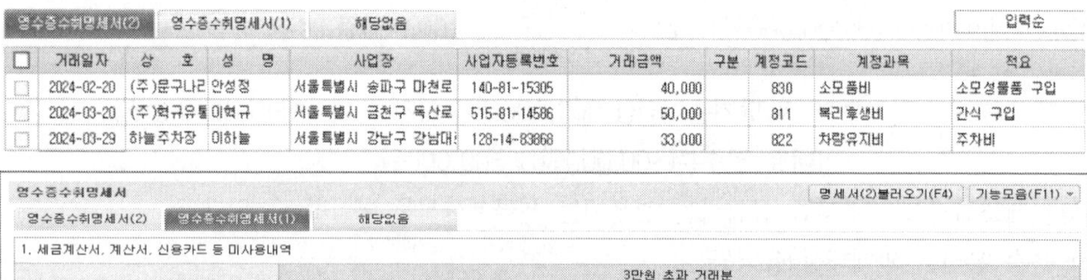

	거래일자	상 호	성 명	사업장	사업자등록번호	거래금액	구분	계정코드	계정과목	적요
	2024-02-20	(주)문구나라	안성정	서울특별시 송파구 마천로	140-81-15305	40,000		830	소모품비	소모성물품 구입
	2024-03-20	(주)혁규유통	이혁규	서울특별시 금천구 독산로	515-81-14586	50,000		811	복리후생비	간식 구입
	2024-03-29	하늘주차장	이하늘	서울특별시 강남구 강남대:	128-14-83868	33,000		822	차량유지비	주차비

영수증수취명세서   명세서(2)불러오기(F4)   기능모음(F11) ▾

1. 세금계산서, 계산서, 신용카드 등 미사용내역

9. 구분	3만원 초과 거래분		
	10. 총계	11. 명세서제출 제외대상	12. 명세서제출 대상(10-11)
13. 건수	3		3
14. 금액	123,000		123,000

② 통장 사본에 의한 거래입력

[일반전표입력] 4월 30일

| (차) 260.단기차입금 | 30,000,000원 | (대) 103.보통예금 | 30,533,000원 |

(98007.IBK기업은행(차입금))　　　　　　　　(98011.우리은행(보통))

931.이자비용　　　　533,000원

③ 증빙에 의한 거래입력

[일반전표입력] 5월 4일

(차) 820.수선비　　　　25,000원　　　(대) 101.현금　　　　25,000원

또는 (출) 820.수선비　　　　25,000원

④ 증빙에 의한 거래입력

[일반전표입력] 5월 15일

(차) 208.차량운반구　　　　3,172,400원　　　(대) 101.현금　　　　3,172,400원

또는 (출) 208.차량운반구　　　　3,172,400원

⑤ 증빙에 의한 전표입력

[일반전표입력] 6월 10일

(차) 821.보험료　　　　254,600원　　　(대) 103.보통예금　　　　254,600원

(98011.우리은행(보통))

실무수행 3. 부가가치세

① 과세매출자료의 전자세금계산서 발행

1. [매입매출전표입력] 7월 10일

거래유형	품명	공급가액	부가세	거래처	전자세금
11.과세	에스프레소	3,500,000	350,000	00260.(주)프랜드커피	전자발행
분개유형	(차) 101.현금	1,000,000원		(대) 401.상품매출	3,500,000원
3. 혼합	108.외상매출금	2,850,000원		255.부가세예수금	350,000원

2. [전자세금계산서 발행 및 내역관리]

① 미전송된 내역이 조회되면, 미전송내역을 체크한 후 전자발행 을 클릭하여 표시되는 로그인 화면에서 확인(Tab) 클릭

② '전자세금계산서 발행'화면이 조회되면 발행(F3) 버튼을 클릭한 다음 확인(Tab) 클릭

③ 국세청란에 '발행대상'으로 표시되면 ACADEMY 전자세금계산서 를 클릭

④ [Bill36524 교육용전자세금계산서] 화면에서 [로그인]을 클릭

⑤ 좌측화면: [세금계산서 리스트]에서 [미전송]으로 체크 후 [매출조회]를 클릭 우측화면: [전자세금계산서]에서 [발행]을 클릭

⑥ [발행완료 되었습니다.] 메시지가 표시되면 확인(Tab) 클릭

② 매입거래

[매입매출전표입력] 7월 18일

거래유형	품명	공급가액	부가세	거래처	전자세금
57.카과	상품	300,000	30,000	31111.(주)일등커피	
분개유형	(차) 401.상품	300,000원	(대) 251.외상매입금		330,000원
3. 혼합	135.부가세대급금	30,000원	(99600.삼성카드)		

③ 매입거래

[매입매출전표입력] 8월 10일

거래유형	품명	공급가액	부가세	거래처	전자세금
51.과세	도시가스요금	254,500	25,450	06005.한국도시가스(주)	전자입력
분개유형	(차) 815.수도광열비	254,500원	(대) 253.미지급금		279,950원
3. 혼합	135.부가세대급금	25,450원			

④ 매출거래

[매입매출전표입력] 8월 22일

거래유형	품명	공급가액	부가세	거래처	전자세금
13.면세	차잎	800,000		00156.(주)순한차	전자입력
분개유형	(차) 103.보통예금	800,000원	(대) 401.상품매출		800,000원
3. 혼합	(98009.하나은행(보통))				

⑤ 매입거래

[매입매출전표입력] 9월 13일

거래유형	품명	공급가액	부가세	거래처	전자세금
54.불공	노트북	1,700,000	170,000	00102.(주)행복컴퓨터	전자입력
불공제사유	9. 기업업무추진비 관련 매입세액				
분개유형	(차) 813.기업업무추진비	1,870,000원	(대) 253.미지급금		1,870,000원
3. 혼합					

⑥ 부가가치세신고서에 의한 회계처리

[일반전표입력] 8월 23일

(차) 103.보통예금	380,000원	(대) 120.미수금	380,000원
(98002.국민은행(보통))		(03100.서대문세무서)	

[일반전표입력] 6월 30일 조회

   (차) 255.부가세예수금   9,510,000원   (대) 135.부가세대급금   9,880,000원

      120.미수금   380,000원   930.잡이익   10,000원

      (03100.서대문세무서)

실무수행 4. 결산

1 수동결산 및 자동결산

1. 수동결산 및 자동결산

   [일반전표입력] 12월 31일

     (차) 116.미수수익   400,000원   (대) 901.이자수익   400,000원

   [결산자료입력] 1월 ~ 12월

     - 기말상품재고액 50,000,000원을 입력한다.

     - 상단부 전표추가(F3) 를 클릭하면 [일반전표입력] 메뉴에 분개가 생성된다.

     (차) 451.상품매출원가   368,307,910원   (대) 146.상품   368,307,910원

  [기초재고액 70,000,000원 + 당기매입액 348,307,910원 - 기말재고액 50,000,000원]

   = 상품매출원가 368,307,910원

2. [재무제표 등 작성]

   - 손익계산서 ➡ 이익잉여금처분계산서(처분일 입력 후 '전표추가' 클릭 ➡ 재무상태표를 조회 작성한다.

평가문제. 실무수행평가 (62점)

번호	평가 문제	배점
11	② 대표자성명은 '이은수'이다.	4
12	(38,685,290)원	3
13	(2,055,000)원	3
14	④ 99600.삼성카드 10,000,000원	3
15	(8,350,000)원	3
16	(06005)	4
17	① 미수수익 600,000원	3
18	(20,000,000)원	3
19	(90,792,400)원	4
20	② 320,658,260원	2

번호	평가 문제	배점
21	(855,620,000)원	3
22	(368,307,910)원	2
23	④ 보험료　　　7,366,000원	3
24	(10,194,000)원	2
25	(123,000)원	3
26	② 신한은행(보통)　　20,000,000원 ④ 우리은행(보통)　　2,067,000원	3
27	(939,090)원	4
28	(949,380)원	3
29	(12)매	3
30	(2,300,000)원	4
총 점		**62**

평가문제. 회계정보분석 (8점)

31. 재무상태표 조회 (4점)

　③ (396,030,000원 ÷ 93,630,000원) × 100 ≒ 422%

32. 손익계산서 조회 (4점)

　① (240,000,000원 ÷ 560,000,000원) × 100 ≒ 42%

제64회 FAT 1급 기출문제 해답

㈜국제우산 (코드번호:3264)

▌ 실무이론평가 ▌

1	2	3	4	5	6	7	8	9	10
②	②	④	④	④	①	③	③	③	④

1. 재고자산평가방법의 변경은 회계정책의 변경이다.

2. 기타포괄손익누계액은 재무상태표 항목이다.

3. 당기매출액(1,500,000원) − 현금매출액(300,000원) = 당기외상매출액(1,200,000원)

당기외상매출액(1,200,000원) + 기초매출채권(500,000원) − 당기매출채권회수액(1,100,000원)

= 기말매출채권(600,000원)

4. 유형자산 취득과 관련된 제비용(기계장치 시운전비, 건물취득세 및 중개인수수료, 토지 정리비용)은 원가에 포함하여야 한다.

기계장치 수선유지비는 수익적지출에 해당한다.

5. 매출총이익 = 매출액 − 매출원가

$$= 75,000원 − 50,000원^* = 25,000원$$

＊ 매출원가 = (200개 × 150원) + (100개 × 200원) = 50,000원

6. 주식을 액면금액 이상으로 발행할 경우 액면금액을 초과하는 금액은 자본잉여금으로 표시한다.

7. 매출원가 = 기초상품재고액 + 당기상품매입액 − 기말상품재고액

$$= 800,000원 + 3,000,000원 − 200,000원 = 3,600,000원$$

매출총이익 = 매출액 − 매출원가

$$= 6,000,000원 − 3,600,000원 = 2,400,000원$$

영업이익 = 매출총이익 − 판매비와관리비

$$= 2,400,000원 − 730,000원^* = 1,670,000원$$

＊ 판매비와관리비 = 600,000원 + 80,000원 + 50,000원 = 730,000원

8. ① 폐업의 경우 폐업일이 속하는 달의 다음 달 25일까지 신고하여야 한다.

② 확정신고를 하는 경우 예정신고 시 신고한 과세표준은 제외하고 신고한다.

③ 신고기한까지 과세표준 및 세액을 신고하지 않는 경우 무신고 가산세가 부과된다.

9. 매출세액: (18,000,000원 + 20,000,000원) × 10% = 3,800,000원

매입세액: 12,000,000원 × 10% = 1,200,000원

납부세액: 3,800,000원 − 1,200,000원 = 2,600,000원

10. 운수업의 영업용 차량 매입세액은 공제받을 수 있는 매입세액에 해당한다.

▌ 실무수행평가 ▌

실무수행 1. 기초정보관리의 이해

1. 사업자등록증에 의한 회사등록 수정

- 사업장 주소
  '서울특별시 서대문구 충정로7길 29 - 8 (충정로3가)'에서
  '서울특별시 서대문구 충정로7길 12 (충정로2가)'로 수정
- 담당자 메일 주소: 'korea@hanmail.net'에서 'korea@bill36524.com'으로 수정

2. 거래처별초기이월 등록 및 수정

[거래처별초기이월]

- 137.주.임.종.단기채권

  00123.정선아　　5,000,000원 입력

  00234.구재은　　3,000,000원 입력

  07001.백장섭　　4,000,000원 입력

실무수행 2. 거래자료 입력

1️⃣ 증빙에 의한 전표입력

[일반전표입력] 3월 3일

(차) 820.수선비　　　　　　　55,000원　　(대) 101.현금　　　　　　55,000원
또는 (출) 820.수선비　　　　55,000원

[영수증수취명세서 작성]

영수증수취명세서(2)	영수증수취명세서(1)	해당없음						입력순

	거래일자	상 호	성 명	사업장	사업자등록번호	거래금액	구분	계정코드	계정과목	적요
☐	2024-01-09	(주)강남한정	황주원	서울특별시 서대문구 충정	129-81-15031	66,000		813	접대비	매출거래처 직원 식[
☐	2024-02-01	강우인쇄	김강우	서울특별시 강남구 강남대	112-33-16517	88,000		826	도서인쇄비	직원 명함 인쇄
☐	2024-03-02	소라정비(주	이용빈	경기도 수원시 팔달구 매산	138-81-17106	451,000		822	차량유지비	차량수리비 지급
☐	2024-03-03	(주)금화서비	이현진	서울특별시 강남구 역삼로	603-81-16391	55,000		820	수선비	

영수증수취명세서(2)	영수증수취명세서(1)	해당없음	

1. 세금계산서, 계산서, 신용카드 등 미사용내역

9. 구분	3만원 초과 거래분		
	10. 총계	11. 명세서제출 제외대상	12. 명세서제출 대상(10-11)
13. 건수	4		4
14. 금액	660,000		660,000

2️⃣ 기타 일반거래

[일반전표입력] 3월 7일

(차) 131.선급금　　　　　　　2,000,000원　　(대) 103.보통예금　　　　2,000,000원
　　(00325.(주)무지개우산)　　　　　　　　　　(98001.국민은행(보통))

③ 증빙에 의한 전표입력

[일반전표입력] 4월 10일

(차) 813.기업업무추진비	330,000원	(대) 253.미지급금	330,000원
		(99610.신한카드)	

④ 기타 일반거래

[일반전표입력] 4월 28일

(차) 821.보험료	270,000원	(대) 103.보통예금	270,270원
817.세금과공과금	270원	(98002.기업은행(보통))	

⑤ 약속어음의 할인

[일반전표입력] 5월 18일

(차) 102.당좌예금	16,335,000원	(대) 110.받을어음	16,500,000원
(98000.국민은행(당좌))		(02334.(주)순양유통)	
936.매출채권처분손실	165,000원		

[받을어음관리]

※ 받을어음 관리											삭제(F5)
어음상태	2 할인(전액)	어음번호	00420240320987654321	수취구분	1 자수	발 행 일	2024-03-20	만 기 일	2024-06-20
발 행 인	02334 (주)순양유통			지급은행	100 국민은행			지 점	양천
배 서 인		할인기관	98000 국민은행(당좌)	지 점	서대문	할 인 율 (%)		어음종류	6 전자
지급거래처				※ 수령된 어음을 타거래처에 지급하는 경우에 입력합니다.					

실무수행 3. 부가가치세

① 과세매출자료의 전자세금계산서 발행

1. [매입매출전표입력] 7월 7일

거래유형	품명	공급가액	부가세	거래처	전자세금
11.과세	3단우산	5,000,000	500,000	00307.(주)지성마트	전자발행
분개유형	(차) 103.보통예금	4,675,000원	(대) 401.상품매출		5,000,000원
3. 혼합	(98600.하나은행(보통))		255.부가세예수금		500,000원
	259.선수금	825,000원			

2. [전자세금계산서 발행 및 내역관리]

① 미전송된 내역이 조회되면, 미전송내역을 체크한 후 전자발행 ▾을 클릭하여 표시되는 로그인 화면에서 확인(Tab) 클릭

② '전자세금계산서 발행'화면이 조회되면 발행(F3) 버튼을 클릭한 다음 확인(Tab) 클릭

③ 국세청란에 '발행대상'으로 표시되면 ACADEMY 전자세금계산서 를 클릭

④ [Bill36524 교육용전자세금계산서] 화면에서 [로그인]을 클릭

⑤ 좌측화면: [세금계산서 리스트]에서 [미전송]으로 체크 후 [매출조회]를 클릭

우측화면: [전자세금계산서]에서 [발행]을 클릭

⑥ [발행완료되었습니다.] 메시지가 표시되면 확인(Tab) 클릭

2 매입거래

[매입매출전표입력] 8월 4일

거래유형	품명	공급가액	부가세	거래처	전자세금
53.면세	매출 텐션업	75,000		04010.미래서점	전자입력
분개유형	(차) 826.도서인쇄비	75,000원	(대) 253.미지급금		75,000원
3. 혼합					

3 매출거래

[매입매출전표입력] 9월 12일

거래유형	품명	공급가액	부가세	거래처	전자세금
17.카과	자전거용 우산	2,000,000	200,000	04520.(주)지영아트	
분개유형	(차) 108.외상매출금	2,200,000원	(대) 401.상품매출		2,000,000원
4.카드	(99601.국민카드)		255.부가세예수금		200,000원
또는 3.혼합					

4 매입거래

[매입매출전표입력] 10월 2일

거래유형	품명	공급가액	부가세	거래처	전자세금
57.카과	텀블러	240,000	24,000	00321.(주)수아기프트	
분개유형	(차) 811.복리후생비	240,000원	(대) 253.미지급금		3,500,000원
4.카드	135.부가세대급금	24,000원	264,000원		350,000원
또는 3.혼합			(99602.기업카드)		

5 매입거래

[매입매출전표입력] 11월 7일

거래유형	품명	공급가액	부가세	거래처	전자세금
54.불공	등기대행 수수료	900,000	90,000	00501.(주)법무법인 바른	전자입력
불공제 사유	0.토지의 자본적 지출관련				
분개유형	(차) 201.토지	990,000원	(대) 101.현금		990,000원
1.현금					

⑥ 부가가치세신고서에 의한 회계처리

[일반전표입력] 3월 31일

(차) 255.부가세예수금　　　　31,568,000원　　(대) 135.부가세대급금　　31,435,000원

261.미지급세금　　133,000원

(03100.서대문세무서)

실무수행 4. 결산

① 수동결산 및 자동결산

1. 수동결산 및 자동결산

[일반전표입력] 12월 31일

(차) 931.이자비용　　　　250,000원　　(대) 262.미지급비용　　250,000원

[결산자료입력] 1월 ~ 12월

- 기말상품재고액 35,000,000원을 입력한다.

- 상단부 전표추가(F3) 를 클릭하면 [일반전표입력] 메뉴에 분개가 생성된다.

(차) 451.상품매출원가　　　　261,103,000원　　(대) 146.상품　　261,103,000원

[기초상품재고액 70,000,000원 + 당기상품매입액 226,103,000원 - 기말상품재고액 35,000,000원]

= 상품매출원가 261,103,000원

2. [재무제표 등 작성]

- 손익계산서 → 이익잉여금처분계산서(처분일 입력 후 '전표추가' 클릭) → 재무상태표를 조회 작성한다.

평가문제. 실무수행평가 (62점)

번호	평가 문제	배점
11	④ 담당자메일주소는 'korea@hanmail.net'이다.	4
12	④ 07001.백장섭　6,000,000원	3
13	③ 99602.기업카드　2,237,180원	3
14	(2,970,000)원	3
15	(9)월	3
16	(57,651,850)원	4
17	(5,700,000)원	3
18	(408,390,000)원	3
19	(4,450,000)원	4
20	② 411,283,600원	2

번호	평가 문제	배점
21	④ 도서인쇄비 508,000원	3
22	(931)	2
23	(820)	3
24	(2,700,000)원	2
25	(690,000)원	3
26	(443,000)원	3
27	(13)매	4
28	(1,075,000)원	3
29	② 국민은행(보통) 225,156,400원	3
30	(12,100,000)원	4
총 점		62

평가문제. 회계정보분석 (8점)

31. 재무상태표 조회 (4점)

　④ (488,330,000원 ÷ 74,000,000원) × 100 ≒ 659%

32. 손익계산서 조회 (4점)

　② (39,600,000원 ÷ 2,500,000원) × 100 ≒ 1,584%

제65회 FAT 1급 기출문제 해답

㈜샤방샤방 (코드번호:3265)

▌ 실무이론평가 ▌

1	2	3	4	5	6	7	8	9	10
②	③	④	②	②	④	②	②	④	①

1. 자산과 부채는 원칙적으로 상계하여 표시하지 않는다.

2. 매도가능증권평가손익은 자본의 구성 항목 중 기타포괄손익누계액으로 분류되는 계정으로 매도가능증권평가이익이 발생하면 자본과 기타포괄손익누계액이 증가한다.

3. 대손예상액 = 600,000원 × 0.05 + 300,000원 × 0.1 + 200,000원 × 0.4 = 140,000원

4. 운임과 숙박비는 여비교통비, 직원 회식대는 복리후생비, 매출거래처 선물대는 기업업무추진비로 회계처리한다.

5. 순매출액(5,000,000원) - 매출총이익(800,000원) = 매출원가(4,200,000원)

기초상품재고액(500,000원) + 순매입액(4,000,000원) - 매출원가(4,200,000원)
= 기말상품재고액(300,000원)

6. 2023년 감가상각비: 10,000,000원 × 0.45 = 4,500,000원

2024년 감가상각비: (10,000,000원 - 4,500,000원) × 0.45 = 2,475,000원

7. ① (차) 선급보험료 ××× (대) 보험료 ××× (당기순이익 증가)

② (차) 이자수익 ××× (대) 선수수익 ××× (당기순이익 감소)

③ (차) 미수수익 ××× (대) 임대료수익 ××× (당기순이익 증가)

④ (차) 소모품 ××× (대) 소모품비 ××× (당기순이익 증가)

8. 신규로 사업을 시작하려는 자는 사업개시일 이전이라도 사업자등록을 신청할 수 있다.

9. 상품권의 양도, 조세의 물납, 주식의 양도는 재화의 공급에 해당하지 않는다.

10. (5,000,000원 + 200,000원) = 5,200,000원

▌ 실무수행평가 ▌

실무수행 1. 기초정보관리의 이해

① 사업자등록증에 의한 거래처등록 수정

[거래처등록]

- 담당자메일주소 수정: star@bill36524.com → sky@bill36524.com

② 계정과목추가 및 적요등록 수정

[계정과목및적요등록]

- Ctrl+F1을 클릭하여 '294.임대보증금'을 '294.장기임대보증금'으로 수정
- 표준코드: '326.장기임대보증금' 등록

실무수행 2. 거래자료 입력

① 증빙에 의한 전표입력

[일반전표입력] 1월 9일

| | (차) 833.광고선전비 | 80,000원 | (대) 101.현금 | 80,000원 |

또는 (출) 833.광고선전비　80,000원

[영수증수취명세서]

	거래일자	상 호	성 명	사업장	사업자등록번호	거래금액	구분	계정코드	계정과목	적요
☐	2024-02-15	동네수리점	권민우	서울특별시 서대문구 간호[	105-91-21517	330,000		820	수선비	
☐	2024-03-15	생활광고	우영우	서울특별시 서대문구 출정[	303-11-05517	150,000		826	도서인쇄비	
☐	2024-01-09	스마트광고	심기재	서울특별시 구로구 디지털[	214-12-45123	80,000		823	경상연구개발비	

영수증수취명세서(2)　영수증수취명세서(1)　해당없음

1. 세금계산서, 계산서, 신용카드 등 미사용내역

9. 구분	3만원 초과 거래분		
	10. 총계	11. 명세서제출 제외대상	12. 명세서제출 대상(10-11)
13. 건수	3		3
14. 금액	560,000		560,000

② 증빙에 의한 전표입력

[일반전표입력] 2월 1일

| | (차) 813.기업업무추진비 | 44,000원 | (대) 253.미지급금 | 44,000원 |
| | | | (99603.삼성카드) | |

③ 기타 일반거래

[일반전표입력] 3월 10일

| (차) 811.복리후생비 | 135,000원 | (대) 103.보통예금 | 270,000원 |
| 254.예수금 | 135,000원 | (98001.신한은행(보통)) | |

④ 약속어음의 수취거래

[일반전표입력] 4월 10일

(차) 103.보통예금	3,000,000원	(대) 108.외상매출금	33,000,000원
(98005.국민은행(보통))		(00115.(주)제일가방)	
110.받을어음	30,000,000원		
(00115.(주)제일가방)			

[받을어음관리] ▸ 발행일과 만기일은 2024년임.

◎ 받을어음 관리									삭제(F5)
어음상태	1 보관	어음종류	6 전자	어음번호	0042023041012345 6789			수취구분	1 자수
발행인	00115 (주)제일가방		발행일	2023-04-10	만기일	2023-07-10		배서인	
지급은행	100 국민은행	지점 강남	할인기관			지점		할인율(%)	
지급거래처				* 수령된 어음을 타거래처에 지급하는 경우에 입력합니다.					

⑤ 약속어음의 만기결제

[일반전표입력] 5월 15일

| (차) 252.지급어음 | 13,200,000원 | (대) 102.당좌예금 | 13,200,000원 |
| (06002.(주)수연유통) | | (98000.국민은행(당좌)) | |

[지급어음 관리]

◎ 받을어음 관리									삭제(F5)
어음상태	1 보관	어음종류	6 전자	어음번호	0042024041012345 6789			수취구분	1 자수
발행인	00115 (주)제일가방		발행일	2024-04-10	만기일	2024-07-10		배서인	
지급은행	100 국민은행	지점 강남	할인기관			지점		할인율(%)	
지급거래처				* 수령된 어음을 타거래처에 지급하는 경우에 입력합니다.					

실무수행 3. 부가가치세

① 과세매출자료의 전자세금계산서 발행

1. [매입매출전표입력] 4월 7일

거래유형	품명	공급가액	부가세	거래처	전자세금
11.과세	남성 백팩	1,296,000	129,600	01234.(주)소라유통	전자발행
분개유형	(차) 108.외상매출금		1,425,600원	(대) 401.상품매출	1,296,000원
2.외상				255.부가세예수금	129,600원

2. [전자세금계산서 발행 및 내역관리]

   ① 미전송된 내역이 조회되면, 미전송내역을 체크한 후 전자발행 ▾ 을 클릭하여 표시되는 로그인 화면에

   서 확인(Tab) 클릭

② '전자세금계산서 발행'화면이 조회되면 발행(F3) 버튼을 클릭한 다음 확인(Tab) 클릭
③ 국세청란에 '발행대상'으로 표시되면 ACADEMY 전자세금계산서 를 클릭
④ [Bill36524 교육용전자세금계산서] 화면에서 [로그인]을 클릭
⑤ 좌측화면: [세금계산서 리스트]에서 [미전송]으로 체크 후 [매출조회]를 클릭
　　 우측화면: [전자세금계산서]에서 [발행]을 클릭
⑥ [발행완료되었습니다.] 메시지가 표시되면 확인(Tab) 클릭

② 매출거래

[매입매출전표입력] 5월 12일

거래유형	품명	공급가액	부가세	거래처	전자세금
13.면세	월간 패션	1,200,000		08620.(수)슬금비서적	전자입력
분개유형	(차) 101.현금	1,200,000원	(대) 401.상품매출		1,200,000원
1.현금					

③ 매출거래

[매입매출전표입력] 5월 31일

거래유형	품명	공급가액	부가세	거래처	전자세금
17.카과	핸드백	320,000	32,000	00120.신지희	
분개유형	(차) 108.외상매출금	352,000원	(대) 401.상품매출		320,000원
2.외상	(99606.기업카드)		255.부가세예수금		32,000원
또는 4.카드					

④ 매입거래

[매입매출전표입력] 6월 8일

거래유형	품명	공급가액	부가세	거래처	전자세금
54.불공	산악자전거	2,500,000	250,000	02323.형제스포츠(주)	전자입력
불공제사유	2. 사업과 관련 없는 지출				
분개유형	(차) 134.가지급금	2,750,000원	(대) 253.미지급금		2,750,000원
3. 혼합	(11001.이한진)				

⑤ 매출거래

[매입매출전표입력] 6월 23일

거래유형	품명	공급가액	부가세	거래처	전자세금
11.과세	승용차	15,000,000	1,500,000	03115.(주)남도자동차	전자입력
분개유형	(차) 209.감가상각누계액	5,000,000원	(대) 255.부가세예수금		1,500,000원
3. 혼합	120.미수금	16,500,000원	208.차량운반구		20,000,000원

6 부가가치세신고서에 의한 회계처리

[일반전표입력] 4월 25일

(차) 261.미지급세금 4,918,000원 (대) 103.보통예금 4,918,000원

(05900.역삼세무서) (98001.신한은행(보통))

[일반전표입력] 3월 31일 조회

(차) 255.부가세예수금 8,458,000원 (대) 135.부가세대급금 3,540,000원

261.미지급세금 4,918,000원

(05900.역삼세무서)

실무수행 4. 결산

1 수동결산 및 자동결산

1. 수동결산 및 자동결산

[일반전표입력] 12월 31일

(차) 293.장기차입금 50,000,000원 (대) 264.유동성장기부채 50,000,000원

(98011.국민은행(차입금)) ((98011.국민은행(차입금))

[결산자료입력] 1월 ~ 12월

- 기말상품재고액 45,000,000원을 입력한다.

- 상단부 전표추가(F3) 를 클릭하면 [일반전표입력] 메뉴에 분개가 생성된다.

(차) 451.상품매출원가 281,082,454원 (대) 146.상품 281,082,454원

[기초상품재고액 90,000,000원 + 당기상품매입액 236,082,454원 - 기말상품재고액 45,000,000원]

= 상품매출원가 281,082,454원

2. [재무제표 등 작성]

- 손익계산서 → 이익잉여금처분계산서(처분일 입력 후 '전표추가' 클릭) → 재무상태표를 조회 작성한다.

평가문제. 실무수행평가 (62점)

번호	평가 문제	배점
11	④ (주)하늘가방(코드: 01007)의 담당자메일주소는 'star@bill36524.com'이다.	4
12	(326)	3
13	(101,273,600)원	3
14	(16,500,000)원	3
15	(3,050,000)원	3
16	(52,000,000)원	4
17	(18,200,000)원	3
18	(71,000,000)원	3
19	(82,600,000)원	4
20	① 미지급금 154,753,140원	2
21	④ 719,011,029원	3
22	(281,082,454)원	2
23	③ 접대비 26,207,900원	3
24	(833)	2
25	(320,000)원	3
26	(4,250,000)원	3
27	(7,000,000)원	4
28	(12,395,600)원	3
29	(2)매	3
30	④ 국민은행(보통) 44,905,000	4
총 점		**62**

평가문제. 회계정보분석 (8점)

31. 재무상태표 조회 (4점)

    ③ (160,230,000원 ÷ 255,895,000원) × 100 ≒ 62%

32. 손익계산서 조회 (4점)

    ② (117,920,000원 ÷ 566,000,000원) × 100 ≒ 20%

제66회 FAT 1급 기출문제 해답

㈜케이푸드 (코드번호:3266)

▌실무이론평가 ▌

1	2	3	4	5	6	7	8	9	10
②	④	②	④	①	③	③	①	③	②

1. (차) 외상매입금　　　　　　XXX(부채의 감소)　　　(대) 보통예금　　　　　XXX(자산의 감소)

2. 잉여금은 주주와의 거래에서 발생한 자본잉여금과 영업활동에서 발생한 이익잉여금으로 구분한다.

3. 외상매출액 = 당기매출액 - 현금매출액(1,100,000원 = 1,400,000원 - 300,000원)

　　당기외상매출액 + 기초매출채권 - 당기매출채권회수액 = 기말매출채권

　　(1,100,000원 + 600,000원 - 1,300,000원 = 400,000원)

4. 장기대여금은 비유동자산이다

5. 이자비용과 기부금은 영업외비용이다.

　　판매비와관리비 = 2,000,000원 + 500,000원 + 600,000원 + 300,000원

　　+ 100,000원 + 270,000원 = 3,770,000원

6. 매도가능증권평가손익은 기타포괄손익으로 보고된다.

7. 수정 후 당기순이익: 200,000원 + 20,000원 - 30,000원 = 190,000원

8. 컴퓨터 제조업자가 컴퓨터를 공급하는 경우에는 세금계산서를 발급할 수 있다.

9. 가. 법률에 따라 조세를 물납하는 것은 재화의 공급으로 보지 아니한다.

　　다. 담보의 제공은 재화의 공급으로 보지 아니한다.

10. 외상판매액 12,000,000원(수출액 2,000,000원 포함) + 할부판매액 5,200,000원 = 17,200,000원

　　토지매각은 면세에 해당되고, 담보제공은 재화의 공급이 아니다.

▌ 실무수행평가 ▌

실무수행 1. 기초정보관리의 이해

① 사업자등록증에 의한 거래처등록 수정

　[거래처등록]
- 대표자명을 '이영채'에서 '홍수빈'으로 수정
- 담당자메일주소를 'youngche@bill36524.com'에서 'happy@naver.com'으로 수정

② 전기분 손익계산서의 입력수정

(1) [전기분 손익계산서]
- 833.광고선전비 800,000원 추가입력
- 931.이자비용 3,200,000원을 4,800,000원으로 수정입력
- 당기순이익 140,420,000원 확인

(2) [전기분 이익잉여금처분계산서]
- 처분확정일 2024년 2월 23일 수정입력

실무수행 2. 거래자료 입력

① 기타 일반거래

　[일반전표입력] 1월 25일

(차) 801.급여	3,200,000원	(대) 254.예수금		433,200원
		103.보통예금		2,766,800원
		(98002.신한은행(보통))		

② 약속어음 수취거래

　[일반전표입력] 2월 13일

(차) 110.받을어음	11,000,000원	(대) 108.외상매출금	11,000,000원
(05007.(주)지우식품)		(05007.(주)지우식품)	

　[받을어음 관리]

어음상태	1 보관	어음종류	6 전자	어음번호	20240213123456789	수취구분	1 자수	삭제(F5)
발행인	05007 (주)지우식품	발행일	2024-02-13	만기일	2024-06-13	배서인		
지급은행	100 국민은행	지점 강남	할인기관		지점	할인율(%)		
지급거래처			＊수령된 어음을 타거래처에 지급하는 경우에 입력합니다.					

③ 단기매매증권 구입 및 매각

[일반전표입력] 3월 21일

| (차) 103.보통예금 | 9,200,000원 | (대) 107.단기매매증권 | 8,000,000원 |

(98003.수협은행(보통))　　　　　　　　　　906.단기매매증권처분익 1,200,000원

④ 통장사본에 의한 거래입력

[일반전표입력] 4월 10일

(차) 253.미지급금　　　　1,650,000원　　(대) 103.보통예금　　　1,650,000원

(99605.모두카드)　　　　　　　　　　　　(98007.기업은행(보통))

⑤ 증빙에 의한 전표입력

[일반전표입력] 4월 24일

(차) 813.기업업무추진비　　264,000원　　(대) 101.현금　　　　　264,000원

또는 (출) 813.기업업무추진비　264,000원

실무수행 3. 부가가치세

① 과세매출자료의 전자세금계산서 발행

1. [매입매출전표입력] 7월 10일

거래유형	품명	공급가액	부가세	거래처	전자세금
11.과세	한과세트	5,500,000	550,000	00103.(주)청정식품	전자발행
분개유형	(차) 103.보통예금　　　5,445,000원			(대) 401.상품매출	5,500,000원
3. 혼합	(98001.농협은행(보통)) 259.선수금　　　　　605,000원			255.부가세예수금	550,000원

2. [전자세금계산서 발행 및 내역관리]

① 미전송된 내역이 조회되면, 미전송내역을 체크한 후 전자발행▼을 클릭하여 표시되는 로그인 화면에서 확인(Tab) 클릭

② '전자세금계산서 발행'화면이 조회되면 발행(F3) 버튼을 클릭한 다음 확인(Tab) 클릭

③ 국세청란에 '발행대상'으로 표시되면 ACADEMY 전자세금계산서 를 클릭

④ [Bill36524 교육용전자세금계산서] 화면에서 [로그인]을 클릭

⑤ 좌측화면: [세금계산서 리스트]에서 [미전송]으로 체크 후 [매출조회]를 클릭

　　우측화면: [전자세금계산서]에서 [발행]을 클릭

⑥ [발행완료되었습니다.] 메시지가 표시되면 확인(Tab) 클릭

② 매출거래

[매입매출전표입력] 7월 17일

거래유형	품명	공급가액	부가세	거래처	전자세금
11.과세	다과세트	-350,000원	-35,000원	01006.(주)예림유통	전자입력
분개유형	(차) 108.외상매출금	-385,000원	(대) 401.상품매출		-350,000원
2.외상			255.부가세예수금		-35,000원

③ 매입거래

[매입매출전표입력] 8월 8일

거래유형	품명	공급가액	부가세	거래처	전자세금
57.카과	숙박비	90,000	9,000	00510.(주)다도해호텔	
분개유형	(차) 812.여비교통비	90,000원	(대) 253.미지급금		99,000원
4.카드 또는	135.부가세대급금	9,000원	(99601.삼성카드)		
3.혼합					

④ 매출거래

[매입매출전표입력] 8월 15일

거래유형	품명	공급가액	부가세	거래처	전자세금
13.면세	된장	1,000,000		01002.(주)독도식품	전자입력
분개유형	(차) 103.보통예금	1,000,000원	(대) 401.상품매출		1,000,000원
3. 혼합	(98007.기업은행(보통))				

⑤ 매입거래

[매입매출전표입력] 9월 1일

거래유형	품명	공급가액	부가세	거래처	전자세금
51.과세	건물청소비	600,000	60,000	00200.국제클린(주)	전자입력
분개유형	(차) 837.건물관리비	600,000원	(대) 253.미지급금		660,000원
3. 혼합	135.부가세대급금	60,000원			

⑥ 부가가치세신고서에 의한 회계처리

[일반전표입력] 8월 11일

(차) 103.보통예금	539,000원	(대) 120.미수금	539,000원
(98003.수협은행(보통))		(00600.서대문세무서)	

[일반전표입력] 6월 30일 조회

(차) 255.부가세예수금	10,632,400원	(대) 135.부가세대급금	11,161,400원
120.미수금	539,000원	930.잡이익	10,000원
(00600.서대문세무서)			

실무수행 4. 결산

① 수동결산 및 자동결산

1. 수동결산 및 자동결산

[일반전표입력] 12월 31일

(차) 830.소모품비	1,430,000원	(대) 172.소모품	1,430,000원

[결산자료입력] 1월 ~ 12월

- 기말상품재고액 26,000,000원을 입력한다.
- 상단부 전표추가(F3) 를 클릭하면 [일반전표입력] 메뉴에 분개가 생성된다.

(차) 451.상품매출원가	236,748,500원	(대) 146.상품	236,748,500원

[기초재고액 90,000,000원 + 당기매입액 172,748,500원 - 기말재고액 26,000,000원]

= 상품매출원가 236,748,500원

2. [재무제표 등 작성]

 - 손익계산서 ➡ 이익잉여금처분계산서(처분일 입력 후 '전표추가' 클릭 ➡ 재무상태표를 조회 작성 한다.

평가문제. 실무수행평가 (62점)

번호	평가 문제	배점
11	③ 일반거래처 '(주)해피식품'의 대표자명은 이영채이다.	4
12	(8,054,546)원	3
13	(1,838,500)원	3
14	② 여비교통비 349,500원	3
15	(109,730,000)원	3
16	(7,652,750)원	4
17	(00107)	3
18	① 48,290,740원	3
19	(2,090,000)원	4
20	③ 예수금 4,255,130원	2

번호	평가 문제	배점
21	(8,000,000)원	3
22	① 294,593,756원	2
23	(236,748,500)원	3
24	④ 이자비용 6,461,000원 증가	2
25	(906)	3
26	(1,885,000)원	3
27	(13)매	4
28	(2,400,000)원	3
29	④ 기업은행(보통) 50,405,000원	3
30	(14,850,000)원	4
총 점		**62**

평가문제. 회계정보분석 (8점)

31. 재무상태표 조회 (4점)

② (675,590,000원 ÷ 865,590,000원) × 100 ≒ 78%

32. 재무상태표 조회 (4점)

③ (691,476,800원 ÷ 90,000,000원) × 100 ≒ 768%

제67회 FAT 1급 기출문제 해답

㈜슬림하자 (코드번호:3267)

▌실무이론평가 ▌

1	2	3	4	5	6	7	8	9	10
③	③	②	②	④	②	③	④	①	③

1. 기업실체의 가정이다.

2. 매출채권은 유동자산, 매도가능증권평가손실은 기타포괄손익누계액, 개발비는 무형자산으로 재무상태표 계정과목이다. 기부금은 손익계산서 계정과목이다.

3. 미수금 = 기초 미수금 + 당기발생 미수금 = 100,000원 + 300,000원 = 400,000원
정수기 외상판매액은 매출채권 계정으로 처리한다.

4. 기말재고 = 100개 × 1,200원 = 120,000원

5. 자기주식처분이익은 재무상태표에 나타난다.

6. 판매비와관리비 = 급여(600,000원) + 접대비(300,000원) + 수도광열비(50,000원)
+ 세금과공과(80,000원) = 1,030,000원

7. ① 비용의 이연, ② 수익의 계상, ③ 수익의 이연, ④ 비용의 계상

8. 둘 이상의 사업장이 있는 경우 원칙적으로 사업장별로 등록해야 하며, 본점 또는 주사무소 관할 세무서장에게 승인을 얻어 본점 또는 주사무소에서 사업자단위로 신고할 수 있다.

9. 반환조건부 용기 포장비용은 과세표준에 포함되지 않는다.

10. 거래처 명절 선물용 선물세트 매입세액은 공제 대상 매입세액이 아니며, 세금계산서 상 공급하는 자의 주소는 필요적 기재사항이 아닌 바, 발급받은 세금계산서에 필요적 기재사항의 일부가 기재되지 아니한 경우에 해당하지 않는다.
1,500,000원 + 5,000,000원 + 10,000,000원 = 16,500,000원

▌ 실무수행평가 ▌

실무수행 1. 기초정보관리의 이해

① 사업자등록증에 의한 회사등록 수정

[회사등록]
- 대표자명: 박현웅으로 수정
- 주민등록번호: 731001 - 1734911로 수정
- 업종코드: 523931 입력

② 거래처별초기이월 등록 및 수정

[거래처별초기이월]
- 253.미지급금 계정: 거래처별 금액 입력

실무수행 2. 거래자료 입력

① 증빙에 의한 거래자료 입력

[일반전표입력] 10월 7일

(차) 820.수선비	25,000원	(대) 101.현금	25,000원

또는 (출) 820.수선비   25,000원

② 약속어음 발행거래

[일반전표입력] 10월 17일

(차) 251.외상매입금	17,700,000원	(대) 252.지급어음	5,700,000원
(07002.(주)바디케어)		(07002.(주)바디케어)	
		101.현금	12,000,000원

[지급어음관리]

● 지급어음 관리								삭제(F5)
어음상태	2 발행	어음번호	20241017123456789		어음종류	4 전자	발 행 일	2024-10-17
만 기 일	2024-10-17	지급은행	98000	기업은행(당좌)	지　　점	강남		

③ 계약금 지급

[일반전표입력]   10월 21일

(차) 131.선급금	1,500,000원	(대) 103.보통예금	1,500,000원
(08707.(주)대한무역)		(98005.국민은행(보통))	

④ 기타 일반거래

[일반전표입력] 10월 28일

(차) 812.여비교통비	550,000원	(대) 134.가지급금	500,000원
		(11001.박용찬)	
		101.현금	50,000원

⑤ 증빙에 의한 전표입력

[일반전표입력] 10월 31일

(차) 822.차량유지비	99,000원	(대) 253.미지급금	99,000원
		(99602.우리카드)	

실무수행 3. 부가가치세

① 과세매출자료의 전자세금계산서 발행

1. [매입매출전표입력] 7월 12일 (복수거래)

거래유형	품명	공급가액	부가세	거래처	전자세금
11.과세	스피닝바이크외	5,000,000	500,000	00107.(주)운동사랑	전자발행
분개유형	(차) 108.외상매출금	5,200,000원		(대) 401.상품매출	5,000,000원
3. 혼합	259.선수금	300,000원		255.부가세예수금	500,000원

2. [전자세금계산서 발행 및 내역관리]

① 미전송된 내역이 조회되면, 미전송내역을 체크한 후 [전자발행▼]을 클릭하여 표시되는 로그인 화면에서 [확인(Tab)] 클릭

② '전자세금계산서 발행'화면이 조회되면 [발행(F3)] 버튼을 클릭한 다음 [확인(Tab)] 클릭

③ 국세청란에 '발행대상'으로 표시되면 [ACADEMY 전자세금계산서]를 클릭

④ [Bill36524 교육용전자세금계산서] 화면에서 [로그인]을 클릭

⑤ 좌측화면: [세금계산서 리스트]에서 [미전송]으로 체크 후 [매출조회]를 클릭

우측화면: [전자세금계산서]에서 [발행]을 클릭

⑥ [발행완료되었습니다.] 메시지가 표시되면 [확인(Tab)] 클릭

② 매입거래

[매입매출전표입력] 7월 20일

거래유형	품명	공급가액	부가세	거래처	전자세금
51.과세	천국의 계단	6,000,000	600,000	02180.(주)폼생폼	전자입력
분개유형	(차) 146.상품	6,000,000원		(대) 251.외상매입금	6,600,000원
2.외상	135.부가세대급금	600,000원			

③ 매출거래

[매입매출전표입력] 8월 13일

거래유형	품명	공급가액	부가세	거래처	전자세금
17.카과	요가매트	700,000	70,000	02007.(주)요가야	
분개유형	(차) 108.외상매출금	770,000원		(대) 401.상품매출	700,000원
4.카드	(99606.삼성카드사)			255.부가세예수금	70,000원
또는 3.혼합					

④ 매입거래

[매입매출전표입력] 8월 30일

거래유형	품명	공급가액	부가세	거래처	전자세금
53.면세	비대면 세무실무	230,000		08620.(주)에이티	전자입력
분개유형	(차) 826.도서인쇄비	230,000원		(대) 253.미지급금	230,000원
3. 혼합					

⑤ 매입거래

[매입매출전표입력] 9월 21일

거래유형	품명	공급가액	부가세	거래처	전자세금
54.불공	스마트 냉장고	3,000,000	300,000	00227.(주)미래전자	전자입력
불공제사유	4. 면세사업과 관련된 분				
분개유형	(차) 212.비품	3,300,000원		(대) 253.미지급금	3,300,000원
3. 혼합					

[고정자산등록]

6 부가가치세신고서에 의한 회계처리

[일반전표입력] 7월 25일

(차) 261.미지급세금 2,026,050원 (대) 103.보통예금 2,026,050원
(05900.역삼세무서) (98001.신한은행(보통))

[일반전표입력] 6월 30일 조회

(차) 255.부가세예수금 12,928,323원 (대) 135.부가세대급금 10,892,273원
930.잡이익 10,000원
261.미지급세금 2,026,050원
(05900.역삼세무서)

실무수행 4. 결산

1 수동결산 및 자동결산

1. 수동결산 및 자동결산

[일반전표입력] 12월 31일

(차) 830.소모품비 1,430,000원 (대) 172.소모품 1,430,000원

[결산자료입력] 1월 ~ 12월

- 기말상품재고액 26,000,000원을 입력한다.

- 상단부 전표추가(F3) 를 클릭하면 [일반전표입력] 메뉴에 분개가 생성된다.

(차) 451.상품매출원가 236,748,500원 (대) 146.상품 236,748,500원

[기초재고액 90,000,000원 + 당기매입액 172,748,500원 - 기말재고액 26,000,000원]

= 상품매출원가 236,748,500원

2. [재무제표 등 작성]

- 손익계산서 ➔ 이익잉여금처분계산서(처분일 입력 후 '전표추가' 클릭 ➔ 재무상태표를 조회 작성
한다.

평가문제. 실무수행평가 (62점)

번호	평가 문제	배점
11	③ 표준산업코드는 'G40'이다.	4
12	④ 99602.우리카드 2,800,000원	3
13	① 02180.(주)폼생폼 12,100,000원	3
14	(99606)	3
15	③ 10월 7,099,000원	3
16	(170,060,000)원	4
17	(17)일	3
18	(13,220,000)원	3
19	(134)	4
20	(6,565,000)원	2
21	(1,570,000)원	3
22	② 811,748,259원	2
23	④ 도서인쇄비 340,000원	3
24	(700,000)원	2
25	(50,522,727)원	3
26	(600,000)원	3
27	(16)매	4
28	(500,000)원	3
29	② 신한은행(보통) 527,053,000원	3
30	(07002)	4
총 점		62

평가문제. 회계정보분석 (8점)

31. 재무상태표 조회 (4점)

   ④ (165,630,000원 ÷ 250,495,000원) × 100 ≒ 66%

32. 손익계산서 조회 (4점)

   ③ (117,920,000원 ÷ 566,000,000원) × 100 ≒ 20%

제68회 FAT 1급 기출문제 해답

㈜강우문구 (코드번호:3268)

▌ 실무이론평가 ▌

1	2	3	4	5	6	7	8	9	10
④	③	③	②	③	④	④	④	②	③

1. 영업이익이 증가하였음에도 당기순이익이 감소하기 위해서는 영업외수익이 감소하거나 영업외비용이 증가하여야 한다.

유형자산처분손실이 영업외비용이다.

2. 유동성장기부채와 부가세예수금은 유동부채, 퇴직급여충당부채와 사채는 비유동부채 이다.

3. 총평균단가 = (월초상품재고액 + 당월매입액) ÷ (월초상품수량 + 당월매입수량)

= (30,000원 + 100,000원 + 80,000원) ÷ (300개 + 500개 + 200개) = 210원

12월 말 상품재고액 = 월말상품수량 × 총평균단가

= (1,000개 - 400개) × 210원 = 126,000원

4. 상거래에서 발생한 매출채권에 대한 대손상각비는 판매비와관리비로 처리하고, 기타 채권에 대한 기타의대손상각비는 영업외비용으로 처리한다.

단기대여금에 대한 기타의대손상각비 = 2,000,000원 - 800,000원 = 1,200,000원

5. 무형자산은 내용연수 동안 합리적으로 배분하기 위해 다양한 방법(정액법, 정률법, 연수합계법 등)을 사용할 수 있다. 다만, 합리적인 상각방법을 정할 수 없는 경우에는 정액법을 사용한다.

6. ① 취득원가: 300,000원(100주 × 3,000원, 취득수수료는 비용처리)

② 2023년 말 단기매매증권 장부금액은 350,000원 (100주 × 3,500원)

③ 2023년 단기매매증권평가이익 = (3,500원 - 3,000원) × 100주 = 50,000원

④ 2024년 단기매매증권처분이익 = (3,700원 - 3,500원) × 100주 = 20,000원

7. 회사부담분 건강보험료는 복리후생비로 회계처리 한다.

8. ① 폐업의 경우 폐업일이 속한 달의 다음 달 25일 이내에 신고 · 납부하여야 한다.

② 법인사업자 확정신고의 경우 예정신고 시 이미 신고한 내용을 제외한다.

③ 간이과세자는 해당 과세기간의 공급대가가 4,800만원 미만인 경우 납부의무가 면제된다.

9. 재화의 공급으로 보는 가공의 경우: 가공된 재화를 인도하는 때

10. 납부세액 = 매출세액 - 매입세액

= (100,000,000원 × 10%) - (7,000,000원 - 2,000,000원) = 5,000,000원

▌ 실무수행평가 ▌

실무수행 1. 기초정보관리의 이해

① 사업자등록증에 의한 거래처등록 수정

[거래처등록]
- 대표자성명: '최윤나'를 '이경호'로 수정
- 메일주소: 'choi@bill36524.com'에서 'korea@bill36524.com'으로 수정

② 계정과목 및 적요등록 및 수정

[계정과목및적요등록]
- 850.회사설정계정과목을 '850.판매촉진비'로 수정
  · 구분을 '4.경비'로 입력
  · 표준코드를 '091.광고선전비 (판매촉진비 포함)'로 입력

실무수행 2. 거래자료 입력

① 증빙에 의한 전표 입력

1. [일반전표입력] 1월 9일

(차) 812.여비교통비	220,000원	(대) 101.현금	220,000원
또는 (출) 812.여비교통비	220,000원		

2. [영수증수취명세서] 작성

	거래일자	상 호	성 명	사업장	사업자등록번호	거래금액	구분	계정코드	계정과목	적요
☐	2024-01-11	(주)백두유통	명동건	서울특별시 금천구 가산로	119-81-02126	110,000		830	소모품비	소모품 구입
☐	2024-04-01	충무아트상사	심만회	서울특별시 서대문구 충정:	303-11-05517	210,000		813	접대비	거래처 선물구입
☐	2024-06-05	신회선				230,000	18	811	복리후생비	직원 선물 구입
☐	2024-01-09	나리한정식	정독남	광주광역시 동구 팔문대로	133-01-42888	220,000		812	여비교통비	

1. 세금계산서, 계산서, 신용카드 등 미사용내역

9. 구분	3만원 초과 거래분		
	10. 총계	11. 명세서제출 제외대상	12. 명세서제출 대상(10-11)
13. 건수	4	1	3
14. 금액	770,000	230,000	540,000

② 증빙에 의한 전표 입력

[일반전표입력] 2월 13일

(차) 822.차량유지비	396,000원	(대) 101.현금	396,000원
또는 (출) 822.차량유지비	396,000원		

③ 기타 일반거래

    [일반전표입력] 3월 25일

(차) 103.보통예금	30,000,000원	(대) 962.임차보증금	30,000,000원
(98005.국민은행(보통))		(00107.(주)금비빌딩)	

④ 약속어음의 배서양도

    [일반전표입력] 4월 7일

(차) 251.외상매입금	11,000,000원	(대) 110.받을어음	11,000,000원
(00105.(주)미소용품)		(00160.(주)초록마트)	

    [받을어음관리]

● 받을어음 관리							삭제(F5)
어음상태	3 배서	어음번호 20240206123456789	수취구분	1 자수	발행일 2024-02-06	만기일	2024-05-10
발행인	00160 초록마트		지급은행	100 국민은행		지 점	구로
배서인		할인기관	지 점		할인율(%)	어음종류	6 전자
지급거래처	00105 미소용품			* 수령된 어음을 타거래처에 지급하는 경우에 입력합니다.			

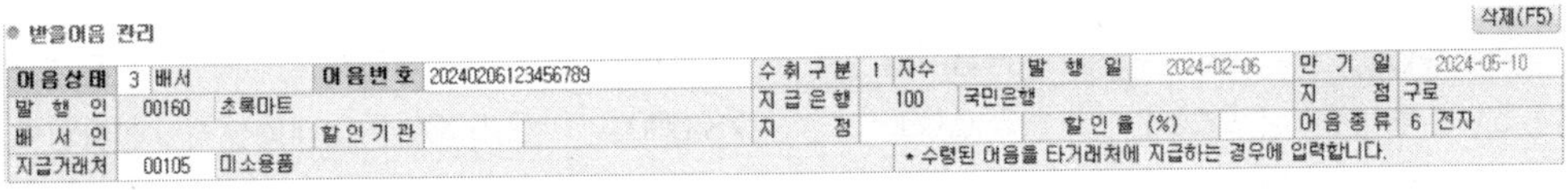

⑤ 기타 일반거래

    [일반전표입력] 5월 10일

(차) 811.복리후생비	112,810원	(대) 103.보통예금	225,620원
254.예수금	112,810원	(98001.신한은행(보통))	

실무수행 3. 부가가치세

① 과세매출자료의 전자세금계산서 발행

(1) [매입매출전표입력] 7월 12일

거래유형	품명	공급가액	부가세	거래처	전자세금
11.과세	다목적 문구함	12,500,000	1,250,000	00115.(주)제일유통	전자발행
분개유형	(차) 108.외상매출금	13,750,000원	(대) 401.상품매출		12,500,000원
2.외상			255.부가세예수금		1,250,000원

(2) [전자세금계산서 발행 및 내역관리]

    ① 미전송된 내역이 조회되면, 미전송내역을 체크한 후 전자발행▼을 클릭하여 표시되는 로그인 화면에서 확인(Tab) 클릭

    ② '전자세금계산서 발행'화면이 조회되면 발행(F3) 버튼을 클릭한 다음 확인(Tab) 클릭

    ③ 국세청란에 '발행대상'으로 표시되면 ACADEMY 전자세금계산서 를 클릭

    ④ [Bill36524 교육용전자세금계산서] 화면에서 [로그인]을 클릭

    ⑤ 좌측화면: [세금계산서 리스트]에서 [미전송]으로 체크 후 [매출조회]를 클릭

       우측화면: [전자세금계산서]에서 [발행]을 클릭

    ⑥ [발행완료되었습니다.] 메시지가 표시되면 확인(Tab) 클릭

2 매출거래

[매입매출전표입력] 7월 20일

거래유형	품명	공급가액	부가세	거래처	전자세금
17.카과	멀티펜	170,000원	17,000원	00120.신지희	
분개유형	(차) 108.외상매출금		187,000원	(대) 401.상품매출	170,000원
4.카드	(99606.삼성카드)			255.부가세예수금	17,000원
또는 2.외상					

3 매입거래

[매입매출전표입력] 9월 3일

거래유형	품명	공급가액	부가세	거래처	전자세금
51.과세	전화요금	280,000	28,000	01500.(주)미래통신	전자입력
분개유형	(차) 814.통신비		280,000원	(대) 253.미지급금	308,000원
3. 혼합	135.부가세대급금		28,000원		

4 매입거래

[매입매출전표입력] 11월 1일

거래유형	품명	공급가액	부가세	거래처	전자세금
53.면세	B2B 마케팅	600,000		00130.시대교육	전자입력
분개유형	(차) 825.교육훈련비		600,000원	(대) 253.미지급금	600,000원
3. 혼합					

5 매출거래

[매입매출전표입력] 12월 1일

거래유형	품명	공급가액	부가세	거래처	전자세금
11.과세	제습기	1,600,000	160,000	01405.(주)중고나라	전자입력
분개유형	(차) 213.감가상각누계액		500,000원	(대) 212.비품	2,000,000원
3. 혼합	103.보통예금		1,760,000원	255.부가세예수금	160,000원
	(98009.하나은행(보통))			914.유형자산처분이익	100,000원

6 부가가치세신고서에 의한 회계처리

[일반전표입력] 6월 30일

(차) 255.부가세예수금   16,766,000원   (대) 135.부가세대급금   7,465,000원

                                                  261.미지급세금   9,301,000원

                                                  (05900.역삼세무서)

실무수행 4. 결산

① 수동결산 및 자동결산

1. 수동결산 및 자동결산

   [일반전표입력] 12월 31일

   - (차) 107.단기매매증권   4,500,000원   (대) 905.단기매매증권평가익 4,500,000원

     [(주)더존비즈온: 300주×(70,000원 - 55,000원) = 평가이익 4,500,000원]

   [결산자료입력] 1월 ~ 12월

   - 기말상품재고액 31,000,000원을 입력한다.

   - 상단부 전표추가(F3) 를 클릭하면 [일반전표입력] 메뉴에 분개가 생성된다.

     (차) 451.상품매출원가   227,809,727원   (대) 146.상품   227,809,727원

   [기초재고액 90,000,000원 + 당기매입액 168,809,727원 - 기말재고액 31,000,000원]

   = 상품매출원가 227,809,727원

2. [재무제표 등 작성]

   - 손익계산서 → 이익잉여금처분계산서(처분일 입력 후 '전표추가' 클릭 → 재무상태표를 조회 작성한다.

평가문제. 실무수행평가 (62점)

번호	평가 문제	배점
11	④ 일반거래처 '00189.(주)한국산업'의 담당자메일주소는 'korea@bill36524.com'이다.	4
12	(091)	3
13	(00115)	3
14	① 251.외상매입금　(00105.(주)미소용품) 21,800,000원	3
15	(725,540)원	3
16	(118,147,140)원	4
17	(48,839,390)원	3
18	(21,000,000)원	3
19	(51,900,000)원	4
20	④ 276,541,433원	2

번호	평가 문제	배점
21	③ 통신비 58,020원	3
22	(1,150,000)원	2
23	(905)	3
24	(812)	2
25	(3,170,000)원	3
26	(3,980,273)원	3
27	(15)매	4
28	(1,150,000)원	3
29	④ 하나은행(보통) 28,515,000원	3
30	(30,000,000)원	4
총 점		62

평가문제. 회계정보분석 (8점)

31. 재무상태표 조회 (4점)

　④ (334,325,000원 ÷ 81,318,000원) × 100 ≒ 411%

32. 손익계산서 조회 (4점)

　① (114,340,000원 ÷ 560,000,000원) × 100 ≒ 20%

•• 저자약력 ••

이 상 은

[약 력]
- 부산대학교 산업대학원 경영학석사(회계학 전공)
- 경남대학교 대학원 경영학박사(회계학 전공)
- (현)경남대학교 겸임교수 · 창원대학교 강사
  마산여성인력개발센터 ERP 외래교수
  김해여성센터(김해시동부여성인력개발센터) 전산세무회계 외래교수
  한국공인회계사회 AT 자격시험 출제위원
  한국세무회계학회 · 한국전산회계학회 부회장
  한국경영실무학회 부회장 · 한국산업비즈니스학회 부회장 외 다수
  한국세무회계교육연구회 회장
  창원시장애인수영연맹 부회장
  한국전산회계교육연구회 부회장
  경남학원연합회 컴퓨터교육협의회 회장 · 창원학원연합회 컴퓨터분과 회장
  정우컴퓨터전산회계학원 원장
- (전)창신대학교 겸임교수 · 창원문성대학교 겸임교수 · 울산과학대학교 겸임교수
  경남과학기술대학교 · 경남도립 남해대학 · 한국국제대학교 외래교수
  경남여성새로일하기지원본부 전산세무회계 외래교수
  경상남도여성능력개발센터 · 창원여성인력개발센터 전산세무회계 외래교수
  한국장애인고용공단 창원맞춤훈련센터 외래교수
  거제여성새로일하기지원본부 전산세무회계 외래교수
  창원교육지원청 학교폭력대책심의위원회 위원
  창원여자중학교 운영위원회 위원장
  창원초등학교 운영위원회 위원장
  창원초등학교 학교폭력대책위원회 위원장
  한국전산세무회계강사협의회 부회장 및 경남지회장
  한국국제회계학회 상임이사
  전국회계교육협의회 부회장
  한국지식경영교육협회 상임이사 및 경남지회장
  경상남도학교운영위원연합회 정보통신위원장

[저 서]
- 전산회계&FAT 2급, 전산회계&FAT 1급, 전산세무&TAT 2급(도서출판 어울림)
- 누구나 쉽게 접할 수 있는 회계기초(도서출판 영민) 공저
- 전산회계2급, 전산회계1급, 전산세무2급, 회계원리(도서출판 다음)
- 기업회계 3급, 2급(도서출판 다음) 공저
- 위너 전산회계 2급, 1급, 전산세무 2급(도서출판 다음)
- 전산세무 1급(경영과회계) 공저
- ERP 정보관리사 회계 1,2급(산문출판) 공저
- ERP 정보관리사 회계 1,2급 및 인사 1,2급(도서출판 다음) 공저
- ERP 정보관리사 회계 1,2급(무역경영사 및 도서출판 청람) 공저

2024 전산회계 1급 & FAT 1급

개정판발행	: 2024년 3월 25일
저　　　자	: 이 상 은
발 　행 　인	: 허 병 관
발 　행 　처	: 도서출판 어울림
주　　　소	: 서울시 영등포구 양산로 57 – 5, 1301호 (양평동3가)
전　　　화	: 02 – 2232 – 8607, 8602
팩　　　스	: 02 – 2232 – 8608
등　　　록	: 제2 – 4071호
Homepage	: http://www.aubook.co.kr

저자와의
협의하에
인지생략

ISBN　978 – 89 – 6239 – 944 – 8　13320　　　　　　**정 가**　25,000원